U0896000

艺术狂人

传

张毅 著

陕西新华出版传媒集团
陕西人民美术出版社

图书在版编目（CIP）数据

艺术狂人 ：石鲁传 / 张毅著. — 西安 ：陕西人民美术出版社，2017.1
ISBN 978-7-5368-3122-3

Ⅰ. ①艺… Ⅱ. ①张… Ⅲ. ①石鲁（1919 ～ 1982）—传记 Ⅳ. ① K825.72

中国版本图书馆 CIP 数据核字（2016）第 025603 号

策　　划：雷　波
责任编辑：严国卿　邢　羽
封面设计：哲　峰

艺术狂人——石鲁传
YISHU KUANGREN　SHI LU ZHUAN

张毅　著

陕西新华出版传媒集团
陕西人民美術出版社　出版发行

新华书店经销　陕西龙山海天艺术印务有限公司
700 毫米 ×1000 毫米　16 开　28 印张　410 千字
2017 年 1 月第 1 版　2017 年 1 月第 1 次印刷

ISBN 978-7-5368-3122-3
定价：58.00 元

地址：西安市北大街 147 号　邮编：710003

http://www.mscbs.cn

发行电话：029-87262491　传真：029-87265112

石鲁六十岁时（孟静　摄）

吟泽句·补天阙

石　鲁

苍夷黛典兮，
奔青山而恸哭。
罗汨之鱼鳖兮，
吾不道地窟。
屈子何茫乎于楚烟兮，
你不晰乎共产之路。
我何别饱鱼腹，
落个叛徒，
收住眼泪问天去。

目录

MU LU

第五章

第六章

献诗：生命的突围

1

我梦想有一双
雕塑穿睡袍的巴尔扎克的
罗丹那充满魔法的手
捧起黄土高原的泥土
塑成一尊头颅高昂的肖像
挽黄河千丈狂澜
当他长长的乱发
凿华岳万仞绝壁
做他瘦硬的脸庞

你　可曾相识
他是谁

我梦想有一支
蘸着火焰涂抹向日葵的
凡·高那燃烧着激情的画笔
雷霹作皴

闪电铺彩
热泪洗笔
鲜血泼墨
刻画悲剧生命
挥写不屈人格

你　可曾知道
他究竟是谁

2

川西深深的冯家大院
一位十六岁的九少爷
舍弃书楼　戏台　十亩园花
徒步翻越二峨山
开始人生的第一次突围
蜀都　是少年歇脚的驿站

远方　是炮火
铁蹄与呻吟
身旁　是丘八
麻将和烟馆
不做流浪画师
不娶三寸金莲
跨上一辆旧自行车
冲出剑门　二次突围
满脚血泡　浑身伤鳞
一直奔到宝塔山前

倾慕石涛求索的灵魂
敬仰鲁迅挺拔的风骨
在清清的延水河畔
你把从冯家大院带来的名字
永远锁进了历史档案

中山服换成灰军装
依旧是　一口川话
满头长发　满面笑颜
是战士却没有扛枪
一支自己制造的弹壳钢笔
一把亲手磨成的木刻刀
一本马兰纸订成的速写本

当新生的共和国临盆北京中南海
你将自己的艺术王国定都长安
手中的木刻刀换成
水墨淋漓的长锋羊毫
一张接一张
泼洒着心血的宣纸
铺成一幅通向生命尽头的
无尽求索的丹青长卷

登上古长城外的雄关
又骑沙漠之舟异国远行
重新转战陕北

宝塔山下　延河饮马
南泥湾途中看东方欲晓
秦岭山麓涉猎幽潭
禹门逆流
望赤岩映碧流
终于种瓜得瓜
冲进中国美术的圣殿

3

冰雪严霜　一夜之间
封冻了你画室的门
活人展览的奇耻大辱
有无言的钟楼做证
于是　你又开始突围
隐匿长安北郊野地
逃入秦巴深山老林
变成一个名副其实的
褴褛乞丐　穴居野人

寂寞萧索的小院
当中一棵孤独的椿树
命运不祥的谶语
生命悲剧的隐喻
是一个触目惊心的汉字——困

空空的胃早已下垂
只有酒精和胃液

在“斗批改”的卷宗里
夹着一叠厚厚的报告
请示判处你的极刑
你在一张破躺椅上喘息
活像一个睡刑床的囚徒

不肯低头　不屑为奴
又一次开始精神突围
拾起一支泥污的毛笔
寒夜　披衣而起秉烛挥毫
将一腔四千毫升热血
泼洒成动魄惊心的异国美神

逃到黄河两岸度春秋
逃到华岳雄峰观风云
在印度神庙的墙上
写满密密麻麻的
千古难以破译的奇文
神游天宇八荒
变为倒梅　枯兰　残荷
化作云涌　松舞　山鸣

4

一个不羁的灵魂
不附和虚伪
不畏惧强暴
不逢迎邪佞

反常　是痛苦的变味
疯癫　是高傲的逃遁

一个太执着的生命
生活得太认真
燃烧得太炽热
求索得太酷烈
忘形　是创造的极致
狂诞　是超常的风神

你笑得令人想哭
你狂得令人清醒
你疾得令人崇敬
野怪　如魔力操纵笔端
乱黑　似魂灵潜入画境

每次展开你的画卷
总感到鸣响着
贝多芬命运之神的叩门
总听见古老城堡
丹麦王子的独白声声
总瞥见不愿自沉的屈子
黄河岸边踯躅沉吟

5

谁能测算
你精神的裂变

产生的梯恩梯当量
巨大的辐射
覆盖有多辽阔
强烈的震动
波及有多久远
升起的蘑菇烟云
又是何等壮观

岂是团团炫目的礼花
可以模仿
哪是只只流萤的亮点
所能比拟

这是人间罕见的
最顽强最有活力的生命
在你细胞的染色体上
排满着突围的基因

啊　一个难以囚禁的人
一个奔突不息的人
一个只知道冲刺
不知道终点的人
终于在一次次突围后倒在
那片埋满稀世珍宝的
十三朝古都的黄土地上

啊　你站起来了

向我们大步走来
向中国美术史注册
将一面求索的大旗
传递给后来者

在艺术的时空里
永远回荡着一个
属于今天更属于明天的名字
　　石鲁……
　　　　石鲁……
　　　　　　石鲁……

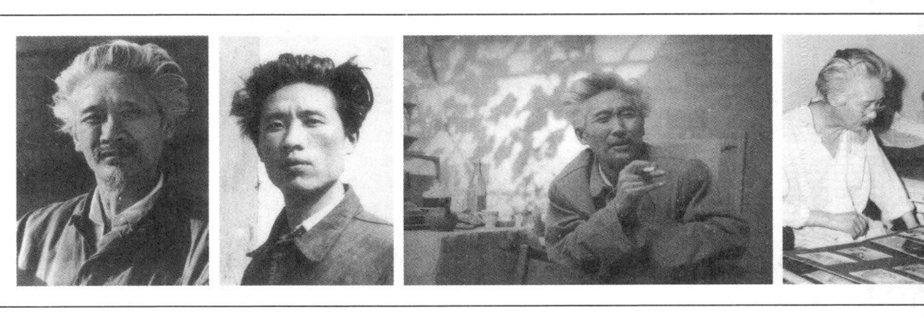

第一章

儿时梦幻：松林湾的冯家大院

五世家族　百年荣衰

石鲁，原名冯亚珩，四川省仁寿县文公乡松林湾人，1919年12月13日出生。

那年冬天特别冷。天府之国蜀中川西坝子南边，龙泉余脉的二峨山麓，依然林木森森，毫无冬日草木零落的萧索。气势不凡的冯家大院，今天鞭炮齐鸣，透出一派喜气洋洋的热闹气氛。

原来是冯鹿荪老太爷的长房媳妇——冯子融的夫人王氏——又坐月子了。她在生下三男一女之后，这一次又是一个儿子，这对于冯氏大家族来说，更增添了几分人丁兴旺、家业昌盛的喜悦。

当这个显得特别瘦弱的儿子呱呱坠地时，参加过清末最后一次科举考试的父亲冯子融，给他取了一个很文雅的名字：亚珩，字永康。

以长房的子女排列，冯亚珩是老五。在他的前面，有长他十岁的大哥冯伯麟（凤梧），长他九岁的二哥冯建吴（蕴灵），长他八岁的三哥冯伯琴（银兔）和长他七岁的姐姐冯湘蘅（绮文）。以前的子女都是一岁一个，没想到七年之后才又有了他。

祖父冯鹿荪健在，尚执掌着这个大家庭的牛耳。他膝下有七个儿子和三个女儿，孙子辈统一按出生先后的顺序排列，冯亚珩当名列第九，所以被称为“老九”。这就是后来石鲁作画落款“冯门九子”的由来。

1919 年 5 月 4 日，即冯亚珩出生之前的七个月零九天，古老中国沉重的历史帷幕正在冉冉升起，露出了一缕明丽的曙光。他有幸诞生在这个年头。

按照当地的习俗，有钱人家喜得贵子，“三朝”和“满月”都要大宴宾客。对于最讲究排场的冯鹿荪冯老太爷来说，这次又添了一个孙少爷，自然要搞得喜气洋洋、热闹非凡，以显示家族的富豪尊荣。这天，冯家大院张灯结彩，在老九满月的酒宴席上，觥筹交错，笑语喧哗，免不了还要将九孙少爷抱出来亮亮相，接受长辈亲友们的封赠与祝福。客人们虽然口头上尽拣好听的吉祥话来说，不过心里头却对这个生下地就没有奶吃的瘦猴子一般的娃娃，实在不敢做太多的恭维。

从此，长辈们总是开玩笑地叫冯亚珩“康谷子”和“康猴子”，就因为他自小瘦弱的缘故。不过，他再瘦小总是这个相传五世、历经百年的大家族中的一员，在冯鹿荪、冯子融和王氏夫人的眼中，死生有命，富贵在天，这位“冯门九子”注定是荣华富贵的一生。

民国初年，一说起四川仁寿县的大姓，老百姓便会顺口说出刘家公、冯大舅和肖老表。县城的刘家、文公的冯家和回龙场的肖家，是公认的仁寿三家大姓。

从县城往北行，五六十华里的二峨山下便是文公场。在距离文公场只有几里的地方，那一片起伏的山丘便是松林湾。

文公场之所以在全县闻名，也是因为有三家。在文公街上，一家是川军名将、二十八集团军总司令潘文华的家，另一家是四十一军副军长董宋珩的董宋大本堂，再者就是松林湾的冯家了。

一说起冯家，本地人都知道他们是一家外来户。

明末清初，社会大动荡，仁寿县人口剧减。清代大移民——湖广填四川时来到仁寿的移民，大多来自湖北麻城县（今麻城市）孝感乡，是被官兵用绳子拴成一串一串押解而来的。但是冯亚珩的五世高祖冯家驹却有另一番经历，据说他是为了逃避当地对商人苛重的捐税，带着全家人从江西景德镇来到四川的。他离开商业繁华的瓷都，来到四川之后仍重操旧业。为了迅速聚敛钱财，他选择了富有冒险性的经营项目——到西藏贩运藏红花。

就年龄而论，亚珩这一辈儿都生于20世纪初。如果以二十年为一代倒推，他的父亲冯子融当生于清光绪年间，即1880年左右。祖父冯鹿荪当生于清咸丰年间，即1860年左右。曾祖冯敬德当生于道光年间，即1840年左右。五世高祖冯家驹当生于清嘉庆年间，即1820年左右。由此再推算，冯家驹避税迁四川，最早也在鸦片战争以后。那时正值清代移民填四川的末期，肯定有不少鼓励性的“优惠政策”。据《资州县志》记载：“赣省入川……大概以商业起家为多。”江西老表善于做生意，来蜀定居之后，数十年间即成富商大贾，冯家驹就是其中之一。

冯家驹冒险一趟又一趟地将藏红花和珍贵药材，从西藏贩运到内地销售，手中聚敛了一笔不小的财富。同时，他又以商人精明的眼光，看准了另一笔有利可图的买卖，这就是囤积棉花。那几年四川棉价猛涨，他一下子抛售了手中所有的囤棉，白花花的银子潮水般的涌入自己口袋中。

在道光年间，即使是一个富得流油的商人，在世人眼中也不如一个拥有千顷良田的世家大族那样令人敬重。有了钱还要买田置地，造屋建房，这样才有根基，显得气派。于是，冯家驹选择了离成都不远的仁寿县文公场的松林湾安了家，开始了冯氏家族第二阶段暴发的历史。

亚珩的曾祖父，即冯氏家族的第二代——冯家驹的儿子冯敬德，算得上一个承前启后的得力人物。他的身上有其父遗风，在理财的精明和敛财的霸悍方面，有过之而无不及，从而使得方兴未艾的冯氏家族如日中天，雄霸一方。他从经商转向了农业，用父亲做生意赚得的银子，大置田产，松林湾成片成片的土地归并到了冯家的产业里，变成了这个新兴地主庄园的版图。随着家族的繁衍，人丁日渐兴旺，他日夜加紧修房造屋，兴办各种副业，雇用的工人也一天天增加，冯家大院里里外外，一派兴旺红火的景象。

昔日松林湾冯家大院残存一角（李勇　摄）

冯敬德是一位治家极严厉的管理型人物，精打细算，善于理财。他精力过人、精明能干，同时也寡恩刻薄、严酷无情，把一个大家治理得井井有条。

每天天不亮他就起床了，然后就把鼾声如雷的长工们从梦中叫醒，催促他们摸黑吃完早饭，盯着他们拿上锄头、挑起粪桶下地干活，容不得有半点消闲和偷懒。然后，他又到烤酒房、粉房、蚕房、药铺和制白蜡的作坊巡视监督，布置安排。紧张忙碌的一天过去，掌灯吃过晚饭以后，他还要给长工们分派一些杂活，干完了才肯让他们上床歇息。而他自己又开始在闪烁的烛光下，一边拨拉着算盘珠，一边用毛笔在一本折叠的账本上记着一笔笔账目。

通过多年的经营与积累，冯家大院的堂屋里，堆积着半壁毛钱，围囤里是满满的米粮。

冯敬德始终没有忘记父亲抛售囤棉的大手笔，一想到冯家暴富的这一幕就令他感到自豪和兴奋。

他也能有这么一天吗?

这一年仁寿大旱，几十天不下一滴雨，太阳烧烤着干涸的红土地，禾苗枯萎，庄稼绝收。遇上这种灾年，对于那些即使风调雨顺也很难填饱肚皮的农民来说，只有吃“观音土”充饥了。在长长的求雨队伍中，一双双枯瘦如柴的手臂伸向天空，祈求着上苍的怜悯，一声声沙哑绝望的号哭，响彻这片苦难的大地。

这时，冯敬德意识到机会来了。

一个消息不胫而走，迅速地在饥民中飞传：冯家大院开仓放粮了！

为了活命向这儿拥来的饥民当然明白，冯敬德绝不会白白施舍给你粮吃！眼下虽然借到了粮食，今后又哪有能力偿还！

残酷的饥饿，使人们忘却了一切。为了活命，眼下什么也顾不得了，他们从冯家大院背走了一袋袋粮食，却留下了一张张按着血色手印的借据。

饥馑总算熬过去了，但还债的期限又很快地来到。

早晨，从冯家大院后面的秤杆山传来令人心悸的铜锣声，打破了往日松林湾的寂静。冯家的老管事，扯着大嗓门高声叫道：

“鸣锣通知！哪家愿意卖地的，赶快到冯家来，一手交文契，一手交现钱，切莫坐失良机！”

一家家还不起债的农民，无可奈何地来到冯家大院。当他们走出这座大院时，债虽然还清了，田产却从此属于了冯家。

拥有千顷良田的冯家，从此一跃成为仁寿县第一大户。

对于冯亚珩来说，高祖和曾祖的这些拓荒与创业的神奇经历，是他儿时从家族的祭祀活动中，从长辈的训教中，从一次次听来的龙门阵里，逐渐知晓的。而他与祖父冯鹿荪相处了十七年之久，因之，他对祖父的印象特别深。

这个从江西迁到四川的冯家，经历近百年的繁衍，进入了它的极盛时期，大有“烈火烹油、鲜花锦簇”之盛。一座园林式的颇具规模和气派的冯家大院盘踞在松林湾里。到第三代冯鹿荪时，已经是儿子七房，群孙绕膝，拥有好几十口人的大家了。与江家沟、红塔子等处的堂兄弟比较起来，松林湾的冯家最为风光。

首先，冯鹿荪有了功名。在科举考试中，冯家终于出了第一位秀才，这不能不说是一件颇为荣耀和得意的事。冯鹿荪不仅是有田千顷的财主，还是有功名的儒雅秀才，当然今非昔比了。

他不仅有钱，还有势，开始过问地方上的政事。时逢清末民初的社会大变革，风云变幻，他终于找到了崭露头角的机会，据说他秘密参加过同盟会。在清末轰动全国的四川保路风潮中，他曾出任仁寿县保路局局长，有了举足轻重的政治地位，他还与清朝的四川总督岑春煊有过来往。进入民国，军阀连年混战，他成了地方上“咸与维新”的重要人物。在大办团练之风中，他不仅拿出钱来购置枪炮，又出任了文公镇的团总。同时，他还担任了作为本县望族的冯氏宗族的族长。这时的冯鹿荪，已是仁寿县里集富豪、民团武装、宗法之财权势于一身的显赫人物，人们都恭敬地称他为冯老太爷。

冯老太爷门下有七位公子，人丁兴旺，当然要大兴土木，营造阔绰的居室。在他苦心经营下，冯家大院亭台楼阁，画栋雕梁，匾额高悬，楹联生辉，气派得很。冯老太爷喜欢附庸风雅，还造起了一栋本县首屈一指、远近闻名的藏书楼。这位秀才老太爷的儒雅风度是他祖父和父亲难以企及的。

表面的繁华和风雅难以掩盖内里衰落的颓势。冯家高祖与曾祖那种西部拓荒、敢于冒险的锐气，那种惨淡经营的魄力，那种聚敛财富的劲头，都似乎已经成为昨天的回忆。如今这个大家族，已有些像曹雪芹笔下《红楼梦》里的荣宁二府，子孙们坐享其成，开始坐吃山空了。

冯老太爷也不再理事，家务由三位管事执掌，里里外外好几十号人开饭。单看男女佣工们的职责，你就知道这个大家族的内瓤子空了，早已病入膏肓。

曾祖敬德公在世时，佣工们全是从事生产的，像种庄稼、烤酒、养蚕、制药等。如今的佣工，多是为侍候主人，如马夫、厨师、花匠、鞋匠、裁缝、奶妈等。人越多耗损越大，再加上冯老太爷好大喜功，铺张靡费，大兴土木直到他去世都尚未结束。到了冯亚珩的父亲这一代，整个冯氏家族已经开始走下坡路。这时冯老太爷尚健在，但他成天只知道抽大烟，躺在烟灯前吞云吐雾。闲得无聊的时候，他还喜欢制作一点装饰性的小工艺品。雅兴来了，提起笔来写几句古诗，无病呻吟，聊以自娱。然后就乘上滑竿，到几里外的文公场上坐茶馆，摆摆龙门阵；或者钻进那个相好的寡妇家混上个大半天，这在文公场上已经不是鲜为人知的秘密了。他对七个儿子和三个女儿，听之任之从不过问，全由夫人廖氏坐镇操理。等到冯亚珩这些孙子辈出世，他更是优哉游哉，高高在上了。

冯老太爷的七个儿子，总的说来可以分为两类人。碌碌平庸者，即无所作为的纨绔子弟，其代表如冯亚珩的父亲——长房大少爷冯子融，人称“大冬瓜”。获此绰号，大概是他心宽体胖长得富态，又饱食终日无所用心的缘故。此人生性忠厚有余机敏不足，有点糊里糊涂，不是能撑持这个大家族门面的人物。虽然冯老太爷曾在私塾中聘请县中耆宿为教席，教这位长房大少爷读了一肚皮的古书，但也不甚了了。结果比老子还不如，他在清末的最后一次科举考试中名落孙山，以后就是想考也考不成了。冯子融平生有三大爱好——骑马、种花、养鸟，本来就胸无大志，也就谈不上什么玩物丧志了，祖上留给他的银钱，大多被这些玩意儿折腾光了。

不过，父亲给亚珩还是留下了一些好印象。他从不声色俱厉地训斥他，有时高兴了，还将亚珩抱上马去，骑着玩玩。他给亚珩的孩提时代带来了欢乐。

冯老太爷儿子的另一类属精明强悍者，即恃强凌弱的地方一霸。其代表如冯亚珩的二叔——冯子绥，仁寿人都称他“冯二麻子”。冯子绥在川军邓锡侯手下当过营长，后来又在本县任团练局长、参议员、袍哥舵把子。他是一种枭雄式的地方强梁，横行乡里，鱼肉百姓，县里人对他不敢直视。他每次从文公场进县城，都和年轻漂亮的姨太太骑着高头白马，身后跟着背洋枪的贴身保镖，威风凛凛地招摇过市。到县城，他每次都住在东街一家名叫“东来店”的旅馆，附近就是冯氏的宗祠。

冯亚珩的其他几个叔父——三叔冯子周、四叔冯子潜、六叔冯子壮、七叔冯子中和八叔冯子为，他们当中虽也有出去见过世面，在外面读过书、做过事的，有两位还当过文公场的乡长，但也终没一个成大气候的。

冯家从此衰落了。

到了冯家第五代——亚珩这一辈相继出世，虽然堂兄弟人数不算少，但毕竟冯氏家族已成强弩之末，在日胜一日的腐朽衰败中气数将尽。

但是亚珩这一辈，又毕竟不同于他们的父辈。父辈们的成长和习染学养，完全是半封建半殖民地社会的产物，他们一生都紧紧捆在一条船上，一旦沉没，只有同归于尽了。他们注定只能当这个封建没落家族的殉葬品。而亚珩这一辈出生于20世纪前期，他们的前途和命运，就不仅仅是当世家的纨绔浪子或地方豪强，与这令人窒息的日趋没落的家族一起烂掉。他们中的一些人有可能在新时代的进步思想的感召下，冲破重重阻碍，走向外面的大千世界，去寻求光明。

在这个衰败的大家族里，亚珩少年时代最受刺激的一件事，就是姐姐湘蘅之死。

一天，母亲撕裂人心的号哭，震动了整个冯家大院。亚珩闻声赶到母亲身旁，触目惊心的一幕展现在他面前：

在用一扇门板临时搭起的一座平台上，头发散乱、面色苍白的姐姐静静地平躺在上面，她已含恨离开人世。

仅仅大他七岁的姐姐，是吞食鸦片而死的。她死不瞑目，瞪着一双突兀的大眼睛。

母亲哭得死去活来，哭声是那么凄惨。亚珩站在母亲身旁，也不知道该说什么好。后来他才听长辈们说，姐姐死前未成婚配却有身孕了。

等亚珩再大一些以后，才慢慢理解了发生在这个封建宗法家族内部隐秘的悲剧故事。

亚珩的母亲王氏，是一位出生于书香之家的名门闺秀，她嫁到冯家来做长房媳妇，地位当然显赫。无奈上有一位事无巨细都要亲自过问的专横的婆婆十分厌恶她，还经常给她点颜色看，使她平日不得不变得格外小心谨慎。而亚珩的父亲又是个不理事的人，天塌下来都由她顶着，一切事情都得要她操心和经营。于是，这位大奶奶变得十分能干，善于应对，在七个妯娌之中，可谓是首屈一指的人物。她治家有方，精打细算，收租讨债，油盐柴米，被这个女流之辈安排得无懈可击。但这又渐渐地改变了她的性格，不像当初那样宽厚温顺。有两点最令人生畏：一是固执，二是冷酷，特别是在子女面前，她说一不二，独断专行，没有丝毫商量的余地，包括亚珩在内的五个子女都十分惧怕她。

母亲的性格悲剧，造成了女儿的人生悲剧。

母亲给女儿包办了婚事，女儿则不喜欢，内心十分痛苦。她深知母亲是铁石心肠，做女儿的纵然有天大不满和痛苦，都休想使母亲动心。她又是个十分软弱和内向的人，只好将无言的悲痛封闭在心里，整天关起门来独自落泪和悲伤，哀叹自己不幸的命运。她像一株在幽室中的花朵，一天天枯萎零落。

一个偶然的机会，她接触到二姑父严克代。当二姑父问起她为何近来面容憔悴时，她终于忍不住了，向他敞开了少女纯真的心扉。她的内心痛苦得到了二姑父深深的同情和理解。于是，侄女与姑父成为一对知己。

在这个封闭的冯家大院里，这位柔弱的千金小姐的命运是悲惨的。她开始对二姑父萌发了一种畸形的情感，直到绝望中才知道自己结下了苦果。她年轻无知，被一位老谋深算的恶棍欺骗和玩弄了。对于有脸面有地位的冯氏大家族来说，这犹如晴天霹雳，是奇耻大辱，绝对不能允许的。她只能以死进行抗争。晚上，她关好门，把从父亲那里偷来的鸦片大口大口吞下。

冯亚珩深深感触到，这个骄奢淫逸的家已在一天天烂下去。祖父在世时就已经开始卖地，以维持这个大家族的开支。等到祖父一死，维系冯家尊荣的偶像已经失去，冯家大院虽然面貌依旧，但它的内部已开始分崩离析了。

这个曾挂过“千顷牌”的大家族，现在剩下五六千亩土地，分到每房人的名下，也就那么二三百亩。每房人再分一份，每人也不过二三十亩。亚珩当然也有一份，因为年少只好由母亲代管。

冯亚珩难道就守着这么二三十亩地终此一生？

每个家族的发迹史，总要经历一个共同的难以逃脱的由盛到衰的怪圈。在产生更多的腐朽与罪恶之后，也产生更多的不治之症，同时也产生着更多的叛逆者和拆庙人。最后的结局，就是红楼之梦的幻灭，落得个“白茫茫大地真干净”。

作为相传五世、历经百年的一个显赫家族的末代子孙，冯亚珩未来的前途和命运又将会怎样？

兵燹之灾　在劫难逃

冯亚珩从呱呱坠地到少年离家的十五年间，都生活在兵荒马乱之中。

辛亥革命后，各地割据势力混战。这个时期从亚珩家乡仁寿到巴蜀四川，乃至于整个中国，随时都处在“风云突变，军阀重开战，洒向人间都是怨”的战乱中。

这是一个灾难深重的年代。就是亚珩出生的那年冬天，被后来人誉为“民族魂”的鲁迅先生，正最后一次回到故乡绍兴，后来他以此行为素材写成短篇小说名篇《故乡》。鲁迅先生通过对闰土形象的塑造，深刻地揭示了中国农民在多子、饥荒、苛税、兵匪、官绅重轭下的深重灾难。

在那些年月，四川仁寿的老百姓口头有三句顺口溜，就是最形象的写照：

匪如梳，
兵如篦，
团练有如刀子剃。

即使像冯家大院这样的豪绅之家，也绝非是太平祥和的世外桃源。襁褓中的亚珩，耳边也不尽是温柔甜蜜的摇篮曲，还有川军与滇、黔军骚扰不息的枪炮声。

第一次川军与滇、黔军之战，发生在亚珩出生前两年。结果是滇军经仁寿败退叙府（今宜宾），黔军总司令戴勘又败走成都，自毙于仁寿秦皇寺。旋即，滇军又卷土重来，整整一个旅进驻仁寿，勒索粮饷，搜刮民财，奸淫妇女，无所不为。

第二次川军与滇、黔军之战，发生在亚珩出生后的第二年。1920年5月，四川督军熊克武通电声讨云南督军唐继尧，联合川军各派力量驱逐滇、黔军出川，仁寿又成为双方对峙的战场。滇、黔军与川军交火之后，数日之内即被川军击溃。滇军厌战，回乡心切，残兵败将又遭遇民团乡勇追击，不少溃兵落荒而逃，沿途扔下枪支弹药，十分狼狈。

那时襁褓中的亚珩扯着嗓门夜哭时，只要大人吼一声："再哭，滇军打来了！"他就会像听到魔鬼来了一般，立刻收住哭声。

后来，虽然滇军、黔军走了，但蜀中依然无宁日。成都巷战的枪声，又不时响起，经常是"城头变幻大王旗"。从20世纪20年代到30年代前期，正值亚珩的童年与少年，四川这块中国大舞台上的一个表演区，连续地上演着一个多场次的闹剧，时间持续很久。可以说从亚珩懂事开始，听到和看到的多半是有关打仗的事，"乱哄哄，你方唱罢我登场"。从川西到川东，穿黄军装的各种番号的队伍，如荒年的漫天飞蝗，从这片土地飞到那片土地，落到哪里哪里遭殃。在1922年到1928年整整六年间，川军内部各派系之间，没有一天停止过厮杀，谁也控制不了全川局势。于是便形成了所谓的防区制，各路军阀都在自己防区内任命官吏，征收赋税，各霸一方。后来，刘文辉的势力日益扩张，他不仅当上了四川省政府主席，还从刘湘手中接管了资中、内江、隆昌、荣昌等县。仁寿当时属于他的二十四军的防区。

文公场位于仁寿北部，是通向省会成都的必经之路。那时的成都，是各派军阀控制四川的标志，争夺霸主的焦点。文公场仅距成都百里之遥，风云突变的消息经常传来，南来北往的队伍不时经过。即使冯家大院有用条石砌成的厚厚高墙，百年家族有用白银铸就的权势，也阻挡不了枪炮声的震荡和兵燹之灾。

一天深夜，松林湾的冯家大院失去了往日的平静。亚珩从被窝里被母亲猛然叫醒，不容分说地催促他赶紧起床。这时他才听见，整个大院嘈杂一片，急促杂沓的脚步声，沉重嘶哑的开关门声和孩子被惊醒的啼哭声，还有远远近近的狗发出令人心悸的狂吠。

这是一个令他害怕的恐怖之夜。

他看见母亲正在手忙脚乱地打点行李，几个哥哥也都穿戴整齐。这时一个老管家进屋报告，说几乘滑竿已在大门口准备停当，天快亮了请立即上路。冯老太爷则哆哆嗦嗦吩咐家里人马上离开，迟了恐有不测！

亚珩一家来到屋外，其他几房的叔婶和堂兄妹正匆匆准备起程，谁也顾不得谁了。仿佛大难临头，各自逃命去了。

原来是驻军派副官传话，开口向冯家借一笔巨款。用当地老百姓的话说，这叫敲土佬肥的竹杠。仁寿是刘文辉的二十四军的防区，在别人的胯下过日子，你敢说个不字么？当今四川，连刘湘都得让着他刘文辉几分，你冯家又算老几？还不照样收拾你！

冯老太爷只好收敛了往日的傲气，一面派精明能干的管事前去斡旋，一面筹划全家紧急疏散，以防万一。他还清楚地记得，去年县城里发生的那件震惊仁寿的枪杀事件，他才不愿做第二个杨栋材。

那是1925年，三十八岁的杨栋材回到仁寿接任县团练局长，他的前任就是亚珩的二叔冯子绥。没想到杨栋材上任以后，不到一年就把团丁不满千、破枪几十支的民团，整编培训成一支拥有五千团兵、枪械完备的地方武装。在一次召开川南县县长、征收局局长、团练局局长分摊战费及扩充军备常年经费的会议上，只有杨栋材敢挺身而出，据理力争，讨回公道。他向防区驻军长官质问道："中央多次命令裁军，只有你们还在扩充部队，究竟是奉有中央特许的命令，还是出于老百姓的请求？"他的讲话令全场震惊，迫使防区驻军长官的行为不得不有所收敛。但他从此结怨，驻军长官对他怀恨在心。

1929年冬，二十四军某师用木船运送枪支弹药路经仁寿苏码头，杨栋材竟敢率五千民团将其截夺。敢在老虎嘴上拔须，二十四军岂能容得了他！

第二年农历二月十五日那天，杨栋材乘坐滑竿从县城西街杨柳井来到牌坊街的征收局，然后从那里出来，刚坐上滑竿走了几步，突然有人大喝一声："站住！"同时两声枪响，杨栋材当即中弹从滑竿上滚了下来。他的卫士背上他逃跑，被伏兵追杀。奄奄一息的杨栋材躺在血泊中，又被补了两枪终于咽气，死时四十三岁。有一副悼念他的挽联激愤地写道：

> 在城中而遇匪，为全县而捐躯，凶手竟为谁，真是天知地知君知我知，千古空言仁寿城；
>
> 使继起而寒心，任奸雄而得志，切肤成此痛，从此不了怎了完了算了，万民泣唱自由歌。

冯老太爷一想到杨栋材遭暗算，背上就冒出冷汗，他连连催促一大家子人快走，快走！

亚珩这次跟着母亲避难外婆家。一路上急急如丧家之犬的丧魂失魄的狼狈与惶恐，深深烙在了他年幼的心上。

好在一来到外婆家，一切都不用担心了。外公名叫王国桢，清朝拔贡，又是蜀中一位著名的书法家，冯家大院中的许多匾额，都出自他的手笔。如今外公虽然已去世多年，但屋中的陈设依然那么儒雅考究，墙壁上挂满字画，透出一派浓郁的书香气息。只是由于大舅当家，不善于理财，家中略显得有些寒碜寥落罢了。

住了些日子消息传来，经过几位能干管家的四处疏通奔走，讨价还价，冯家总算幸免了一场血洗灾难。这时，冯家老老少少几十口人，才又惊魂未定地回到松林湾的大院。

这件事情过去没有多久，巴山蜀水间又响起了密集的枪炮声。1932 年冬至 1933 年夏，刘湘与刘文辉，即二十一军与二十四军之间，又爆发了"二刘之战"，仁寿重新成为军阀混战的主战场。

刘湘与刘文辉在仁寿、荣县、威远之间，展开拉锯式的血战。在仁寿的铁炉坳一带血战两天，杀得尸横遍野、血流成河。开始战局对刘湘不利，他派人带上亲笔信，到坐镇眉山的刘文辉处求和。这时，坐山观虎斗的二十八军邓锡侯与二十九军田颂尧怕刘文辉坐大，独霸四川，便从背后突然发起进攻，使战局发生逆转。加之刘文辉内部又发生陈鸣谦旅倒戈，终于使他被迫接受刘湘的和谈条件，空前惨烈的二刘“荣威大战”方告结束。仁寿不再属于刘文辉的防区，冯家也总算松了一口气。

谁知这时二十八军军长邓锡侯所属的余藻廷团调防，路过文公场，而曾在余藻廷团任过营长的冯子绥，则碰上了冤家对头。冯子绥曾在余藻廷团混事，桀骜不驯，又仗恃有同乡潘文华、董宋珩两个师长做靠山，就根本没有把这个团长余藻廷放在眼里。于是他俩经常发生龃龉，矛盾愈演愈烈，弄得有我没他，有他没我，冯余二人竟达到势不两立的地步。但余藻廷毕竟是团长，当营长的冯子绥只好屁股一拍，辞职不干了。

冤家路窄，狭路相逢。余藻廷借调防之机，兵临文公场，终于找到了报仇雪恨的机会，并四处扬言要找姓冯的算旧账。

冯子绥刚一听说余团调防要路经文公场，就意识到大祸临头，他知道这次姓余的绝对不会善罢甘休。而他手下那点团练兵丁，比起余团来毕竟是小巫见大巫，根本招架不住。好汉不吃眼前亏，三十六计走为上计，冯子绥赶紧带着保镖溜之大吉了。

跑得了和尚跑不了庙。松林湾的冯家大院，无论如何也搬不走和藏不起来。余藻廷带着他的队伍径直从文公场向松林湾开来，不但进驻这座大宅院，还竟然将冯老太爷作为人质扣押起来。接着，冯家大院被余藻廷洗劫一空。

对于亚珩这位冯家的九少爷来说，这次遭遇比前次出逃更为狼狈。在余团那些蛮不讲理的丘八眼中，根本不把他当什么少爷看，他活像一只吓呆了的小鸡。祖父被扣押后，叔父们只晓得喝酒浇愁，女人和孩子们被吓得整日只知道哭。他们做梦也想不到，历经五世的冯氏大家族今天竟然会落到如此境地。

但冯家毕竟有钱有势，也不是一个团长就可以任意摆布的。

斡旋在暗中紧张进行。冯家的银圆又像水淌一般流向四处，去收买权势、打通关节、谈判条件等。最后冯老太爷总算被释放了，余团也开拔了。这时亚珩的二叔冯子绥又大摇大摆地回到文公场上，他夸口说姓余的连他身上的汗毛也没有碰到一根，并扬言此仇不报非君子。没过两天，冯家大院又恢复了往日的生活秩序，该打麻将的仍打麻将，该抽大烟的仍抽大烟，仿佛任何事也没有发生过。

对这一段恐怖岁月，少年亚珩刻骨铭心。漆黑腥秽的暗夜，他睁开了一双渴求光明的眼睛。

昔日仁寿县文公镇老街一角（李勇　摄）

冯门九子　顽童少爷

冯亚珩一共有三个姑母。别看那时候重男轻女，姑母们在冯家大院中的地位，并不比六个叔父的地位低。这是因为祖父、祖母对三个姑母特别偏爱，对外孙们自然也就更加心疼。因此她们回娘家的次数和住的时间，也就特别多和特别长。对于这个大家族来说，多添十来张嘴是绝对吃不穷的，只要能让冯老太爷和老太太高兴，谁还能说个什么呢？

所以，亚珩童年时，在这个大院中不愁没有小伙伴。堂兄弟姊妹加表兄弟姊妹就是好大一堆，简直像一大群闹山麻雀，从这个院子跑进，又从那个院子跑出，叽叽喳喳叫个不停。笑闹声、哭叫声吵得大人们一时心烦。这其中也有调解不完的家族纠纷，断不完的公道是非，甚至在长辈之间也经常惹起明争暗斗。各人的娃娃各人爱嘛！

亚珩在冯门排行第九，又小又瘦，在这群孩子中当然算不得娃娃头。这个角色自然由一位最年长且个头又最大的表哥充当。尽管如此，老九常常以小撒娇，声称自己不是可以被任意支配和欺负的。他脑子最灵活，反应最敏捷，大家都叫他“精灵鬼”。不论一起玩什么游戏，他总要当赢家，绝不会吃半点亏，更不会把那位大个头的表兄放在眼里。

尽管如此，亚珩还是觉得成天和他们一起玩不自在。更何况大人之间的恩怨，总会通过孩子们的争执反映出来，他常常会莫名其妙地受到母亲的训斥。

他从小就不喜欢拘束，不愿受家里清规戒律的束缚。在大人眼里，他的确是一个很淘气、最顽皮的不懂规矩的孩子。

在外人眼里，冯家大院里画栋雕梁、假山荷塘、奇花满园，也算得上人间仙境。但他却偏偏不想在那堵用条石砌成的高高围墙里待着，一有机会他就溜出大门，跑到屋后的秤杆山上去找那些放牛娃玩耍。起初那些放牛娃叫他九少爷，他不高兴地说："叫我老九最安逸。"从此他们便改口叫他"老九"了。

一来到这些放牛娃中间，他就感到浑身自在，无拘无束，玩得特别开心。和他们一起下河洗澡，在河沟里捉泥鳅、螃蟹。捉到泥鳅、螃蟹，就在野地里搬几块石头，捡一些干树枝，用南瓜叶把它们包了起来，点上火烧烤，等闻到一股股香味了，就用手撕来吃，又鲜又烫，比起家里餐桌上的那些大鱼大肉，味道不知鲜美到哪里去了。

这些穷人家的孩子，成年打着光脚，不是放牛割草就是捡柴拾粪，柴背篼没有装满，回家便吃不成饭，甚至还要挨顿饱打。亚珩总是先帮着他们捡上满满一背篼干柴，割满一背篼青草，然后再和他们一起玩个痛快。

有一次，比他大的几个娃娃，像小猴般敏捷地爬到树上，噼噼啪啪地掰干树枝。亚珩爬不上树，只好眼睁睁地在树下看着。但他是个好强的人，心中很不服气，暗暗鼓劲，决心非要爬到树上去不可，而且要比他们爬得更高。

于是，他双手抱住一棵碗口粗的树，学着放牛娃爬树的样子，一节一节往上蹬。爬到半中腰，脚开始蹬不稳了，双臂也麻木了，浑身直冒汗。眼看快要掉了下来，突然一个大一点的孩子从下面爬上来，使劲托住他的屁股，树上的一个孩子又伸下一只手来，抓住他使劲一拉，他才总算爬到一个树杈上。这时，老九的心里有说不出的兴奋，感到一种从未有过的快乐。

孩子们都爬上了树，大家拼命地掰着干树枝。突然一声清脆的断裂声，只见亚珩从折断的树枝上一头栽了下去。

玩笑声戛然而止。亚珩不省人事地躺在地上。

大家都吓呆了，知道今天闯了大祸。如果这位冯家九少爷有个三长两短，每个人除了有一顿饱打不说，连他们家里的大人也脱不了干系。小伙伴们顿时傻了眼，不知该怎么办，有的吓得哭了起来。

这时，亚珩轻轻呻吟了一声，慢慢睁开眼来。

小伙伴们高兴起来，有的将他的鞋袜找来替他穿上，有的替他拍掉衣服上的泥土，争先恐后地对他说：

“老九，不是我哈！”

“别怪我，老九！”

“你千万别回家告我们。”

他坐了一阵，慢慢站起来，大家扶着他一步步朝山下走去。快到家门口，他叫大家散开，靠墙站了一会儿，才进了家门。母亲见儿子鼻青脸肿、衣衫破烂的样子，以为他又跟谁家孩子打了架。可他只说是自己跌伤的，问死也不改口。母亲知道儿子的犟德性，本想重重地责罚他，但见他伤成这般模样又不忍心，只好给他敷了药，让他早早地上床睡了。

还有一次，他独自一人悄悄爬到荷花池边一棵树上，不小心从树上落到了池水中。他在水中挣扎时，幸好一个姓王的长工路过这里，才把他从水池中捞了起来，救了他的命。

又过了许久，一天他正在学馆读书，耳边不时传来后山小伙伴们熟悉的叫喊声。好久没有和他们一起玩了，他心中直发痒，瞟了先生一眼，那位新来的先生立刻向他投出威严的目光，他只好悻悻地埋下头来。

片刻之后，外面响起一片哭声，究竟发生了什么事情？

他灵机一动，忙上前向先生请假解手。先生当然明白这个娃娃的动机，便无可奈何地说了句：“懒牛懒马屎尿多！”只好让他去了。

他刚一出学馆，便箭一般地向后山跑去。来到后山，只看见管家铁青着脸站在那里，面前放着一大堆干树枝，一群放牛娃聚成一堆，张着大嘴呜呜地号哭，边哭边哀求管家归还他们的背篼。

铁石心肠的管家对他们狠狠地说道：“不让你们吃点苦头，不晓得厉害。

再在这里闹，如果把冯老太爷惊动了，更有你们好看的，赶快滚！”

就在这时，只见一个娃娃飞快地跑到树下，三爬两爬就爬到了树上，伸手去取被管家挂在树上的背篼。

管家气得暴跳如雷，大声吼道：“这是哪家的娃娃？简直是无法无天了，今天老子非教训教训你不可！”

谁知这娃娃根本不把他放在眼里，伸手就把背篼摘下，扔给放牛娃们，然后才回过头来对管家说：

“是我喊他们来掰干柴的，让他们装上背走！”

管家一看，吓出了一身冷汗，忙换了一副笑脸，来到树下央求说：

“快下来，九少爷，你摔坏了我可担待不起。你快点下来吧，这些干柴我让他们背走就是了！”

他骑在树上，高兴地对小伙伴们大声吆喝道：“大家快装吧，装满了赶快背回去！”

他正在得意的时候，突然学馆的先生找来了。这一次先生罚他跪了砖头，他心里恨极了。

晚上，他爬上床睡觉，脱掉衣服钻进被窝，正庆幸自己又躲过了一场皮肉之苦时，只见母亲拿着竹板走了过来。母亲猛的一下子掀开被子，一板一板扎扎实实地抽在他的光屁股上，边打边数落他，打得他躲又无法躲，逃也无法逃，美美“饱餐”了一顿。

第二天，他来到学馆，先向先生鞠了一躬，然后扭头向自己的座位走去。这时，先生突然叫住他：

“冯亚珩！”

“嗯？”

“我问你，昨天晚上的‘笋子煎肉’味道如何？哈哈哈哈……”

他的脸一下子被气得铁青。

他坐在自己的课桌前发愣。他恨死了这位新来的先生，心里想：既然你笑我吃“笋子煎肉”，那么我也一定要请你尝尝它的味道！

吃过晚饭，先生在灯下读了几页书便觉困倦，掩门上床就寝。他靠在床上吸了一袋倒床烟后，刚要迷迷糊糊进入梦乡，便觉得背上被什么东西使劲戳了一下。他疑心有老鼠钻到床上，更担心有蛇钻进被窝里，于是侧身竖耳倾听动静。

一个很硬的东西又使劲戳了他一下，不像是老鼠或蛇。这时他一动也没有动，等再次戳来时，他伸手抓住的是一只竹板。先生一跃而起翻身下床，一把捉住了藏在蚊帐背后的冯亚珩。这时他顿时联想起白天发生的一件事：在学馆里他端起茶壶喝水时，发现茶水里有股尿臊味。如今看来，不是冯亚珩这个顽童干的又会是谁？

人赃俱获，先生立即将亚珩扭送到他父母面前。

“这事也干得太出格了！”平时从不过问孩子的父亲，今天也动真格的了。“先生都敢打，将来必定是个不忠不孝之徒，不如现在就打死你，免得长大了是个祸害！”父亲边打边愤愤地教训儿子。

冯家大院的九少爷，似乎在重复着荣国府大观园里宝二爷的命运。到晚年他还记得这件事，“文化大革命”中他在一首诗词中写道：老师罚我跪砖头，我才拿他的茶壶当尿流。

以后，逢年过节学馆放假的日子，母亲怕亚珩又跑到屋后的秤杆山上，伙同那些放牛娃调皮捣蛋，便经常带他到文公场的街上去赶场，顺便到家里开的酱园铺料理一下。

他最喜欢到文公场的街上赶场。有一次他见一只红色的大木箱前围满了人，凑上前去，只见大木箱上有一排圆形的孔洞，每个洞前都有人将眼睛贴在洞口观看。大木箱旁站着一个艺人，他的手上套着几根绳子，有节奏地扯动着，脚下踩动锣鼓配合，嘴里唱着小曲，演唱着人们熟悉的一个个民间故事。母亲告诉他，这叫“西洋景”，也叫“拉洋片”。母亲付过钱后，他津津有味地贴着圆洞观看起来。可惜放“西洋景”的不是经常到文公场来，他很难多看上几回。

母亲到酱园铺料理去了，他独自向文公街道的尽头走去，边走边玩，不知不觉走到场外的叫花岩。这儿有一个遮风避雨的岩洞，一些无家可归以乞讨为生的小叫花子住在这里。

他刚到这里，一群小叫花子便围了上来。他们都知道他是冯家的九少爷，便纷纷向他伸出一双双乌黑的小手。

他把手伸进口袋，触到了冰凉的沉甸甸的铜钱，瞪着眼睛对他们说：“哪个再叫我九少爷，我就不给哪个！叫我老九！”

小叫花子们立刻改口叫老九。

他掏出铜钱来，在每一个手心里放上一枚。等他再一次把手伸进口袋时，口袋已经空了。还有几位没有得到铜钱的叫花子，依然把手摊开在他面前，不肯缩回去。

他诚恳地说：“等我从文公场回来，一定给你们补上。”

他生怕他们会说他撒谎。

他急忙回到文公场上家里开的酱园铺里，母亲照例指使铺中的伙计买回几个铜板的麻糖让他吃。这时他看见母亲用一把铜钥匙打开酱园铺钱柜的锁，揭开木盖从里面抓出铜钱来，然后重新锁上，把钥匙放进口袋出去了。

他打开包在桐子树叶里的麻糖边吃边想，公开要钱去打发叫花子，肯定会挨母亲骂的，可铜钱又锁在钱柜里拿不出来，该怎么办？

母亲坐在酱园铺柜台外边的街沿边，正和街坊邻居摆龙门阵。他便悄悄来到柜台内的钱柜边仔细观察，钱柜上边有二指宽的一条缝，是收存铜钱用的。

他灵机一动，找来一根小竹棍，将麻糖串在棍端，然后从钱柜缝口伸进去。麻糖的黏性极强，一下子就黏起一枚铜钱来了。他从钱柜里黏出几枚铜钱后，找个借口跑了。一口气跑到叫花岩，拿出铜钱打发了刚才那几个没有分到的叫花子，他这才心满意足地回家去了。

天黑上灯之后，丰盛的晚餐已经摆满了桌子，母亲也从文公场上回来了。他饿极了，正要端起饭来吃，只听见母亲大喝一声：

“老九过来！你老实说，今天到铺子上干了些什么？说！”

他知道偷钱的事情败露了，只好咬紧牙关一言不发。

母亲变得愈加凶狠起来，将他推进屋里，把他反锁在里边。

等全家人吃过晚饭，母亲才把锁打开，推门进屋听不到一点响声。她知道这娃娃脾气犟，打死也不肯招供的，一定是赌气上床睡了。等她伸手一摸，床上空空的，赶紧点灯一照，屋里没有人影，只见窗户大开。

母亲气极了，吩咐管家："不管老九跑到哪家屋里，都一定要给我抓回来！"

整个大院找遍了，哪一家都没有见过老九。

母亲这时有些不安，又吩咐管家到几个爱和老九耍的放牛娃家去找找。

几个打火把的男人走出大门，消失在周围的山湾农舍里。夜深了，一个接一个回来报告说，少爷仍然没有找到。一位管家建议，再上文公场街上去找找看。母亲心急如焚，早已六神无主，只好如此了。

管家又打着火把来到文公街上，半夜三更敲开了他可能去的人家的门。人们从睡梦中惊醒，睁大一双双惺忪的睡眼，惊讶地反问道："你们家九少爷怎么了？"

管家失望地往回走，路过叫花岩，一阵风把火把吹熄了。在漆黑的夜里，突然看见岩洞里火光熊熊，不时地传来小叫花子们的笑闹声。

管家摸索着走了过去，才发现九少爷也坐在火堆旁边，和小叫花子们一边烤火，一边在高兴地说笑。

那天亚珩回到家，天都快亮了，平时铁石心肠的母亲竟抱住他大哭了一场。

这一回他没有挨打。

亚珩生性好动，只要一从学馆放学，就到处乱窜，连院墙上都有他的脚板印。从马棚到长工屋，从蚕房到烤酒房，没有哪个角落他没有去过。

他特别喜欢去长工屋看憨厚朴实的王老头，因为王老头救过他的命。说来也奇怪，这王老头斗大的字不识一个，但肚子里却好像装满无穷无尽的神奇的传说故事。他经常蹲在他的身旁，一边看他不停地搓草绳，一边听他讲述那些迷人的故事。王老头平日待人诚恳，别人遇到了为难事，他总乐意帮助人家，亚珩遇到麻烦当然也免不了来找王老头。他长大离家以后，还不时怀念起这位善良的老人。

他爱去的地方还有烤酒房。冯家大院一年四季喝的酒，都是自己家中酿造的醇香高粱酒。

烤酒匠一个个打着赤膊，在腾腾的蒸汽之中忙活着，汗水一股股在臂上流淌。他们端着大撮箕，装满百来斤刚从大木甑里起锅的高粱，趁热和上酒曲，再倒进窖中发酵。到了出酒的时候，老远就能闻到诱人的醇香。

这些性格如烈酒的烤酒匠，并不把九少爷当外人看，主仆之间的尊卑隔膜较小。烤酒匠起初用筷子蘸着烧酒让他尝，辣得他张嘴直哈气。后来他便习以为常，无所谓了。一次，他掐了一根麦草秆，插到酒中去，用劲一吸，一大口烧酒被他喝了下去，像一团火轰的一下子在胸中燃烧起来。他的两个小脸蛋红得像关公脸，顿时就绵软软地瘫倒在地上。

烤酒匠吓慌了，赶紧跑到厨房里去，要了小半碗醋让他喝下去，坐了好一阵，他才歪歪倒倒地走了。

有一件事，连烤酒匠都知道了，但母亲还一直瞒着他。

一天他转到烤酒房来。

“老九，你来品一下这窖酒的味道如何？”

他呷了一小口，咂咂嘴巴，满意地点了点头。

“喂，九少爷，你啥时候请我们吃新儿酒？”

当地人把结婚酒宴叫“新儿酒”。这回可不是喝醉了酒，他的脸一下子红到了耳根，莫名其妙地反问道：

“吃啥新儿酒，我咋个不晓得？”

“你别装了！桤木塘的张小姐你不认识吗？”

他显得越发着急了。其中一个老成点的烤酒匠认真地说：“回去问你妈就清楚了。”

他一转身气冲冲地跑到家里，一见到母亲就问：“妈，你说，桤木塘的张小姐是怎么回事？”

这突如其来的询问，使母亲猛然间愣住了。

离松林湾三里地，就是桤木塘。这里有一家姓张的大户，在当地也颇有势力。

张家有女名艾如，和亚珩差不多大。去年一次两家相聚，一听说张家小女和九少爷年纪差不多，况且他们之间也算得上门当户对，于是张家就要和冯家结“娃娃亲”，冯家便顺口答应下来。

哪知张家倒认真起来了，第二天便打发媒人来下了聘礼。亚珩才十二岁，这门亲事就这样定了下来。反正娃娃都还小，等几年再向他交代也不迟。今天，母亲怎么也没想到他自己问上门来了，他只好如实说了。这时亚珩的脸又红了。

“男大当婚，女大当嫁，这是人的终身大事，有什么可脸红的？”

“不，我不要！”

亚珩急不可待地关上了拒绝的大门，他觉得桤木塘的张小姐离他太遥远了。

亚珩大约从六岁起，就开始跟二哥冯建吴学画画。

建吴自小喜欢画画，一见到画就入迷，画什么像什么。曾经因为偷母亲的绣花样稿临摹，被母亲视为没有出息，还挨过一次饱打。当地一位有名的雕花木匠师傅宋复堂，经常在冯家大院干活，他又偷偷跑去跟宋师傅学手艺。

亚珩起初完全出于好奇，先是爬在二哥的画案旁边看他画画，后来就开始不安分起来，伸手去翻动画谱。建吴怕他的画谱被弟弟弄脏撕破，便不准他碰。亚珩的性格与建吴相反，要干什么，就非干什么不可，是吓不住的。有时二哥放下笔解手去了，他就毫不客气地越俎代庖，动手在二哥的画稿上涂抹起来，气得二哥非赶他走不可。最后，只好由母亲来出面调解兄弟纠纷。那时毕竟亚珩年纪太小，还不懂事，家里无可奈何，只好也给他备一份纸笔，任他在上面涂鸦。

等到亚珩六岁发蒙读书了，他喜欢画画的兴趣也日益浓厚起来。这样，十五岁的建吴就担负起了教弟弟学绘画的责任，成为先生亚珩九年的先生。

1926年冯建吴已经十六岁了，画也一天比一天画得好，受到父亲和叔辈们的称赞。有个在成都念书的叔叔，打听到刚开办的成都美专招生，于是全家人合议了一下，决定让叔叔带建吴到成都去读美专。

一天，冯家戏楼外的大门口停着两乘滑竿，行李已经绑好，白布轿篷也搭了起来，叔叔要带建吴到成都念书了，全家人热热闹闹地都出来为他送行。上路前，建吴有礼貌地从老到幼一一道别，他用目光搜寻了一圈问道：

“妈，九弟呢？”

母亲也感到奇怪：“咦，老九不是刚才还在吗？”

回转身来，才发现年幼的亚珩躲在大门内，独自在悄悄落泪。

二哥走后，谁又来当他画画的先生？想到这里，他心里当然很难受。

父亲说：“老九，等你到了二哥这么大，同样送你上成都读书。”

“我也上美专！”亚珩响亮地回答。

一位叔叔则开玩笑说：“我们冯家要出两个大画家了！”

父亲和母亲心中却忧虑起来：又不开画铺，一个家拿两个学画的儿子来干什么？

家塾蒙童　园花书楼

在仁寿县的几个大户人家中，冯家独树一帜的，就是兴学和藏书。

这一举措在冯亚珩的曾祖冯敬德时期就已经开始了。

仁寿县从清道光年间起至光绪年间停止科举考试为止，其间只中过三名进士，一名是咸丰三年的周文昭，另一名是光绪十六年的毛澂，再一位就是光绪十八年的喻炌。虽然这些荣耀与冯家失之交臂，却使得冯敬德把一番良苦用心倾注在儿子冯鹿荪身上，终于使冯家出了第一位秀才。到冯家第三代，冯鹿荪具有较为浓厚的文化素养和知识眼光，开始把大量的财力投入到培养子弟的家塾和藏书上。

按照清代的定制，县以上设书院，乡镇设义学。仁寿县的书院最早建于乾隆年间，名为鳌峰书院，道光时由城中迁至东郊。光绪三十二年停止科举考试之后改建为学堂，五年之后改为鳌峰中学堂。

冯家子弟多发蒙家塾。因为他们年龄较小，文公场又离县城较远，更主要的原因恐怕还是冯家长辈觉得自己办的家塾比县城的学堂要强得多。文公乡镇设有乡学或义塾，但那是供贫寒子弟就读的，像冯家这样大户人家的子弟，当然是不屑于进这种学堂的。所以冯亚珩六岁开始发蒙的时候，就是走进家塾读书的。

冯鹿荪操办的家塾远近闻名，奥秘在于他肯花重金延聘县中耆宿任教。他请仁寿县知名学者尹庄伯先生担任教席就曾传为美谈。这位尹先生名端号庄伯，仁寿清水人，自幼嗜好读书，专攻经史，诗文颇为时人敬重，清光绪年间考取秀才。他还是一位十分有名的书法家，书宗柳体，当时仁寿的匾额多出自他的手笔，缙绅之家的中堂也多悬挂着他的书法作品。冯鹿荪延请尹端主持家塾，自然是敬重他的人品学问，而尹先生欣然入主冯家教席，则是迷上了冯家的丰富藏书。这样，在为冯家子弟授课之余，他可以一头钻进冯家藏书楼，饱览经史，如鱼入海，何乐而不为？

亚珩六岁发蒙先读《三字经》。教过他的先生都说，九少爷虽然格外顽皮，但天资却特别聪颖。他在家塾念书的九年间，苦读了不少的书，有《龙文鞭影》《说文》《尔雅》《诗经》《左传》《四书》《古文观止》《古诗源》等，还有唐诗和宋词，替他打下了较为浓厚的中国传统文化基础。

那时的家塾先生授课，多数是只教会背诵，不加以讲解。但遇上好的先生，特别是碰上先生心绪不错、兴致很高的时候，不仅讲解，还要给学生们讲一些历史故事。其中，有关家乡先贤的故事，使少年亚珩产生了特别浓厚的兴趣，他觉得自己好像吮吸到了营养最丰富的乳汁。

没有英雄的民族，它的史诗是暗淡的；缺少思想家的民族，它的文化是弱智的。一个地方，如果数不出一串闪光的名字，就如同夜空里没有星光。生活在这片土地上的人，会感到像先天性缺钙一样。

仁寿从南北朝梁普通年间设置怀仁郡开始，一千四百多年来，历史上最著名的人物，当然首推公元 12 世纪中期即从北宋末年到南宋五十多年，出任过宰相的何栗和虞允文。亚珩还听那位先生考据说，从唐大历年间至清末的一千一百多年间，仁寿县在此期间考中进士者约二百零六人，其中一百七十九人都出在宋朝。从北宋开国到南宋为元所灭，共三百一十九年，仁寿一县就有这么多人中进士，也算得上是一种人文奇观。

先生说，县城东二里处，从前有一学馆名叫瑞竹园，何栗与虞允文小时候都先后在这里读过书。何栗聪慧过人，自幼好学；虞允文也是“六岁诵九经，七岁能属文”。

北宋政和年间，二十七岁的何栗考取进士第一，状元及第；南宋绍兴年间，虞允文又考取进士。何栗在北宋末期，任尚书右丞，进中书侍郎，迁右仆射中书侍郎；虞允文在南宋孝宗时最高升至左丞相。这两位仁寿人虽一前一后，却走着极其相似的道路，都以超人的才智居庙堂高位，施展自己的政治抱负。

先生一讲起来就眉飞色舞，扬眉吐气。他说，这两位故里先贤都同时碰上了有国难治、天下不平的艰危时世。何栗为相之时，正碰上了金灭辽后，兵分两路大举南侵之日。那位被誉为花鸟画家的徽宗，却以为有一纸让位诏书降与他同样软弱的儿子，自己就可以逃脱灭顶之灾了。虞允文同样遇到的是金人南侵，时逢完颜亮亲率三十万主力大军长驱直入，直抵长江北岸采石矶，吓得宋军主将逃回建康，而高宗却想浮海远逃。

历史虽然为这两个仁寿人安排了同样的对手，却为他俩安排了完全不同的命运和结局。

面对金兵南侵，北宋朝廷在辩论是否割让太原、中山、河间三镇以求和谈时，何栗站出来坚决反对并慷慨陈词：“三镇国之根本，奈何一旦弃之！且金人无信，割亦来，不割亦来。”他揭露并痛斥丞相唐恪让钦宗以亲征为名，西走洛阳的逃跑密谋。但何栗虽有状元之才，经纶满腹，却无“挽狂澜于既倒”的雄才大略。更何况他毕竟是一介文弱书生，到金营去谈判连马背都爬不上去，他能撑得起赵宋王朝这片残破的天吗？

于是他只好为钦宗代拟降表。堂堂状元之才，却可悲地写下了“既烦汗马之劳，敢缓牵羊之手……上皇（指赵佶）负罪以播迁，微臣（钦宗自指）捐躯而听命”的投降文书，他能不感到奇耻大辱吗？

在何栗被金兵羁押于北方时，他悲愤万状，不求苟活，写下了一首绝命诗：

念念通前劫，依依返旧魂。
人生会有死，遗恨满乾坤。

吟毕，仰天大恸，绝食而死，年仅三十九岁。其情感人，算是洗刷了他代拟降表的耻辱。

讲到此处，亚珩见先生已是热泪滂沱，泣不成声了。亚珩已经十三四岁了，对这段历史知晓，看到先生在台上这般动情，也同样感到心有戚戚焉。

先生又说，在何栗绝食殉国之后三十三年，南宋政府派虞允文出使金国。完颜亮见他乃一介书生，公然提出要和这位南宋文官比试箭法。这位骄横的金主却没有想到，文质彬彬的虞允文开弓一箭射中他中军帐大旗的旄头，令他不敢侧目而视。

第二年十一月初八早晨，完颜亮杀马祭天，投猪羊祭江，准备进攻。在这千钧一发的时刻，代表朝廷到采石矶劳军的虞允文正好赶到。只见他登高一呼，慷慨激昂地说："吾位从臣，使虏济江则国危，吾亦安避？今日之事，有进无退，不敌则死之，等死耳。退而死，不如进而死。死，吾节也！"

形势严峻，危如累卵，刻不容缓。虞允文立刻部署迎敌，经过两日的水上血战，奇迹终于出现了，一位名不见经传又无指挥大权的书生，竟然率领一万八千名残兵弱将，把不可一世的完颜亮的三十万大军打得落花流水。完颜亮的战船被烧，残部被歼，大势已去，逃往瓜州，十八天之后被完颜雍所废，后来欲孤注一掷，终为其部下所杀。一年之前虞允文使金时，这位金主想戏弄他，却没有想到一年之后他们狭路相逢，反被这位南宋文官逼上了绝路。

先生讲到这里，慷慨激昂，荡气回肠，骄傲之色溢于言表。对于亚珩来说，他还从来没有听过如此震撼人心的故事，而且主人公又是近在身旁的桑梓先贤，能不令他激动吗？

爱国报国和兼济天下，是积淀在中华儿女灵魂深处的永不磨灭的民族精魂。由塾师启蒙，冯亚珩幼小的心灵上，开始萌发出朦胧的忧患意识以及报国之情和献身精神。

松林湾的冯家大院是经过四五代人用近百年的时间才建成的，它是冯氏家族一个历史的缩影。

这组庞大的建筑群是由老宅和新房两个部分构成的。老宅属于冯家驹和冯敬德的创业时代，它的特点是质胜于文，讲究的是实用；新房是冯鹿荪以后兴建的，它的特点是文胜于质，满足奢华。所以，老宅的建筑大多质朴无华，重实用而不重气派；新房则装饰精美，画栋雕梁，不惜耗费巨资，靡费时日。

冯鹿荪有七个儿子，为了显示大家族的兴旺气派，他在大院内为每个儿子各造一套小院。时值民国初期，大户人家修房造屋，已不再是纯古典园林式，大多采取中西合璧，显示新派和洋气，被称为“中西式洋房”。

在冯亚珩的记忆中，后来修造的新房子，大多由祖父和三叔亲自设计，而且使用的建筑材料也十分考究。当时一般人修房子很少用的洋灰（水泥）和玻璃，是派专人到成都购买，然后再由人肩挑背扛运回松林湾来的。

亚珩从懂事起就看见，院子里差不多每天都有许多泥水匠在修房子，其间，偶尔也有停歇的时候，这种状况一直延续了十多年。直到他十五岁离家，有些工程尚未完工。他还听大人们谈起，这种旷日持久的营建，竟使偌大一个家族难以支撑，有时他们还不得不借贷甚至卖地，直到祖父病逝叔父们分家以后，修房造屋活动才不了了之。

松林湾的冯家大院，左边是坐南朝北的老房子，右边是坐西向东的新房子，合起来是用条石垒砌成的厚重的围墙。院开数门，成都至仁寿的老公路正好从东北角的门外经过。

冯家大院的后面，也就是南面，有一条由东向西的山埂，这就是亚珩经常去的秤杆山。当年大院奠基时请阴阳先生看过，冯家大院正好坐落在秤杆的头上，好似一个秤盘吊在秤杆上。迷信风水的人便说，难怪冯家那么有钱，原来专门有一杆秤在为他家称银子。

冯家的大门造型颇有气势，整齐地排列着一颗颗圆圆的铆钉，门头檐下的拱木和瓜头，还有繁复的雕花装饰，都给人一种深不可测的威严之感。大门的两边是八字形的护墙，两旁的石柱上，阴刻着一副楷书对联，联曰：

名高石座三千客

友伴山林十八公

走进大门来，迎面是一座五脊檩飞檐凌空的戏楼。明清以来，在四川民间，除寺庙、祠堂、会馆等场所建有戏楼外，私家庭院有戏楼的甚为罕见，足见冯家大院非同一般的气派。

按照传统的营造模式，戏楼都是背靠大门，面朝大院。进大门后要穿过台下来到台口，才是第一个院坝。不过院坝不大，迎面一排整齐的石级，通向屋基高出一层的第二进院落。

亚珩的儿时，正是川戏在清末民初形成之后的第一个繁荣期。从乾隆至道光年间，随着社会经济的恢复和发展，昆腔、弋阳腔、秦腔、二黄调四大声腔，通过不同渠道传入四川。经过百余年的衍变，逐渐形成“资阳河”“川北河”“下川东”及“川西坝”四条重要的川戏“河道”。1912 年，以杨素兰、康芷林、唐广体为首的川剧名伶，在成都华兴正街的悦来茶园创办三庆会，又产生了黄吉安、冉樵子、刘怀叙等川戏剧作家，标志着川戏艺术走向成熟。那时沿海一两个大都市也才只能放映无声电影，处于内陆的四川人消闲文化的主要形式就是看川戏，一般市井小民入夜后则聚在茶馆酒肆听“唱围鼓”（即川剧座唱）。

亚珩记得在自家戏楼上唱川戏时，长辈们就坐在石级上面的门口。祖父祖母坐在中央的太师椅上，叔父婶娘、姑父姑母带着各自的子女分坐在两旁，其他人就坐在石阶上或院坝上。

那时他还太小，看川戏自然不懂唱的什么。问身旁的大人，高兴时给他讲几句，不高兴时就叫他自己好好看，还说等长大后自然就懂了。他只好瞪着一双好奇的似懂非懂的眼睛，看着一个个花脸、小旦、武生等上场下场。这些色彩艳丽、斑斓多姿的脸谱、戏装、道具和场面，弄得他眼花缭乱，使他渐渐地感受到这一幅幅流动的图画的迷人之处，从而开启他欣赏美的心灵。

最使他入迷的当然是川戏中的“变脸”。台上的大红脸，一转身的工夫就变成了黑脸，再一转又变成了蓝脸，变成白脸、金脸。怎么变的？他只好缠着大人们刨根问底，但谁也没有说得清楚。他们都只能说，这是戏子的绝招，苦练出来的看家本领，不会轻易外传的。

川戏，是最早向亚珩敞开的一座五光十色的艺术宝库。

把戏班子请到家里的戏楼唱戏，并不是冯家常有的事。对于这位生活在深宅中的九少爷来说，主要的活动场所在这座大院的第二个大院坝里。这个用青石板铺成的院坝很长，后来又在中间拦腰砌起一道墙来，将它隔成前后两半，中间设一道圆门相通，增添了几分庭院的雅趣。院落的正面和两边全都是房舍，左右又各有两个对称的小天井，大院套小院，显得格外幽深。

大院的左角上，是藏书万卷的书楼。沿书房，还有一个幽深雅静的精致庭院，竹影婆娑，芝兰清心，这里就是冯家的小姐楼。

在大院的左边，小姐楼的南面又有一楼，楼上是蚕房，楼下是长工屋。院落的右边是那个烤酒房，以及马厩和猪圈等。

这是祖宗留下的老房子的格局。

冯家大院号称有三十二根屋脊，屋宇房舍之多就可以想见了。到了亚珩的父辈这一代，又在老房子的左边各自建起了小院。祖父母以及亚珩的父亲冯子融和三叔冯子周仍住在老房子里，二叔冯子绥搬出去另建新居去了。四叔冯子潜不但住新房子，还单独辟一道门进出。六叔冯子壮和七叔冯子中的新屋，与后来亚珩的二哥建吴卖画新造的“抱一庐”同一大门。这样，冯家大院的新老房子，进出有三个大门。

和旧派戏楼、老宅的古朴相比，新派“抱一庐”这边就显得洋气多了。沿石级而上是个半月形的平台，走进大门迎面而来，有一堵用小方格形状的五色玻璃镶嵌而成的照壁，给人以强烈的现代感。照壁后面凿成一椭圆形的荷花池。池中有桥，桥上有亭，可以赏荷对弈。池畔树丛中，就是两楼一底的“抱一庐”，如在画中，雅致清幽极了。传闻“抱一庐”三个大字是国民政府主席林森题写的。

冯家大院的外面有三个大鱼塘，院内有三个荷花池，睡莲团团漂浮水上，太湖石嶙峋立于其间。整个院内有花匠莳弄的名贵花木，林木苍翠，园花竞放，山水相映，郁郁葱葱。屋后的秤杆山上，植有排排铁蒺藜。

尽管这时的冯家，比起早年已经开始衰落了。然而这座如画的园林和其中的琴棋书画、诗词歌赋等浓郁的文化氛围，却给予了亚珩和他二哥建吴一双审美的眼睛。难怪后来渐入暮年的画家冯建吴，还特意为自己镌刻了一枚“万卷藏书十亩园花之父”的闲章。不过，真正给予亚珩和建吴一个饱受熏陶的诗化心灵的，还是家里那座有万卷藏书的藏书楼。

冯家的藏书楼历经三代人的苦心积累，不仅藏量甚丰，而且经、史、子、集俱全，另外还收藏有大量的碑帖。这对于一户乡间财主来说，能耗世资投入藏书，并且几代不辍，实属罕见。也许冯家的初衷，是想造就科场新贵，以显示儒雅家风。然而，新贵未出，到了第五代的两位子孙身上，却爆发了一种出人意料的精神追求和艺术创造。不能不承认，这是中国传统文化积累中所产生的一种独特的精神效应。

在藏书楼中，有一部诗文集曾深深吸引了少年亚珩，这就是文同的《丹渊集》。

亚珩之所以对它产生强烈的兴趣，与一段神奇的传说有关。

他从小就听父辈们说，从仁寿县城出北门，翻越二三十里的山路，有一块周围十来里地的平坝，一条小河流过这里，弯曲如“之”字。四周的山岩上，有不少珍贵的唐代石刻，传说在龙岩旁的石壁上，就有文同画的墨竹。不知道这位文人画家用一种什么特别的材料在岩壁上作画，历经几百年的风风雨雨，如今只要往那片岩壁上泼水，就会现出一幅生动的墨竹来。老百姓把这叫作“泼水见竹”。

自幼喜欢绘画的亚珩，对这个传说当然十分着迷，他一直在痴痴地想，人们常说力透纸背，难道还有人能力透石壁？于是，怀着探求这位文人画家原委的好奇心，他打开了《丹渊集》，如痴如醉地拜读起来。

文同，字与可，自号笑笑先生，梓州永泰（今四川盐亭东）人，官历邛州、洋州等知州，北宋熙宁年间，又以太常博士知陵州。在仁寿做官期间，他关心民疾，缉盗惩霸，声誉颇佳。宰相文彦博说他是“襟怀洒落，如晴云秋月，尘埃不染”。后来于元丰初年出知湖州，未到任而卒，人称“文湖州”。文同善诗文书画，尤其以画竹闻名。他独创画竹以深墨为面，淡墨为背。在洋州任知州时，此地有筼筜谷，竹林密布，他经常前往观赏揣摩，因此画竹愈加精妙。

令亚珩最感兴趣的，还是文同痴画竹、画纡竹的故事。

文同曾对小他十八岁的表弟苏轼说："吾乃学道未至，意有所不透，而无以遣之，故一发于墨竹，是病也。今吾病良已，可若何？"表面看文同画竹是"学道未至"的遣兴，但他又自赋诗曰"虚心异众草，劲节逾凡木"，可见他画竹是想抒写君子之风的人格力量。文同说，他画竹是一种病，无奈如今这种病已经好了。但苏东坡却幽默地认为："然予观之，与可之病亦未为已也，独不容有不发乎？余将伺其发而掩取之。彼方以为病，而吾又利其病，是吾亦病也。"意思是说，在我看来文同的病其实并未曾好，他真能够做到不再犯这种病吗？我就是要等到他重新发病而画竹时，得到他画的竹。文同认为画竹是一种病，而我又希望能从他发病中得到好处，看来我也病了。

这种"病"，其实就是画家对艺术的执着追求，并能达到生死契阔、如痴如狂的地步。

少年亚珩也染上了这种"病"，对画画更加痴迷了。

文同在仁寿做官时，发现他住所的北边山崖上，长着一片形状特异的竹。其中一枝是在还未脱笋壳的嫩竹时，就为毒虫所伤，有一枝被压于岩穴之下，无法挺直，两枝都长成了变形的纡竹。他之所以特别爱画纡竹，一是有感于人生的坎坷、生命的抗争；二是在艺术追求上，敢于与传统抗衡，刻意求新。在北宋，宫廷画院的势力相当强大，皇家的艺术趣味统治画坛，绘画日趋程式化并缺乏生气与创新。以画竹为例，《宣和画谱》就认定："竹本以直为上，修篁高劲，架雪凌霜，始有取焉"，并指责画纡竹者为"不得其所矣"。但文同偏偏欣赏纡竹，有着在艺术上敢于标新立异的特立独行精神，表现了一位文人画家强烈的艺术个性。

苏轼对文同的这种画风，当然是大加赞扬，他自己也曾作有《枯木竹石图》。米芾从文同的纡竹看出"如其胸中盘郁也"，朱熹也惊叹"其傲风霆、阅古今之气，犹足以想见其人也"。

亚珩迷上了文同的"纡竹精神"。虽然他们前后相距九百年，但先贤这种高扬主体、突出审美个性和抒写人格力量的觉醒，开始在少年画迷的心中生根了。

另外，父辈和塾师们总爱从书架上取出家乡另外几位著名诗人的诗文集，让亚珩细心地阅读和揣摸。

一位是孙光宪，五代时著名词人，字孟文，号葆光子，家庭世代务农。这个地道的农民的儿子，却自小勤奋好学，刻苦读书，在后唐时任陵州判官。他除了出生后的头六年生活在唐末,死前的最后八年生活在宋初,一生大部分时光，都是在分裂动乱的五代十国中度过的。后来他避地荆州，正碰上割据一方的南平王高氏招纳四方人才，经人推荐在其部下供职。

孙光宪算得上一个能驾驭复杂局势的高手。当时南平这样一个犹如动荡大海中一叶扁舟的小国，漂泊了三十多载没有覆没，最后又平安驶入北宋的港湾。难怪他晚年又深得赵匡胤的赏识，也算得上是一个安邦定国之才。他一生嗜书如命，藏书达数千卷。他不仅著述较丰，有《北梦琐言》《橘斋集》等，而且还是五代时一位颇有影响的锦心绣口的花间派词人。

不过他毕竟远在荆南，不在那个文艺圈子里。尽管一代词风如此，但他留下的八十四首词则比较清疏，还是有别于花间词美人相思和华丽香艳的颓风。他的词中有"江边一望楚天长，片帆烟际闪孤光"的疏朗，也有"目送征鸿飞杳杳，思随流水去茫茫，蓝红波碧忆潇湘"的婉约，还有"等闲无语，春恨如何去！终是疏狂留不住，花暗柳浓何处"的沉郁，更有"鸡禄山前游骑，边草白，朔天明，马蹄轻。鹊面弓离短帐，弯来月欲成。一只鸣髇云外，晓鸿惊"的雄健。他的词已在花间派的阴柔声中，吟出宋词变调的前奏。

亚珩还十分喜好家乡著名诗人韩驹的诗论《陵阳室中语》。

韩驹是北宋人，自幼酷好读书，成年后仕途并不通达，两遭贬谪，精神上受到重创。尽管如此，他对诗的追求却一往情深。他在《陵阳室中语》中说："赋诗十首，不如改诗一首。"他为友人饯别送诗，如果别后又觉不满，便派人追改订正，认真到如此地步。

他的《赠赵伯鱼》一诗云："学诗当如初学禅，未悟且遍参诸方。一朝悟罢正法眼，信手拈出皆成章。”难怪陆游也佩服地说：“先生诗擅天下，然反复涂之，又历疏语所从来，其严如此，可为后辈法矣。”

诗画同源。学诗和学画都是相通的，韩驹这种严谨认真的艺术探求精神，也给少年亚珩留下了深深的印迹。

他还记得家中的藏书楼中，有两部为长辈们引以为自豪的著作，即《道园学古录》和《道园类编》。书的作者是虞允文的五世孙虞集，他尽管在元朝身居高位，直到耄耋之年，一想起自己英雄的祖先，想起自己多少年来异乡漂泊，时时梦绕巴蜀陵州故园，一觉醒来泪湿枕畔，心都碎了。请看他七十岁时写的一首诗：

江山信美非吾土，漂泊栖迟近百年。
山舍墓田同水曲，不堪梦觉听啼鹃。

这位令亚珩崇敬的同乡先辈，留给人印象最深的还是他那家喻户晓的《风入松》的名句：

杏花、春雨、江南。

戏台、园花和那个有万卷藏书的阁楼，浸润着少年亚珩那块尚未耕耘的审美心灵的处女地。

1934年，冯亚珩已经长成了一位十五岁的少年。

他身材纤瘦，不像二哥建吴长得那么健壮，脸色黝黑，大家称他“黑蛮子”。这时他已告别了顽童的淘气，很少再听到说他又搞出什么恶作剧来。

亚珩一天天开始显露出成人的气质。

这几年他钻进藏书楼的时间越来越多了。在这间充满陈年书纸气和防蛀的叶子烟与石炭酸味的藏书楼中，他不仅知道了经、史、子、集，还发现另外一个更为吸引人的秘密。

有一次，他打开了一个书柜，里面装的全是用楠木板上下夹住、封面用古绫装裱得十分精致的字帖与拓片。以往他特别喜欢家中匾额和楹联上镌刻的字，以为那就是世上写得最好的毛笔字，尤其是外公王国桢和乡贤尹端写的。天外有天，当他读过书柜里的王羲之、王献之、怀素、苏东坡、董其昌这些名家的字帖之后，往日心中崇拜的书法楷模轰然坍塌了。他一遍一遍观赏着这些名家字帖，就像喝了家中窖藏多年的陈年老酒那般令人沉醉。开始习字时，先生让他临过颜真卿的，现在他又开始学二王了。

藏书楼中还有一个意外的惊喜，就是他在另一个立柜里发现有不少的宣纸。他知道家中偶尔来一位擅书能画的人，才拿出宣纸来，请他留下墨宝。他曾向父亲讨要宣纸，但立即遭到回绝，而现在它就在自己眼前。

他的心不禁怦然一动。

他收回了伸出的手，不像前些年那么放肆了。他记得，曾经因为拿过一支湖笔来用，被二叔发现后臭骂了一顿，使他至今耿耿于怀。但眼前的宣纸对他的诱惑力太大了，他很想试一试用这种纸写字是何滋味，一横心，很快地揭起两张来折叠好，藏到了怀里。他心跳得像要蹦出来似的，赶紧关上柜门，拔腿离开了藏书楼。

第二天，他手痒得终于忍不住了，酽酽地磨上一砚墨，取出那支曾为它挨过二叔骂的湖笔，展开一张裁成四尺三开的宣纸，拿出《兰亭序》，将笔在砚中调了又调，凝神屏气地写下一行：

永和九年岁在癸丑

宣纸的质地细腻柔软，虽然微微有一点渗透，但写起来笔画显得格外饱满，给人一种十分熨帖的惬意感。

猛然间，一声轻微的咳嗽在他脑后响起。不用回头，凭他的直觉就知道，父亲在身后站着。

他感到背上发麻，毛骨悚然。他知道大祸临头了。

“临帖切忌看一笔写一笔，先学会静心读帖，了然于胸，要做到心领神会，意在笔先……”父亲说得高兴起来，便自己坐了下来为儿子示范。但他接下来一个“暮春之初”的“暮”字还没有写完，便停下笔拿起纸来细看，突然变色问道：“宣纸是哪里来的？”

亚珩当然只有如实招供。

“你知不知道，这是上等徽宣，是爷爷用银子专门请人到成都去买的。”父亲激动地站了起来，在屋里来回走动着，沉默了一阵终于说：“算了，以后不要再去拿。”

说完，头也不回地走了。

亚珩终生爱宣纸成癖，大概自这时始。

斗转星移，世道变了，家塾也不得不变。新学正在兴起，娃儿们不能老念四书五经了。冯家大院的学馆里除旧学老师外，还请来了新学先生，开设了英文、算术、地理、美术等新课，但国文仍然教的是《古文观止》。

对于新课，亚珩除了酷爱美术外，英文和算术都让他感到心烦，怎么也打不起精神来学。一种无形的压力一天天逼近，他今年已经十五岁，如果让他进正规的新学，读高中上大学，恐怕数学和英语是难以及格的。

尤其令他感到难堪的是，一些比他年长的表哥表姐，他们都到成都读书去了。每次放假回来，他们嘴上总是挂着令人眼花缭乱的新鲜名词儿，使他有着一种无地自容的感觉。但他心里又总不服气，就故意唱反调和他们争辩、抬杠。

表哥表姐们一谈起新诗来，他就会毫不客气地加以攻击和嘲笑，借用学馆里旧学先生的观点，认为白话太浅薄，没有文言深奥。尽管嘴上说得头头是道，他自己心里完全明白，不能在家里再待下去了，应该争取尽早到成都去读书。外面的世界，早已令他怦然心跳和梦牵魂绕。

1934 年夏天，机会终于来了。他从母亲那里听到一个消息，二哥建吴暑假要从成都回家来。

于是，他向父亲要了一张六尺宣纸，经过一番精心的构思，使出浑身解数，画了一幅中堂，兴奋地等待二哥的归来。

二哥终于回来了。这位先生、他九年的先生，虽然只有二十四岁，如今已是成都东方美专的领导人，给人一种威严感，不再是当年可以随便打闹和玩笑的那个二哥了。

建吴到成都美专学了两年画，后来他打听到，上海吴昌硕的后嗣所创办的昌明艺专名家荟萃，是进一步深造的理想之所。于是他便买舟东下来到上海，如愿以偿地进了上海昌明艺专。

在这所学校里，他师承王一亭、王个簃、诸闻韵、诸乐三、任堇叔、冯君木、潘天寿等诸位名家。在传统中国画领域的诗、书、画、印诸门类中，建吴受到严格的训练以及艺术的熏染，从而铺平了他立志成为一名画家的道路。

1931 年，这位毕业于上海昌明艺专的吴昌硕的再传弟子回到成都时刚刚二十一岁。在成都，他举办了首次个人画展，展出作品一百多件。透过这位年轻画家的笔墨，使人感受到海派名师对他的影响。

冯建吴一回到四川，便显得空前活跃，表现出他投身艺术的激情。在成都开设了浣花草堂书画社，并建立了书画会——蓉社。他精力充沛地奔走于成渝两地，在重庆又组织了国光书画会。他很快地结识了一批集成渝两地的画家，大家相互观摩，切磋技艺。

经过近一年的摸索和筹划，1932 年二十二岁的冯建吴与几个同学一起，终于在成都创办东方美术专科学校，他任教务长兼国画系主任，杜施奇任西画系主任，段虚谷任校长。在东方美专创办期间，他曾邀请国画大师黄宾虹入川执教，产生过不小的影响。

如今面对这位既是东方美专教务长，又是自己胞兄的画家，亚珩的确有些惶恐，显得十分拘谨，红着脸一声不吭地站在二哥面前。

“嗬，老九都长这么高了！画有长进没有？拿给我看看！”

他忐忑不安地打开那幅六尺中堂。

“胆子不小，还敢画六尺中堂！就是功夫太差了，愿不愿到美专来上学？”

他当然求之不得。

如果能进美专读书，不仅能满足自己的爱好，还可以避开令他头痛的数学和英文，免得母亲整天价逼他补习功课考高中、考名牌大学。他最不愿意受那种束缚，循规蹈矩地学那些枯燥无味的功课。

他知道母亲是不会答应他学美术的。他曾多次试探过母亲的态度，但她总是认定学那个东西没出息，读书还是要讲究致用，长大后方能继承家业，支撑冯家门面。她和父亲都是那个难以改变的老腔调：冯家又不开画铺，何须两弟兄都去学画！还是老老实实补习功课，考高中上大学才是正路。

特别是母亲的固执，他从小就领教够了。

也许是那幅六尺中堂给二哥建吴留下了什么特别感触，他倒是竭力主张弟弟到成都学画。鉴于母亲的威严，最后达成了一个折中妥协的办法，亚珩可以暂时到成都学学画，但最后必须补习考高中。

亚珩心里十分明白，如果连这一点都不能接受，那他就休想离开家里的大门。

第二章

救亡求索：从成都奔向延安

困窘与执着：东方美专的冯老弟

在松林湾冯家大院的大门口，有一条自西北向东南延伸的大道，这就是成都至仁寿的老公路。早先，这条公路中的籍田至仁寿一段尚未修通。

1934年秋，十五岁的冯亚珩第一次出远门到成都时，展现在他面前的是一条蜿蜒曲折的崎岖山道。

走出文公场十多里，迎面而来的是绵延起伏的二峨山。也许这是一种人生的寓意和象征，他艺术追求的旅程一开始，就需要翻越陡峭的山路，就需要不倦地跋涉和不停地登攀。然而这一切对他都还十分朦胧，影影绰绰并不那么清楚。作为一个不更事的少年，他心中躁动着追求和向往，充满着忧伤与不安。

母亲自有她的心思和打算。亚珩的父亲疾病缠身，家里急需要个能撑持门面的人。她早已心中有数，别看老九年纪最小，可性格倔强，凡事有主见，不可欺负，不受随意摆布。如果好好调教，再等他与张家小姐的婚事办了，心也就不再野了，将来定能为冯家主事。这次他上成都，她不好过于反对，怕将他逼反了，反而不好收拾。但她给儿子的盘缠并不多，让他出去碰碰壁，尝尝“在家千日好，出门时时难”的滋味，然后老老实实回家过日子。

这就是母亲的如意算盘。

亚珩知道，母亲给他的这点钱到成都上学是绝对不够的，但只要放他走，即使一文不给，他也愿离开松林湾。这个家使他感到压抑，感到困惑，他开始有些厌恶这个家，他想寻求自己新的生活，这次他无论如何也要离开这个家。

他平生第一次步行一百多里路，何况还翻越了二峨山。途中他在籍田住宿一夜，第二天乘汽车到达成都。

当他从南门外沿府南河岸边的九眼桥步入成都市区，一眼望见那座望江楼的影子时，立刻有一种说不出的激动。童年时就经常听大人摆龙门阵，他们津津乐道的三国故事，都与这座历史文化名城有关。这儿处处让人感受到蜀都的神韵，武侯祠的森森翠柏，杜甫草堂的廊庑碑亭和少城公园的辛亥保路运动纪念碑，更是令他神往已久。

成都芙蓉花有名，故又叫蓉城。街道两旁几乎都是一楼一底的小青瓦木结构的铺面，临街的吊脚楼前都有一排弧形木栏杆为靠背的座椅，市井味十足。

他在南门外小天竺街的一座大宅院里，找到了东方美专。

二哥见到他显得很高兴，忙着替他安顿好住处。但以后除了管他一日三餐和发给一点纸张文具之外，再没有任何优待。他随班就读，就这样开始了东方美专的学习生涯。

东方美专有三四百学生，男女生都有。他的到来，还是引起了全校的注意。同学们都知道，国画系来了一位才十六岁的有些腼腆的瘦瘦的小老弟，是教务长兼国画系主任冯老师的九弟，他还有一位远房的二姑，在学校担任女舍监。他年龄虽最小，但有靠山，自然也没有谁敢欺负他。

东方美专兴办了两年，与正规的学校不同，学生的年龄参差不齐，文化和专业水平也高低不等。那时，成都的学堂里还聚集了不少从各县上来的土财主的公子哥儿，他们带着大把大把的银圆，说是到省城来读书，其实白天坐茶馆、逛公园、进馆子，晚上不是到悦来剧场看川戏，就是去东门口新华街逛窑子。他们除了操到一口变了调儿的成都话，染上烟瘾和梅毒之外，学到菜籽米那么大一点本事都是空的。东方美专也少不了这类学生，学几笔画纯粹是为了附庸风雅，或混个牌子而已。

这位来自仁寿县大财主家的冯老弟，虽然一不考试，二不交学费就进校学画，但却没有那种纨绔子弟的浮华习气。

二哥一来到教室里，就像对待陌生人一般，板着一副严厉的脸孔，绝无半点兄弟情面可讲。因此，只要是二哥上课，他总是夹起尾巴格外小心。

在画习作时，二哥常常转到他的画桌边，默默无声地站在那里看着他。这时他就感到十分紧张，头皮发麻，如芒刺在背，不知该如何下笔了。二哥看一阵，有时一声不响地走了，有时用手指在画面的某处重重地敲两下，但什么也不说，弄得他对着画久久出神，反复琢磨，有时似乎悟出点其中的奥妙，还不晓得究竟是不是那么回事。

二哥看他的习作时，有时也显得十分仔细，但末了总是只有两个字的批评，从不肯多说一句：

腻啦！

饱啦！

花啦！

他生气了，若在家里，他早和二哥闹翻了。他是个倔脾气，你懒得说，我还懒得问哩！他只好自己用心苦苦地琢磨，开始总是十分茫然，反复地练习，慢慢地才有了进步。

他领悟到二哥课徒的深意了。任何人替你引路，都替代不了自己独特的感悟和艰辛的求索，不然你就永远是一个巨人庇护下的侏儒，不会有丝毫出息的。

亚珩初到成都，人地生疏，同学之间的年龄差距也比较大，大家都把他当小孩看待，叫他“冯老弟”，且不多和他交往。再加上他有些怯生，也和大家玩不到一块儿，只好独自埋头画画。

他学画总有一股子痴劲，一着迷便忘掉了一切，半天半天地伏在那里全神贯注地画，连上厕所都在开小跑。这一切，二哥都看在眼里，心中感到欣慰和放心。

亚珩如痴如醉地临摹着宋元明清诸家，特别是石涛、八大山人、吴昌硕等一位位令他仰止的大师的精品。他像一只雏鹰，展开了稚嫩的翅膀向天宇飞去。艺术的寥廓长空和巍巍群峰展现在他的面前，他是何等陶醉，何等神往！

尽管这位少年的艺术朝圣者才刚刚起步，但他的忘我和执着的学习精神令周围的同学刮目相看。尤其是当期末测验结束时，一个轰动的消息在班上传开：这位年龄最小的冯老弟，学习成绩名列前茅！那些年纪比他大许多的同班同学，在他的习作面前都深感内疚。

冯亚珩一下子成了东方美专校园里受人注目的焦点人物。

然而命运多舛。第一学期结束后，母亲突然变卦了。她告诉儿子："学那玩意儿完全是白花钱，一点用处也没有，还是老老实实给我补习功课，明年去考高中，这才是正路。"

更加令他感到沮丧的是，全家人除二哥以外，几乎所有的人都反对他继续上美专，使他感到空前的孤立。

这年的寒假他觉得特别漫长，在家里过年一点也不舒心。他整天关起门来画画，有空宁愿到王老头那里去聊天，也不和家里人打交道。

正月十五元宵节一过完，他郑重其事地来到母亲跟前要钱，决意要继续上成都读美专。

母亲也并非只是在口头上说说而已，马上动起真格来了。她果真说一不二，断然拒绝："要上美专，一文钱也不给！你要读自己去读好了，我不管！"

他是子女中第一个敢同母亲进行公开较量的人。

第二天一大早，他和谁也没有打招呼，就独自上成都去了。他已经快十七岁，翅膀似乎也硬了一点。家里人都暗自替他捏把汗，不知被激怒的母亲，会对他采取什么制裁措施。

当他出现在小天竺街东方美专时，二哥也有些担心了。但从建吴的内心来说，如果亚珩真的不学画了，他会感到十分惋惜的。

亚珩的口袋里还有些零花钱，而学费和伙食费就赖定二哥了，其余也无大的开支，没有翻不过去的门槛。后来，经过二哥几次写信劝解疏通，母亲才略有让步，多少给了一点钱。但她仍然没有松口，决意要亚珩抓紧补课，准备报考高中。

较量仍然在继续进行。

他并没有把这些放在心上，又一头栽进画室里去了。在新的学期里，他开始发现，同学眼中对他的钦佩感逐渐消逝，甚至听到有人背地里议论他。他们觉得这位冯老弟成天只知道埋头画画，虽然手上有些功夫，也读过一些古书，新书虽读得不少，但平时不爱接触新知识，仅仅如此用功，是搞不出个名堂来的。

他们的话确实一语破的。

这时他才猛然惊醒。家中虽说有万卷藏书，只限于古老的经、史、子、集。时代毕竟已经到了20世纪的30年代中期，中国这个东方文明古国，也正在发生剧烈的变化，新知识、新思想正在不断地传播。

成都比起松林湾来，有着无比的新鲜和神奇的魅力，但与五四运动发祥地和拥有北大、清华的北平比较起来，与汇聚着一大批文化名人的上海比较起来，它就显得有些闭塞和守旧了。尽管如此，剑门和夔门还是挡不住新知识和新思潮的涌入，只不过迟缓些，淡薄些。一些像《申报》《大公报》以及北平和上海一批有影响的进步书刊，在成都的书肆里还是可以买得到的。

此后，亚珩除了学画之外，开始读鲁迅的《呐喊》《彷徨》和其他的杂文集，读邹韬奋主编的《大众生活》，鲁迅、茅盾和黄源主编的《译文》杂志。他还读了在青年中风行一时的郭沫若的《反正前后》《创造十年》，还有巴金的《家》等一批新文学作品。

于是，他心灵的一扇扇窗户洞开了，他深深地贪婪地吸进了一缕缕新鲜的空气，看见了许多从未见过的迷人的新景观。他的头脑里接受了不少令人欣喜的激动的新思想和新观念，还有那许许多多新奇诱人的领域，令他手痒，跃跃欲试。

冯亚珩属于那种天赋很高、求知欲极强的人，悟性好，有强烈的好奇心和好胜心。所以，当他一接触到这个八面来风、令人眼花缭乱的新的领域时，对什么都感兴趣，什么都想去学。

他对新的东西从来都“贪得无厌”。

一个学期过得真快。假期来临，他的心上又覆盖着厚重的阴云。放假后，他又不得不回到松林湾，看母亲的脸色，听她整天价唠叨。而母亲依然如故，没有丝毫改变。他也仍然不屈不挠地向母亲讨价还价，试图动摇她那颗铁石心肠，但这是徒劳。

一场奇异的母与子的持久较量在继续进行着。

新学期又开始了，他仍是我行我素，不肯向母亲做半点让步。而母亲干脆一分钱也不给，置他于山穷水尽的绝境，逼他妥协就范。

母亲真狠。

他也横下一条心，决意背水一战，置之死地而后生。

他与母亲的关系越来越紧张了。

来到成都，他狼狈如丧家之犬。一个意外的消息又如雪上加霜，使他差一点打了退堂鼓。

二哥马上要起程赴上海。此行一是请昌明艺专的校长王一亭看画；二是为学校购置一批绘画用具和颜料，来去大约要好几个月。

面对即将出发行色匆忙的二哥，他怎么也不好开口。平时二哥经济并不宽裕，为了支撑这所学校，有时还要借贷，手中拮据。

于是他把自己的难言之苦，全咽到了腹中。既然决心已定，无论如何也不能回去，他相信没有翻不过去的火焰山！

十七岁的冯亚珩，已经露出了性格的棱角，但他能经受得住现实无情的磨损和碰撞吗？

二哥走了，他依然留了下来。同学们开始发现，冯老弟变得沉默寡言，不苟言笑。

这位自小饭来张口、衣来伸手的冯家九少爷，第一次承受着生计的重负，面临着囊中羞涩的困窘。他不得不数着口袋里的铜板过日子，那点微薄的积蓄，犹如无源之水，一天天枯竭。

这是他有生以来最艰难的日子。

有一天他终于断炊了，囊空如洗，谁也没有想到挂“千顷牌”的冯家少爷，也有饿肚的时候。饥肠辘辘的他，在小天竺街上来回踯躅，馆子里的各种小吃

散发着诱人的香味……

饥饿是残酷无情的。

他的尴尬与无奈恰巧被一位要好的同学发现，这才借给他几块钱以解燃眉之急，但一个学生又能有多少钱可借呢？

他只好硬着头皮找亲戚家碰碰运气。刚刚进门，亲戚们热情得不得了，还抱怨他为什么老不来玩。等到他的话语中借钱的意向初露，他们便以成都人特有的精明，敏感地转移谈话主题，紧接着就是一大堆装穷叫苦的语言，极力渲染近来的困境，把他的嘴堵死。最后又是难堪的敷衍和沉默，让他如坐针毡，比听到逐客令更难受。此刻，他从亲戚的吝啬中，第一次刻骨铭心地感受到一种世态炎凉和人情冷漠。

他离开亲戚家，心中怅然若失，默默地在街上走着。迎面一块招牌，吸引住了他的视线，这就是一个颜体楷书大字：“当”！

他浑身不由一震，眼里闪电般一亮，有办法了！

他猛然加快步伐，向美专的宿舍快速跑去。他急忙打开自己的箱子，将一件小皮袄裹了起来，生怕别人看见，然后快步向当铺走去。

冯亚珩第一次走进当铺，一排油漆得乌黑发亮的柜台，威严地横在他面前。

他一声不响地把小皮袄往柜台上一放。

当铺的朝奉走上前来，用精于世故的眼光，打量了一下那件绸面小皮袄。他深知此物非穷家小户人穿得起的，而来者非纨绔子弟莫属，十有八九是在赌场输了钱，手中急着钱花，正是杀价的好机会。

他向亚珩报了一个极低的价位，四川人叫“整冤枉”和“烫毛子”。没想到这位少爷不知是不懂行情，还是急于用钱，未曾讨价还价，便点头答应了。随着一阵清脆的算盘珠响过之后，亚珩从朝奉手里抓过当票和银圆，像做贼似的跑出了当铺。

这学期并不平静。

同学们看见他还在专心专意地画国画，便好心劝解他说：冯老弟，你别那么迂了，学中国画没有用了。要吃香最好改学图案。他留心观察了一下，同学中确实有不少人放弃了中国画，转向图案专业，并开始到社会上赚钱混饭去了。

他没有动摇，尽管吃饭问题已经到了难以解决的地步，但是在他的心里，依然是石涛和八大山人的作品，而不是那些装饰图案。

他不愿去随波逐流。

不过，他性格变得开朗多了。自从二哥去上海后，他再没有从前那么拘谨，和同学们在一起活动的时间多起来。有时星期天去公园玩玩，逛逛街或看场电影。课余时间，他还和大家一起办壁报，不论是写文章、画刊头和插图，干起来都非常有劲。有一次学校开联欢会，有几位同学排一出小话剧，邀请他参加。他对这种生活化的化妆、道白和动作的“文明戏”特别感兴趣，排练的时候十分认真，一丝不苟。这是他与现代戏剧的第一次接触。

他在成都生活一年多了，当初对成都的那种美好新奇的印象、那种欣喜激动的情绪已渐渐消失。他开始从那个纯粹美好的艺术天地中抬起头来，用一个青年忧郁的目光，注视着和思索着身边的这个世界。

他惊讶地发现，这座有着浓郁文化氛围的古城，除了繁华的春熙路、翠柏森森的武侯祠、诗情画意的杜甫草堂和香烟缭绕的文殊院以及人们推崇的“五老七贤”之外，还有另外一个成都的形象。

这是一个散发着小市民庸俗气息的成都，一个充斥着肮脏与污秽、黑暗和暴力的成都。

在20世纪30年代中期的成都街头，既看得到达官贵人乘着漆得乌黑发亮的私家黄包车，响着清脆的铃铛声招摇过市，也看得到因为灾荒流浪都市的乞丐不断受到警察的呵斥和驱赶。另外，还有土匪、袍哥、军警相互勾结，尔虞我诈，不时地在大街小巷、公馆、妓院，制造着骇人听闻的绑票、抢劫和暗杀。一会儿是二十八军邓锡侯的经理处长寇梦波的两个十来岁的儿子，被二十四军派人从东玉沙街的寇公馆拉了“肥猪”，辗转半年多，花了一万多银圆才把人赎回了家；一会儿是林家巷一家有钱的新都人王智堂被抢，是二十八军陈玉农部的一位连长带人干的，他们在东校场分赃时，抱怨人去少了，还有那么多东西拿不了。当时的成都市区，巷战不断，不时响起军阀火并的枪炮声，街道上燃起冲天的大火。

美好的艺术天地和污秽的现实世界，在同时冲击着一个未满十八岁的青年难以平静的心。

二哥终于风尘仆仆地从上海回来了。他惊讶地发现亚珩不但人长高了一头，也懂事多了，而且画艺进步也不少。他帮亚珩还清了欠账。

春去秋来，两年的时光飞快过去，转瞬间就临近毕业了。正在这时，传来一个令亚珩激动的消息：学校要组织同学们到乐山和峨眉山旅行写生。乐山大佛和峨眉秀色，都是令学画人神往的地方，当知道这次旅行写生属自费时，囊中羞涩的他顿时像泄了气的皮球。

到了出发的时候，同学们惊讶地看见冯老弟也出现在队伍中。他们不知道他的口袋里这时一共只有十三块钱，而这笔钱尽管很少，也是经他多方筹措才凑成的：二哥给了五块，同学借了三块，当衣物换了五块。

其实，乐山与峨眉山就在亚珩家乡仁寿县的西南，其间隔着一个井研县，相距只有一二百里。仁寿县城的城北，有一座山峰叫望峨台，在雨后秋高气爽的季节，站在望峨台就能看到峨眉山。如今，登上峨眉山的愿望马上得以实现，他高兴地在旅行队伍里乱蹦乱跳。

李白年轻时登上峨眉山，曾豪情满怀地放歌曰：

蜀国多仙山，峨眉邈难匹。
周流试登览，绝怪安可悉？

亚珩和同学们背着画板，吟着李白的诗句，从报国寺至清音阁，经洪椿坪到洗象池。他们画不完“双桥清音”“洪椿晓雨”，赏不尽“象池夜月”“灵岩叠翠”，林木青幽、古刹深藏、千岩竞秀、万壑争流、云蒸霞蔚、气象万千。登上海拔三千米的金顶，站在舍身岩边极目远眺，天地寥廓，江河如带，天际尽头，雪峰环列，十分雄奇壮观。特别是清晨，茫茫云海中红日喷薄而出，一派宏阔壮丽的气象。在峨眉山迷人的风光中，他第一次有了江山如画的真切感受。

同学们从峨眉山的云海下来，来到乐山大佛身边。他站在古亭边凭栏眺望，山下江涛轰鸣，宽阔的江岸对面，古嘉州城堞楼阁隔江相望。他记起了少年时在家塾里背诵过的苏东坡诗句：

少年不愿万户侯，亦不愿识韩荆州。
颇愿身为汉嘉守，载酒时作凌云游。

从凌云山下来，他站在江边等候渡船。面对三江汇流的浩浩江面，苍翠雄奇的凌云、乌尤，他感到心旌摇荡。难怪古人有“天下山水之观曰蜀，蜀之胜曰嘉州，州之胜曰凌云”的美誉。故乡山水从此深深烙在了他的记忆深处，即使在后来的人生旅程最艰危困厄的时刻，也始终令他梦牵魂绕。

当他正沉醉于这壮美山川时，透过江面涛声，从对岸传来一声乐山口音极浓的呼唤：

“娃儿——快扳船过来——吃豆花——！”

这一声呼唤令他久久难忘。

到峨眉山和乐山旅行写生，他一共画了二十多幅写生画稿。别看他是一位未满十八岁的美专即将毕业的学生，然而他的这些作品，却引起了老师的格外注目。他采用了西画与国画相结合的方法，画面上透出一股新鲜别致的新意来。二哥看后，心里更是十分高兴。

峨眉山和乐山秀美的景色与一位年轻艺术追求者的心灵，产生了首次撞击，使他从此与祖国山水结下不解之缘，构成一段瑰丽的“山水人生”。

亚珩在东方美专两年的学习生涯结束了。

一位蜀中青年泊舟东下，在上海成为海派的再传弟子。他回到四川又把画艺传递给自己的胞弟，对一位未来的大画家的启蒙，竟有着筚路蓝缕之功。

1936年，在成都与东方美专的老师和同学合影。前排中是二哥冯建吴，后排右一是十七岁的冯亚珩

教书与救亡：文公小学暂栖身

1937 年盛夏。

正午火辣辣的阳光，照射在松林湾冯家大院里，嘶鸣的蝉声使这座古老的庭院显得格外的幽静。年近五十的冯家大奶奶，拿着一把大蒲扇，靠在竹编的躺椅上闭目养神。她不时抬起手臂，懒洋洋地摇晃几下。

丈夫的病情一天天恶化，老九又是那么桀骜不驯，一意孤行，这样下去如何是好？她为这个家整日操劳不息，心力交瘁。

“妈！”

一个开始变嗓的重浊的男音将她叫醒。

她睁开眼睛，只见在堂屋门口炫目的逆光中，一个瘦高的小伙子的身影站在那里。

老九终于回来了。

有一瞬间，她想以冷酷的威严给儿子一个下马威，让他在碰得头破血流之后懂得，父母之命是不可违抗的！

不过她很快便抛弃了这个念头。知子莫如母，她深知老九的倔脾气，现在能回来就算不错了，千万不能再把他逼走。只要他肯回来，一切都可以从长计议，心急吃不得热豆腐。

于是，母亲高兴地问这问那，后来又亲手替儿子铺床取被，仿佛什么不愉快的事也没有发生过。升学和婚姻等敏感的问题也只字不提。只随便问了问，为什么带去许多衣服没有拿回来，他说自己拿不动，就遮掩过去了。

回家没几天，冯家大院上上下下的人都发现老九变了，变得沉默寡言，变得更加孤独忧郁了。

他陷入了深深的精神苦闷的人生困境。这绝非是什么“少年不识愁滋味，为赋新词强说愁”的无病呻吟，他是在为自己刚刚开始的人生痛切地思考。

母亲的态度使他感到意外。要是她真的无情到底，不再认他这个儿子，不做半点让步，反倒可以逼他自己去闯荡社会，再无后顾之忧。如今这般好好相待，又用母爱来感化他，反倒使他陷入了深深的隐忧。

这时母亲一定在想，你不是铁了心要读美专吗？如今美专毕业了又怎么样呢？你不是还得回来依靠家里过日子吗？

他倔强的个性，经受着屈辱的煎熬；他稚嫩的心灵，受到嘲弄和奚落。

他本不愿回来，也不该回来，最后却又不得不回来。

读了两年美专，又怎样呢？靠它糊口谋生难上难。

他清醒地知道，就算眼下母亲宽容大度，既往不咎，但日后还会成天在他耳边唠叨，补功课呀，考高中上名牌大学呀。就算她不唠叨这些事情，桤木塘的张小姐又该过门了，他还是难逃母亲的掌心。

他只好成天关起门来写字、作画和读书。他对这座大院的一切都十分冷漠，也根本未曾意识到，他将要从母亲手里接管自己的一份家业。现在，母亲主动给他讲有关这个家的大大小小的事情，他觉得索然寡味，始终打不起精神来。

归家后的苦闷，比两年前离家时的苦闷更加深了。

夜阑人静时分，他独自一人躺在凉板上，在寂寞深院中乘凉。望见高远深邃的夜空中星汉杳然，一颗陨落的流星正划过天际。他的脸上顿时热血潮涌，不禁怆然自问：难道我就这样终此一生吗？

自打他回来之后，家里只要来一个稍有身份的客人，都要把他叫去做陪。家庭举行祭祀或商议什么大事，也总要让他去增长见识。甚至叔父们上文公街上去拜会什么人，袍哥在茶馆里“吃讲茶”断公道，也喜欢把他带上，让他去露露脸，叫场面上码头上的三教九流、各界绅商，也认识认识从省城读书回来的冯家九少爷。

开始他还勉强应付一下，逢场作戏。后来他终于明白，家里人要他以此为正业，操练社交，撑持门面。他们都希望他成人之后，能成为继承祖业的栋梁，也能像二叔冯子绥那样，在文公场当乡长，操袍哥舵把子，成地方一霸。

两年来，他在成都深受五四以来新文化运动的影响，如痴如醉地读了鲁迅和其他新文学作家的一些名著，授受过科学和民主精神的洗礼，追求着一种新的人生。虽然他对这种新人生的理解还十分朦胧，但已经与生活在这座冯家大院的人拉开了距离。他想起巴金《家》中的觉慧在高公馆里难以忍受的痛苦，又觉得自己很像鲁迅先生在《〈呐喊〉自序》中嘲讽的那种人——醒来之后，不但不捣毁铁屋，还反而重新将自己囚禁于铁屋之中。

他开始写信向外面的同学打探消息。只要有新的出路，他就重新出走，就是一时走不了，也要找个自食其力的事来干干。他决意独立做人。

他终于打听到文公小学缺一位美术教员，这不正好对他的胃口吗？这所小学由川军二十三军军长潘文华资助创办，校舍还颇整洁，校长苏子安是省立师范毕业的。然而，他要进这所学校教书，还非得要二叔冯子绥出面不可。他向来讨厌这位叔父，但这次也不得不来求他了。

冯子绥一听，就坚决反对。他说："穷不习武，富不教书，冯家的少爷怎么能去当娃娃头？"

冯子绥又把这番话在亚珩母亲面前说了一通，没想到她竟然出人意料地同意儿子去文公小学教书。她认为这样总比让亚珩在家里磨皮擦痒的好。找不到正经事干，他又要想往外跑。母亲知道儿子的心早在成都耍野了，到学校去教书，能暂时把他的心拴住。等把婚事一办，叫他跑，他也不愿跑了。

叔嫂二人打好如意算盘，冯子绥捎个口信就把这事办成了。

文公小学的苏校长当然不敢不买冯子绥的账，因为每学期还要靠他去向潘文华要钱。这位校长心中完全有数，冯家的少爷会老老实实来卖嘴皮子吗？不过是找个名目，每月来领点要钱罢了。

冯亚珩虽然走马上任了，但在老师们的眼里，他乳臭未干，弄不好还要和学生打架哩！一个十几岁的娃娃懂得什么？绣花枕头一包草！大家都把他看作一个纨绔子弟，闲得无聊来混混时间而已。

这位小冯老师上课没有多久，就传出了一个令人捧腹的大笑话。一位老师从他上课的教室外走过，看到他竟然在讲台上教学生翻筋斗，做倒立。

文公小学分高年级和低年级，全校一共有四五百学生。当时学生的年龄悬殊较大，甚至有二十多岁的，其中还有不少冯家子弟，有的还是他的叔辈和兄长。于是有学生家长便愤愤不平地说："这咋个要得，哪里还像个学校？岂不成了瞎子牵瞎子！"

苏校长听了也非常着急，赶紧跑到班上去找学生了解情况，若实在不行，也好尽早想办法调换老师。谁知学生的反映恰恰相反，他们都非常喜欢这位小冯老师，说他知识丰富，书也教得好。

事实上，像冯亚珩这样的小学美术教员，在仁寿县里也算得上凤毛麟角了。一个东方美专的毕业生，来教小学美术，完全绰绰有余，大材小用，学生当然佩服得五体投地。再加上他在课堂上又不拘一格，教学方式生动活泼，教学生画完了画，如果还有时间，就给学生讲《西游记》中孙悟空大闹天宫的故事，把学生的耳朵都讲得立了起来。其他老师也感到奇怪，以往的美术课堂吵翻了天，而小冯老师不知有什么魔法，让满堂清风雅静，一点也听不到喧闹声。

一次他带学生出去春游。开始学生还看见冯老师和大家走在一起，后来突然就不见人了。俗话说，猫儿不在耗子就翻天了，班上的一些调皮学生趁机开始打闹起来。这时，一个衣衫褴褛的乞丐，不知道什么时候走到学生队伍旁边来了。几个大一点的学生头儿就推打那个乞丐，弄些恶作剧来欺负他，最后又将他赶开。没过多久，又有一个戴着烂草帽的老头儿跟在了队伍后面。有几个顽皮学生又上前去欺负他，并说些不三不四的俏皮话，还伸手去扯老头儿的破草帽。结果草帽被扯掉，大家才一下子惊呆了，原来这位老头儿是冯老师装扮的。

过去那些调皮学生干了坏事，从来都不认账，老师奈何他们不得。现在冯老师用了这个绝招，再没人敢狡辩和抵赖了，都只好老老实实地低垂着脑袋瓜，听冯老师训话。

第二学期，即 1938 年的上半年，父亲冯子融因病情恶化去世。前年祖父去世，今年父亲又病故，这个大家庭倾斜得越来越厉害了。

这一学期，亚珩染上了疟疾。这种病四川人叫“打摆子”，患了这种病的人一旦发作起来，即使是三伏天，不管盖上多厚的棉絮，浑身也会冷得发抖。虽然他年轻，这鬼疟疾病也折腾得他身体十分虚弱了。

七七卢沟桥事变之后，八月十三日日军又大举进攻上海。

日寇侵华的消息，很快传到了川西盆地西南的仁寿县文公小镇，这里的匹夫们也从沉睡中惊醒。这时，冯亚珩从病床上感愤而起，忘我地投入到抗日救亡宣传活动中。

那时候的文公街上，都是低矮的小青瓦平房的铺面，临街是一块块铺板拼装而成的，要做生意时，将它一块一块拆卸下来，就变成了堂口。现在，小茶馆的墙壁上“莫谈国事”的发黄字条，再也封不住老百姓的嘴了。大家围在茶桌上，喝着一碗碗泡得发白的盖碗茶，怀着义愤，谈论着日寇侵略中国的罪行。

但这些祖祖辈辈未走出仁寿县境的乡下人，谁也说不清日军侵华是怎么一回事，气愤和着急后，只知道干瞪眼骂娘，束手无策。

突然，坐在靠街边的一个茶客大喊了一声：“大家快看！”

所有喝茶的人，都涌到了狭窄的石板铺砌的小街上。

前面宽敞的街口，正对着文公场的大人物潘文华的公馆大门前，围着一大群人。当时川中百姓习惯在头上缠一块白帕子，像一道箍圈。此刻，只见一圈缠白帕子的人头在那里攒动。

只见这一大群人中间，在一根长板凳上，高高地站着一个穿中山服的瘦瘦的年轻人。他的脸色有些发黄，正在激动地挥臂发表演说。

文公场的人谁不认识他？他就是冯家九少爷冯亚珩，刚从成都读书回来，在文公小学当美术教员。

大家围了上去，听他先从 1931 年日军发动九一八事变讲起，再从前年的华北事变，讲到去年的西安事变，一直讲到前不久的七七卢沟桥事变和八一三日军对上海发动大举进攻。他慷慨陈词，义愤填膺，把所有在场的人都鼓动起来。一时间群情激愤，大家都跟随着那些举着写有抗日标语的横幅、打着五色三角形小旗的学生们，振臂高呼：

“天下兴亡，匹夫有责！”

“打倒日本帝国主义，不当亡国奴！”

“团结起来，抗战到底！”

演讲完后，小冯老师又指挥学生唱起了抗日歌曲。这些小学生带着童声的稚气的歌声，在文公场狭窄的街道间回荡，给这座死气沉沉的毫无生气的乡村小镇，带来了救亡的呼唤：

起来，不愿做奴隶的人们！
把我们的血肉，
筑成我们新的长城。
中华民族到了最危险的时候，
每个人被迫着发出最后的吼声。
起来，起来，起来！
我们万众一心，
冒着敌人的炮火前进……

唱完《义勇军进行曲》，又唱《救国军歌》，还有《打回老家去》和《大刀进行曲》。一时间，唱得这些平日不关心国是的村民热泪盈眶，激愤不已。

大家最感兴趣的，还是这位小冯老师最后带领学生演出的街头剧《放下你的鞭子》，他在剧中扮演一个二十岁左右的青年工人。在演出快结尾的时候，有这样一段对话：

青工：我告诉你们，使你们挨冷受苦，无家可归的是日本帝国主义，是不抵抗的卖国汉奸！

观众：不错，打倒日本帝国主义！打倒卖国汉奸！

汉子：先生的话固然不错，可是叫我们怎么办呢？

青工：怎么办呢？是的，咱们穷人一碰到什么意外，就像你们一样不知道怎么办了。穷朋友，咱们“不打不相识”，现在既然在这儿碰头了，咱们就得一伙儿去，向压迫我们，剥削我们的人算账去——这才是我们的生路！

汉子：孩子，记着，要打倒那些吃人的东西，才有生路。

香姐：是的，我们要像人的样子活下去！

……

当时的仁寿人说起演戏，都只知道川戏，对于那时叫“文明戏”的话剧，还从来没有见过。在他们看来，穿时装说现代话就根本不叫演戏。尽管如此，他们还是觉得十分新鲜。因为演的是关于抗日的事，能引起他们的共鸣。不过也有人双手一抄，站在一旁说风凉话：

“嘿，硬是安逸！冯家九少爷出来喊穷朋友找有钱人算账，不是首先该算他们冯家自己吗？”

这些话很快就传到了文公乡长和袍哥舵把子冯子绥的耳朵里。

刚吃过晚饭，家里就派人把冯亚珩叫回了松林湾。近来他的确很忙，好久没有回家了。除了上课之外，他要组织学生排演宣传抗日的文艺节目，编、导、演全是他一人承担。他聪明能干，再加上办事认真，精力过人，一干起来就十分投入。除此之外，他又带领学生进行防空演习。小学生们参加这种演习，当着玩游戏，十分捣蛋，当然也就让他难以招呼调遣，费尽心机。他不仅皮肤晒黑了，嗓子喊哑了，面颊也消瘦了。这一年来，他觉得现在过得特别开心和充实。

回到家里，母亲和叔父们正在等候他。这是父亲去世后，家里首次气氛严肃的聚会。

喘息未定，二叔冯子绥就单刀直入地谈开来。首先告诫他，冯家是仁寿县和文公场有地位、有影响的大户。作为冯氏门宗的子弟，在社会上立身做人的行为举止，切不可唐突、冒失，否则会遭人非议，有辱祖宗门第。

这突如其来的一席话，一下子把亚珩搞蒙了。最近一段时间，他忙于宣传抗日，排演街头剧，教唱救亡歌，写大标语，画宣传画，还要负责操练防空演习。他没日没夜地干，整天忙得不可开交，干的又都是正经事，这与家规王法有何干系？

亚珩性格倔强，对这种莫须有的指责十分恼火，加之他对二叔自来就十分反感，便立刻反问道：

“我一不吃喝嫖赌，二不为非作歹，宣传抗日救亡大事，犯了哪一条家规？”

冯子绥的脸一下子涨红了，“砰”地在茶几上拍了一巴掌，厉声喝道：

“你还嘴硬！家里把你管不住了，你的翅膀长硬了，难道要飞了不成？你是冯家子弟，你要是在社会上出了差错，当叔叔的总不能眼睁睁看着你跳崖。你对得起你父亲的在天之灵吗？”

大概是大烟瘾又发了，冯子绥抑制不住张大嘴巴打了一个哈欠。

接着，冯子绥提起亚珩白天带学生上街宣传抗日的事。说这件事已在文公场闹得满镇风雨，沸沸扬扬，再这样闹下去，不知还会闹出些什么事来。再说抗战是政府的事，军队的事，蒋委员长的事，刘湘不是正要带川军出川抗战吗？我们仁寿的潘文华、唐式遵，不是也要随刘湘出川吗？你老九带上几个小娃娃，在文公街上唱歌、演戏和喊口号，日本人听得见吗？能把日本军队吓跑吗？你这样瞎胡闹，说不定哪一天把你当成赤党给抓进班房，就悔之晚矣！到那时就凭你二叔有天大的面子，也把你保不出来。

亚珩清楚地知道，在他们面前是无理可讲的。在自己处身的这个封建世家里，晚辈在长辈面前，只能俯首帖耳，逆来顺受，决不允许说个“不”字的。在这个家里，抽大烟、娶几房姨太太皆不为过，但你只要稍稍干一点正经的事，只要轻轻触动一下他们的陈规陋习，就一定会受到无端的指责和攻击。

与其做无谓的争辩，不如干脆保持高傲的沉默。

这一晚亚珩彻底失眠了。

最令他不安的，还是桤木塘的张小姐正在闺中企盼着出嫁的一天，这段时间里经常有张家媒人上门敦促。

母亲更是急不可待地想早一天把儿媳娶过门来，了却她多年的一桩心愿，特别是他父亲去世后，母亲背着他与张家紧锣密鼓地进行筹划。这好像一张网正在无声地张开，生怕惊飞了那只静栖在枝头的鸟儿。只要能把它关进那只金丝笼里，今后就插翅难飞了。

想到这里，他不由得打了个冷战。

他决心离开这个家。家里的一切，已再无可留恋的了，这不是他追求和向往的人生。充满活力的生命，在安适平庸和无所作为中，都只能变成酒囊饭袋和行尸走肉。民族已到存亡关头，社会如此黑暗腐朽，家庭也行将没落，而自己人生的旅程才刚刚起步，没有什么可迟疑和畏缩的！

他翻身而起，点燃一支蜡烛，打开他从成都带回的鲁迅《华盖集》。那位蓄着浓黑胡须面容瘦削和目光如炬的哲人，这时仿佛拉住了他的手，在谆谆告诫着他，给他奋然前行的勇气和力量：

> 我们目下的当务之急，是：一要生存，二要温饱，三要发展。苟有阻碍这前途者，无论是古是今，是人是鬼，是三坟五典，百宋千元，天球河图，金人玉佛，祖传丸散，秘制膏丹，全都踏倒他。

他再点燃一支蜡烛，把桌子照得通亮，展纸挥毫，奋笔疾书，写下了《离骚》的名句：

> 路漫漫其修远兮，
> 吾将上下而求索。

主流与旋流：华大半载借读生

他在急切地苦苦地企盼。

东方美专的同学一封一封的来信，都令他感到失望。他只得到一个信息，由林风眠先生主办的杭州美专，去年内迁至湖南沅陵老鸦溪，今年又经贵阳向昆明迁徙，行踪未定。

眼看暑假快要结束了，如果不能及时找到学校，下学期只有再回到文公小学继续教书，离开这个家的希望愈加渺茫。

他心急如焚。

这时，年长他八岁的正在成都华西协和大学上学的三哥冯伯琴，带给他一个令人欣喜的信息：他们大学可以借读。这就是说，未正式考取的校外青年，可以到华大通过借读的方式选择自己喜爱的学科学习。

抗战开始以后，众多的大学内迁，一时间成都、重庆、昆明、贵阳名牌大学云集。而成渝两地，又聚集着大量流亡青年，他们强烈渴望有个安身求学之所，于是借读这种形式便应运而生。

冯亚珩今年已经十九岁，几经磨难后，不安于现状的求知欲变得极为强烈，他正在苦苦寻求着他所向往的一种全新的有价值的人生。他对自己生存的这个世界，知道得太少太少，而他所需要回答的问题，却又太多太多。决不能让自己如此懵懵懂懂、庸庸碌碌、昏昏聩聩，而又糊糊涂涂地混一辈子！

于是，他决定辞去文公小学美术教员的工作，再次到成都求学。但是，要通过母亲这一关，让她答应放行，却不是一件容易的事。

昨日的苦楚还在他心中隐隐发痛。

不过这次他吸取了过去上美专的教训，没有采取硬碰硬的办法。他知道上成都华大借读，没有家里的经济资助是不行的。于是他委婉地向母亲提出，他想在结婚之前，趁着有一年的空歇再读点书，对将来成家立业大有好处。

从话语中，他似乎答应了明年与桤木塘张小组结婚，这倒出乎母亲意料。儿子已经让步，母亲的心便一下子变软了，随口问了一句："到成都读哪所学校？"

亚珩回答得很机敏："就是三哥上的华大，这样他也好照看我。"

一下子就把母亲的口封死了。是啊，手心手背都是肉，老三去读得，为什么老九就读不得？如果不答应老九的要求，不说当妈的偏心吗？再说，老九的脾气倔，何不就同意他到华大借读，又有个亲哥哥管住他，最多一年后回来结婚，出不了什么事的。

就这样，在母子双方的妥协中，终于达成了有利于儿子的协议。

不过母亲一边给钱，还一边不停地向他叮嘱："张家的婚事不能再推了，满了二十还不结婚就说不过去了。人家的女儿眼不瞎、脚不拐，有啥子理由拖着不办？"

他勉强地笑了笑走了。

1938 年初秋，仁寿县历史上的第一条公路刚刚完工，恰好从松林湾的冯家大院门前通过。当冯亚珩再一次离家远出时，心情显得特别舒畅。

第二次来到成都，一切都是驾轻就熟，他很快便办好了入校借读手续，开始在华西协和大学文学院的社会历史系读起书来。

华大坐落在成都南门外的华西坝。这所大学与北平的燕京大学、上海的圣约翰大学、南京金陵大学、杭州之江大学、苏州东吴大学、长沙湘雅医学院和广州岭南大学一样，都是西方人用庚子赔款建立的学校。在华西坝幽静的校园里，绿树丛中掩映着一幢幢漂亮的西式洋楼，尤其是加拿大英美会1920年捐建的赫斐院、纽约柯里氏1925年捐建的钟楼，在校园欧陆风情的建筑系列中，格外引人注目。

这所优雅漂亮的欧式教会学校，在抗战期间，又和金陵大学、金陵女大、齐鲁大学联合办校，颇有规模和气派，根本不是东方美专可以比拟的。一进这所大学，处处给人一种大开眼界的新奇感和强烈的震撼感。学校洋溢的那种浓厚的人文气氛，图书馆里那么多令人望而生畏的烫金精装图书，显示着一种深不可测的玄奥与高不可攀的神圣。

三哥冯伯琴读的是四年级。一年级开设的课程有国文、生物、历史、英文、逻辑学以及社会学原理等。也许因为爱辩论的缘故，亚珩最喜爱学的是逻辑学。从前就令他头痛的英文，仍然是他最不喜爱上的课。走进华大的教室，对于渴求了解社会和人生的亚珩来说，真有一种开窗临风、登高望远的畅快感，视野顿时变得开阔起来。

但是在华大借读没有多久，他就强烈地感受到冷热两种潮流的交替冲击，使他困惑起来。

一种是华大高雅神圣的讲坛上，那些戴金丝边眼镜的洋教授，手捧高头讲义，用英文加着夹生的中文讲的社会学。一串串陌生名字，从柏拉图、霍布斯、孔多塞，到孟德斯鸠、卢梭和圣西门，听得他头晕目眩，半天不得要领，更搔不着痒处，不知与眼前的中国社会有何关系。

他有些饥不择食，但也消化不良。

虽然学生中也组织过一些自发的学术讨论，但毕竟是瞎子牵瞎子，高谈阔论一阵无果而散。尤其令他难以忍受的是，他每天从借宿的亲戚家一走进华西坝的华大校园里，就像来到了另一个世界，进入了世外桃源。这里听不见抗日和救亡的呼声，感受不到国破家亡的切肤之痛，这里好像成了国中之国，让一个热血男儿感到压抑，大有“商女不知亡国恨，隔江犹唱后庭花”的苦涩与酸楚。

同时，他的眼前又打开了另一种有关现实中国社会学的大书，逼迫着他不能不去阅读。

每天他来往于亲戚家和华西坝，逐渐感受到成都在近两年间有了较大的变化。往日显得清冷闭塞和幽静闲适的街道，现在变得开放和热闹起来了。抗战开始以后，特别是南京、武汉相继沦陷之后，国民政府迁都重庆，骤然间不少大学和机构迁到成都，流亡的人群也涌向这座相对安定的内陆城市，以躲避战乱。于是一夜之间成都人口猛增，以往的东大街和春熙路上，只能听到轻声细语、斯文秀气的成都话，而现在从关东话、山东话、河南腔到下江话，南腔北调到处可闻。

在那些来自全国各地的青年当中，有的崇拜高尔基和鲁迅，有的崇拜胡适与罗家伦，有的喜欢沈从文和徐志摩。经常三三两两聚在一起论战和争辩，争得唾沫飞溅，面红耳赤，有的甚至出言不逊，大打出手。有时又慷慨激昂，忧愤深广，举杯痛饮，流泪放歌。

也难怪这群青年，生逢乱世，国破家亡，漂泊流离，前途渺茫。他们或在绝望中挣扎，或在痛苦中呐喊，或在颓唐中沉沦，或在艰难中求索……

不知命运将把他们抛向何方？

在亚珩周围的这些学生中，什么样的人都有，纨绔子弟，密探特务，骗子小偷，也有共产党地下工作者。有的约他去坐茶馆，谈读书心得；有的拉他进小酒馆，发泄胸中的苦闷；有的骗他到新华街寻花问柳，则被他婉言拒绝……

一个星期天，他特地约一个从川北来的同学去喝茶。

成都的大街小巷都有茶馆，这是市民消闲摆龙门阵、“冲壳子”的地方。一张张小方桌，一把把竹椅子，一碗碗盖碗茶，围着街坊邻居，围着三教九流，海阔天空一吹就是大半天。

沸水的蒸汽，纸烟和叶子烟冒出的袅袅青烟，在空中缭绕飘散，混合着一种特有的茶叶泡好之后的香味。茶馆堂倌的吆喝声，铜茶船清脆的碰击声，瓜子香烟的叫卖声，以及茶客的喧喧笑语，交织成了浓郁的四川风味的茶馆交响曲。

亚珩和那位川北同学，在一个僻静的角落里坐下来，开始低声交谈起来。直到中午过去，茶客都散得差不多了，他俩仍不想离开。他买来了几个锅盔夹牛肉，两人一边吃一边谈下去。

他早就听说在离自己家乡不远的川东北大巴山中有一支共产党的队伍，但他却不知道他们还有那么多令人震惊的神奇故事。这是任何一本流行书籍里，也未曾记叙过的故事。

就在六年前的1932年12月，这支队伍从陕南进入川北，打下了通江县城。不到半年的时间，他们又拿下巴中、南江，继而又攻占了仪陇、阆中、苍溪和广元，川北的半边天都闹红了。接着，他们又先后击溃了田颂尧、杨森和刘存厚三个军，并连下营山、宣汉、万源，直抵城口近郊，队伍发展到五个军八万多人，建立起一个有五百万人口、辖二十三个县的根据地。

就在两年半的时间里，这支队伍在川陕交界的大巴山，居然将六路川军一百一十多个团约二十万兵马打得落花流水，刘湘被迫通电辞去四川“剿总”和二十一军军长的职务。

1935年5月，他们西占茂县，6月在懋功与从江西来的队伍会师北上抗日去了。

今天这个茶馆坐得值得。

晚上他感到特别亢奋，又彻夜失眠了。

三年前他在东方美专读书时，就听到江西来的红军攻夺了泸定桥，当时成都市区一片惊慌失措。打那时起，他开始知道，在中国这片内忧外患的多难的土地上，在四万万中华儿女中，还有一批人敢想敢干，不畏险阻，不怕杀头，在血与火中执着地不屈不挠地奋斗追求、勇往直前。

从此以后，他开始读《政治学》《经济学入门》等书，还有一些抗日救亡的小册子。

他在一本文摘杂志上读到了介绍周恩来和邓颖超的文章。一位同学还悄悄借给他一本油印的小册子，上面有毛泽东的自传。

最近几个晚上，他一回到借宿的姑母家，便关起门整夜整夜如饥似渴地读着这本油印小册子。那位同学再三叮嘱他，切不可被别人发现，如今虽然是国共第二次合作，但弄不好还是要坐班房的。

从毛泽东的自传里，亚珩知道了这位从湖南湘潭韶山冲走出来的青年，如何从湖南省立第一师范学校毕业，到北大图书馆寻求革命真理，又怎样回湖南创办《湘江评论》，到上海参加中共“一大”，创建中国共产党，后来又到广东创办农民运动讲习所。大革命失败后，他领导了秋收起义，然后在江西井冈山建立根据地。特别是他领导红军经过二万五千里长征，北上抗日，更使亚珩觉得，这具有一切神话史诗不可比拟的传奇性和悲壮色彩，令人回肠荡气，久久难以平静。

亚珩开始明白，正是这些共产党人，在民族危亡的紧急关头，领导中国人民与日本侵略者进行着艰苦卓绝的浴血奋战。

那一夜，静极了。

他毫无倦意。远远传来了阵阵报时的更声，散落在蓉城深巷千家万户的梦中。

他仰面而卧。油印小册子覆盖在胸前，一股浓浓的油墨香味扑面而来。夜静得连他自己的心跳都能清楚听见。

他沉思着半年来华大的借读生活。

有一次演讲比赛会上，他做过一次曾令自己也感到陶醉的演讲，题目叫作“如何自力更生”。他把中国的军事实力与日本的军事实力进行对比，指出中国地大物博、人口众多，只要把民众发动和组织起来，自力更生，是完全可以打败日本侵略者的。

当然他心头完全明白，这些并非都是他自己的观点，只不过多翻了一些报纸杂志，将其中的一些材料凑拢来而已。对其中的好多问题，他也是知其然，不知其所以然，并未进行过深思。

他的演讲能联系现实，针砭时弊，故而压倒了所有参加演讲的同学。他演讲时口若悬河，滔滔不绝，而且充满激情，富于鼓动性，十分精彩。但他讲得太投入，以致超过了比赛规定的时间也不知道。结果虽然在场的评判员都承认他讲得最好，但全体仍然一致给他打了个零分，无情地将他淘汰出局。

这时台下坐着一个人，机警地注视着他。

此人姓唐名波惩，是国民党复兴社的特务，在华大的公开身份是生活处的主任。他正受命为学校刚建立的三青团组织发展团员，网罗人才。他看中了这位年纪轻、好冲动、有热情，而思想并不成熟的富家少爷，同时又听他同班的周肇浔说，冯亚珩对学术讨论还颇感兴趣，正想组织一个研讨学问的读书会，这正中唐波惩的下怀。因为华大学生组织学会，都要经他批准，这样，他就可以把冯亚珩攥在他的手心里，不仅可以利用控制，到时候还可以移花接木。这不是一件天大的好事吗？

于是，唐波惩在暗中积极牵线，通过周肇浔竭力促成，冯亚珩成立了一个“华西励志学会”。当时冯亚珩被蒙在鼓里，更不知道他的热情冲动和幼稚天真正在被别人利用。

姓唐的以为时机已经成熟，便将参加三青团的申请书给了周一张，也给了冯一张，并叮嘱他们填好就马上交来。

此时已临近学期末，年关将近。

那位姓唐的在想，只等下学期一开学，他把冯亚珩吸收进三青团，再将华西励志学会控制在自己的手里，便可以使这位精力过人的年轻人，去当他的马前卒。

人生的道路上，有不少开拓机遇，也有不少险恶陷阱。稍不留神，就会写出另一种完全不同的版本来。

此刻的冯亚珩，对这座洋味十足的华西坝美丽的校园，开始失望了。他的心已飞向那千山万壑的黄土高原。

击水搏浪中，他从旋流边擦身而过，向滚滚的中流游去。

期末，三哥冯伯琴告诉他一个消息：听说教育部有新规定，大学一年级要开设物理、化学和代数课，英语也定为必修课。

对于亚珩来说，这无疑是哪壶不开提哪壶。

三哥知道，这个消息对弟弟肯定是个沉重打击，他一定感到十分沮丧，从而陷入进退两难的失望境地。

出乎意料的是，弟弟的表情十分平静。而当三哥偶然谈起另一件事时，却引起了他莫大的兴趣和关注，询问得特别详细。

原来三哥最近听人说，陕北抗大一不讲学历，二不学英文，三不交学费。

三哥发觉弟弟一言不发，双眼闪闪发亮。

一天晚上，亚珩正在姑母家的房间里读书，突然响起叩门声。开门一看，原来是三叔冯子周的女儿冯月窗和三姑母的女儿张素娟。他高兴地把两位妹妹请进屋里闲聊起来。

她们没有说上两句话，就悄悄把门掩上，小心而兴奋地告诉了他一件事，并再三叮嘱他绝对不能告诉家里其他任何一个人。

她俩都在成都协进中学读书。前几天，她们偶然地得到一个消息，共产党的林伯渠应邀到一个礼堂做关于抗战的演讲。于是，她俩早早地来到礼堂外面守候，刚一开门就抢先挤了进去，礼堂里很快挤满了人。

林伯渠原名祖涵，1886 年生，湖南临澧人。第一次国共合作时期，他和李大钊等人帮助孙中山改组国民党，北伐时在国民革命军第六军主持政治工作。大革命失败后，他参加了八一南昌起义，起义失败后去苏联学习。回国任中央苏区政府国民经济部部长和财政部部长，参加过二万五千里长征，先后出任陕甘宁边区政府主席和八路军驻陕办事处主任。

当林伯渠登上讲台时，她俩看见这位共产党人，像一位平易近人和蔼可亲的长者。他头发花白，戴着一副眼镜，上嘴唇蓄着胡须，身着朴实的中山装，没有当今权贵那种傲慢凌人之气。他用一口浓重的湖南口音，带着平缓的语气开始了演讲。

他先做自我介绍。然后说，大家都知道他是一个共产党人，但在座诸君未必都清楚共产党是怎么一回事。接着他从容地告诉大家，共产党信仰的是共产主义，并用通俗的语言，介绍了这种主义的基本观点。到后来他话锋一转说，共产党主张解放全世界受压迫的民族和人民，在当今中国，当务之急是和国民党进行第二次国共合作，团结四万万同胞共同抗日，把日本侵略者赶出中国。

他还向大家介绍了共产党为动员一切力量，争取抗战胜利的纲领和策略，特别向大家介绍了共产党领导工农红军北上抗日，现在改编为八路军，开赴华北抗日前线，深入敌后，发动和武装广大抗日民众开展游击战争，同时开辟了晋绥、晋察冀、晋冀鲁豫和胶东等抗日民主根据地。最后还讲了震惊中外的平型关大捷。

演讲会结束了，冯月窗和张素娟激动得满脸滚烫，随着人流涌出了礼堂。她俩不知不觉地跟在林伯渠的后面，在攒动的人群中，死死盯住那个花白头发老者的背影。

她们跟到了一个人少的僻静处，加快步子赶到林伯渠身边，尊敬地说：

“林老，我俩是协进中学的学生，有几个问题想请教您。”

林伯渠笑容可掬，和她俩交谈起来。他耐心地倾听着这两位热情的女学生谈她们的家庭出身，谈她们的苦闷和追求，并不时加以点拨和指引。最后林伯渠问：“你们还有什么需要我帮助的吗？”

两位姑娘终于鼓足了最大的勇气说：“林老，我们能去延安吗？”

林伯渠并没有立即表态，沉默片刻之后诚恳地说道：“但你们一定要有充分的思想准备，绝不能凭一时冲动。那边的生活非常艰苦，你们吃得了那种苦吗？”

他得到了她俩态度坚决的回答之后，又提醒说：“还不仅仅是一点苦，随时都有可能流血牺牲，这一点是最为考验人的！”

“林老，你能给我们写个介绍信吗？”

最后林伯渠低声地对她俩说：“你们真的决定去延安，就先到西安七贤庄一号院找我。”

亚珩神情专注地倾听着她俩讲完这段非凡的奇遇，表面上虽然不露声色，但内心则十分激动和亢奋。

小屋里的空气都像要凝固了。在这寒冷的冬夜里，火盆里的木炭燃成了透明的血红色，把三张生气勃勃、青春焕发的年轻的脸，映得通红通红。

三双眸子在闪闪发光。

亚珩嫉妒她俩的幸运，遗憾自己没有遇上这位共产党人。不过他已把这几个字牢牢地记在了心里：西安七贤庄一号院找林伯渠。

不管她们去不去，他决定去！但他去却不能告诉她俩。他怕她俩一时冲动，嘴巴不牢，一旦传到母亲的耳朵里就要坏大事。

即使她俩真下决心要去，他也不能和她俩一起走。女娃娃做事拖拉，很容易露馅，一旦传到家里，三叔和三姑找他母亲要人怎么办？

于是，亚珩望着两位妹妹一言不发。

两位妹妹好像有些失望。她们以为表哥很有头脑，敢作敢为。没想到把这么重要的事告诉了他，而他却一声不吭，半天不说一句话，不知道他究竟是啥意思。最后她俩只好扫兴离去。

夜已经很深了，亚珩仍处于一种强烈的兴奋状态。他的整个脑子里不断地重复着这几个字——

西安七贤庄一号院、西安七贤庄一号院、西安七贤庄一号院、西安七贤庄一号院……

好像是在那个神奇的阿拉伯传说中，他得到了“芝麻开门”的机关暗语。

他下定决心到延安去,并全身心地投入了北上寻找西安七贤庄一号的准备。

他再三告诫自己：千万别粗心大意，一着失误，全盘皆输。任何人也不能告诉！

首先必须对三哥冯伯琴守口如瓶。三哥是母亲监视他的“坐探”，对他的一举一动都了如指掌。绝不能让三哥察觉出他要北上的企图。

但他毕竟还年轻，才刚满十九岁不久，还是想找一个值得信赖的人商量一下，但找谁好呢？他突然想起二哥冯建吴，前几天他还收到二哥寄自重庆的一封信。

二哥在信中说，东方美专倒闭之后，自己曾累债入狱，后辗转浪迹于自贡、乐山一带，靠卖画谋生。如今又来到重庆，暂时教书栖身。

他深知二哥为人处世十分严谨，他相信二哥是一定会理解他投身抗日和追求进步的行为的。

他决定将陕北之行的打算告诉二哥。

于是他给二哥写了一封回信，含蓄地说自己准备去肤施一游，不知二哥以为如何。肤施即延安的古称，秦时的上郡郡治即设于此。一说肤施这个地名，二哥当然知道是去延安了。

他一面等二哥的回信，一面开始做北上的具体筹划和准备。

现在决心已定，北上的拦路虎只有一个字：钱！

从成都到西安一路的开销盘缠，绝不是一个小数目，动辄得上百元。这半年到华大读书，母亲给的钱也仅够吃饭而已。二哥本来已负债累累，当然不好意思再向他开口。向其他亲戚偶尔借一点零花钱是可以的，数目大了等于白说。更何况母亲对他防范甚严，早已向亲戚们都打过招呼，不能把太多的钱借给他。

看来只有回松林湾一趟了，找个借口把下学期的学费弄到手，但一想到回家，他的心就立刻收紧了。

要脱离这个家，他又不得不再回一次家。

归来与逃离：洞房花烛不眠夜

冯亚珩沿着去年才修通的成仁公路，一步步向家里走去，离家越近，他的心就越加沉重。

团团云雾，遮盖了二峨山顶。

春寒中的风依然刺骨，天下起蒙蒙细雨，肚子也饿得咕咕直叫。他想起了儿时在家塾中读过的《诗经·采薇》，简直把他此时的心境写绝了：

昔我往矣，杨柳依依。
今我来思，雨雪霏霏。
行道迟迟，载渴载饥。
我心伤悲，莫知我哀！

当他突然出现在母亲面前，着实让她大吃一惊。

母亲纳闷，前不久才托人捎去七十块大洋，他连个回音也没有。平时传书带信把他叫都叫不回来，今天为什么突然自己归来了？

不过，他回来得也正是时候。前不久，桤木塘的张家又派人上门，他们好像不愿再等了，日复一日，年复一年，七推八拖，女儿都快满二十了，婚事还定不下来。张家要冯家“月亮坝头耍刀——明砍”，是不是有毁约的意思？在那个年代，大户人家都十分重视子女的终身大事，并严守双方婚约。为此，母亲还请来叔父们会商过一次，大家一直认为，冯家决不能言而无信，必须当机立断把这门久拖未决的婚事办了，不能再由着老九耍性子。

打发走张家的来人，母亲正准备请一位叔父，专程到成都把老九叫回来。谢天谢地，今天他却自己回来了！

想到这里，母亲满脸云开雾散，把儿子拉到身边坐下，仔细地望着他那张黑瘦的脸膛，摩挲着他的肩膀，十分心疼地问道：

“老九，你像害了一场大病的样子，究竟咋个一回事？”

亚珩笑着摇了摇头。

“既然无事没病，那你回来干什么？”母亲又不放心地问，“前不久给你带去的七十块大洋收到了吗？”

“收到了。”

“够花吧？”

“够……够花……只是……”

“只是什么？说吧！”

亚珩告诉母亲，下学期他想转成正式生，因为借读生毕了业也拿不到文凭，花冤枉钱。

母亲颇为关切地问：“怎么样才能转成正式生呢？”

老九嗫嚅着说：“那……那就得花几百块钱。”

又是钱！母亲心里不觉咯噔一跳，但她马上就意识到机会来了。这个桀骜不驯的老九，今天终于碰上了翻不过的坎。

于是母亲马上抓住这个难得的机会，开诚布公地说：“老九，你每次向家里要钱，家里都没有为难过你，可是你也不能让妈为难呀！”

“妈，什么事让你为难了？”

“你和张艾如的婚事。”

“我不是说过，等上完大学再办吗？”

母亲一下子正起相来，用不容商量的口气告诉他："不行，再不能任着你的性子来！前不久两家商定就这几天成亲，日子都看好了，八字都合了，不能再变卦了！"

最后，母亲不容他分辩半句，斩钉截铁地说："老九，你好好给我听着，这次你要是再和我打拗卦，今后你就休想从我这里拿到一文钱！"

说完，她径直回屋里去了。

母亲许久没有发过这么大的火，看来这次是要动真格的了。

他独自走出老房子，从后花园走上了秤杆山。自从祖父和父亲相继去世后，园中的花草无人经管，一天天荒芜，露出衰败的迹象来。秤杆山上的放牛娃伙伴也早已散去，即使见到了，也只会毕恭毕敬地叫他一声"九少爷"，再没有儿时的无猜与快乐。

他心里烦乱极了。

如果断然拒绝结婚，就不能拿到家里的钱，而单靠口袋里那几个银圆，自己日夜酝酿的北上计划，岂不落空了吗？既然投奔延安决心已定，就不能动摇，决不能因为钱就轻易放弃了！但这么大一笔钱，又到何处筹措？一分钱逼死英雄汉，他身处此情此景又如之奈何？

踯躅在秤杆山上浓密的铁蒺藜前，抬头望见云遮雾罩的二峨山起伏的山峰，他喟然长叹。要迈出一步竟是如此之难，犹如要穿过这一排排铁蒺藜，非扎得你浑身血肉模糊不可！

看来只有暂时妥协才可能换来离家远行。

但一想到将与由父母包办的、媒妁之言撮合的、连面也未曾见过的、毫无感情可言的一位张氏女性共寝一室，他禁不住哆嗦了一下。

这不明明是一场悲剧吗？眼睁睁看着脚下是万劫不复的深渊，却又要往里跳。

他想起自己读过的两本书。

一本是郭沫若的《反正前后》。如今是什么年代了，还要让那位桤木塘的张艾如去重复"黑猫"的命运吗？

另一本是巴金的《家》。他觉得自己和软弱的觉新一样，被迫与一位自己并不相爱的人结婚，而不能像觉慧那样，勇敢地与旧世界决裂，奔向光明。

他在秤杆山上坐了许久许久，陷入两难的困惑之中。

母亲根本不管儿子的意见，并以迅雷不及掩耳之势，独断专行、大刀阔斧地操办起婚事来了。

冯家大院开始张灯结彩，里里外外一派喜气洋洋，把近几年来，由于冯鹿荪与冯子融父子死去所笼罩的沉重阴郁的气氛一扫而空。人们都说九少爷娶亲，也算是给不景气的冯家大院“冲喜”。此时，母亲那张过分阴冷的脸也绽开了笑容。

到了迎亲那天早上，吹鼓手早已在大门口的戏台上，热闹地吹奏起来了。热烈欢快、喜气洋洋的锣鼓声，把尚在料峭春寒中沉睡的松林湾闹醒了。

当新郎官的亚珩一大早就起来了，独自沮丧地坐在自己的画室里，丝毫没有一点高兴的感觉，仿佛冯家大院办的喜事，与自己毫无干系。

独坐许久，走廊上响起急促的脚步声和两个用人的对话声：

“看见九少爷了吗？”

“我也在找九少爷。”

“大奶奶急得团团转，九少爷一大早就不见了人，万一跑了咋个下台！”

“就是，就是，新姑娘的花轿就要到了，找不到新郎官拜堂，咋个得了吗！”

“哎，看看画室里头有没有人？”

“黑咕隆咚的，他坐在里头干啥？”

“你晓得啥子哟，头一回当新郎官，面浅不好意思嘛！”

“咚”的一声，画室的门被推开了。

“哎呀，谢天谢地，九少爷还真不好意思地躲在这里！”

两个用人不容分说地架起亚珩，快步来到母亲屋里。看见老九，母亲悬着的心才落了下来，接着长长出了一口气。

她立刻吩咐给九少爷换衣服。一会儿，又突然想起了什么，转身匆匆走了出去，大概张罗别的事去了。

用人们正把一件件崭新的面料讲究的长袍、马褂抖开，准备给九少爷穿上。突然间，他仰面倒地，双目紧闭，人事不省。

大家顿时慌了手脚，七手八脚地将他抬起平放在床上，看瞳孔掐人中，乱成一团，一个用人急忙去叫大奶奶。

母亲闻讯惊愕万状地赶来，一见儿子这个样子吓得目瞪口呆，一时不知所措。赶忙上前摸摸额头，又将他胸前的衣扣解开，在胸部上来回抚摩着，边抚摩边呼叫：

“老九，亚珩，儿子，你醒醒！”

他终于睁开了失神的眼睛，凝视着天花板发呆。

母亲见他苏醒过来，立即关心地凑近问他：“亚珩，快给妈说，你究竟哪儿不舒服，想吃点啥子？”

他心烦意乱，一会儿说头痛，一会儿说心口发慌，一会儿又说是肚子痛，支支吾吾，说了半天也说不出个名堂来。

母亲一下子全明白了，他啥病也没有，完全是瞎胡闹。

母亲也不愿在此时此刻把一切戳穿。事已至此，只好哄着他，让他按规矩拜堂成亲。等到生米煮成熟饭，任他装疯卖傻去。于是叫用人打盆热水来，给他擦一把脸，然后亲自指挥她们替他穿戴，舞弄了好一阵，总算收拾完备。

亚珩上身是深茶色的团花锦缎马褂，套在蓝黑色华达呢长袍上，脚上是一双粉底直贡呢的朝圆鞋，两道挽着绣球的大红绸，从两肩交叉至胸前与后背。母亲从帽筒上取下一顶红里黑面的青丝绒瓜皮帽亲手给他戴好，然后再把他牵到穿衣镜前，让他自己看看是否满意。

他简直像个木偶人，被周围的人任意摆弄。几天来他精神痛苦，心力交瘁，呆滞的面孔在镜中如石刻般冷漠。

他大吃一惊！穿衣镜中的人，分明是堂屋八仙桌上画屏中椭圆形相片里的祖父和母亲房间墙壁上镜框里的父亲。除了年轻一点，别无异样。他用发呆的目光，直盯着穿衣镜中的那个似曾相识的人。

呵，你究竟是谁？你就是今天要娶桤木塘张小姐的新郎官吗？那位身着中山装出入华西坝，青春年少、风流倜傥的华大学生哪里去了？今天怎么变成了这副滑稽模样？

呵，你不是要奔西安七贤庄一号院吗？怎么成了这么一名狼狈的可悲的俘虏，循规蹈矩地任人摆布？你的叛逆精神哪里去了？

“哈哈哈哈……”

他突然发狂似的大笑起来，笑得母亲和用人们毛骨悚然，手脚无措地望着他。

接着他猛地摘下瓜皮帽扔在地上，又伸手去扯马褂的纽襻，边扯边大声嚷道：

“不，这鬼瓜皮帽太小了，箍得头痛！这马褂一点也不合身……鞋也夹脚……我不穿！”

眼看这局面将难以收拾，母亲突然厉声喝道：“混账东西，你要干什么？!”

静场许久。

最后母亲吩咐身边的人都出去，然后关起门来郑重其事地告诫他说：“你已经快满二十的人了，不是不晓得利害轻重。今天这场婚事，如果让你给搅黄了，你就是安了心要你妈的命！我怎么遇上了你这么个祸害！前世不晓得造了什么孽哟？”

她居然伤心地啜泣起来……

过了许久，老九才瓮声瓮气地开了口：“妈，那你说话就要算数！”

她知道有了转机，便十分干脆地回答他说：“妈什么时候赖过账？不就几百块钱吗？我一辈子都欠你们的！”

气氛总算缓和过来。

她亲手把他的衣冠重新整理好，这时有人急匆匆地赶来报告：桤木塘的花轿到了。

顿时，鞭炮齐鸣，鼓乐声大作。

他的脑袋“嗡”的一声响了起来。事已至此，只好听任他们摆布了。

在鼓乐声和鞭炮声夹杂着亲友嘉宾的欢声笑语中，他像一个提线木偶般被人摆弄着。只觉得眼前到处是花团锦簇，到处是燃烧的红烛，他被牵引着走来走去，时而打躬作揖，时而匍匐跪拜。一叩首，二叩首，三叩首，叩得他晕头转向；拜天地，拜双亲，夫妻对拜，拜得他心烦意乱。折腾了大半天，好不容易才被推进了洞房，他更感到不知所措了。

这时，他才瞥了一眼，坐在自己身旁的这位搭了红绸盖头的女子，现在已经是他的结发妻子了。

但是，他不愿去掀起她的盖头来。

此时此刻，他还不知道这位张家小姐其貌如何。他对此一点也不动心，一点也不在乎，不论她是天姿国色的西施，还是丑陋无比的嫫母，对他来说都是同等的意义。他绝不可能留在她的身边，守着她过一辈子，只要母亲的钱一到手，他就远走高飞。

头搭着红盖头的新娘一动不动地坐着，被绣花软缎旗袍束得紧紧的胸部，在有节奏地上下耸动着。也许她终于如愿以偿地嫁到冯家来了，但她怎么也不会想到在拜堂成亲之后，还会有什么难以预料的变故。

他完全明白，她是无辜的。他们素不相识，无恨无爱，无冤无仇，都正青春年少，各自怀着美好的憧憬。或许这位冯家的九少奶奶，此刻在做着夫荣妻贵、多子多福的美梦。也许婚前她早已听说，自己未来的夫君，是风度翩翩、能书善画的、在成都华大上学的学子。但她绝想不到，今天这场欢天喜地的婚礼，对于她一生来说竟是一场悲剧。

他虽然同情和可怜这位张家小姐，也深知她将有一个不幸的人生。但是，他已下定决心做出自己人生的重大抉择，而这个抉择又是不可改变的。

远处传来欢声笑语，鼓乐阵阵。

他清醒地意识到，必须尽快离开这间陈设华丽的洞房，否则等闹洞房的亲友一来，他就再也难以脱身。

他站起身来，大步走出洞房，悄然来到寂静的画室。他点燃一支蜡烛，独自在画案前静坐。

他顺手翻开一本书来，看了一阵不知所云，头脑中一个字也没有留下。

母亲派人来请了几次，他总是说知道了，仍然一动不动地坐在那儿。他们也奈何他不得。

夜深了，闹腾了一天的冯家大院也疲惫地睡去。画室的门再一次被轻轻推开，新娘的贴身丫鬟怯生生地走了进来。她双手送上一根三尺来长崭新的、配有玉石烟嘴、白铜烟斗的烟杆，这是娘家送给新姑爷的陪嫁。丫鬟说：“让少爷抽一口解乏，请少爷早早安歇。”

他接过烟杆来，只见烟斗上已点燃了一支上等什邡叶子烟，冒着一缕淡淡的青烟。他明白，这是已经成为九少奶奶的张艾如，在新婚之夜向他发出的进入洞房的邀请。而这种默默无声的含蓄的邀请，更使他感到过意不去和非常不安。

他真想回到新房去，向她说明原委，希望能得到她的谅解，让她不至于蒙在鼓里，长时间经受痛苦的折磨，成为这场悲剧的牺牲品。

但是，他马上又从这种天真的幻想中清醒过来。这种事能去说吗？又能说清楚吗？她肯定会抑制不住地号啕大哭，哪个女人愿意经受和能够经受这种不幸呢？如果她哭起来惊动了家里人，不就弄巧成拙了吗？

他不由得将烟嘴放进嘴里，深深吸了一口。由于用力过猛，被呛得眼泪都流出来了。他的心绪坏极了，只好继续一口接一口地吸着。他需要强烈地刺激自己。

画室里弥漫着浓浓的青烟，充满大股刺鼻的烟味。

红烛将尽，蜡泪狼藉。

坐了一阵，他怕又来人纠缠，干脆站起来几步跨出画室，径直往长工屋去了。这时，他很想和王老头摆摆龙门阵。

他敲开了长工屋的门，长工们都用惊愕的眼光望着他。一个个都难以理解，洞房花烛夜里，新郎官竟然跑到长工屋串门来了！

还是王老头理解他，拍了拍自己的床铺，招呼他说：“九少爷，到我这边来坐！”

他默默地在王老头的床边坐下，低垂着头，一言不发。

王老头嘴上仍然叼着烟杆，手上总是闲不住，要找些零活干，这是他多年的习惯。王老头恢复了对他儿时的称呼，说：“老九，你别看我王老头是个黑眼窝，其实这人世间的好多事，我都是心中有数的，什么都哄不倒我！”

旁边另一位长工插话说：“哪个人当新郎官心头不安逸？”

王老头摇摇头说：“你晓得个屁！要是老九心头安逸，这门亲事哪能拖到今天？我说啊，老九是哑巴吃黄连——有苦在心头！”

“那是为什么？”

“这还用问，捆绑不成夫妻嘛！还有句话叫作——抱鸡婆不抱蛋，瘸断了脚杆也不抱！是不是这个理？”

一句话击中了要害。

王老头沉默半晌，又叹了口气说：“老九呵，千错万错，错在你回来了。事情已经到了这个地步，你不进洞房，收得了场吗？”

不知道什么时候，菜油灯已经熄灭，窗纸上已曙色微露。

王老头和衣靠睡在床头。亚珩不知什么时候把王老头床头泡的一罐拐枣酒喝得一滴不剩，醉倒在一边。

他不知道昏睡了多久，等他睁开眼来，发现自己浑身乏力地躺在新房的锦缎被褥里。九少奶奶张艾如和贴身丫鬟正在用冰凉的毛巾捂在他额头上替他降温。

他的嗓子里火烧火燎的，口干舌燥地说要喝水，张艾如便赶紧吩咐丫鬟端上早已准备好的醒酒汤来。

喝下之后，他的头痛得仍然很厉害，又昏昏沉沉地睡去……

新婚后的第四天拂晓，冯亚珩换上中山装来到母亲的房间。

门虚掩着，里面透射出昏黄微弱的烛光。一支蜡泪滴落的残烛在燃烧。

他推门进去。母亲半睡半醒地靠在躺椅的皮褥子上，见他进来，什么也没有说，微微把手一抬，指了指小圆桌。

小圆桌上放了两大叠银圆，一共二百块。

他把钱收了起来，抬起头来认真端详了一下母亲，烛光中看见她鬓角一缕银发在闪光。他感到有负于母亲,但又不得不如此。他恭恭敬敬地对母亲说了声:“妈,我回学校去了!”

说完他默默地退了出来,鼻子有些发酸。

大院里红灯高挂,地上的爆竹残屑还没扫尽。他穿过大院,回头望了一眼依然亮着灯光的洞房,快步穿过走廊,从戏楼下直奔大门口,打开那扇钉满排排圆头铁钉的沉重木门,跨出门槛。

早春二月,松林湾还在寒浸浸的晨雾中沉睡。迎面扑来的凉气,使他昏沉沉的头脑,一下子变得清醒了。在依然有些砭人肌肤的晨风中,他不由得打了一个寒噤。

一条灰蒙蒙的公路,从家门前伸向浓雾笼罩的二峨山。他回过身来再望了望这座刻着石联的颇有气派的冯家大门,环顾了一下田畴间竹林茅舍掩映的松林湾,然后大步向公路上走去,再也没有回头。

等他沿着公路走到了高高的二峨山顶,太阳已经升起,照在他蒸腾着热汗的脸上。他停下步来,眺望山下浅丘的红土地。他想,今后也许不会再回到这个生活了将近二十年的故乡。

此后的岁月,桤木塘的张艾如却依然以冯家九少奶的身份,生活在冯家大院里。她与百里之外的乐山沙湾“贞寿之门”里的另一个女人相似,那个女人也和她同姓,叫张琼华。她们成了同命运的两只“黑猫”。

十年之后,这位冯家九少奶,随着这个富豪之家一道沉沦,受到了暴风骤雨的无情荡涤,她的命运当然是不言而喻的。直到“文化大革命”后期,这位不幸的女人才默无声息地死去,过完自己无辜的悲剧的一生。

决裂与向往：跨上自行车北上

早春二月，蓉城街头的柳枝绽出点点嫩绿。

冯亚珩迎着扑面的春风回到成都。刚到姑母家，就收到二哥的回信，二哥说："听说肤施的生活是很苦的，也很危险。你要吃得这个苦你就去，如果你已下了这个决心，我不阻拦你。"亚珩读完二哥的信，眼里涌出了热泪，他感激兄长的理解和支持。

第二天，他就匆匆赶到北门，去打探到陕西的汽车。

从四川的北部出川到陕西，自古以来蜀道就以艰险著称。唐代李白有诗云："噫吁嚱，危乎高哉！蜀道之难，难于上青天！"直到20世纪30年代末的抗战时期，这里才修通了一条坑坑洼洼的川陕公路。

抗战期间，这条四川北出的唯一通道上运输繁忙，来往的军车不断。他本想花一笔钱，搭上一辆"黄鱼车"直抵西安，免得途中周转麻烦。但找来找去没有合适的，只好改主意乘长途汽车走，并预订了车票。

第三天，他先到三哥的住处去观察动静，找个恰当的机会，把寄放在那里的行李取走。但这个行动必须谨慎行事，要做得天衣无缝，否则将会前功尽弃。因为三哥受母亲之托，事事处处都对他细心加以监护，只要稍有不慎，他就会被三哥看出破绽。

学校这几天正开学报名。三哥见他从家里回来了，先是贺喜，接着就把话转到正题上，问他报了名没有。

他说还没有。三哥催促他赶快把入学手续办了，担心他万一把钱丢了，或者胡乱花了，执意要陪他一起去学校交学费。

他一听可慌了，连忙对三哥说："我又不是孩子了，知道怎么办手续。上大学了，还要哥哥陪着去报名，别人不笑话我是公子哥儿吗？"边说边往外走去。

这件事不能久拖，必须当机立断。

他决定明天从姑母家出来，直接到华大的三哥宿舍里拿上行李就走，暗暗叮嘱自己千万要沉住气。

真不凑巧，第二天他来到华大宿舍的时候，恰恰碰上三哥正在那里埋头写一封信。

"学费交了吗？"三哥边写边问。

"嗯！"他含糊其词地回答。

"交了多少钱？把收据给我看看！"

三哥写完信，转过身来。

他的脸刷一下红了，连忙掩饰说："什么收据？我来拿行李准备去办手续。"

三哥封好信后果断地说："你办事老是拖泥带水，你等着我，我出去交封信，回来就陪你一块儿去。"

"好吧。"

三哥快步走去。

现在不走，更待何时？他匆忙捆上自己的行李离开，一走出校门口，立即跳上一辆黄包车，拉起篷来，生怕碰上了熟人，并叫车夫飞快向北门跑去。

到了汽车站，正好有一辆北去的长途客车要走。幸好他有预订票，跳上去刚找个座位坐定，汽车就开动了。

此刻他悬着的心才算落了下来。

汽车在一马平川的川西坝子上向北驶去，翠绿的油菜地已露出点点嫩黄，春天已经到了。

开弓没有回头箭。他铁了心，纵然在外面世界里碰得头破血流，他也不能再返回成都华西坝，更不能返回松林湾。他朝思暮想的西安七贤庄一号院，正在一步一步地向他靠近。

他不由得怦然心跳起来。

但是，他才前行了二百多里，就陷入困境。长途汽车到绵竹后，就不再往前开，等了很久都没有看见一辆北上的车，他只好找个客栈住了下来。

他一筹莫展，心烦意乱地踯躅在绵竹县城狭窄的街头。

他从一家寄卖行门前经过，无意中被一辆旧自行车吸引住了。这是一件舶来品，当时的中国连这玩意儿也造不了，它外表油漆虽然已斑驳脱落，显得比较破旧，但还完全可以骑。

他天性爱摆弄机械这玩意儿，便蹲了下去左看右看。老板以为他对此物有兴趣，便上前攀谈起来。

"先生想买？"

他摇了摇头。

"这'洋马儿'要真会骑，又方便，又快当！"

老板一句话把他点醒了。几年前在东方美专时就学会了骑车，何不把它买下来做交通工具，后面衣架上还可以搭行李，可走可停，十分自由。

于是他便和老板来了一番讨价还价，讲来讲去，七十块大洋一个也不少。反正省了车费，还是划得来，于是他便横下一条心把它买了下来，然后他就急急忙忙上路了。

在崎岖的川陕公路上，穿着学生装的冯亚珩骑着一辆旧自行车继续向北行进，后面的衣架上还搭了个小行李卷。虽然他年轻，但毕竟身体单薄，不算是十分壮实的人，所以一遇到上坡路就越骑越吃力。只见他弓着身子，两腿用力蹬着脚踏板，满脸涨红，热汗流淌。

他已无力气往高坡上骑了，正准备从车上跳下来推着往前走，突然听见"咔嚓"一声，车梁裂了很大一条口，差一点断成了两半截。

这个鬼车子，花了七十块大洋，还没有走到广元，车梁就要断了。骑又不敢骑，扔又舍不得扔，难道就这般推着走到西安？

出师不利，他沮丧极了。只好拖着又饿又累的疲惫身躯，推着车一步步向前走。公路两旁人烟稀少，只有远远的半山上，看得见稀稀落落的农家茅舍。

来到一个山弯处，他隐隐约约听到铁锤有节奏的敲击声：当——当当！当——当当……

他本能地从脑子里跳出了两个字来：铁匠！有铁匠就有救了。他精神为之一振，加快步伐，迎着铁锤的叮当声走了过去。

转过山岩，只见路边的岩穴里，有一间人工凿成的石屋，里面有一老一少两个铁匠正在洪炉边打制着铁器。

尽管才是早春天气，但这爷儿俩都赤裸着上身，脸被煤烟熏得乌黑，只有两对白眼珠在转动。

老铁匠嘴里衔着一个短烟锅，手里拿着钳子从燃得白炽的洪炉里夹出一块烧红的铁件，在铁砧上敲打，火花四下飞溅。小铁匠在一旁使劲拉着风箱，喘着粗气。

他推着车上前说道："师傅，请你把这地方给我接一下怎么样？"

老铁匠上前细看了看，摸了摸，接着大笑起来："你先生弯酸我吗咋个？这'洋马儿'用铁能补得起吗？何不吐泼口水来黏起算了！"

四川话的"弯酸"就是嘲讽的意思。

"不，我说的是老实话，你就用刚打成的那块铁卷起来包住就行了。"

"是你自己出的主意哈，不行就别怪我！"

于是他把车梁横放在铁砧上，老铁匠把那块烧得白炽的铁片，包在裂口的地方，使劲打来箍紧。再把它放进洪炉中烧红，仔细敲打得严丝密缝。然后他又舀起一碗凉水，慢慢地淋在上面，一股白烟冒起，发出一阵吱吱的响声。

冯亚珩将自行车扶起来，用手摸摸车梁，觉得铁匠手艺还蛮不错。骑上试试，还行，没有问题。

他重新把行李捆好，然后掏出一块大洋，放在老铁匠乌黑的手心里。老铁匠睁大了一双惊愕的眼睛。

过了昭化便是出川的最后一个重镇广元。他在广元的旅店写了号，寄放好行礼，准备上街吃晚饭。在走廊里，他与一位个头高高的显得有些矜持的青年擦肩而过。也许是自己这身学生装显得不同凡俗，他们在一瞬间目光互相碰击了一下，然后各自走去。

他走进一家饭馆，点了菜饭正要吃，没想到那位高个子青年也走了进来，客气地问道：

“这位先生，我可以坐在这里吧？”

“请便，不必客气！”

他们各自埋头吃着，饭馆里显得十分寂静，那位高个子青年终于开了口：

“看小兄弟一定是个大学生！”

“嗯，小弟是成都华大一年级的学生。”

“名牌大学嘛，前途无量！请问贵庚几何？”

“虚岁二十。”

“真是少年英俊！”

“惭愧。请问老兄在哪里高就？”

“不才是军校学生。”

言语间他流露出不可掩饰的得意，令亚珩有几分反感，便反讽道：

“社会栋梁，国家干城嘛！”

“哪里，彼此彼此！”

一番寒暄之后，这位军校学员装出关心的样子问道：“哎，不是正开学了吗？老弟怎么反而还往北边走？”

在这位军校学员面前，亚珩稚嫩了些，一时显得有些慌乱，便只好搪塞说：

“是呵，开学刚报名，家里发生了些事情，非叫我到西安我叔叔那儿去一趟。父母之命难违！”

这位军校学员机警地左右看看，然后压低嗓门问道：“小兄弟该不是投奔这个去的吧？”

他伸手像划拳般的用大拇指和食指比了个“八”。

亚珩的心咚咚跳了起来，幸好堂口点的是很暗的菜油灯，他又正处逆光，脸上的涨红不容易看出来。当然他也不可能对一个不熟悉的人讲实话，于是便装起糊涂来。

“这是啥意思？”

“连这也不懂，你老弟真是涉世未深，单纯可爱呀！看你老弟的穿着和气度，就不是穷家小户的子弟吧？”

“当然，我家挂过‘千顷牌’。”

“呵，原来是世家子弟！”

接下来，这位军校学员便摆出一副极富经验者的口吻，和他推心置腹地谈起来。

他告诉亚珩说，凭自己的经验判断，凡是从这条川陕公路往北跑的青年男女，十有八九都是奔延安去的。

亚珩装出满脸诚恳，请他指点迷津，看他有何高论。

于是他便破口大骂起那些青年幼稚无知，被共产党所利用。

冯亚珩是个天生的辩论狂，不论在哪种场合，只要他听到与自己不同的意见，就会忍不住拍案而起，与对方唇枪舌剑地争个面红耳赤，从不认输。但是今天他却不敢莽撞，忍了又忍，指头在桌子下面捏得嘎嘎直响，然后巧妙地把话题掉转，问：

“老兄认为中国的抗战该怎么办？”

于是这位军校学员滔滔不绝地阐发自己的观点，说抗战要依靠装备精良的国军，在蒋委员长统一指挥下才有希望，等等。

这些言论亚珩在刚进华大时就听到过，而现在他却觉得有些腻味。在此听对方大放厥词，且又不能展开争论，就像只能弓起背挨打又不准还手一样，这不活受罪吗？还不如干脆回旅店睡大觉舒服。

今晚真令人扫兴！不过对这位陌生人还得格外小心，千万别栽在他的手里。

离开饭馆，亚珩假意与这位军校学员约定，如果明天不走的话，由他做东，再好好吹一吹！

第二天一大早冯亚珩就起床，趁那人还在蒙头大睡，便退了房间，骑上自行车向越来越远的群山深处冲去。

公路前面有一乘滑竿，两位抬滑竿的一前一后，合着脚步前行，肩上的滑竿随着脚步或快或慢的节奏上下闪动着。

他加快速度骑了上去，只见滑竿白布篷下竹编的躺椅上，悠然自得地坐着一位三十来岁的男士，大背头，西装革履，仪表堂堂。

他想，此人这般打扮，想必身份特殊，不妨和他攀谈一下，万一有个什么事，也可以利用他来打掩护。

正好遇上前面有个小场镇，滑竿在一家茶馆前停了下来。亚珩也将自行车停靠在茶馆外边，刚走进去，那位先生便像老熟人一般招呼他，还十分慷慨地为他付了茶钱。

“小老弟贵姓？”

“姓冯。请问先生贵姓？”

“敝人姓乔，大乔小乔的乔。”

“听乔先生的口音，不是四川人吧？”

“我是山西人。冯老弟倒是一口标准的四川话……”

“不错，我是四川仁寿人。乔先生是从政还是经商？”

“哎，这个……实不相瞒，我是金陵大学学农的，曾任过南京试验场主任。这次卸任前是四川农垦厅川北棉业改革所主任……”

“呵，乔先生还是个不小的官嘛，怎么又不想干了，是不是另有高就？”

这位姓乔的满脸尴尬和无奈，只好坦率地说：“两次都是被上司抓住了一点把柄，把我给开销了。如今的世道是‘窃钩者盗，窃国者侯’嘛！幸好我有一位同学在陕西农垦厅，我到西安投奔他去。”

接着他问冯亚珩去哪里，他回答说去西安投亲，但不知道前面到汉中是否盘查得很严。

姓乔的无所谓地说：“怕什么！老子还有张国民党员的派司，他们敢不放老子过去？别怕，你尽管跟着我走好了！”

他俩结伴继续赶路。

快进入陕西宁强县城，发生了一件出乎意料的事情。

当这位衣冠楚楚的乔老爷下滑竿来，打发两位抬匠的工钱时，他的每个口袋都掏空了，仍然凑不够抬工钱。

两位抬匠身强力壮，面有愠色，抄起双手在一边冷眼旁观。

姓乔的有些慌张，赶忙掏出钥匙来打开箱子。不知者还以为皮箱里装有金银财宝，打开一看，除了几件换洗衣裳和零碎杂物，再找不到一点值钱的东西了。

抬匠知道上了当，其中一个年轻点的开了腔，语气显得很重：

“先生，快点把工钱付给我们，我们还要赶回广元去。”

姓乔的涨红着脸，尴尬极了，支支吾吾不知所云：“嘿……怎么会把……把路费钱都……都花光了呢？”

抬匠激怒了，年纪大一点那位说：“你先生涮罐子吗咋个？看你穿得周吴郑王的样子，搞球了半天腰无半文！”

年轻点那位火气更大，上前一把抓住他的领带，怒目圆睁地逼视着他说：

“看你舅子颈项上还拴了根吊颈索，满以为你舅子有钱，搞了半天才是赖疙宝戴眼镜——假充斯文！给你娃子说清楚，你今天拿不出钱来，裤带索都要给你解干净，不然你娃子老鹰抓蓑衣——脱不了爪爪！”

亚珩见事情闹大了，忙上前劝解说：“把手松开，有话好说！”

姓乔的十分难堪，可怜兮兮地哀求亚珩说：

“冯老弟，帮兄弟一把，日后一定重谢！”

亚珩这个人自小好讲义气，扶危济困。他虽然觉得这位乔老兄华而不实，但也十分可怜，何况他还要靠他身上这张老虎皮闯关，于是便慷慨解囊，替他把滑竿钱付了。

到了宁强县城，有长途汽车去汉中。坐车当然快捷得多，于是亚珩便决定把自行车卖了，车梁上的那块硬伤，自然成为买家大杀价的理由，他也只好忍痛出手了。

他买了两张车票，和老乔一起到达汉中。一路上老乔对他千恩万谢。

终于遇上了哨卡的严格盘查。

他们先把他俩的行李，进行了一番仔细搜索，哪怕是一张小纸片片，也看了又看，照了又照。箱子的夹层、衣服和缝口都不放过，查得格外仔细。

当然还搜了身，鞋子也脱下来，细看鞋垫里有无夹带。然后他们再盘问姓乔的，看他那身衣着，十分客气地问道：

"请问先生身份？"

"敝人姓乔，国民党员，四川农垦厅川北棉业改革所主任，有公务赴西安陕西省农垦厅。"

证件确凿，无可挑剔，盘查者的脸上顿时露出了几分恭敬。最后他们转向冯亚珩，仔细打量着他，见他虽然年轻，但也气度不凡，不是可以随意吆喝之辈，语气也不那么生硬：

"这位先生叫什么名字，是干什么的？"

"冯亚珩，成都华西协和大学学生。"

他们仔细看了他的学生证，眉头略微一皱，问道：

"什么是借读生？"

"就是非正式生，相当于旁听生。"

"你家里是干什么的？"

"我是四川仁寿人……"

刚说到这里，老乔赶紧接过话来介绍道："这位冯先生是当地的富豪人家，还挂过'千顷牌'。他八叔南京中央大学毕业，在蒋鼎文长官处任职，这次专门招他去西安的。"

亚珩心中好笑。他只提起过八叔上过南京中央大学，姓乔的不愧为混过官场的人，便顺手牵羊拉来与在西安的蒋鼎文挂上。没想到这一招还真奏效，盘查者的表情立刻多云转晴，毕恭毕敬地退还了亚珩的证件，将他也放行了。

到了汉中，他们立即转乘车到宝鸡，在宝鸡终于坐上了陇海线上由西向东的火车，仅几个小时的时间便来到了十三朝古都的西安城。

当冯亚珩从城东北的火车站走出时，迎面扑入眼帘的，便是这座黄尘中显得灰蒙蒙的雄伟而残破的古城。对于这个在天府之国看惯了青山绿水的青年来说，他第一次感受到大西北的雄浑和粗犷。

老乔到过西安，于是便自充向导，领着他从北门入城。城内南北中柱线的北段，即从北门到钟楼，就是北大街。在亚珩看来，西安北大街不如成都春熙路秀雅。成都的街道旁清一色小青瓦的木板木楼，显得轻巧玲珑，而西安的街道两边房屋多为青砖土坯砌成，显得封闭厚重。

抗战期间，西安作为西北枢纽，有重兵集结，加之流亡来的人，城市人口猛增了好几倍。大街上人群川流不息，军车、骡马车、小汽车熙熙攘攘，行人那一张张被风沙刮得粗糙的脸上，带着沉重的苦难与无言的艰辛。

他俩在中国旅店住了下来。黄昏中，亚珩站在旅店的门口四顾，现在已是暮春三月，但迎面刮来的风仍是寒气袭人，并有点凌厉。

他抬头望见苍茫暮色中那座古老钟楼的剪影，显得十分衰败，楼檐间群群暮鸦聒噪乱飞，令人感到无限的悲凉。此刻，他做梦也不会想到，在他生命的最后几十年，会与这座钟楼朝夕相伴，会在这座钟楼面前演出他人生最惨烈的悲剧，画出令世人回肠荡气的画卷。

第二天，亚珩先陪老乔去陕西省农垦厅找他那位同学。老乔今天的情绪特别好，走到农垦厅大门口，他伸手示意止步，他怕这大场面上，冯老弟会露乖出丑。他得意地告诉亚珩，等他把事情办妥，便立刻带他进西安最豪华的餐厅酒楼，敞开肚皮饱餐一顿。受人滴水之恩，必当涌泉相报嘛！

老乔整理了一下自己的衣冠，气宇轩昂地走了进去。

亚珩在外面等了许久，不见老乔出来。他想大约老同学见面有说不完的话，他又等了一个多钟头。到了中午下班，里面办公的人三三两两提着皮包往外走，可是老乔仍不见出来。

他心头一下子火了，这家伙竟然是个不守信用的人。

他想不辞而别，但觉得还是打个招呼再走的好。等他冲进门厅，却见老乔面如死灰般的瘫在了那里。

“你怎么一下子病成这样子？”

“回到旅社再告诉你，真是一言难尽！”

亚珩扶着老乔，踉踉跄跄地回到旅馆。老乔躺在床上，就像一个突然中风瘫痪的病人，精神一下子崩溃了。

“你那位陕西省农垦厅的同学找到了吗？”

“早就去向不明了！”

老乔现在已是山穷水尽，无路可走了。他向亚珩提出，能否在亚珩亲戚那里暂时栖身，等他向亲友告急，只要汇款一到，一定连同上次的借债一并归还，决不食言！

亚珩到这时候只能实话实说，向老乔告诉了真相。他坦率地告诉老乔，他在西安根本没有什么亲戚投靠，他是要到延安去的。

老乔听懂了他的意思，吓得瞠目结舌，半天说不出一句话来。

第三天，冯亚珩决定要去办自己的事了。

“我们就此一别吧！”

“冯老弟，你要去的地方十分复杂危险，稍有不慎便会陷入绝境。我毕竟比你见的事多些，碰上险情也比你更善于应付，再加上我的身份也会起个保护伞的作用，还是让我和你一路去吧！”

这时亚珩才告诉老乔，今天他要去七贤庄一号。

他俩装出一副若无其事的样子，悠闲地在北大街散步，向北门走近，好像观赏古城门来到城墙脚下，接着又沿着顺城路向东走去。等到了狭窄的路口，便由北向南来。街道左边有一大片青砖青瓦的建筑群，它与周围矮小破败、尘土覆盖的小平房相比，当然显得阔气多了。这里就是七贤庄。

坐落于街东侧的这片建筑，坐北朝南，由西向东一共有十座大小外观相同、布局结构稍有差异的工字形庭院。这组建筑群于1934年动工，1936年春天完工，落成后请关中文化界的名人成柏仁先生题写了“七贤庄”三个字，镶嵌于庄首的门楼上。

1936年，中共中央先在此设立了交通站和红军办事处，从1937年8月开始，这里又成为国民革命军第八路军驻陕办事处，当时简称“西办”，租用了七贤庄的一、三、四、七号院。后来，人们把这里叫作“八办”。

冯亚珩投奔七贤庄期间，“八办”处长是伍云甫。

亚珩看见一号院的大门两边各挂了一块吊牌，左边是“国民革命军第十八集团军驻陕办事处”，右边是“国民革命军第八路军驻陕办事处”。大门两边，站着两位穿灰军装的持枪的八路军战士。

在联系接洽方面，老乔当然比冯亚珩内行得多，他见左右无人，便落落大方地上前介绍说：

“有一位从四川来的抗日青年，要见你们的负责人，可以通禀一下吗？”

一位战士客气地回答说“请稍候！”便转身进去了。

等了一会儿，门卫出来说了声“请进”，冯亚珩高兴地走了进去，刚进大门，左边一间办公室便走出一个穿灰军装的人来。

他将亚珩带到右边的一间接待室，这时老乔也跟在后边走了进来。

接待室里只放了一张简陋的办公桌，两把旧藤椅和两把老式的木椅子。

落座之后，接待员和蔼亲切地问道：“你们两位是一道来的吗？从什么地方来？”

冯亚珩不想和姓乔的搅在一起，便说：“我俩在半路上才相识的，我是四川仁寿人，成都华大学生。”

老乔也做了自我介绍。

接待员问：“你们到这里来有什么事吗？”

冯亚珩说：“我早就听说延安有所抗大，你们能帮助我到抗大读书吗？”

接待员微笑着问道：“据我所知，几乎全国所有的名牌大学，都内迁到西南。你现在读的华大也非常有名，为什么一定要跑到延安去上抗大呢？”

冯亚珩说：“我是要追求抗日救国的真理，只有抗大才传授新思想，所以我想去！”

“你知道抗大的学生住窑洞吃小米，生活很苦吗？”

“我相信别人吃得了这份苦，我也一定吃得下。”

谈话进入了实质性的问题，接待员问他：“你怎么会知道来七贤庄一号联系？有没有什么人介绍？”

他讲了在成都协进中学读书的堂妹冯月窗和表妹张素娟听林伯渠的演讲，她们找林伯渠要求去延安，林伯渠告诉她们到西安七贤庄一号院来联系，自己从两位妹妹那里得到这里地址的过程。

“你的那两位妹妹到了延安吗？”

“她们因为路费没有凑够，再加上家中阻拦，终于没有去成。”

“唔……”

接待员沉思片刻，又掉过头来询问老乔。老乔满口官场的油腔滑调，再加上他身份特殊，接待员没有同他交谈几句便结束了。

接待员请他们稍坐片刻便出去了，只见他穿过院子登上青砖台阶，走进了工字形的北屋，显然是进去请示有关领导去了。

等了一会儿，他从北屋出来回到了接待室。他肯定冯亚珩冲破层层阻力，下定决心奔向延安的热情是十分可贵的，并表示欢迎，但是抗大和陕北公学这学期都不招生，只有等待机会了。

冯亚珩一听这个回答真有如五雷轰顶！什么？千里迢迢历尽艰辛跑来，没想到是这般结局！

他顿时瘫坐在那把藤椅上，半天也回不过神来。

其实冯亚珩根本没有把事情弄清楚。抗大是共产党培养优秀军政干部的学校，对学员挑选比较严格。那里的学员大都是各根据地和大后方地下党选送来的，或者由党的高级干部推荐来的，政治把关极严，没有经过组织介绍推荐，是很难进入抗大的。

他此刻感到非常沮丧。

在绝望中他激动地向接待员表白，连声音都在发抖。他说自己义无反顾地离家出走，根本没有想到还要走回头路。他自己不可能再回四川，已经没有后路了。他也不可能在西安久留，出逃之前好不容易才弄到的一点钱，现在已所剩无几了。一句话，除了到延安去，他无路可走！

他的确讲得非常诚恳。

接待员也许被他感动了，想了想说："只要你有决心，我相信你终有一天一定能去延安，实现你的愿望。在目前还没有机会的时候，有一个地方可以暂时安身，不知道你愿不愿去？"

现在他当然不愿错过任何一个机会，忙抬起头来问道："什么地方？"

"安吴堡青年训练班。"

他又一次失望了。说句实话，在他心里根本没有什么青年训练班之类的位置。

接待员耐心地开导他说，投奔抗日和革命不是一蹴而就的事，必须踏踏实实地一步一个脚印地往前走，要经受数不清的锻炼和考验。

"青年训练班是谁办的？"

"也是我党办的培养革命青年的基地。"

"那我去！"

老乔说他也愿意去。

于是，他俩被安置到七号院等候，一接到通知就立即出发。

从七贤庄出来，他俩回到北大街中国旅店结账，结果还是冯亚珩掏出了二十块钱，才把三天的房费结清。

酷暑与严寒：两次冲刺延安

冯亚珩在七贤庄的七号院里安心等待着。结果没有等上两天，就接到通知说，下午有车去安吴堡，要他们随时准备好，车一到就立即上路。

他终于踏上了北上的路。

西安北去不远，渭河自西向东横贯关中大地。泾河自西北流向东南，在西安之北汇入渭河。在此上溯泾河不远为泾阳，在泾阳东北与泾惠渠一水之隔，就是国民党元老、著名书法家于右任的故乡三原，而安吴堡就在三原的西北面。

安吴堡青年训练班，是中共中央长征到达陕北后，建立的一个培养革命青年的基地。长征时曾任红一军团组织部副部长兼巡视团主任的冯文彬，到达陕北之后调任共青团中央书记、中央青年部部长，并于1937年1月出任安吴堡青年训练班主任。到冯亚珩来时，这个训练班已经开办两年多了。

当天到达三原，领队宣布就地住宿，第二天再到安吴堡。这时老乔又开始得意起来，吹牛说自己干政治不错，可以当大官，说冯老弟喜欢打仗，可以当土匪头子。冯亚珩开始讨厌他，总觉得他身上的旧习气太深。

果然，第二天一到安吴堡，冯亚珩就发现了他的种种劣迹。

到安吴堡的当天，他们进行体检，结果老乔一检查，医生就说他患有梅毒，不允许他到青训班去。后来还是靠冯亚珩帮他求情，人家才勉强接收了他。

没想到这家伙一点也不吸取教训，晚上和一个妖艳的不三不四的女人鬼混，而且还在旅店里赌钱。冯亚珩十分后悔白天给他说情，决意今后少跟他来往接触为好。

老乔见冯老弟对他疾恶如仇的表情，心里发怵，赶紧主动去把房费付了，想以此来讨好，无奈冯亚珩依然冷若冰霜。

第三天才算正式进入了青训班。他们住进临时大队，队长是陈萍。

队长找冯亚珩去谈话，其实是一次严格的入学考试。谈话一开始就劈头盖脑地提出一大堆问题来，把平时自以为还读过不少书的能言善辩的冯亚珩问得瞠目结舌。比如队长问他，中国人民的领袖是毛泽东，还是蒋介石？中国抗日的中心是农村还是城市？什么是托派？等等。

有一些理论问题，他只能一知半解地回答，剩下的压根儿不知道。使他感到更尴尬的是，在临时大队的学生大多读过初、高中，而他在大学还读过半年，却如此无知和浅薄。当最后问到他到这里学习的目的时，他明确地告诉队长，他要争取上抗大，到那里去学习抗日救国的真理，他认为八路军才是真正的抗日队伍。

结果他被编入了第六连——七队。

才几天工夫，六连就接到通知到亮马台开荒种地。于是，大家情绪饱满地向亮马台走去，一路上歌声不断。在开荒中，冯亚珩干得特别起劲，这是他在革命人生中第一次参加集体劳动和生产实践，有着非同寻常的意义。

在青训班短短的两三个月间，他真有枯木逢春之感，年轻的生命迸发了空前的热情和活力。过去在成都华西坝的那个颇有些郁郁寡欢的学生，现在开始变成一位热情开朗、积极能干的抗日青年。

由于平时他在连队工作认真，有极强的责任心，对人满腔热情，和蔼可亲，又能团结大家一起工作、学习和劳动，他被同学们一致推举为青训班学生会主席。

在抗日救亡的宣传中，他的专业特长又一次得到发挥。他经常夜以继日地挥笔战斗，画抗日宣传画，书写抗日大标语。他在东方美专受过专业教育，再加上作起画来又是那么的认真和投入，他画的宣传画受到大家的赞赏。

一天晚上，他和同学迪之为整理一个剧本熬了一整夜，第二天上午开学习讨论会，他因困倦便在一旁打起瞌睡来。主持讨论会的学习班长说："冯亚珩，开会你怎么睡着了？"他回答说："我没睡呀！"班长说："你明明睡着了，怎么说没睡呢？你说说我方才说了些什么？"他居然一字不差地把班长的话重复了一遍，在场的学员都吃惊，说他的脑子真好使。

从进入青训班开始，冯亚珩形成了一个终生不辍的习惯，这就是在他的小口袋里，总是揣着一本自己订制的小速写本，一有空便在膝头上画起速写来，一丝不苟，坚持不懈。

1939年6月，炎热的夏季来临。

青训班三个月紧张热烈的生活，使他懂得了不少的革命道理，他觉得自己开始变得成熟起来。他蓄着满头的长发，脸晒得乌黑，不再是那个在成都华西坝时文弱的书生相。他倔强的性格在民族救亡的磨砺中，渐渐变得更坚强了。

这是他人生转折的开始。

这时，抗日战争已经进入相持阶段。日本帝国主义调整了对国民党的策略，由军事打击为主改变为政治诱降为主。1938年12月，汪精卫逃到南京，公开当了汉奸。蒋介石在重庆也开始实行消极抗日、积极反共的总政策，并在国民党五中全会上提出了"溶共""防共""限共""反共"的方针，秘密颁发了《限制异党活动办法》，从而掀起了反共高潮。

6月初的一天，青训班校部得到八路军驻西安办事处送来的紧急情报：国民党的顽固派准备对安吴堡青训班进行一次突袭。

为了避免遭受无谓的牺牲，校部紧急研究决定，分批组织学员向陕北根据地转移。校部通知彦军、李飘、程铁、迪之和冯亚珩等六人为一个行动小组，目标是去延安鲁迅艺术文学院学习。

这对于冯亚珩来说，简直是求之不得而又喜出望外的事。

20 世纪 60 年代初石鲁在画室作画

他早就打听到，从1937年至1938年初，上海救亡演出剧队第五队、第一队和蚁社救亡流动宣传队，以及北平学生流动宣传队等部分队员，先后来到延安。中共中央为了发展革命文艺事业，培养一批文艺干部，就在这些剧团的基础上，在延安创建了鲁迅艺术文学院。初创的鲁艺设文学、音乐、美术、戏剧四个系，同时还有研究室和实验话剧团。

他渴望到鲁艺去好好深造。

他们六人组成的小分队，由李飘担任队长，下面还有三个人分管总务、卫生和文娱。因为已进入了夏天，他们把冬天的衣物都卖了做路费。路上的开销由大家掏口袋来凑，结果凑了六七十块钱作为全队的开支费用。为了应付路上盘查，他们还利用彦军在二战区工作过的一张路条，把上面“一人”的“一”字，头上点一点，下面加一撇一捺，就成了“六人”。

出发之前，由李飘起草了一段誓词，然后大家集合起来，每个人庄严地举起自己的右臂进行宣誓。大家表示一定要加强团结，互相帮助，克服一切艰难险阻，不达目的决不罢休！

出发时安吴堡的气氛已经十分紧张，他们每个人的心中虽然有不安，但更充满着一种庄严的神圣感。在茫茫夜色中，六个男女青年结伴向北疾步走去。

小分队不能走大路，因为随时都可能撞上国民党的巡逻兵，他们只好钻进偏僻的山沟向北行进。

不停地走了一个晚上，天将黎明，他们走到一个荒僻的深山沟，此地离安吴堡已经好几十里地了。这时大家又累、又饿、又困，瘫倒在地一动也不动，都想在这里静静地睡上一天。

这是绝对不行的！此地仍然是危险地带，必须尽快走出险境。稍稍躺了一会儿，天大亮了，队长又叫大家坐了起来，取出随身携带的干粮充饥。但这条干涸的山沟里，连水都找不到一滴，大家只好一口口干嚼着冷馍，十分吃力地往喉咙里咽。

正在这时，一位戴着头巾的农村大嫂，挎着一篮子红辣椒走来，新鲜的红辣椒火一样鲜亮，十分惹眼。

这位大嫂突然见到几位显然不是本地人装束的男女，顿时感到恐慌和吃惊，她正转身往回走，冯亚珩大声叫住了她：

“大嫂，等一下！”

她站住回转身来，惊恐不安地望着他们。冯亚珩知道大嫂有误会，连忙解释说：

“大嫂，别害怕，我想买你几个辣椒。”

他这个四川佬，是个辣椒虫变的，一见这新鲜的红辣椒，就馋得不行。他使劲在口袋里掏了好一阵，摸出了几个铜板递到大嫂手里。

大嫂收下钱，大方地把篮子递到他面前，让他自己拿。他也不好意思多拿，抓了一把回到大家面前。

他们当中有的敢吃，有的不敢吃。只见他拿起一颗红辣椒来，撕成一条一条的，就着冷馍嚼得津津有味，香极了！

填饱肚子之后，大家又站了起来，精神饱满地继续往前赶路。

一天中午，骄阳似火，酷暑难当。前面出现了一条小河，清潾潾的河水在潺潺流淌。

大家立刻欢呼起来。行军这些天来，没有找到过水洗刷，队员们背上汗霜斑斑，像撒了一层盐，身上早已是臭气熏天了。

男女各选一块地方，痛痛快快地洗了个澡，顿时透体清凉，浑身舒爽。大家洗净衣服，晾晒在河滩上，然后吃饱了干馍，喝足了水，舒舒服服地倒地睡上一觉。

冯亚珩自愿放哨。等大家此起彼伏的鼾声大作时，他从口袋里掏出一个自己装订的小速写本，对着他们认认真真地画起速写来，边画边发出会心的微笑。大家醒来之后，他又让他们欣赏各自睡觉的姿态，逗得大家捧腹大笑。

天黑以后，六位队员又精神抖擞地出发了，向着他们梦寐以求的圣地延安走去。

又是走了一整天的路，他们肩披黄土，步履变得愈加艰难和沉重，发馊的馍啃光了，口袋里的零花钱也花完了，就是钢铁汉子，也难忍饥肠辘辘的折磨，每一步都是那般艰难，每一刻都是那般难挨。日头西斜，这一天真难熬啊！

这时，一位赶集归来的陕北老汉走过来了。

小分队六个人的眼睛齐刷刷地落在了老汉的柳条篮子里，篮子里装着几只赶集卖剩下的油炸麻花。

此刻大家都身无半文，如之奈何！

六双眼睛目不转睛地望着卖麻花的老汉，机遇稍纵即逝。这时只听见一个四川口音喊声：

“老乡，等一下！”

大家掉头一看，见冯亚珩从背上放下那个不能再简单的行囊，手脚麻利地解下那块包着被子的印花单子，问道：“换你篮里剩下的麻花行吗？”

老汉接过单子，顺手牵开来瞧瞧，虽说是脏一点，可结实着哩！花色也不错，别说换剩下的这点，就是换一篮子麻花也值！

憨厚的老汉有些过意不去地说：“你拿这换我几只麻花，我倒不亏，可亏了你哩！”

冯亚珩高兴得像孩子似的跳了起来。

“有麻花吃了！同志们，上，每人先拿一个，剩下的再平均分配！”

大家拿上一个嚼了起来，觉得这老乡做的油炸麻花又脆又香，赛过城市里的名贵糕点。

吃完后，冯亚珩却长长地叹息了一声。

一个队员取笑他说：“吃完麻花，又舍不得那床单子了！”

“不！”冯亚珩一本正经地说，“我舍不得单子上的印花图案，真是美极了！”

太阳从黄土高原的山梁沉落下去，沟壑中顿时变得晦暗起来，小分队又在苍茫的暮色中继续北行。他们已经走过耀县、铜川，前面就是宜君，再过了洛川，延安就没有多远了。

就在这时，他们遇见了几位刚从洛川折回来的青训班同学，告诉他们不能再往前走了。

从上个月开始，西起宁夏，东到黄河，国民党反动派筑起了绵延千里的封锁线，企图封锁包围陕甘宁边区。洛川封锁得很严，根本过不去。凡是南来北去的人，只要不是陕北口音，尤其是青年学生模样的人，都会受到怀疑，甚至会被抓起来杀头。

他们不得不停下来，在山坡上找到一间废弃的破窑洞，歇下来商议对策。

记得出发之前，青训班校部领导曾对他们说过，如果中途遇到什么意外，一时去不成延安，还可以暂时去宜川二战区民族革命大学。大家一致认为，既然已经历尽艰险走到这一步，谁也不能再折回去了，到宜川是眼下唯一的选择。

1938 年 8 月，国民党颁布《修正军事委员会组织大纲》，规定军事委员会为控制全国作战的最高机构，蒋介石自任委员长，并将全国战场划分为若干战区，山西为第二战区，阎锡山任司令长官。共产党领导的八路军也划归二战区。

1937 年秋天太原失守后，阎锡山想培养一支青年骨干力量，用来改造自己腐败无能的队伍。于是他打起抗战旗号，在山西临汾成立民族革命大学，自任校长。后来临汾也失守，民大随阎锡山迁到陕北宜川。在民大，共产党的力量较强，民大政治部主任杜心源、校长办公室副主任梁鹰庸等都是共产党人。

既然是去二战区的，他们就开始走大道，不必昼伏夜出地钻山沟了。来到宜君县城后，他们就公开住进旅店，准备第二天到宜川。

谁知刚在旅店住下不久，就响起了急促的叩门声。

开门一看，虽是例行检查旅客身份，但他们却陷入了尴尬。原来小分队六个人中只有彦军才有证件，且已经过期失效。而涂改过的那张路条，在这里不起作用。

他们立刻受到了怀疑，并且要扣留他们。

这时，由李飘和彦军出面，找县上有关负责人交涉，并态度强硬地告诉对方：彦军是七十一师派遣到西安招收工作人员的，因病滞留西安，延误了时日。他现在正带领新招的工作人员，回师复命，请准予放行。否则，误了事要由你们负全权责任！

但是对方仍持怀疑态度，只答应可以放彦军先行，等七十一师发来电报，证明情况属实后，才予以放行。

事情陷入了僵局。

他们仍然继续进行着交涉。彦军拿出自己身上所有能证明自己与七十一师关系的材料，包括他接受汽车运输训练的文凭给了对方看。并且再三说明，他们几个人绝不是去延安的青年学生，要对方尽管放心，请务必高抬贵手。

就这样软磨硬泡了大半夜，最后弄得那些盘查者不耐烦了，才勉强答应放行。

天刚亮，他们就赶紧离开了宜君。

从宜君来到宜川以后，他们找到“文抗”的一位主任，经他介绍顺利地进入民大。这时正碰上民大政治部在筹建前锋剧团，部主任杜心源知道了这几位青年来自安吴堡的青训班，并且很有文艺才能，正好发挥他们的所长。他挑选出彦军、程铁和冯亚珩三人筹建前锋剧团，迪之等人留在了民族革命艺术学院。

他们三人受命组团之后，从民大的男女学员中挑选了二十多名成员，成立了前锋剧团。马法援任团长，彦军任副团长，赵均任政治指导员，冯亚珩任戏剧股长，程铁任总务股长。这个组合是十分微妙的，二战区是阎锡山的地盘，团长当然得由他的人担任。马法援不但是阎锡山的得力助手，也是校部梁化之的亲信。但是，剧团的政治指导员赵均却是秘密的共产党员。

马法援刚一走马上任，便领了一大笔款子上西安逍遥去了，说是去制徽章和采购剧团演戏需要的东西。其他繁杂的事务工作，全扔给了彦军、冯亚珩等人。不过他走了也好，大大减少了挑剔和摩擦。

冯亚珩作为戏剧股长，首先要考虑的是演什么剧目，选什么剧本，而作为宣传抗日的前锋剧团，当然必须上演宣传抗日救亡的剧目。因此他主张，一是挑选现成的有影响的剧目，如街头剧《放下你的鞭子》，还有于伶的《夜上海》和曹禺的《蜕变》等抗战初期的优秀剧目。另一方面他还主张发动剧团有创作能力的人动手自己编剧，这样更符合剧团的实际和演出对象。

说了就干，他立刻自己动手编写了两个活报剧《骷髅舞》和《反对东方慕尼黑》。彦军又动笔编写了一出描述流亡难民的小歌剧《流离》，能演半个多小时。

冯亚珩写完了剧本十分高兴，终于有米下锅了！大家的热情陡然高涨起来，并且七嘴八舌地出了不少的好主意，帮他把剧本修改得更完美了些。等到乐谱出来之后，前锋剧团的第一个属于自己的剧目就正式投入排练。

冯亚珩虽然在成都东方美专受过两年的专业训练，但毕竟学的是美术。甚至可以说，在他二十载人生经历中，除了看过川戏和演过几次街头剧外，真正的话剧和歌剧他知道得很少。

当彦军编的小歌剧《流离》一开始投入排练，不论导演、舞美和道具制作，全由冯亚珩一人承担，从早到晚忙得没有片刻喘气的工夫。渐渐地，他对歌剧也摸索出一些门道来，有时还能给大家讲戏剧表演和美术基本知识。

大家还真有点纳闷，冯亚珩这么一个未满二十岁的年轻人，有如此充沛的精力倒可以理解，然而一工作起来，不管摸到哪样都是内行，这倒真是个难解之谜。

他有时还要在剧中扮演个老汉之类的配角，但始终担当不了主角。一方面是因为他身体单薄，面庞瘦削；另一方面是他那一口难改的川音。

画布景片当然是他最拿手的。每当他作画时，总是围着一大堆人，在他身后看热闹，边看边发出赞叹之声。

一天晚上，前锋剧团的首次演出在宜川大礼堂隆重举行。

观众一走进剧场，就看见台口吊着几盏煤气灯把剧场照得雪亮。大幕低垂，紫红色幕布上是“前锋剧团”几个醒目的白色大字，礼堂的墙壁上挂满了一幅幅巨大的抗日宣传画，具有很强烈的感召力，整个剧场洋溢着热烈的气氛。戏还未曾开演，就使得满场观众群情振奋。开演前指导员赵均讲了话，接着由彦军用洪亮的嗓音教唱抗日歌曲，场内又互相拉歌，气氛变得更加热烈。

当冯亚珩从后台望见台下黑压压的观众看得那么聚精会神，特别是演出结束，群情激昂的观众高呼抗日口号、高唱救亡歌曲时，他们的热泪刷刷直流，心里感到十分充实。

第二天，他们决定到宜川街上美餐一顿，庆贺成功。当时他们除了吃伙食之外，每月领的零花钱很少。冯亚珩是个好冲动的人，干脆跑回宿舍把从松林湾带出来的一床缎面被子抱到街上卖了，换来钱和大家痛痛快快地聚了一餐，席间，他一醉方休！

夜深了，他又独自在油灯下画着素描。他实在太困了，倒头便睡，没有一会儿便鼾声大作。

陕北的秋夜，寒气逼人。

他被冻醒了，像坠入冰窖一般。睡意蒙眬中，伸手去捞被子，发现身旁是空空的，才恍然大悟，被子早已“吃”到肚子里去了。他顺手拉过一叠五颜六色的纸来盖在身上，一会儿便觉得身上暖和起来。第二天早晨醒来，他才发觉昨晚盖的是一叠宣传画。

一次冯亚珩在镇上一家书店里，喜出望外地买到一本《联共党史》，于是几个人组成一个学习小组，由他担任组长，悄悄地学习起来。有什么不懂的问题，都由他耐心地给大家讲解。

前锋剧团也并非风平浪静。

马法援凭着他特有的嗅觉，意识到前锋剧团里潜伏有共产党。他东猜西疑，便怀疑到了冯亚珩身上。因为冯亚珩总爱持不同的意见，甚至公开顶撞过他。

于是马法援暗中布置，对冯亚珩进行跟踪监视，同时还让一些人故意找岔子，挑起事端。

最近冯亚珩已经明显感觉到有人跟他无理取闹，拈过拿错，手段很卑鄙。他不论到哪里，都有一个影子跟着他，从暗角里向他投来狼一般的窥视的目光。

彦军也悄悄告诉他，那位马团长说他思想路线不正确，政治上成问题，还有土匪嫌疑，要派人到安吴堡去调查他！

同时，彦军暗中又通过一位朝鲜籍教员，把马法援搞摩擦的情况转告了民大的党组织负责人杜心源。

1939年的冬天，严寒笼罩着陕北的黄土高原。

在国民党第一次反共高潮的影响下，阎锡山认为时机到了。他暗中勾结日本人，对共产党领导的决死队二纵队进行了突然袭击，制造了震惊全国的“晋西事变”。

没过几天，彦军从马法援那里得知，阎锡山已下令调前锋剧团到二战区总部受训，今后直接归战区总部指挥，置于他的牢牢控制之下。他还下令严密封锁进入延安的道路，扣留去延安的青年学生。

马法援当然欣喜若狂。他让彦军做好准备，以便一接到阎长官的命令，剧团就立即向二战区总部开拔。彦军意识到问题的严重性，如果他们到了那里，岂不都成了瓮中之鳖吗？

形势十分严峻！

彦军向党组织秘密报告了这一紧急情况，很快就接到通知：支持剧团的部分骨干转移到延安去，并立即行动。

彦军与冯亚珩秘密商定了一套方案。一是组成行动小组，由冯亚珩和女演员王志睿，再加上民大宣传科的老陈三人组成。二是安排行动的路线，避开被阎锡山封锁的大路，从英旺镇民族革命艺术学院后山的小路往西走，有一天的路程，就可以到边区管辖的富县，到达那里再去延安就一路顺风了。

第二天，他们三人到校部请假，说要去民艺学院找宣传资料和剧本。由于他们走时什么东西也没有带，所以没有引起校部的丝毫怀疑，很顺利地离开了民大。冯亚珩还随身带了民大朝鲜籍教员尹澄宇写给郑律成的信，推荐他和王志睿到鲁艺学习。

民大和民艺学院相距约有二十公里。英旺镇倚山靠水，只有三十来户人家和一条街，民艺学院就在山下一座旧庙里。来到这里后，按照事先的安排，他们找到从青训班一起逃出来的迪之。由迪之向他们再一次交代清楚出走的具体时间和路线，并发给每人一床被子、一个脸盆以及路上充饥的大饼和咸菜。他们准备了一个指南针和一盒火柴。迪之交给他们一封由沙英写给延安交际处处长金诚的介绍信，并将自己的佩章和另一个人的佩章借给他们，以防路上遇到盘查。

他们三人在民艺学院里住了一宿，第二日凌晨就起床，稍事收拾打点，在迪之的护送下悄无声息地从后山钻进了一条荒山沟。

正是北方冰封雪冻的日子，黎明前的暗夜，寒风刺骨，滴水成冰。冯亚珩和他的战友为了冲破比严寒更为酷烈的剿杀，不得不穿过重重迷雾，拼命地向前奔突。

等到他们每个人的嘴边喷吐着团团白色的热气，浑身衣裤被荆棘挂破，爬上一座山头瘫坐在雪地上时，只见山下雾气尚未散尽的大路上，隐隐约约地走着阎锡山的队伍。日本人打来时，他们吓得屁滚尿流地朝后方逃跑，但对付自己的同胞，却什么残忍的手段都使得出来。大约民大和民艺学院的清洗已经开始了。

又走了十多里，前面是一马平川，已经隐约看得见村庄。迪之说："我不能再送你们了，再见吧！"他们三人高兴地唱道："再见吧，再见吧，再见在延安！"

与迪之分手后，他们三人继续向西北方疾走。半年之前，冯亚珩带着满腔的抗日激情投向二战区，半年之后，他又在血腥的恐怖中虎口逃生。

虽说到富县只有一天的路程，然而对他们却是一次生死考验。即使在路上侥幸遇不上国民党的巡逻兵，就单是在冰雪覆盖的黄土高原的峁梁沟壑间不停歇地跋涉，也是他们难以承受的。更严重的问题还在于，同行的那位年轻的女演员王志睿还是一位病号。

王志睿是冯亚珩的四川老乡，稍晚一点和另外两个同伴一道来到前锋剧团的。由于她有一副好嗓门和一副好扮相，自然就成了引人注目的女主角。两个月前，她得了伤寒病，高烧四十度不退。现在伤寒已基本痊愈，但她还在拉肚子，浑身疲软无力，十分虚弱。对于一位有病在身又弱不禁风的女性，要在这样的季节和这样的环境中艰苦跋涉非常的艰难。她面色苍白，浑身瑟缩，走不了几步就得停下来喘气，随时都有可能倒在地上。

一路上冯亚珩始终走在她的身旁，小心呵护着她，用劲搀扶着她一步步向前走去，行李也完全驮在了他的背上。

到了爬坡和难走的路段，他干脆把自己背上的行李全交给老陈，然后蹲了下来，让她伏在他的背上，背着她一步步地前行。在刺骨的寒风中，他踏着坎坷的小路，喘着粗气，再难也要把自己的战友背到延安去。

他们在路上遇见个打柴的老乡，老乡说："这是荒山，人烟稀少，狼很多，要小心。千万不要惊动它，要不然它会伤人的。"

身后风雪茫茫，前程茫茫风雪……

在这莽莽荒野间，今夜投宿何处？

冯亚珩半年前虽曾有过露宿荒野的经历，但那时毕竟是盛夏。冰天雪地的严冬，谁敢露宿于高原荒野？

他驻足茫然四顾，终于发现前边不远处的山坡上有一孔早已废弃的破窑。三人便高兴地来到这里。

他打量了这孔空空的窑洞，还不太窄，三个人睡觉绰绰有余，虽说没有门窗，但还算背风，总比在露天野地强多了。他们走进去后，觉得身上一下子暖和起来。

他立即动手简单收拾了一下，找了个最避风的角落，先将王志睿的被子打开，安顿她躺了下来。然后再和老陈一起出去，一会儿工夫抱回一大抱枯枝，在窑洞中生起一堆火来。

火，不仅给这孔破窑带来光明，带来温暖，更带来了生气。积雪在脸盆内融化，沸腾的水升起令人温暖的蒸汽。吃着烤热的大饼，喝着暖心的开水，白天的紧张和艰辛旋即在谈笑间消失了。他们总算逃出了阎锡山的魔掌，心情变得好起来。

他和老陈也打开被盖准备睡觉。

他看见王志睿在单薄的被子下不胜寒冷地缩成一团，便将自己的被子也盖在了她的身上。

她感到有些难为情，说什么也不肯接受。老陈劝说她不要推辞，否则病倒了到不了延安，并提议冯亚珩和她合盖被子，这样可以互相取暖。但冯亚珩执意不肯。

冯亚珩说，不行，总得留一个人值班，万一有个意外情况也好照应。他叫老陈先睡，后半夜再叫醒他。

老陈很快进入了梦乡，冯亚珩落落大方地移到王志睿的身旁，靠墙坐了下来。他顺手把盖在她身上的那床被子拉开一角盖在自己的腿上。

在剧团他们就已经相爱了，这已成了公开的秘密。今天一路上，他对她无微不至地关怀和体贴，更使她深为感动。

外面，摇天撼地的寒风怒号着，不时从窑洞口扑进来，他赶紧伏下身去呵护着她。

枯枝已经燃尽，灰烬中的余火在逐渐暗淡熄灭，窑洞中气温愈来愈低。他俩紧紧地偎依在一起。

在前锋剧团的排练场上，在他们同演一个戏的表演中，在演出后踏着月光背着道具返回驻地的路上，这两位老乡或用他们特有的乡音亲切交谈，或用他们灼热的目光无声地碰撞，无言地交流着。

现在，他和她虽然都十分疲乏，但仍然耳鬓厮磨地窃窃私语。在这十分特殊的环境中，这种充满浪漫色彩的恋情，顿时变得格外的意味深长。

突然，他一跃而起扑向洞口。在轰鸣般的寒风怒号声中，他听到了一种令人心悸的凄厉的号叫，声音正由远而近。

他们三人刹那间紧张地聚在一起，蹲伏在洞口，凝神屏息地注视着，倾听着。

洞外，大夜弥天，寒凝大地。

饥饿的狼群正哀号着从雪原跑过，眼里闪烁着鬼火般的绿色荧光……

第二天黄昏，他们拖着疲乏的身子终于走到了富县。这里离延安很近，是另一个天地，他们的心情一下子变得轻松起来。

他们找到村干部说明来意，受到热情的接待，美美地吃了一顿热乎乎的小米饭，真香！他们第一次感到边区群众的温暖与热情。冯亚珩兴奋地在落日余晖中抓紧画了一幅素描——边区小山村。晚上在油灯下，还给一位陕北老大爷画了一张头像。

第二天他们吃了早饭，谢过村干部又起程了。这里离延安只有四十里路，他们一路唱着歌前行。

闯过滴血的屠刀，历尽顿挫艰险，从春到夏，又从夏到冬，整整一年，冯亚珩都在追求着一个不可改变的目标，向往着心中那块光明的圣地——延安。

他像一个奔突于炼狱的行者，曙光终于将他的眸子点亮。

这是一个刚跨进二十岁门槛的青年，他年轻的生命所接受的异乎寻常的洗礼。

第三章

革命岁月：延河畔的迷人灯火

陕北公学五十八队来了个新学员

他们一行三人，离开富县又爬上了一道山梁，然后十分疲乏地坐在地上。放眼望去，黄土高原如大脑回沟般的层层皱褶，伸向灰蒙蒙的天际。真像死寂的亘古荒原，听不到一点声音，见不到一点绿色，感受不到一丝活力。生活在这片土地上的生命，要经受何等严酷的磨炼！

他们无声地凝望这片静穆的黄土地，突然冯亚珩大叫了一声：

"你们看！"

远处沟壑纵横的群山间，一座直指长天如一柄短剑般的宝塔，挺立在天际的山头。

凝视片刻，大家猛然兴奋地叫喊起来："宝塔山，延安到了！"

三人一下子精神抖擞地站了起来，刹那间忘却了两天来的饥寒劳顿，不约而同地热泪流淌，举起双臂，用尽全身力气，一齐放开喉咙大声呼喊：

"延安——，我们——来了——！"

1940 年初，刚满二十岁不久的冯亚珩，带着满脚的血泡走进了延安。

1935年10月19日，毛泽东率领的中国工农红军经过二万五千里长征到达陕北。1936年12月12日震惊中外的西安事变发生后，为了适应时局的变化，中共中央于1937年1月13日进驻延安。

西安事变的和平解决，成为中国时局转换的枢纽。它迫使蒋介石基本上结束了十年内战，推动了国共两党再次合作，团结抗日，使抗日战争进入了新的历史阶段。

抗战时期的延安，是最令人向往和最富有生气与活力的地方。许多热血青年冒着被国民党杀头的危险，从全国各地奔向这里。

延安城曾遭到日军轰炸，一片废墟，残破不堪，但旺盛的人气却使这里生机勃发。

这座古老的陕北小城，本来就难以和繁华的西安、成都相比，敌机狂轰滥炸之后，更是满目疮痍。但这座不屈的英雄的小城，在民族解放的烽火中挺立，举世瞩目。你看，满街的标语和宣传画，街上走着来自全国各地的热血青年和穿灰军装的八路军战士，到处充满着生气与活力。

这正是冯亚珩日夜梦想和苦苦追寻的地方。

在延安城北杨家湾的山梁上，新开出的排排窑洞里传出充满激情的抗战歌声，活跃着一群朝气蓬勃的年轻人的身影。

这里就是著名的陕北公学。

陕北公学于抗战初期1937年9月成立，是中国共产党领导下培养干部的学校，刚来延安的进步青年，在这里经过短期的训练之后奔赴抗日前线。1939年它的一部分并入华北联合大学，一部分仍旧留在延安。重新组建的陕北公学，有一部分是中央组织部干部训练班合并去的，有的是从二战区来的，校长是成仿吾，党组书记兼关中分校校长是李维汉。

1940年元月，陕北公学五十八队来了一位新学员，他那一头浓密的又粗又黑的长发格外引人注目。从二战区来的同学都认识他，他就是民大前锋剧团的冯亚珩。

这些日子，冯亚珩的心情格外激动。

他一踏上这片土地，就呼吸到一种全新的气息。他强烈地意识到：生命正翻开崭新的一页，新的人生要从这里起步！

他要向昨天诀别，要为自己改一个全新的名字。

他们刚到时住在西北旅舍的接待站。负责接待的人，一人发给他们一张表格。

他坐了下来，郑重地将登记表摊在自己的面前，掏出随身携带的自来水笔，面对姓名栏目，凝神思考。许多来自国统区的青年，为了不让家庭受牵连，大都重新改了一个名字。

身旁的同伴不解地催促道："还不快写，发什么愣？"

他没有回答，只用笔尖指了指登记表上的第一栏，这位同伴禁不住笑了："难道你还不知道自己的名字？"

"不，我要为自己重新取一个名字！"

这个强烈的愿望，在他心中已酝酿快一年了。

在他骑着一辆旧自行车冲出剑门，奔向西安七贤庄一号的时候，在酷暑中从安吴堡向北跋涉的日子里，以及在黎明前的严寒中从宜川向延安行进的征途上，他曾多次想过，如果他没有倒在这黄土高原的沟壑间，没有被国民党封锁拦截的军队抓去杀头，到了他的双脚真正踏上延安土地的那一天，他一定要为自己重新取一个名字，取一个响亮的名字，一个崭新的名字，一个属于他新的生命的名字，一个属于他二十岁以后的未来岁月的名字。

对他来说，这意味着向昨天告别，与旧的生活的决裂和对那个封建家庭的背叛。他要让自己的青春翻开全新的一页，重新站在人生起跑线上，等待信号枪声的响起。

他毅然把从四川仁寿文公场松林湾冯家大院带出来的冯亚珩这个名字，毫不犹豫地交给了历史档案，他要用一个崭新的名字向未来登记注册。

这时，他想起了两个最崇敬的人。

一位是清初画家石涛。他原名朱若极，明藩王后裔，年幼时为逃避清朝追杀，落发为僧，法名原济，号石涛，又号苦瓜和尚、大涤子等。他与八大山人朱耷齐名，擅画山水，才气横溢，富于创造性。他毕生反对拟古，敢于标新立异，主张“有法必有化”，要“搜尽奇峰打草稿”，进而提倡“法自我立”“我用我法”，最后达到“至人无法，非无法也，无法而法乃为至法”。

另一位就是四年前病逝的现代文学家鲁迅先生。他最佩服的当然是他那深刻的思想和敏锐的目光，以及他坚忍不拔的人格力量和不屈不挠的战斗精神。

借得这两位大师巨匠之姓，他的一个崭新的名字诞生了——石鲁。

人的名字，不过是一个人区别于另一个人的一种文字符号，是人类每一个个体生命的一个标志。一个伟人可以取一个平常的名字，他依然是伟人；一个庸人可以取一个看似崇高的名字，但他依然是庸人。

冯亚珩改名石鲁，却是耐人寻味的。

石鲁这个名字，属于他自己整个的人生追求和坐标，是他毕生进行艺术求索的主题语，也是他的人格标志和个性象征。

到达延安之后，石鲁和王志睿约定一同报考鲁艺，她上音乐系，他上美术系。他俩曾到鲁艺去找过郑律成和曹葆华，但没有成功。她进了延安女子大学。他又找人介绍考抗大，有人对他说，抗大是学军事的，你还是到陕北公学学政治的好。经过了一场严格笔试之后，他被分到陕北公学五十八队学习。他第一次使用新取的名字——石鲁，成了陕北公学的一名学员。

石鲁穿着新领到的灰土布军装，住进新开挖的窑洞，吃着盐水汤下小米饭，这些虽然都和他在成都上学的环境和条件不可相比，但他却打心眼里把这里看成是自己的家。

每天，他坐在窑洞窗前，捧读着一本本延安清凉山印刷厂用发黄的土纸印刷的带着浓浓油墨香味的书，封面上是革命领袖的木刻黑白头像和不太规范的美术字。这些印刷粗糙和装帧简陋的书籍，讲述着一种全新的思想和观念，向他展现了一个崭新的世界，而它们都是冯家大院藏书楼、华大图书馆的线装古籍和烫金精装的洋书中所没有的。

来延安进陕北公学以前，他并没有真正读过马列主义书籍，至多是在成都躲进被窝里，读过一些进步的油印小报和小册子。如今他再也用不着担心被捕和杀头，第一回静下心来，在阳光下读着这些书籍，确实有一种如坐春风的舒畅感觉。

他就这般贪婪地如饥似渴地读着一本又一本马列经典著作。虽然他并不完全了然于胸，但也确实使他思想上开始有一种跨越和飞跃，产生了一种进入新天地的豁然开朗的感觉。他觉得自己仿佛一下子长大了许多。

陕北公学的学习紧张而热烈，大家白天在露天听辅导报告，晚上进行自学和讨论。这些初到延安的热血青年，刚一接触新思想和新理论，满耳朵的新名词，满脑子涌动着新的思潮，心情特别激动，但问题也特别多。不论是小组讨论，还是课余休息，大家滔滔不绝地争论不休，有时甚至争得面红耳赤，像吵架似的。连吃饭时也在争论，先是蹲着，然后站起来用筷子指着对方的鼻子辩论。

石鲁是个干什么都特别认真的人，读书刻苦，学习勤奋。大家发现这位来自四川的小伙子，在讨论会上总爱说国语，带着浓浓川味，令人捧腹。他唾沫飞溅地与人进行争论，而且发言的次数最多，争论起来总是得理不让人，很难被说服。他善于独立思考，思路开阔，从不人云亦云，善于发现问题和提出问题，因此在争论中，逻辑性强，辩才无碍，总有一种探求真理的无畏勇气。当时在延安的青年学生，思想十分活跃，在小组讨论会上什么都可以争论。比如提到为工农兵服务，他就问知识分子要不要服务？讲动机与效果统一，他就问为什么托尔斯泰是保皇党，却又要在自己作品中揭露保皇党完全没有什么顾忌。

学校布置下来要每个分队推举一名课代表，五十八队的学员虽然相聚不久，大家却一致推举石鲁任课代表。

石鲁除了好争论之外，另一个引人注目的地方，就是在课余时间，总见他摸出一个小本本，坐在那里神情专注地画起来。从他住的窑洞外边走过，总是见他坐在炕头边埋头画画。

在当时的艰苦条件下，马列的肖像即使是黑白照片的印刷品，也难以得到。当时延安的礼堂和会议室里悬挂的马列画像都不大准确，因此在一般人的眼里有谁把领袖肖像画得像，就算是个了不得的艺术家和人才。

一天，同学们见石鲁又在窑洞里伏案画画，进来一看顿时惊呆了。

原来他根据一本书中列宁的照片，正认真仔细地画着一张列宁的素描像。外行看热闹，内行看门道。陕北公学的同学当然不可能有鲁艺的专业眼光去评价石鲁的绘画水平，他们判断一件肖像作品的标准首先是像不像。对石鲁画的这张列宁素描像，大家的第一个反应就是同声惊叹：

“呵，画得真像，和照片一样！”

之后，他将这张列宁像端端正正地贴在窑洞墙上。于是，他的名声很快在陕北公学传开来，大家都知道五十八队出了一位画家。

和石鲁接触多了以后，大家渐渐发现他不仅会画画，而且多才多艺，性格热情开朗，富有幽默感。

当时环境艰苦，不仅物质生活匮乏，文娱生活也十分单调。校部为了丰富学员的文娱生活，经常让学员以队为单位，组织自娱自乐的联欢会。

这种联欢会一点不费事，不用排练，也无须花一分钱。在窑洞前摆上一张桌子，让每个学员轮流登台表演，不管是说是唱还是跳，各显其能，表演自己的拿手好戏。同时也是每个人展现自己个性和才华的机会。联欢会生动活泼，热烈欢快，高潮迭起，充满青春活力的阵阵哄笑声，飘散在杨家湾的山梁上。

一天下午，联欢会正在热烈地进行着，又一位表演者登台。

表演者瘦高个子，一身灰军服，腰间扎着一根皮带，走到台前站定，双手往桌上一撑，一本正经地望着大家，沉默片刻便开口自报节目：

“我表演的节目叫‘变脸’。”

大家好奇的目光一下子都集中到他的脸上，要看看他究竟能变出个什么名堂来。

突然他那凝固不动毫无表情的脸上，一瞬间眉开眼笑，变得像一位慈眉善目、笑口常开的罗汉。又见他变魔术般的用手在脸上一抹，那张笑脸不见了！顿时双眼瞪得溜圆，还不停地眨动，上下嘴唇撮合得尖尖的，露出一副滑稽的猴相。然后又是一抹，立刻变成一副长长的马脸。接着他越变越快，变出喜、怒、哀、乐、痛苦与恐惧……

台下掌声一阵比一阵高。表演者就是石鲁。

陕北公学成立了一个业余剧团，这里人才荟萃，比二战区前锋剧团的阵容强得多。当导演轮不到石鲁，但舞美和化装却非他莫属。

业余剧团排的第一个独幕戏，是著名剧作家田汉在抗战初期创作的一个反法西斯名剧《游击队的母亲》，原名《阿比西尼亚的母亲》。后来，他们还排了陈豫源的独幕剧《抽水马桶》。

石鲁马上忙碌起来，他住的窑洞内外立刻变成了舞美工作室，到处摆满五颜六色的景片。他总是端着颜料碗，或在绘制布景，或写演出海报，忙个不停。他平时本来就不修边幅，衣裳穿得脏兮兮的，现在身上又沾满各种各样的颜色，像是裹了一件花衣服，令人好一阵子笑。

不仅如此，他还要亲手给剧目中的每个角色化装造型。一到演出前做准备的时候，时常忙得连饭都顾不上吃。

担任陕北公学学生会宣传委员的李建彤，发现石鲁是个艺术人才，便主动接近他，和他交谈。

石鲁向李建彤一谈起戏剧人物的化装造型，就头头是道，谈到兴头上，还取一个小本子来给她看。

这本破旧的小本子，是他自己动手总结整理的一本“化装术”。一页页上画满了男女老少各种类型人物的面部造型特征，旁边还密密麻麻地写出了一条条的说明。这是他从二战区就开始积累下来的，尤其是在历尽艰险跋涉到延安的征途上，什么东西都丢光了，还能将它保存下来，更是不易了。

李建彤更加佩服石鲁了。

继李建彤之后，石鲁担任了陕北公学学生会的宣传委员。

半年之后，陕甘宁边区的形势愈来愈严峻，处境愈来愈艰难了。

蒋介石命令他的嫡系胡宗南部队，将陕甘宁边区包围封锁起来，妄图切断八路军的军饷、粮草和武器弹药，让边区抗日军民饿死、困死在这片荒凉的穷山沟里。

于是，陕北公学年轻力壮的学员们，迅速响应党中央号召，投入了生产自救、自力更生的开荒运动之中。

往日，学员们也经常参加劳动。有时到延安城里去背砖头，有时还要走十几里路去砍柴，石鲁总是干得特别起劲。

他和同学们一起，唱着歌来到开荒现场。千年沉睡的荒坡醒来了。

他是个特别容易激动的人。虽然他在青训班亮马台开过荒，却没有经历过这般激动人心的热火朝天的壮阔场面，此情此景使他浑身顿时热血沸腾。在一片荆棘丛生的荒坡上，他跃跃欲试地挽起袖子准备动手大干，但又立刻意识到这样干是不行的。因为清除荆棘很容易将身上的军装挂破，而他宁愿挂破皮肉，也不愿挂破军装。

说实话，这套灰色军装不过是土布做的，染色也很粗糙。在家乡时，他穿的是东洋布、卡其，还有华达呢和锦缎皮袄。今天他特别珍惜这套土布的灰军装，不仅因为眼下边区吃穿都十分艰难，一套军装的确来之不易，更重要的还在于他对这套军装十分钟爱，自从穿上这套灰军装后，他感到自己汇入黄河之滨中华民族的这群优秀子孙的战斗行列之中，胸中无时无刻不涌动着一种崇高的神圣的光荣感和使命感。

他勇敢地脱下他所珍爱的灰军装，小心翼翼地挂在树枝上，然后拿起镢头冲向荆棘丛中，奋不顾身地干了起来。

收工时他从树上取下军装来，但不能往身上穿了。今天他干得特别用力，现在已是一身汗和一身泥了，一条条被荆棘挂破的伤痕浸出殷红的血迹。

在陕北公学总结表彰生产劳动先进人物的时候，校领导还特别让他为那些被评为劳动模范的同志画像。从安吴堡青训班到二战区前锋剧团，与他一道学习和工作过的彦军，被评为特等劳动英雄。他专门为彦军画了一张特别大的画像。大家都说他把彦军画活了。画像贴在学校壁报专栏上，深深地鼓舞着每一个学员。

在同学们看来，石鲁出身于一个挂“千顷牌”的大财主家，过去是一个养尊处优的少爷，现在他来到物质条件极端艰苦的延安，特别是在眼下被封锁的极端困难的环境中，能吃得下这般苦与累，实在不容易。

学校里的伙食，差不多每顿吃的都是小米饭，一大桶盐水汤里，偶尔有几片青菜叶。但是在延安的大街上，不论是饭馆还是小摊，有时还有白面、肉菜和炒饼卖。当时参加革命队伍，实行的是供给制，衣、食、住公家管了，每月只有极其微薄的一点津贴，当然就别奢望能进馆子去大快朵颐了。

每当星期天放假上街，来到饭馆门前，谁都难以抗拒香气扑鼻的诱惑，无奈囊中羞涩，大家只好装出若无其事的样子走了过去。

又到了一个星期天，几位学员正走过一家饭馆门前，他们听到同行的石鲁出人意料地说：

“大家进去吧，今天我请客！”

他们一阵惊喜，几乎不相信自己的耳朵，但立刻又意识到这是石鲁一贯的幽默，开个玩笑罢了。

有一位同学故意装出一本正经的样子向饭馆走去，另一位同学赶忙一把拉住他说：

“别把石鲁的玩笑当真，弄不好要犯群众纪律。”

石鲁急了：“掏钱吃饭，违反什么纪律？”

这位同学也毫不让步：“你哪来的钱，先掏出来让大家看看！”

他像变魔术一般从口袋里掏出一把钱来，大家顿时惊呆了，一阵欢呼之后，又严肃冷静地问道：

“你哪来这么多钱，来路正不正？”

他故弄玄虚地狡黠地眨了眨眼睛，幽默地说：“来路正得很，尽管放心地吃吧，这是打土豪分田地得来的！哈哈……”

后来经他做了认真的解释，大家才放下心来。于是他慷慨解囊，请大伙吃烩饼、炒面，痛痛快快地打了一回牙祭。

原来，自从石鲁到延安以后，已经收到两次从家里寄来的钱。

远在四川的母亲终于打听到他已经跑到延安去的消息。于是，她写了一封信，并且汇了一笔钱来，告诉他如果那儿过不惯，可以用它做回家的路费。她在信中说在延安学习不合社会需要，还说一个人一生离开经济基础不行，还是回去管理家业好。最后又说他如果实在不愿回去，还可以托人介绍在西安剧团工作。这当然是他母亲的一厢情愿。

第二次的钱是三哥冯伯琴寄来的。石鲁明白，这不过是母亲的授意罢了。三哥寄钱的同时还寄来两套衣服，竟然撒谎说母亲去世了，要他赶快回去奔丧，还说如果不回去，就把他的媳妇给他送来。这当然是母亲惯用的软硬兼施的手段。

这一切他都没有理睬。

接到这两封寄自万水千山外的家书，自然又使他想起了四川的松林湾，想起度过童年时光的那座秤杆山下的冯家大院。但是，现在他无论如何再也激不起那种“家书抵万金”的想家的感情。对于那个离开才一年多一点的家，在他心头恍如隔世。

今天，住在延安杨家湾窑洞里的他，已不再是昨天的冯家九少爷亚珩，穿上狐皮袍子，去和那位九少奶奶为冯氏家族传递香火。现在，他经过血淋淋的挣扎才终于冲破罗网，就绝不会像一只鸟飞了一圈仍落回原地。踏倒的篱笆就让它踏倒吧，让“冯亚珩”这三个字永远留在冯氏家族的族谱里，让它属于昨天。“石鲁”这个诞生在延安的名字，属于现在和未来。

在陕北公学半年多的日子里，他曾有过痛苦和烦恼，经历了入党的挫折，也尝到了失恋的滋味。他有时郁闷寡欢地独坐在窑洞炕上沉思，或者独自登上杨家湾的高山上向远方凝视许久，直到黄昏还不愿回来。

现在他再也没有多少犹豫了，他将那两封辗转投递已经破损的家书撕成碎片，毫无留恋地撒向黄土高原山谷的皱褶里。

西工团蓄长发的美术组长

1940 年 8 月，陕北公学奉上级有关部门的指示，组织了一支去蒙古宣传抗日的文化工作队。王亚凡担任队长，彦军任副队长，队员有陕北公学的石鲁、程铁、闵力生、阮爱芹，加上从延安女子大学调来的若菲、舟冰、张涛和李庆森等，一共四五十人。

石鲁是个生性热情好动、富于激情和幻想的人，当他被选中参加去蒙古的文化工作队时，兴奋得一夜没有睡着。参加抗日宣传队，最适合他的兴趣和爱好。自从踏上追求革命的道路，他就与宣传队结下了不解之缘，这次又是去蒙古宣传抗日，又画画又演戏，他当然十分高兴。

使他更为高兴的是，作为一个美术工作者，那无边无际的壮阔的大草原，还有白云般的羊群、奔驰的骏马和座座圆形的蒙古包，都会给人带来许多新鲜和神秘之感。刚刚参加革命工作，就能接受到这样既艰巨又充满浪漫色彩的使命，太令他激动了。

出发之前，文工队排练了一个草原风情的小歌剧，名叫《塞北黄昏》。这出剧是上级领导专门组织了一批创作能力特别强的艺术家突击完成的，参加者有王亚凡、李庆森和鲁艺大名鼎鼎的作曲家马可、刘炽和安波等。

石鲁十分兴奋地为这个小歌剧的布景、服装和道具开始忙碌着。一天，一位战友路过他的窑洞前时扫兴地对他说：

“石鲁，你白干了，没有听说吗？去蒙古的文工队取消了！”

这个消息使他大失所望。但没过多久，他又得到一个令人振奋的消息，他心中的希望之火重新燃烧起来。

上级决定，筹建中的蒙古文化工作队取消，但成员仍然保留。1940 年 9 月 1 日陕北公学文工队正式宣告成立。

陕北公学文工队成立时，只在杨家湾的后面杜家沟分到了五眼窑洞，拨款一百元边币作为开办费，同时还领来了几盒从蒙古乌胜旗弄来的化装用的口红，这就是文工队的全部家当。

于是开办之初，大家还得自己动手装修窑洞，制作家具，用羊皮、罐头盒自制二胡、低胡和三弦等乐器，用捡来的旧电话线做琴弦。石鲁的手很巧，什么活都会干，尤其是干起木匠活来，还真像那么回事。

那时候的文工队，每人每天还能享受一斤四两小米，两钱油，八分钱的菜金。后来在被国民党封锁的最困难的日子，这些供给逐渐递减，小米饭改成顿顿山药蛋，上面飘着几星油花花。不少人口袋里都准备着一瓣大蒜，吃饭时用它来下饭，而石鲁从口袋里摸出来的，不用问肯定是一只红辣椒。他是出了名的“辣椒虫”。

1940 年 12 月 5 日，陕北公学文工队更名为陕北公学文工团。到 1941 年年底，陕北公学合并于延安大学，文工团改名为西北文艺工作团。新建的西工团，属中共中央西北局宣传部领导，当时的部长是李卓然。苏一平从马列学院调到西工团任团长，朱丹为副团长，它的成员大多是来延安之前进过艺术院校的学生，以及在各种剧团里干过的人，全团共有七十余人。

西工团下设四个组：戏剧组、文学组、美术组和音乐组。成立那天，团长兼指导员苏一平向大家介绍各组组长，当介绍到美术组组长时，大家看见瘦瘦的蓄着满头长发的石鲁站立起来，都不由得会心地笑了。

石鲁领导下的美术组成员当时有刘迅、程士铭、东方和吕崇实。

当时的延安虽然物质生活十分匮乏，但精神生活非常丰富，特别是文艺演出十分活跃。单拿文艺演出团体来说，就有鲁艺戏剧部、延安评剧院、青年艺术剧院、民众剧团等专业文艺团体和群众业余剧社等。因此，对刚成立的西工团来说，这无疑是一种很大的压力。

西工团一成立，便立刻开始动手排戏。这个新建的文工团起点不低，首先确定排演的剧目便是曹禺的名剧《蜕变》。这不仅是西工团的首演剧目，而且在延安也是首次上演。为此，他们还专门到鲁艺去搬来了三员大将，史行任导演，何文今任舞美设计，张云芳担任主演。

这对石鲁来说，是一次极好的学习机会，为他今后独立承担大型舞美设计，铺平了道路。

《蜕变》的舞美设计虽然请的是鲁艺的何文今，但在具体的绘景和服装道具的制作上，石鲁则承担了主要任务。他当然明白，必须抓紧这次难得的机会，好好学一点东西。今后西工团再不可能每一次排大戏都去请名家来设计，这副担子一定会压在他这个美术组长的肩上。

一天他正在赶制景片，导演派人来把他叫去。他原以为可能是商量舞美问题，没有想到导演分给他剧中的一个角色让他扮演。

这种事情不是没有发生过，以往他除了搞舞美和化装外，有时也得担任一个配角，如扮演个老汉什么的。他曾在一出活报剧中演过汪精卫，那只是一种漫画式的表演，出点洋相和闹点笑话没有多大关系。

导演告诉他，要他扮演剧中的一个土财主梁公祥。

《蜕变》是曹禺 1939 年 4 月随南京国立戏剧学校迁到江安县城后，创作的一部影响很大的抗战剧作。由国立戏剧学校师生首次在重庆公演，张骏祥导演，后来又先后在柳州、长沙、昆明和“孤岛”上海上演，反响十分强烈。

这是一个四幕三场话剧，通过一所后方医院发生的事情，暴露出国民党官僚在抗战期间徇私枉法、因循怠惰、投机倒把和贪污舞弊等种种丑恶现象。曹禺在这个戏中，塑造了两位代表民族正气的正面形象，其中一位就是梁公祥的堂弟梁公仰。

戏中表现了梁公仰公而忘私，一心为抗战的风范，他断然拒绝了本家兄长梁公祥借兄弟关系要官当的可鄙要求。

导演要求石鲁扮演的角色就是这个伸手要官的梁公祥。

他把剧本拿回去认真地读了起来，当读到曹禺笔下梁公祥的那一身穿着打扮，便忍不住地笑了：

> 中门走进了梁公祥，梁专员的远房哥哥。他有六十三四，瘦小身材，算不得十分健壮。穿一身土布灰长袍，外套一件深紫色的老式马褂，上面还是黄铜扣襻。他脚下是黑布鞋，白布袜，很熨帖地绑着一副窄腿条。头戴一顶古色古香、精妙绝伦的台湾草帽，从进到走出，不见他脱下。

梁公祥这样的人物他太熟悉了，单是冯家大院他就见识过许多。他想起被迫完婚那天，母亲指挥用人替他收拾完备后往镜子前一照的情形，自己不正是一个活脱脱的梁公祥吗？只是他比剧中的人物年轻些罢了。

读完剧本后，他又感到为难起来。剧中人物虽是个配角，但不同于他以往扮演过的那么简单。梁公祥在剧本中占有十来页篇幅，还十分有戏，而他年仅二十出头，去扮演一个六十多岁的老迈昏聩的乡下土财主，表演的难度确实较大。

最令他头痛的还是他那一口难改的乡音。他有自知之明，知道自己说出的国语，别说观众听了难受，连自己听了也浑身起鸡皮疙瘩。

不过他极富于挑战性，喜欢探索，不怕风险，只要艺术中有创造性的东西，总会令他激动不已，拼命地一头栽进去。他相信念台词只要肯下苦功夫，哪怕一句一句地学，不信过不了关。大家见他那般刻苦认真，都愿意帮助他。导演很快就发现，尽管他说的国语还有些蹩脚，但较前有明显改观，而且对角色也有了较深的把握。

到了正式演出那天，他真忙得不可开交。先替几位男主角化好装，还要指挥装台布景，然后才坐下来为自己化装，等他刚收拾完毕，舞台监督就催他上台了。

没想到他刚一上场，那副乡间土财主的模样，再加上他的道白中那难以掩饰的四川话尾巴，马上逗得全场乐了起来。

这时演到梁公祥二十年不见的堂弟梁公仰出现在他面前，他已根本不认识了，呆望着梁公仰一会儿，用不相信的声音问道：“——公——仰？”

在台上的石鲁似乎进入了角色，但忘却了应该说国语，地道的四川话脱口而出。

顿时剧场里又哄堂大笑起来。

石鲁没有怯场。他索性改用那种半川半京、不洋不土的腔调说话，反倒把一位颟顸的土财主演活了。梁公祥是个从小县上来的，但又要在做了官的堂弟办公室里显示身份，打打官腔。石鲁用这种川味国语道白，不正是恰到好处，别有一番风味吗？

顷刻间，他赢得了台下一片热烈的掌声和叫好声。后来，同志们就爱和他开玩笑，笑他的“醋熘国语”，有的还说：“天不怕地不怕，就怕四川佬说官话。”

石鲁从此不再演戏了。

1941 年皖南事变后，西工团决定排演著名剧作家宋之的的名剧《雾重庆》。

石鲁是这次导演团的成员之一，主要负责舞台美术。这是他参加西工团以来，第一次在大型多幕话剧中独立担任此项工作。经过以前多次小戏的实践，又有参加《蜕变》的锻炼，他对搞好这出大戏的舞美设计充满信心。

他首先认真研读剧本，然后画出分场的设计草图，反复征求大家的意见，最后又拿到鲁艺去向行家请教。他非常有主见，有独创性，想得很深很细，甚至把属于导演考虑的事都考虑到了，为此还与同乡的导演高歌发生了几次争论。导演说：“哎呀石鲁，你想问题总是太多，规模太大，几乎办不到的。”这出戏排出来后，一连演出了好多场，反响比较好，其中对舞美的评价也相当不错。

就在同年 9 月，中共中央发布了《关于高级学习组的决定》，西工团配合上演了苏联的四幕话剧《生活在召唤》。该剧的角色都是外国人，人物的化装造型难度较大。在当时的化装技术和条件的限制下，不可能有头套、乳胶面型之类的玩意儿，只能“土法上马”，靠一点油彩和简单的辅助办法，所以弄起来也特别费事。

在这个戏中，副团长朱丹扮演一位化学托拉斯总经理，黎虹扮演老教授，当然都免不了要烫发染发，贴鼻子粘胡须。石鲁从下午两三点钟就开始为他们化装折腾，一直忙到七点开演之前，根本顾不上吃饭。这些有难度的化装活别人又插不上手，也代替不了他。

西工团成立后不久，就从杜家沟迁到了北关的文化沟口。1942 年 5 月 1 日，西工团在边区参议会大礼堂上演了曹禺的三幕剧《北京人》，演了整整半个月。

这次《北京人》舞美设计又落在石鲁身上，但在讨论他的设计方案时却产生了两种尖锐对立的意见。

美术组中有同志批评他在整体色调上处理得太沉重太阴暗。他们认为戏剧是视觉艺术，也是时空艺术，应当充分考虑到灯光照明的条件较差，如果色彩太暗，会影响观赏效果的。何况，剧中主人公是有钱人家，应该搞得富丽堂皇些才好。这种批评也不无道理，主要是从具体客观条件和观赏者感官效果来考虑的。

但石鲁坚持自己的看法。他是从如何准确地把握曹禺剧作深刻的思想内涵和体现时代精神的角度进行思考的。他认为该剧的舞美，应当表现出一个腐朽没落的封建家庭那种令人窒息的压抑和沉闷的气氛，因此整个舞台的色调不宜太鲜艳华丽，而应当是一种阴暗沉重的古旧气氛，切忌那种华而不实的渲染。

他当时年轻，在那些专业戏剧人员面前显得人微言轻。但他却敢于坚持自己的艺术见解和追求，不人云亦云，也不盲从权威。

导演对这两种相持不下的艺术观点进行了一番深思熟虑，最后还是赞同了石鲁的设计方案。后来演出取得了成功，他的舞美设计也受到了观众的赞赏。

只要石鲁接手一个新戏，他的窑洞内外就立刻变得杂乱而拥挤不堪。窑洞，既是他绘制景片的画室，又是制作道具的木工房，遍地是大大小小、五颜六色的调色碗，斧子、锯子和刨子也样样俱全。他放下这样又拿起那样，像一个能干的全能匠人。

忙一点和累一点算不得什么，最使他伤透脑筋的，却是制作布景的材料问题。搞舞美不比演员念台词只需动口就行了，缺少其中一样材料，就不得不停工。当时连穿衣服都成问题，根本不可能奢侈到用布去制作景片，而话剧离了布景几乎难以上演。于是，他派人四处搜集旧报纸，再和一些旧纱布裱在一起，然后钉在大木架上，刷上牛胶，就可以绘景了。

买颜料的采购员回来了，两手空空地站在他的面前。

“颜料呢，快给我！”

采购员跑遍了延安城，所有卖颜料的商店都没货。边村被封锁得很紧，一般生活日用品都不能正常供应，哪有什么颜料卖呢？

没有画布景的颜料，演出又不能延期，石鲁急得直跺脚。

第二天吃过早饭，大家就见他背上一个布口袋一声不响地走了。

他不是到其他剧团去借颜料，而是独自向没有人的荒山沟走去。

在荒山沟里，他用焦灼的目光在那些裸露的山岩间搜寻，突然眼睛一亮，快步向一片嶙峋怪石奔去。他像一个地质工作者一样，取出一个小铁锤，敲击着岩缝间不同色彩的矿物质，然后将击落下来的彩色碎石一块块地捡起来。

他的确是个有心人，处处忘不掉以艺术的眼光观察世界。他一来到陕北，就被黄土高原那天然的皱褶、那峥嵘裸露的峁梁沟壑所震撼，迷恋着这里的磅礴大气和阳刚之美，感受到它那股不屈的抗争之势和那一派饱经磨砺的坚韧粗犷的气概。同时，那些岩壁的缝隙间许多色彩丰富的天然矿物质，也没有逃出他的视野。

他兴奋地背着采集来的彩色矿石跑回来，连夜进行试验。他把这些彩色矿石捣成细末，用胶调制好，试着画上景片后，抑制不住内心的激动，马上把美术组的同志都叫来，向他们报告了这一令人鼓舞的新发现。

于是第二天，美术组的同志在石鲁带领下，到漫山遍野的岩壁和风化的石缝间去挖各种不同颜色的矿石，然后按红、黄、蓝、绿、赭加以分类，漂净碾细，再用胶水加以调制。他们又取石膏做白色，锅烟做黑色，一大批绘制景片的颜料就这样制成了。

西工团的生活艰苦而浪漫，其中有关石鲁的逸闻趣事也有不少。

当时的延安烟叶和火柴奇缺，团里抽烟的人不少，大家开玩笑地组成一个“烟鬼团”。谁发现哪里可以弄到烟叶和火柴，就相互通风报信或代为购买。有时在演出散场之后，他们就把丢在地上的烟头拾起，取出烟叶来卷着抽。实在买不到烟叶时，还把树叶晒干后揉碎当烟叶抽。于是有些人想捉弄这些烟鬼，便把干牛粪混在干树叶里让他们抽去。没想到这件事让石鲁发现了，他在吃饭时高声告诉大家：“烟鬼同志们，抽烟要小心，有人在使坏，你们抽的树叶里有没有牛粪味啊？”饭场上顿时笑骂声响成一片。

在演出任务不紧张的时候，有时你会看见石鲁经常喜欢蹲在美术组种的西红柿地边，如痴如醉地注视着那嫩绿的枝叶间红得耀眼的果实。

作为一个画家，他也许是想从强烈的色彩对比中，从生机盎然的枝叶果实间，寻找表现对象。作为一个“老圃”，他也许是在观赏自己辛勤劳动后的丰收景象，感受劳作之后赢得的欣喜。

这是用一位美国人带到延安来的西红柿种子种植的。有人路过这里问道：“你们美术组的这片西红柿，为啥比别人的都长得好？”

他津津乐道地向别人传授着成功的秘诀。

这些荒山开出的地，大都非常贫瘠，缺乏养料。如果把蔬菜种上，浇上一点水就完事，就像一个落地没奶吃的孩子，怎么能长得壮实呢？于是他学着家乡的农民多年养成的一个习惯，出门提上一个“狗屎篼篼”，漫山遍野地捡野粪。他将捡来的牲口粪，与人粪、泥土沤在一起，沤好之后再调和匀净，用手将它们搓细来做底肥，这样既壮苗又不烧根。

难怪美术组的西红柿长得这么好，原来他还下了这么大一番功夫。

等到大筐大筐的西红柿摘了回来，他按照大小不同的、红的和不红的归类并细心加以搭配，分成若干堆，再经过反复比较进行调整，然后让全组人员各自挑选。大家抱着一大堆大大小小的西红柿满意而去，最后剩下的一堆才属于他这个组长的。

夜幕降临，延安杜家沟的半坡上，排排窑洞的灯光亮了。

在西工团里，只有到了没有演出任务的晚上，大家才能安静下来干点自己的事。

在窑洞里，同志们围坐在一盏油灯下，砖石上搭起一块木板当案子，有的在默默地看书，有的在小本上写着什么，大家都神情专注地抓紧学习，没有那种消磨时光的无聊闲谈。

他又开始在他那本随身不离的心爱的小速写本上，专心入迷地画着什么。他不时把手臂伸直，将小本推得远远的，眯起眼睛来仔细地端详。

四周的山野寂静无声，清楚地听得见山下的河水在哗哗流淌。

他突然抬起他那蓄着长发的头来凝神静听，一动也不动，像是在倾听着一支美妙的乐曲那样入迷。

一串由远而近的驼铃声，有节奏又有些杂乱地在夜色中传来，叮咚、叮咚……

声声驼铃像是在演奏着一曲西北高原苍凉粗犷的生命之歌，如诗如画，使人沉入了悠悠的遐想之中。他仿佛看见一支驼队，迈着稳健而缓慢的步子，在拉骆驼汉子的驱赶下，正从塞外的沙漠中走来。

他不觉轻声说道："驼队又从蒙古下来了，铃声真像一组音乐，可以吟一组诗了！"

今晚，他似乎还在为那次未能实现的塞外之行感到深深的遗憾……

年轻的石鲁挥笔写了这么一段话，记下了自己在这段生活中的心路历程：

> 延安的生活是这样民主、平等，谁都有工作，没有生活问题的麻烦和苦闷，人与人的关系像一家人，可以互相批评。最大的是革命理想，把每个人的心都连在一起，工作得火热。学习对我太有益处了，我不到延安，恐怕对于世界、社会、中国不会有所了解。八路军、共产党有力量，革命有前途。

石鲁在延安时期与战友合影。左起为程获希、杜夏、刘旷，右一是石鲁

小米子和埋在黄河边的小石子

石鲁刚入陕北公学五十八队的时候，有过一段心情十分愉快的日子。这不仅因为他历尽艰险，终于到了延安，实现了自己投身革命的理想，而且还因为在延安女子大学有一位自己的心上人。他沉醉在人生第一次自由恋爱的幸福与甜蜜之中。

她就是曾和他生死与共，一道冒着生命危险从二战区突围到延安的那位也来自四川的女演员王志睿，她有着一副动人的歌喉。

令石鲁难忘的是他们一起突围，一起在荒野破窑里，伴随着野狼的嚎叫声，度过了那个相拥而卧的夜晚。

每到周末，石鲁吃过晚饭便匆匆赶到女子大学校门外的河滩上，等待着那个熟悉身影的出现。在黄昏的暮色中，她也总是如期而至，带着亲切的笑容，步履轻快地走到他面前。然后他们并肩走去，消失在延河畔茫茫的夜色中。他们或者在河滩上，伴着哗哗的流水声，望着两岸层层窑洞迷人的灯火，不知疲倦地漫步；或者相依坐在崖畔，诉说着不尽的心里话，不时发出浸透着幸福与甜蜜的朗朗笑声。

夜深依依惜别时，他们又相约下个周末相见，然后一天数着一天，期盼着又一个周末的到来。

后来，王志睿终于如愿以偿地考进了鲁艺音乐系学习。

石鲁为她由衷地感到高兴，并为自己努力争取到鲁艺美术系学习暗下决心。但是，这次周末她失约了。第二天，他收到了她的一封书信。

王志睿在信中说：为了好好学习，我俩以后不必再往来了，让我们的感情沉到海底去吧！

石鲁读完信后惊呆了，木然地坐在那里。风云突变，他初恋的序幕才刚刚拉开，那位女主角就已抽身退场，大幕陡然落下。

这对他不能不说是一个沉重的打击。

他充满着难以述说的痛苦。当心中那位圣洁的女神一下子轰毁时，强烈的幻灭使他感到十分沮丧，然而这一切又都是不可改变的无情的不得不接受的事实。

石鲁默默地咽下了这第一颗苦涩的爱情的果子。

一天夜里，石鲁突然被冻醒了。醒来的第一个感觉就是被冻得冰凉的身上轻飘飘的，仿佛什么都没有盖。他伸手一摸，似乎只有一块薄薄的布片盖在身上，被子不知跑到哪里去了。

他连忙坐了起来，默默身旁什么也没有。点亮灯一看，不禁哑然失笑，原来被子里的棉花，全部滑落到脚下去了。

第二天，他将那床被子翻来覆去摆弄了整整一上午，最后还是无能为力，不得不认输，只好厚着脸皮向女同志求救了：

“女同志们，请帮帮忙替我拆洗一下被子吧！”

从二战区一起来的人都知道，石鲁在宜川时，就把从老家带出来的绣花被子卖了请大家聚餐，一床印花单子也早在路上与老乡换了麻花。进入陕北公学以后，他一直盖的是学校发给的这床旧被子。

几个女同志跑到他的窑洞，一看他的被子全都哄笑了——这是什么玩意儿啊，被里被面破得稀烂，棉花全成了指头尖儿大小的蛋蛋。这时从人群中站出来一个黑黑的身材结实的年轻姑娘，她虽然有些腼腆，却大大方方地走上前来，从石鲁手中接过被子说：

“给我吧，你石鲁把人都画得像，倒把一床被子无可奈何！”

她抱上被子去拆洗的时候，顺便又拉上了一个帮手。

“小米子，你也来帮一把！”

旁边站着一位河南姑娘，她身材苗条，披着一肩乌黑的长发，带着一脸甜甜的稚气，热情大方地跟了上去。她叫小米子。

她俩先把被子拆开，将里面的棉花蛋蛋掏出来，再拿上被套到河边去洗。被套又臭又脏，肯定从学校领来就没有拆洗过，她俩不由得笑起来。那个叫小米子的姑娘说：

“石鲁这小子，人样儿还挺俊，怎么这么邋遢！”

“真是，听说他家很有钱，难道他家不给他寄钱来？他怎么吃得了这种苦？”

被子让两位好心的姑娘彻底清洗干净了。等到晾干之后，她俩又将团团棉花重新扯泡，再装进被套，然后又用针线密密地缝牢固，使它不再往下滑落。

那天夜里，石鲁钻进被窝里觉得十分舒适，浑身上下热乎乎的，像一双女性灵巧的手，在抚慰着他，使他感到熨帖而温暖。他多么渴望能在革命的队伍中寻觅到一位温柔的异性伙伴。

但当他一想到这里，就有一张令他痛苦的脸浮现到眼前，使他有所畏惧并有所戒备。他告诉自己，今后谈恋爱千万别再找从城市来的女学生，这种人靠不住，说变就变的。

他要找个从乡村来的朴实的姑娘做伴侣。

没有想到还真有这么一位姑娘中意于他，勇敢地向他走来。她就是当众站出来从他手中接过被子的那位黑黑的身材结实的女同志。

从那以后，她经常到他的住处来玩。

开始他还没有觉察到什么，只觉得人家那样热心帮过自己的忙，来这里玩玩也没有什么奇怪，何况每次她来还要拉上小米子做伴。他们一起来到山坡上的玉米地里，一边无拘无束地交谈着，一边掰着玉米秆当甘蔗吃，显得十分要好。

他逐渐感受到了她对自己的爱，而且她的这种爱愈来愈明白地表达出来，逼着他必须做出选择。他究竟接受不接受她那火一样的真诚的爱？

他从内心里真正感受到，这位黑黑的身体结实的姑娘热情朴实，对他十分关心和爱护，将来她肯定会在生活上细心照顾他。

但是，他对她还有另外一种感觉。他毫不怀疑她是一位好同志，但如果要接受她作为自己的妻子，终生相伴，他又犹豫了。她和他在生活情趣上有距离，文化素养方面差异较大，始终谈不太拢，难以做到心心相印，情投意合。

相反倒是有另外一位姑娘和他越来越亲近，她开始走进他的心灵深处，使他真正地动情了。

她就是叫小米子的那位河南姑娘。

他们三人一起交谈的时候，他和小米子谈得那么融洽与和谐，在很多时候好像忘掉了身旁还有另外一位姑娘的存在。在山坡上，当他亲手掰下玉米秆递给小米子吃时，另外那个姑娘则暗暗伤心。

她终于明白，自己成了局外人，她不应该再参与其间，应当悄悄地退场了。她十分坦率而又痛苦地对小米子说：

“小米子，我把石鲁让给你了，我要到东北去，那里有很多老战友！”

小米子慌张害羞地说：“你别……别这样说！你和石鲁不是很好吗？”

她拟制不住地流下痛苦的眼泪。

在石鲁眼里，比他小两岁的小米子显得那么单纯和稚气。

小米子比石鲁晚半年到延安，那时她才十八岁，来到陕北公学后，编入六十一队。

他俩是成立文工队时才相识的。当时石鲁留给她的最初印象是：他很瘦，一头乱蓬蓬的长发，衣着随便，不修边幅。平时说话不多，尤其不爱搭理女同志。但开会最爱发言，好与人争论，理论水平超于一般。不发言时就一个人坐在一个角落里，埋起脑袋在一块小木板上刻木刻。她总觉得他这个人有些与众不同。

石鲁和小米子接触日深后，他才吃惊地发现，她早已经是一位共产党员了。

她向他讲起了自己的经历。

她出生在河南信阳城里，上中学时成绩很好，但由于学费太贵，单靠母亲做针线活供不了她上学。她才十七岁，就跑到大别山的四望山参加了新四军游击队。1939 年春天在竹沟镇新四军留守处女子教导队由指导员罗曼、队长贾曼英介绍入党。竹沟事变前夕，她被组织派往国统区参加舞阳县的舞卫剧团。这个剧团全是秘密党员，后来被国民党发现，于是他们经洛阳八路军办事处介绍到西安八路军办事处。她在西安七贤庄七号院等了两个星期，然后化装成八路军的护士，乘汽车向延安进发，途经洛川时曾遇到国民党盘查。她和舞卫剧团的其他同志都被编入陕北公学六十一队。她改名闵力生，由于她单纯稚气，周围的人都亲昵地叫她“小米子”。

一个不满二十岁的姑娘，却有着这般富于传奇色彩的经历。每次他俩相见，石鲁都爱倾听她讲述自己说不完的故事，他觉得这些故事是那么新鲜有趣。

两颗心越贴越近了。

他们几乎天天都要在一起待一会儿，不然就觉得心里欠缺了什么，有点魂不守舍。同志们发现了一个“秘密”——石鲁经常给小米子画像。他为什么那么爱给小米子画像？画一两张不就行了吗？为什么经常找她画像，而小米子又心甘情愿地坐在那里一动不动地让他画，真搞不懂是啥意思，有的甚至打趣小米子，问她：“为什么石鲁喜欢给你画像？”小米子除了红着脸一笑，也不知该怎么回答的好。

一天中午她推开石鲁窑洞的门走了进去，发现他竟然还在蒙头大睡。

她拉开他的被子正要叫他“懒虫”，没想到他双目紧闭，一声不吭地躺在那里，一副十分难受的样子。他有气无力地说自己不仅发高烧，还拉肚子，一天拉了二三十次。他的额头烧得滚烫，眼眶一夜间就深陷下去。

小米子吓坏了，赶忙去找药来让他吃下，又想办法给他退烧。她亲手熬小米粥来一勺一勺地喂他，然后默默地坐在炕边上守着他。

他抬起了没有神采的目光注视着她，嘴角边艰难地泛起一丝很难看出的微笑。

在延安缺医少药的艰难状况下，不知是他火一样旺盛的生命力战胜了病魔，还是这位守护女神的挚爱与呵护，他总算挺过来了。当他拖着虚弱的身躯，又与她一起在延河边散步时，他俩已经到了难舍难分的地步。

一个消息在西工团里不胫而走：石鲁和小米子恋爱了。

有些同志发出会心的微笑，认为他们是理想的一对。但是也有些难听的风言风语在暗中流传。

石鲁个性强，一有不同的观点，就好与别人争得面红耳赤。他又是个胸无城府的人，心里怎么想嘴里就怎么说。一旦相持不下，往往出语尖刻，很容易误伤他人，因此他那张嘴容易得罪人。了解他的人，喜欢他那种坦率性格，并乐意与他打交道，不需要小心翼翼地提防什么。

当然，也有一些人颇不以为然，一提起石鲁总会意味深长地摇头说：

“他这个人可不简单呀……”

意犹未尽，里面好像包含着极为深沉的潜台词。

世上总有一些人喜欢以恶意来揣测别人。当他们听到他和小米子恋爱的消息，便很自然地猜疑到石鲁要选择她做对象的动机来。

他这个人，为什么不找别人谈恋爱，偏偏要找小米子？因为小米子是共产党员，石鲁是大地主的儿子，想入党又入不了，才找个党员谈恋爱，为自己入党创造有利条件。为了入党，他到了不择手段的地步……

在恶意的哈哈镜中，一个正直的人会立刻被歪曲成一个小丑。

这些话终于辗转传到了石鲁的耳中。

他是个眼里容不下半点沙子的人。他被激怒了，随后又陷入深深的痛苦之中。

他想，大家都是为革命目标走到一起的人，每个人都应当光明磊落，正直无私。人与人之间都应当团结互助，真诚相待。怎么会有这种人，如此不负责任地对自己的战友和同志恶意中伤呢？

他独自坐在一个僻静的山头，凝视着山下东去的延河水出神。

在延安，男女青年穿着统一样式的灰军装，青春活泼的楚楚动人的身段，都被包裹在这平凡朴实的衣衫中。没有封建礼教的禁锢与束缚，没有金钱权势的诱惑与腐蚀，也没有门当户对的世俗偏见。这里的男女之间，大多以一种全新的革命的爱情观挑选着自己的对象。

他心头也明白，延安的婚姻虽然不讲金钱和门户，但在一些女同志的眼里，还是颇看重男方条件的——一是不是党员，二家庭出身好不好，三是否是领导干部。

自从他与王志睿分手后，内心里多少有些灰心。西工团里一个个长得很俊的姑娘们，谁能看得上他这么一个邋里邋遢、头发留得很长、衣服上糊满颜料的人呢？更何况全团七八十号人，女同志连十分之一都不到，绝大多数都是未婚的男性，竞争的激烈程度就可想而知了。

他深知自己是幸运者，被一个自己中意的姑娘如此深情地爱着，还有什么不满意的？但他怎么也没想到，有流言蜚语在中伤着他和他的心上人。

正在这个时候，小米子所在的党支部的一位负责人找她谈话。

“闵力生同志，全团都在说你和石鲁在谈恋爱，有这么回事吗？”

小米子十分坦然，觉得自己没有什么不妥的地方，个人终身大事，当然应该让组织知道。她毫不隐讳地承认说：“是的，我和石鲁好了……我主要是喜欢他工作热情主动，能刻苦钻研，吃苦耐劳，胸怀也很坦荡……”

那位负责同志冷漠而严肃地打断了她的话：“你了解他的家庭吗？”

“他把自己家里的情况都毫不隐瞒地告诉我了。我觉得他能勇敢地背叛自己的家庭，到延安来投身革命，说明了他和他的家庭是两码事。”

提问者的语气更加严厉了：“你了解他的历史吗？”

“其实他的个人经历很简单，在成都上大学，骑自行车跑到西安找八办……”

“可是这一切有谁证明呢？”

小米子感到有些吃惊：“石鲁到延安那年不才刚满二十岁吗？”

这位支部负责人对她的回答很不满意，沉默片刻之后终于问道：“你不知道石鲁不是党员吗？他不仅不是党员，还参加过反动组织三青团！”

“当然知道。不过他只填写过一张表。”

“既然如此，你应当和一个社会关系复杂、本人历史又不清楚的人一刀两断！”

她睁大了一双不解的眼睛，吃惊地问道：“为什么？”

“为什么？”支部负责人有些沉不住气了，“你作为一个共产党员，难道这点觉悟都没有？”

她毕竟十分天真，仍然固执和认真地反问道：“党章里难道规定了党员不能和非党员结婚？”

支部负责人被激怒地站了起来，说：“闵力生同志，支部关心你的政治前途，才决定严肃地找你谈一次话，你为什么不听从党组织对你的忠告呢？石鲁这个人老练世故，如果将来他发生了什么问题，你后悔都来不及！”

这位支部的负责人，不但反对闵力生和石鲁谈恋爱，还要她揭发石鲁。这当然更是她不能接受的。

小米子找到石鲁，告诉了他支部负责人的反对态度。联系到那些攻击他的流言蜚语，她只好向石鲁表示今后不再往来，还是分手为好。

他和她抱头痛哭。他背叛家庭，参加革命，积极努力地工作和学习马列，结果连谈恋爱也得不到组织的信任。他彻底失望了。

“我们还是分手吧！”

小米子见他十分痛苦的样子，感到更加难过。她爱他，同情他，觉得他太冤了。她对他说，她心里还是爱他的，叫他不要急，再想想办法，希望还会有的。

于是，石鲁决定去找团长苏一平。他一共去找过两次，第一次向苏一平谈了他和闵力生的恋爱情况；第二次向苏一平请求说，由于团里不少人对他和闵力生谈恋爱议论纷纷，压力很大，他要求离开西工团到鲁艺学习。没想到苏一平耐心听完他的意见后，态度鲜明地向他表示：你可以和闵力生谈恋爱，但是调动请求组织上不同意，因为团里的工作还需要你。最后，苏一平还肯定了他工作上的成绩，要他安心工作。

柳暗花明，事情总算有了转机。

当石鲁把这个消息告诉绝望中的小米子后，他们这一对痛苦中的恋人，紧紧地拥抱在一起，久久没有分开。

1942 年 11 月 7 日石鲁和闵力生举行了婚礼。这一天是俄国十月革命胜利二十五周年，也是他们革命婚礼的象征。

当时西工团已经搬到文化沟口，四个人住一个窑洞，每人睡一个床板。女同志受到特殊优待，一个窑洞共用一个脸盆。到了他们结婚那天，按照惯例，同志们为他们腾出一间临时窑洞。石鲁和闵力生把各自的床板搬来并拢在一起，再将两床被子搬来铺在一张床上，这就算是洞房了，而且这间洞房的居住期，也只有一个星期。七天过去，新郎与新娘拿走各自的床板和被盖回到原来的集体宿舍，一切照旧。以后，结了婚的夫妇也只能在周末团聚一次，这叫“礼拜六制”。

那天，全团熬了一锅菜，算是会餐，既是庆祝十月革命节，也是他们婚礼的“宴席”。晚上，在文化沟俱乐部开了个交谊舞会，由团长苏一平宣布婚礼开始，大家都走上前来向他俩表示祝贺，还开一些风趣的玩笑。

这时美术组的刘迅代表他个人也代表大家献上了一份贺礼。这是一张全开的白纸，打开来一看是一幅漫画，画的是石鲁和闵力生两人紧紧地拥抱在一起，形象酷似，夸张幽默，顿时逗得大家哄堂大笑起来。

婚礼虽然简朴却特别令人难忘。

对于石鲁来说，这是他人生经历中的第二次婚礼。

第一次是在四川家乡松林湾，一个封建家庭中；第二次是在延安文化沟，一个革命的大家庭里。

第一次他穿着长袍马褂，是父母包办的封建婚姻，对象是素不相识的桤木塘的张小姐，在胁迫下洞房花烛拜堂成亲；第二次他穿着灰军装，是革命者志同道合的自由结合，对象是自己倾心相爱的西工团战友，在俱乐部里举行了简朴的革命婚礼。

第一次真戏假做，他终于勇敢冲破牢笼，去追求光明和革命；第二次敢于顶住压力，有情人终成眷属，他在革命征途上终于有了家，找到了一个终生的幸福伴侣。

今夕何夕？怎不令他百感交集、荡气回肠呢？

1943 年 9 月，西工团的窑洞里传出了婴儿的啼哭声，石鲁和闵力生的第一个儿子呱呱坠地。石鲁给儿子取名石头。

在窑洞的油灯下，他小心翼翼、笨手笨脚地抱起孩子，来到疲惫不堪的妻子身旁，一道幸福地注视着这个皱巴巴的肤色泛红的小生命。他用一个画家挑剔的眼光，在儿子的脸上辨读着哪些部位像爸，哪些部位像妈。

这是他们爱情的结晶。

等闵力生坐完月子，一个难题摆在了他们面前。

她作为演员，要重新回到团里排戏，还要外出参加演出，不能一直待在家里带孩子。延安虽然有保育院，但孩子太小不能入托。于是，带孩子的重任便落在了石鲁的肩上。

他的窑洞既是住房，也是画室，如今又成了育儿室。他一身三任：父亲、保姆和美工。

西工团里有个小同志叫李琦，父母早年参加革命，是地下工作者。他九岁时被送到延安，加入了人民抗日剧社，1943年随剧社编入西工团，成为美术组的成员。他酷爱美术，学习十分刻苦，经常找石鲁求教。

有一天，李琦带上自己的一幅画，又到石鲁那里交流切磋。

石鲁正坐在窑洞窗前专心专意地刻着一幅木刻，见李琦来了，忙放下手中的木刻刀，接过他的画仔细地看了起来。

两人正谈得高兴，突然听见一阵婴儿的啼哭声。李琦抬头一看，才发现窑洞后面吊着一只摇篮，孩子的哭声是从摇篮里发出来的。他歉然一笑：

“你看，我们只顾高谈阔论，把小家伙吵醒了，他在提意见哩。快去抱抱吧！”

石鲁摇摇头说：“没事，我们谈我们的，别管他！”

这时李琦看见那只吊在半空中的摇篮慢悠悠地晃荡起来，孩子的哭声停止了，窑洞内又复归平静。

李琦感到有些奇怪，等他仔细一瞧，不禁哑然失笑了。原来摇篮边系着一条绳子，一头牵过来拴在石鲁的脚上，他在窗边画画，如果孩子醒了，就不时用脚拉一下绳子，摇篮就自然悠悠晃荡起来，孩子就不哭了。

李琦幽默地说：“石鲁这个人可不简单呀！”

石鲁也乐了，哈哈大笑起来。

等石头稍稍长大一点了，石鲁就迫不及待地要外出写生。

人们经常发现，一个瘦瘦的头发长长的青年，背上背着一个长得又黑又瘦的孩子，手提着一只自制的小马扎，肩上挎着一个军用挎包到处转悠。只见他在延河边，在骡马市场上，在杜甫川的硷畔，在凤凰山头、清凉山下，边走边四处观望。他走走停停，停停走走，等到选中了地方，就在小马扎上坐了下来，从挎包里取出速写本，专心专意地画写生，有时一画就是一个上午。

儿子在摇篮里睡久了，一旦让父亲背在背上，满山遍野地走，东瞅西看特别兴奋。有时他激动起来，还抓住爸爸的长发使劲地扯。石鲁大声叫唤起来，连忙伸出手来拍拍他的屁股。

有时儿子玩得高兴了，牙牙学语地叫着爸爸。石鲁一边画一边高兴得大笑起来，心想真不枉费老子像牛一般驮着你到处玩哩。画着画着，突然背上有种热乎乎的感觉。糟糕，儿子撒尿了！幸好挎包里还有备用的，他赶紧取出替儿子换上，然后将尿湿的裤衩与自己的制服晾在山坡上。

过了一会儿，儿子又不声不响地伏在背上睡着了。他只好停下笔来轻轻把儿子从背上放了下来，心疼地搂抱在怀里，拍着儿子好好睡一觉。

儿子有时挺烦人的，不知怎么的就扯着大嗓门又哭又闹。天热，头上长满痱子，或者被蚊虫叮咬起包块；天冷，感冒了，又发烧流鼻涕。他被孩子折腾得团团转，有时还担心妻子回家后会心疼地流着泪数落他这个当爸爸的不称职。

第一次当爸爸的酸甜苦辣还没有尝够，1945 年的春天，未满两岁的小石头刚送进西北局保育院去了，石鲁的第二个儿子小石子又出生了。

1945 年 5 月，随着德国无条件投降，国际反法西斯战争的形势发生好转，太平洋战场也取得节节胜利。日本侵略者在中国人民武装和国际反法西斯力量的强大攻势下，遭到毁灭性打击，面临土崩瓦解。8 月 15 日，日本被迫宣布无条件投降，中国人民浴血八年的抗日民族革命战争，终于取得了完全彻底的最后胜利。

当胜利的消息传来，沉睡的延安醒来了。热泪在飞洒，吼声在激荡，爆发了惊天动地的狂欢。漫山遍野的火把，汇成了游动的金色长龙。歌声、欢呼声和锣鼓声，震动着延河两岸。八年的艰苦鏖战和流血牺牲，才赢得了今天的胜利，

延安时期闵力生和大儿子石头在一起

谁能不发狂一般的欢呼呐喊？整个延安沸腾了！

石鲁拉着闵力生跑出窑洞，随着人流向山下奔去，到延河边，他一把抱起闵力生蹚过河。来到延安城里，成千上万的军民在街上欢庆胜利；不知疲倦地从北到南，又从南到北。声嘶力竭地狂欢，通宵达旦也没有个够。小贩们也高兴得把水果遍地抛撒，让大家随便捡来吃。

然而抗战胜利的曙光，很快被国民党反动派发动内战的阴云所掩盖。在他们利用和平民主掩盖发动内战的阴谋被揭穿之后，1946 年 6 月 26 日蒋介石终于撕毁停战协议，向解放区大举进攻，挑起了空前规模的全面内战。

1947 年的春天，陕北风云骤变。

不可一世的“天子门生”西北王胡宗南，率领着浩浩荡荡的二十五万大军进入陕北，于 3 月 13 日拂晓分两路同时发起进攻，进逼延安，大有黑云压城城欲摧之势。

3 月 18 日黄昏，当胡宗南进攻延安的枪声已清晰可闻的时候，毛主席才走出窑洞离开延安。中共中央自 1937 年 1 月 13 日进驻延安，到 1947 年 3 月 18 日主动撤离延安，在这里度过了十年两个月零五天。

撤离延安时，石鲁一家分成三处。大儿子石头随西北局保育院走，马背上一边一个筐，每个筐里装一个孩子，就这样一颠一簸地被转移到山西去了。石鲁自从 1943 年整风审干之后，就调到边区文协，这时他正在横山搞土改。闵力生带着二儿子小石子和文协家属队往绥德转移。长长的家属队从安塞缓慢往北走，队伍越拉越长。

这支文协家属队拖儿带女，一天走不了多少路，这样下去十分危险。经过研究以后，组织决定就地把她们暂时疏散到农村隐蔽，这样会更安全一些。当时的群众基础较好，这里的很多老乡都认识文协主任、著名诗人柯仲平。

闵力生带着小石子，被安排到一条山沟里的一户农民家中。她脱下了灰军装，穿上了农家妇女打着补丁的短衫，把披在肩上的长发盘了起来，学着当地人的音调说话，一下子由一位文工团的女战士，变成了陕北农村婆姨，按照当时边区政府的规定，疏散的干部到哪家吃哪家，然后记上账当作交公粮。

这一带情况比较复杂，彭老总带着西北野战军，与胡宗南的队伍在陕北的沟壑间兜圈子。敌机不时在头上侦察，想找我们的主力部队决战，弄不好就会碰上敌人。有时我们的队伍距敌人只有七八里路，随时都可能发生敌我遭遇战。这里的老乡组织了游击队，闵力生决定跟着游击队转移，她担心留下后万一被敌人发现当了俘虏怎么办。

半个多月以后，前方传来了好消息——我们的队伍在青化砭、羊马河、蟠龙一带打了大胜仗，形势开始好转。于是组织上派人到农村来，把疏散隐蔽的同志接回去,并费了很大的劲才把闵力生找到。这时闵力生又重新换上了灰军装，放下盘起的长发，背着瘦猴子一样的小石子，高高兴兴地归队了。

她随同文协家属队来到绥德，住在离黄河边很近的吴堡。西工团和后方机关单位都聚集在这里，准备过黄河。

这时，石鲁背了一个大包袱，拄着一根棍子，一天走一百多里路，从横山赶来与她们母子俩团聚。正好又接到上级命令，因敌人继续北犯，要他们急行军到黄河渡口边做好过河的准备。

于是石鲁把所有的行李驮在背上，将棍子给闵力生拄着，自己把小石子搂在怀中，和队伍一起迅速赶到黄河渡口。队伍在河边一个小村庄里驻扎下来，等待过河，河对岸就是山西的军渡。

前些日子闵力生被疏散在老乡家时，小石子就开始发烧生病了。在那样的条件下，找不到医生看病吃药。善良的老乡也替她着急，好心地建议她是不是请个巫婆来给孩子治治病。她苦笑着拒绝了，一个文工团的女战士，怎么能相信封建迷信呢？老乡杀了一只鸡，熬汤给孩子喝，还是不见好转。后来归队行军到绥德，她找到野战医院给孩子检查，医生说得了“黑热病”。但当时野战医院都是外科，又没有内科药品。

小石子两岁多，已经会说话了。他瘦得皮包骨头，全身冰凉，不时地痉挛、抽搐……石鲁和闵力生都十分明白，儿子已经没有救了，只能拖一天算一天。做父母的眼睁睁地看着自己的儿子就快要死去，心如刀绞，痛苦万分。

可怜的小石子无力地睁开眼睛来，用越来越微弱的声音叫了一声妈，挣扎着从爸爸的怀里扑进妈妈的怀里。没等一会儿，又叫着爸爸，要爸爸抱抱……

他吃力地喘着气，呼吸越来越微弱了，喂他喝小米粥，也只能吮上一点点。

夫妻俩轮换抱着孩子，也不知道他什么时候断了气。

石鲁强忍着悲痛。他从老乡家找了一个大筐子，把孩子用被褥裹好装了进去，再用绳子捆好，然后和老乡拿上镢头向窑洞后面的山顶走去。

闵力生失声痛哭，死活要去送别儿子，但石鲁执意不允，老乡们上前把她死死拉住。

石鲁和老乡在山顶上，用黄土为孩子垒起一座小小的坟堆。苍茫的暮色中，他独自在小石子的坟前站立了很久很久。山风猛烈地掀起他满头长发，这个坚强男子汉的泪水止不住地往下流淌。

黄河，在山下流过，涛声轰鸣。

晚上，石鲁到小杂货店打回二两烧酒，一气将它喝干，然后痛苦地抱着头坐在炕上，闵力生默默地倚在他的身旁。静静的窑洞里，再也听不到小石子那微弱的叫爸和妈的声音。

小石子死后，闵力生又病了，一查是阑尾炎，边区文协给了一匹马送她过黄河。她来到山西三交县一所部队医院里动了手术，石鲁在闵力生病榻前精心护理，直到她出院。

闵力生出院后又过了十几天，敌人开始北上，西北局的机关单位都到了黄河东边。西工团在山西冯家会村继续排戏，石鲁在这里画连环画。这时，闵力生和石鲁一起到蛤蟆塔西北保育院去看大儿子石头。石头还认得爸爸，但是把妈妈叫阿姨，这对于刚失去二儿子小石子的年轻母亲来说，心里自然有一种说不出的难过滋味。

沙家店战役的胜利扭转了西北战局，边区形势越来越好。

石鲁和闵力生同西工团一起又过黄河回到绥德，他们都加入了土改工作队，在义合镇上参加土改。

入党、审干和土改的一波三折

石鲁来到延安以后，说得上是云开雾散，扬眉吐气，但他也自有苦恼和忧伤。

和他一道来延安的同志中不少人都已先后入了党，可对他来说却仍是遥遥无期。

其实石鲁一到陕北公学，就向党组织写了入党申请书。后来党组织让他填写了入党志愿书，党总支书记还专门找他谈过一次话，详细了解了他的家庭状况和个人经历，并且要他写一份自传。

他在写自传时，经过一番认真的思考。他觉得自己有两个情况，需要如实向党组织说清楚的。

一是学历。到陕北公学，入学表上填的大学程度，实际上自己只是华大一年级的借读生，而且还只读了一学期，因此填写大学文化程度是不够准确的。

二是在离开华大之前，他曾填过一份参加三青团的申请表。这份表他交上去虽然再也没有过问过，但却是个需要向组织交代说明的问题。过去自己以为这是小事一桩，甚至根本不算个啥问题的认识是不对的。

没想到总支书记了解到他参加过三青团，态度一下子就变了，并冷淡地拒绝了他的入党要求。于是这个问题便从此被搁置起来。

为此他向总支书记写过一封信，希望这位领导不要用今天的眼光去断定过去。他虽然痛苦过，同时也十分冷静地告诫自己：作为一个革命者并不是为入党而入党，而是为了革命才争取入党。今天虽然还没有解决，但今后仍然可以争取，自己不应该消极苦闷，而要更加努力学习，积极工作。

一些同志有时也在背后悄悄议论石鲁的家庭和历史。有的说，他家是四川一个县里数一数二的大财主，挂过“千顷牌”，老家还往延安寄过钱来；有的说他在成都上大学，是独自一人偷偷骑着一辆自行车，跑到延安来的；也有人纳闷，一个大地主家的少爷怎么会跑到延安来干革命？在一些人眼里，石鲁的出身和经历，始终笼罩着一团驱不散的迷雾。

对于这些并非空穴来风的议论，他听在耳朵里却无法做出辩解，只好默默将它吞咽下去。然而对于有些人向他投来的带着怀疑的眼光，却刺得他的心隐隐作痛。

他确实无法辩解。因为没有旁证，不论他自己怎么表白，都不可能马上取得组织和同志们的谅解与信任。

到西工团后，团长苏一平兼指导员总管全局，他是一位剧作家，还与周而复合作过小歌剧《牛永贵挂彩》。团里的党支部书记是李幕琳，支部委员是徐瑞林和曾在陕北公学担任学生会宣传委员的李建彤。李建彤原名韩愈之，后来因创作长篇小说《刘志丹》受到迫害而闻名，当时她负责西工团的业务工作。

党支部曾经几次研究过石鲁的入党问题，认为他的工作积极主动，热情高，能吃苦，肯钻研，但只要一涉及他的家庭就搁浅了。虽然他已清楚地向组织做了交代，但在当时的特殊情况下，谁有工夫去查证落实呢？下次研究仍是不了了之，又再度搁置起来。

石鲁热情开朗，胸无城府，是个心里藏不住事的人。党支部负责人对他的冷淡和一些同志对他的怀疑，使他心急如焚，忧心忡忡。他受不了这种不明不白的冷遇，很想找指导员谈一谈。无奈指导员是个大忙人，成天忙得不可开交。

平时接触最多的人当然就是支部委员李建彤，开会、演出，几乎无时不见到她。石鲁多次鼓起勇气主动和她攀谈，但李建彤总是三言两语就把他回绝了。

一次吃过午饭趁在窑洞的山坡闲聊的机会，石鲁装出一副若无其事的样子，不经意地突然问道：

“李建彤同志，你了解我吗？”

李建彤意识到他将要说什么，一下子警觉起来，然后冷冰冰地回答了三个字：

“不了解！”

一阵难堪的沉默。

他俩一时都不知说什么好，幸好这时有人找李建彤，这才打破了难堪的局面。

他独自一人悻悻地站在山岩边，口中喃喃自语：“真糟糕！”然后长长地叹了一口气，眼里闪烁着隐隐的泪光。

支部委员李建彤对他冷若冰霜的态度，使他明白了其中的原委。他的自尊心又一次受到了极大的挫伤，他感到十分孤独和委屈。

他再三告诫自己不能悲观和消沉。人生会遇到多少委屈，让时间来考验自己。时间最有力量，它可以澄清一切。

对陕甘宁边区来说，1942 年是十分严峻的一年。

日寇发动了大规模的扫荡。同时，国民党五十万军队投降，一夜之间化为伪军，他们为虎作伥，协同日寇向抗日根据地扫荡。与此同时，胡宗南五十万河防大军虎视眈眈地觊觎着陕甘宁边区。

对共产党怀着切齿仇恨的日、蒋、汪派遣特务潜入边区，伺机破坏。

就在这一年，党中央决定开展整风运动，提高全党马列主义理论水平。到年底，延安整风运动进入了以审查干部、清理队伍为主要内容的阶段。

1943 年 4 月 3 日，中共中央《关于继续开展整风运动的决定》指出：整风运动的目标是，在纠正干部中的非无产阶级思想的同时，肃清党内暗藏的反革命分子；整风运动既是纠正干部错误思想的最好方法，也是发现内奸与肃清内奸的最好办法。中央政治局决定成立内奸斗争委员会，刘少奇、康生、彭真、高岗为委员。

当时，在这个运动阶段对敌情估计过分严重。比如说“特务之多，原不足怪”，又说国民党有个“庞大的特务系统”，日本法西斯“利用中国人做特务，其数量亦是很多的”，“故特务是一个世界性、群众性的问题”，等等。

审干的前阶段，先从陕北公学、延安大学、中央党校和中央研究院展开，由社会部和保卫局秘密进行。同年4月以后，审干转为公开，各机关团体、学校开展了群众性的揭发批判运动。5月，随着全党整风运动的全面展开，西北局决定将西工团转入中央党校三部参加整风审干学习。

石鲁在中央党校三部参加审干，正好赶上那场惊心动魄的抢救运动。

他忘不了1943年7月15日那一天，尽管是炎炎夏日，每个人满脸都热汗流淌，可是大家却完全忘掉了酷热，总有着一种不寒而栗的感觉。

他和所有参加审查的人席地而坐，操场上黑压压的一大片。今天是干部动员大会，听总学委副主任、中央社会部部长康生做关于抢救失足者的报告。报告人瘦瘦的扁平的脸上架着一副眼镜，目光透出一股逼人的杀气。

康生首先指出：日寇和国民党训练了大批侦探奸细破坏我们，到今天为止，已经有四百五十人向党坦白悔过了。这时，他的声音逐渐高扬起来，而且充满着激愤。

“你们麻木不仁，说延安不会有特务。现在证明了你们要多少，一个排？一个连？……一个旅都够了！”

石鲁心中不禁猛地一惊，照康生这样说来，今天在会场的两万多人中，起码有好几千人是特务。他将目光稍微往身后扫视了一下，看见不少同志的脸色顿时变白了。

康生带杀气的声音继续在会场上空激荡着：

“有人说运动该结束了，现在不但不能结束，而且还要继续深入下去。我们要继续抢救失足的青年知识分子，没有审查的都要审查！”

接着他斩钉截铁地庄严宣布了“爱护青年，挽救失足者，实施宽大政策”。并当场送给被抢救者一副对联：悬崖勒马，回头是岸；放下屠刀，立地成佛。

动员大会一结束，抢救运动立刻掀起了高潮。

先是一场大规模的“坦白运动”展开。每个人都要填写社会关系调查表，都要写出思想自传、历史自传。要求每个人从思想反省、历史反省开始，进一步向组织坦白交代。

面对这场运动，石鲁开始是积极、认真和严肃的，他显得很坦然，也丝毫没有抵触情绪。他觉得这场运动不论对全党和他个人，都是十分必要的。既然自己千里迢迢、满腔热情来投身革命，既然已经和那个令他厌恶憎恨的家庭决裂，积极勇敢地献身于民族解放的伟大事业，又有什么东西不可以向党交代清楚的？他襟怀坦白，有啥说啥。因此，他只承认自己属于审查对象，决不承认自己属于抢救对象。

但随着康生试点经验的推广，一些单位开始搞什么车轮战和逼、供、信，对审查对象进行二十四小时或四十八小时连续审问，不让受审查者休息和睡觉，实行疲劳轰炸。一批批外来的青年知识分子，尤其是家庭历史较复杂、社会关系较复杂的人，都成了被怀疑和抢救的对象。

石鲁看到自己身边被挖出来的所谓特务、叛徒、反革命越来越多，开始感到困惑不解了。在陕北公学的大会上，一个一个地盯住看，看着谁像就叫谁承认，承认之后就上台坦白，结果坐在礼堂里的一半人都成了特务。学校百分之九十以上的人受到抢救，一共挖出了四百多人，只有二十多人才是好人。

类似的消息不断传来，使他大为震惊。他自信心的堤坝开始崩溃了，不能不感到自危，处境也越来越艰难。

大家都知道他家是挂过“千顷牌”的大财主，他的社会关系极其复杂，又无法查证澄清，更有人进一步怀疑他可能是国民党派遣来的特务。

这时的抢救运动犹如一颗从危岩坠落的巨石，正以加速度的惯性向下滑落，很难控制也很难抗拒了。

他也一次次上台交代，一次次被找去谈话，一次次受到声色俱厉的斥责。由于他性格倔强，又决不盲从，当然会吃尽苦头，饱受折磨，且不会受到轻饶。他不得不开始思考自己的出路，而目前摆在他面前的只有两种可能：

一种就是说假话，假坦白，承认自己是派来的特务，乱说一气，暂时可以过关。当时的确有不少人，在通过不了或被吓倒之后都选择了这条道路。难怪当时“特务如麻，到处皆有”。更反常的是，有些假坦白的人像英雄一样戴红花骑大马，到处去做报告。“红旗特务”张克勤曾经就是这样的典型。

张克勤参加民族解放先锋队，由八路军西安办事处派往兰州做地下工作，并在兰州入党，1939年6月暴露身份后，经中央甘肃工委和林伯渠同意调到延安。

开始他拒不承认自己是特务，但经过六昼夜持续不停的审讯，甚至搞假枪毙，使他精神恍惚，疲惫不堪，终于承认了。然后他如英雄般佩戴大红花，被敲锣打鼓地迎送到杨家岭中央大礼堂做报告。

石鲁问自己：“我能为了过关去做张克勤第二吗？”

第二种选择就是有一说一，有二说二。不昧着良心说假话，不随意编造谎言以求过关，但后果是十分清楚的——那就会被当作态度不老实的人，当作死硬派，遭到无情的斗争。不仅要承受皮肉之苦和精神折磨，而且还很有可能被抓起来。

到党校三部参加运动以后，他和闵力生分别被编在两个支部里。当时的纪律规定：不准外出，相互之间不能说话，不准交换意见，即使是夫妇也不能见面。在这之前石鲁还帮助闵力生写交代，妻子说自己清清白白，没有任何问题。他还说：“那你就如实写，党不会冤枉好人的。”

闵力生知道丈夫的压力很大，但她也只能远远地望他一眼。他变得又黑又瘦，总是在不停地抽着自己用纸片卷的劣质烟末。为了表达做妻子的对丈夫的关心和理解，她决定给他写张字条。然而当时传递的字条也要经过严格检查，她提起笔来只好写了几个字：

不要抽烟！

条子写好后，先交给组长审查，再由组长转给支部书记审查，再由支部书记交给对方的支部书记。对方的支部书记看过之后，再交给自己下属的组长，过了组长这最后一关，字条才终于传到了石鲁手里。

当石鲁拿着妻子写的这张字条的时候，手都在发抖，真是“家书抵万金啊！”

四个字的字条，他呆呆地看了半天。然后他拿起一张纸来，比写检讨还认真地写下了几个字：

我坚决不抽烟！

第二天，闵力生看到丈夫的嘴上真的没有了卷烟。

她放心了。

在来往字条的十个字里，究竟包含了多大的信息量，这是谁也无法测算的。

当时每个受审查的人，不管有没有问题都要写思想自传，而且把自己写得越坏越好。有一天，西工团指导员苏一平也在大会上承认自己是特务，而且还进过特务机关，大家都被惊得目瞪口呆。他边讲边掉眼泪，显然是在违心地说假话。

西工团里年龄最小的一个战士，去年跟着他姐姐到延安，参加革命时才十岁，当了小勤务员。今年他刚满十一岁，也得检查自己。他说一次给团长送饭，见汤里漂着一片肉，半路上实在忍不住就把它捞出来吃了。真叫人哭笑不得。

石鲁在二十七张发黄的土纸上写的思想自传中，说自己到延安是为了寻找个人出路，没有明确的目标，并且进行了自我批判，上纲上线地把自己批得一塌糊涂。

在小组会上有人让他交代是特务，他说自己不知道什么叫特务。

随着时间的推移，情况终于有了转机。抢救运动造成的不良后果和影响，很快显露出来，从而首先引起了中央领导层认真严肃的调查与思考。很快，以毛泽东、刘少奇为核心的几位领袖，清醒地认识到这一问题的严重性，并开始着手纠偏。康生毕竟不可能一手遮天。

1943 年 8 月 15 日，中央中共《关于审查干部的决定》提出审干不称肃反，少捉不杀，不采取一切特务分子、可疑分子均交保安机关处理，实行普通机关、反省机关和保卫机关相结合的审干办法。

1944年5月，一个令石鲁毕生难忘的一天，毛泽东主席来到中央党校做报告。石鲁清楚明白地听到了毛主席对参加整风审干的同志们说："在整风运动中有些同志受了委屈，有点气是可以理解的，但已进行了甄别，现在摘下帽子，赔个不是。我举起手，向大家敬个礼。"

说完话毛主席恭恭敬敬地敬了个礼。

台下掌声热烈，泪光闪烁，有不少人抑制不住地抽泣起来。

石鲁的眼眶发红，两行泪也顿时顺着脸庞流淌。他庆幸自己活过来了，庆幸自己坚持不乱说，终于有了今天的结果。尽管他受过攻击，受过折磨，满腹委屈，但是今天毛主席亲自承担了责任，向大家行了举手礼，自己还能再说什么呢？

现在他的气顺多了。

后来进行甄别时，支部书记让大家给自己提了一个星期的意见。年轻气盛的石鲁，把满肚的委屈全倾泻在这位书记身上，他竟然鲁莽地斥责他是法西斯。这位书记是一位对革命无比忠诚又没有文化的老红军战士，他又能负什么责任呢？

审干之后，石鲁从西工团调到陕甘宁边区文协从事美术创作和宣传工作，他的家也搬到了延河对面的边区文协。

1946年5月19日，由石鲁问题甄别人马伟、苏一平签名的《石鲁同志问题初步结论》认为：石鲁同志在华大的思想行动有些糊涂右倾，如参加讲演会，与周肇浔组织励进学会，被吸收为三青团并填表等。这些情况他在1940年到陕北公学学习期间已向党组织交代清楚了。我们认为由于他当时年轻，思想认识不清，到延安后又与其无任何联系，工作表现很好，因此我们取消他的党派问题。结论：无政治问题。

被甄别人石鲁在同年5月27日签了字。

六年延安岁月洗礼，其间有审干的波折，又经过转战陕北的考验，石鲁终于在1946年7月6日光荣地加入了中国共产党，这一年他二十七岁。他的入党介绍人是钟纪明和李梓盛。他的入党预备期应截至1947年7月，但因战争原因拖延到 1948 年 3 月才正式转正。

入党后没有多久，他在绥德义合镇参加土改工作。在义合镇，他敢讲真话的性格又一次受到严酷的磨炼。

1946 年 5 月 4 日，中共中央发布《关于土地问题的指示》，决定把抗战时期的减租减息政策，改为没收地主土地分配给农民的政策。1947 年 9 月，在西柏坡全国土地会议上，通过了《中国土地法大纲》，指出要“废除封建性及半封建性剥削的土地制度，实行耕者有其田的土地制度”。

于是，伟大的土地改革运动开始了，各解放区抽调了大批干部，组成了土改工作团（队），深入广大农村宣传《中国土地法大纲》，发动农民群众，掀起了轰轰烈烈的土地改革运动。

作为剥削阶级家庭出身的石鲁，发动贫苦农民从他出身家庭所从属的那个阶级手中，夺回应该属于广大农民的土地，以结束中国两千多年来的封建土地制度，这对他来说，无论在思想、感情和立场上，都将是一次严峻的考验。

像他这种出身于大地主家庭的人，按照一般的逻辑，肯定会采取宁左勿右的态度，以表明自己的革命立场坚定。更何况在土改的初期，人们缺乏全面正确的政策观念，“左”的倾向普遍存在，主张大批逮捕地主富农以及对斗争对象施以酷刑等现象屡有发生。

就在石鲁参加土改的义合镇，一天早晨发生了一件震惊全镇的事件：一群农民把一个地主拉到大街上，一阵乱石将他活活地砸死了。

这么一件事，发生在轰轰烈烈的土地改革高潮中，似乎用不着大惊小怪。当时主持晋绥土改的康生就提出过：“群众要怎么干，我们就怎么干！”

义合镇的土改工作队得到打死地主这一消息后，几乎众口一词认为这种革命的暴力是正确的。还说我们不能站出来说三道四，给正在高涨起来的农民积极性泼冷水，更不能丧失立场站在地主阶级的一边，把屁股坐歪了。

然而谁也没有想到，只有石鲁一个人敢站出来说不！

做出这种不同寻常的表态，恰恰表明他在政治上的日益成熟。

在土改中，他还发现了一种值得警惕的“二流子现象”。这些二流子确实很穷，上无片瓦，下无立锥之地，衣不蔽体，有上顿无下顿。但他们好吃懒做，不愿从事劳动，其中有些人几乎沦为乞讨的流浪者。由于他们出身穷苦，很容易将他们误认为是革命的动力、运动的骨干和依靠的对象，很容易将他们的过激行为，误认为是一种阶级觉悟和革命的自觉性。

这种人不按政策办事，为所欲为，不计后果，成事不足，败事有余，往往给土改运动造成不良的后果和影响。他们并不是土改所依靠的真正的贫雇农，实际上是一批流氓无产者。

如果石鲁乖巧圆滑、明哲保身的话，他对义合镇发生的这种过激行为，即使不大加赞扬，至少也可以缄默不语，但他没有这样做。他敢于正视现实，坚持实事求是，在深入调查和认真思考之后，撰写了一篇题为《改造二流子》的调查报告。对于他这位刚刚参加土改工作队的一般队员来说，确实需要胆识和勇气。

然而他的调查报告中的观点,在义合镇土改工作队的内部引起了强烈不满，甚至激起了义愤。同志们纷纷指责他打击和挫伤农村革命主力军的积极性，丑化和歪曲了贫苦农民的形象，认为这是一种攻击伟大土地改革运动的右倾思潮。更有人尖锐指出：石鲁有这种错误观点绝非偶然，这与他出身于一个大地主家庭有着密切的关系，说明他头脑中有着根深蒂固的封建地主阶级的思想观念，是站在剥削阶级立场上对待伟大的土改运动。

按照这个逻辑推下去，他岂不成了一个可怜的螳臂当车的小丑了吗?

他的这篇调查报告，被送到了西北局的领导那里，作为向上级反映一种错误的观点汇报上去了。

没有想到与此同时，有一位领导同志也正在思考着同一类问题，他就是西北局书记习仲勋。

在陕甘宁边区土改过程中曾出现过不少“左”的倾向。例如，把财产较多、生活较好的农民当土改对象，把已经转化为农民的旧地富拉出来重新斗争等等。习仲勋同志及时发现了这些问题，他提出的观点和建议，受到党中央和毛主席的赞赏。

根据毛主席的指示，习仲勋召开干部大会，及时纠正了“左”的情绪，制止了少数不是基本群众的人起来乱斗、乱扣、乱打、乱拷、乱没收财产、乱扫地出门的错误行为。

当时按照西北局指示，在分配粮食时，地主留粮应当与贫雇农一样。而义合镇的土改工作队队长擅自主张，给被斗者一律只留二斗粮食。当地农会反对，但这位队长仍然坚持这一错误的做法，不肯改正。

石鲁和农会主席一道再次找工作队队长反映，但仍然无济于事。当他们从这位队长住处出来时，农会主席开玩笑说：“我叫你别去你偏去，结果如何？不是只有当官的打衙役吗！”意思是你一个工作队队员怎么扭得过队长？

他只能苦笑。

后来西北局专门派师哲同志前来纠偏，这种情况才有所改变。由于习仲勋肯定了义合镇确实存在“二流子现象”，并指出此种现象应当引起重视，这才使石鲁的正确观点得到了肯定，从而使他再一次从困境中解脱出来。

坚持讲真话需要胆识和勇气，石鲁为此又差点付出沉重的代价。

速写本、木刻刀和“拉洋片”

石鲁的艺术轨迹始终是与他的人生轨迹相并行的，即使是在延安艰苦的岁月里，他也始终未曾脱离美术事业，并且沿着这条道路一步步坚持不懈地走下去。他说：“我的路子就是做革命的艺术家，思想上是革命的，为革命而工作的艺术家。”

1941 年的一天，延安鲁艺美术部教员王朝闻的窑洞里，来了一位西工团搞舞美的年轻人。

来访者的四川口音，一下子缩短了他们之间的距离。一个是合江人，一个是仁寿人，老乡见老乡，两眼泪汪汪。当王朝闻听说他是仁寿人时，他还知道仁寿特产“芝麻糕”。王朝闻很高兴地与这位小他十岁的四川老乡畅谈起来。

文质彬彬的王朝闻带着学者气质，再加上他在延安的名气不小，初次见面使石鲁显得有些拘谨。然而面对老乡加老师的真诚，终于使石鲁鼓起了勇气，提出了自己潜藏在心中的一个愿望和要求。

石鲁在艺术上有着不断追求的强烈愿望。身为西工团的美术组组长，他又渴望能迅速提高团里的舞美水平。在焦急的渴求中，他听到一个消息：鲁艺已于去年 6 月建立正规学制，原有的文学、戏剧、音乐、美术四个系改为四个部，各系的修业年限，也由原来的两年改为三年。同时他又打听到，鲁艺美术部有位教员叫王朝闻，是他四川老乡，搞雕塑的，有很高的艺术理论修养。于是他下定决心到鲁艺来找王朝闻。

王朝闻听了小老乡的要求后不置可否，只问他带习作来没有，给他看看。

石鲁虽早有准备，但此刻脸上有些发烧，心里感到发慌，这些东西能拿得出手吗？犹豫了片刻，他还是鼓足勇气把一叠画稿摊在王朝闻面前，瞬间有一种学生向老师交作业的紧张感。

王朝闻翻开画稿，一张一张看得非常认真，有的还回过来反复仔细看，然后用一种欣慰的目光，注视着这位小老乡说："你现在到鲁艺来，已经不是来当学生，而是该当研究生了。"

像王朝闻这样艺术眼光犀利的人，绝不可能对人滥加奉承。

王朝闻的评价丝毫没有使石鲁得意忘形，倒激发了他向更高目标奋进的勇气。他是一个永远不会安于现状的人。

他虽然未能进入鲁艺学习，却请来了王朝闻到西工团来给美术组上素描课。王朝闻的课不但说理透辟，还亲自进行示范，使美术组的同志不仅懂得了素描的重要性，而且掌握了它的基本要领。他们茅塞顿开，受益匪浅。

他又从鲁艺借来石膏像，带领着大家刻苦学习。王朝闻还告诉他们，素描只是画物体对象看得见的块面关系，但物体处于三维空间，有我们视觉的角度看得见的一面，也有我们视觉角度看不见的一面。除了画看得见的一面，也要理解和熟悉看不见的那一面，这就是要有整体感。王朝闻是搞雕塑的，他提醒石鲁不妨搞点雕塑，这样可以准确地把握人物的造型。

凡是石鲁认准了该干的事，就会义无反顾地拼命干下去。从那时起，他开始学习起雕塑来，并十分入迷。

李琦第一次见到石鲁是在一个舞会上，当时他还在抗日剧社。他看见一个乱蓬蓬长发的瘦高个子的人，用一口四川话宣布舞会开始。有人告诉他，此人就是西北文工团的美术组组长石鲁。他很想和石鲁结识一下，但当悠扬的舞曲响起之后，石鲁却已无影无踪了。

后来，李琦被编入西工团，在石鲁领导的美术组工作。这时他掌握了组长一个“秘密”——每次周末舞会，这个人总是在乐曲响起之后不久就悄然隐退了。

又一次周末舞会，李琦提前从舞会退出来，走到山下，就远远望见自己旁边那孔窑洞的灯光亮了。他知道石鲁又提前回来了。

当李琦走进石鲁的窑洞门时，看见他正在油灯下全神贯注地做一件东西。走近一看，原来是他正在塑一个两尺来高的泥塑人体。他双手沾满泥巴，两眼紧紧盯着一本书上那张只有烟盒般大小的图片。他发现李琦站在身旁，笑着问道：

“这么早就回来了？”

“你不更早吗？在干什么？”

“做雕塑，照着罗丹作品的一张图片试一试。”

那是王朝闻借给他的一本关于西方雕塑艺术的书，那幅图片是罗丹的雕塑名作《青铜时代》。

罗丹是法国著名雕塑家，他创作了《思想者》《雨果》《加莱义民》《巴尔扎克》等不朽的雕塑作品。这尊安放在法国米德亨姆雕塑公园里的《青铜时代》，几乎和人体等高，完成于1877年。作品表现一位青年如梦初醒，仰面眺望着前方，右手抚着头顶，从支撑重力的左脚尖有一股力升腾向上，经左膝倾斜的骨盆，再从前胸的肋弓到肘，再到头颅。

这是一个年轻的觉醒的生命，既充满着朦胧的追求与强烈的渴望，也充满着紧张的焦虑与不安的困惑。人类正从蒙昧中醒来，生命正在苏醒，也是自我意识的诞生。奥地利著名诗人里尔克称之为“行动的诞生”。

当时的石鲁，也不一定能完全懂得罗丹《青铜时代》的美学内涵和人文精神。他之所以选择这尊西方雕塑名作来学习，主要是看重了这尊被临摹的对象是标准人体的完美体现，它达到了写实性与理想性的高度统一。

虽然当时已在整风审干运动的后期，但那种特殊的政治气氛并没有消歇，他的这些行为是很容易遭到误解的，这也足见他对艺术追求的执着和勇气。

在西工团美术组的老战友程士铭还记得，也是在整风后期，石鲁曾独立创作过一件泥塑《牧羊人》，大约有四十厘米高。塑的是一位身披老羊皮袄、肩扛牧羊铲的牧羊人，膝下还有三头小羊偎依，造型很美。雕塑是一门专业性很强的艺术，他当时凭自己摸索能搞成那个样子，确实很不简单。

石鲁之所以后来能在艺术上有很大的突破，与他坚持苦练基本功有着密不可分的关系。

他长期坚持写生，勤奋不辍，在延安的同行中是出了名的。

他捡回敌机轰炸扫射后留下的子弹壳，耐心细致地加以磨制，终于自制了一支弹壳钢笔。他就用它来画速写。

他用当时延安生产的一种粗糙发黄的马兰纸，订成一本本速写本。他告诉同行说，用小速写本来写生，画面小也画得快，抓动态容易，而且又节约用纸。

他对画速写简直入了迷。怀揣速写本，拎着一只小马扎，有时还要背着儿子，他的足迹遍布七里铺的山头、杜甫川的硷畔、凤凰山麓和延河边……

在他的小速写本上，画满了陕北抽旱烟袋的庄稼汉，穿羊皮袄的牧羊人，赤膊的老石匠和健壮的赶牲灵的后生……

在他的小速写本上，画满了吹唢呐的老汉，河边大石上洗衣服的婆姨和麦垛间玩耍的娃娃……

在他的小速写本上，画满了开荒的老红军，纺线的女八路，穿着齐膝长军服的小八路，拿红缨枪的自卫队员和在延河边饮马的战士……

在他的小速写本上，画满了沟、峁、塬、梁，画满了堆放着南瓜的屋顶，砖石垒成的门楼和一排排窑洞，山梁上的牛，沟壑中的羊群和山道上的骡马……

在他的小速写本上，画满了马兰草、酸枣树、绽放的野花，还有熟透了的高粱和沉甸甸的糜子……

他是个永不满足、永不停息的人。

在当时的延安，由于情况特殊，是绝不可能允许画裸体的，尤其是画女性裸体。

然而他不死心。不能画女性裸体，男裸也不能画吗？公开画有伤大雅，关起门来互相画又有何不可呢？画人体是为了提高绘画造型能力和技巧，又不拿出去示众。

早在陕北公学文工团组建后，他就组织美术组进行业务练习，经常找同志们画肖像。有时文工团一些女同志去美术组的窑洞，他们关起门不让进。后来才知道石鲁他们是在搞人体素描，轮流当模特儿，或者雇个老乡来当模特儿。他风趣地描述说，老乡有封建思想，起先忍耐着让他们画，等到画完拿了工钱，穿起衣服一路走一路骂。

虽然不时也有些风言风语传来，也有人开始望而却步，但他心头有数。他相信当时在延安肩负着思想文化战线领导工作的同志，有很多都是文艺素养极高的权威，另外还有一大批久负盛名的美术界精英也云集在这里，他们不会连这一点都不能理解的。

他还到野地里捡回一个死人的头骨，将它洗得干干净净，放在窑洞的桌上用来练素描，吓得闵力生毛骨悚然直和他吵，非要他拿去扔了不可。他无所谓地笑笑，仍然我行我素，还说这有什么可怕的，研究人体构造就是要跟它打交道。不过他还是接受了妻子的意见，画完后用纸把头骨包好放在门外的窗台上。

只要有机会练人体写生，他都决不会放过。

1948 年 4 月延安收复之后，石鲁在群众日报社主编《群众画刊》。夏日的一个中午，他和几位同志正在水塘中游泳，其中有两位是著名诗人——李季和闻捷。

石鲁早早上岸，迅速擦干身上的水，穿好衣服又掏出了速写本来。他首先看中了张光那一身健美的肌肉。

一会儿，张光、李季和闻捷都先后上岸了。张光正在擦干身上的水，他那一身健美的肌肉在阳光照射下更加充满魅力。

石鲁大声叫住他说：“张光，你就这样坐在石头上，让我给你画一张素描！”

张光连声说：“不行，不行，这样画下来多难看，太不严肃了，要画等我穿好衣服再画。”

他连忙说：“别穿、别穿！穿上衣服画就没有意思了，又不拿去展览，怕什么！”

李季和闻捷也在一旁劝说，好说歹说张光才算是答应了。张光按着要求摆好一个姿势让石鲁画。

石鲁立刻全神贯注地画了起来。只见他神采飞扬，不时把掉到额前的长发抛向脑后，时而眯缝着双眼一动不动地凝视。旁观的两位诗人会心地交换了一下眼色，低声说道：“看画家那副表情！”

张光摆着一个固定姿势坐在那里，没多久浑身就感到僵直难忍。

“快一点，我受不了了！”

“千万别动，否则就前功尽弃了！”

闻捷上前使劲按住张光说：“别动，听话！”接着唱起一支韵味十足的陕北民歌：

娃娃勤，爱死人；
娃娃懒，狼吃没人管。

一个多小时过去，石鲁总算满意地画完了。大家过来观看，都说他把张光给画活了。

大家正在七嘴八舌地评说时，他突然变戏法似的拿出另一张画来问道：“你们看这两个像谁？”

这是一幅李季和闻捷的漫画速写像，画得真神，顿时逗得大家大笑起来。

他就是这般见缝插针地坚持绘画基本功练习。艺无止境，他从没有满足过。

那是 1946 年的一天，李琦要去晋察冀边区，前来与石鲁告别。

石鲁和李琦一起来到南关一家小饭馆里坐下来，一人要了一碗饸饹算是饯行。

李琦来延安九年了，此时他充满着对这片土地深深的眷恋之情，也包含着与朝夕相处的战友石鲁的惜别之情。

他俩一起坐了许久。

临别，石鲁语重心长地忠告他说："我们因为条件所限，不能很好地练基本功。以后有条件一定要加强这方面的学习。"

这些话语李琦至今难忘。

练基本功当然是为了搞创作。在延安时，石鲁是什么时候开始美术创作的，他发表的第一幅作品究竟是什么？

1942年，纪念抗战五周年时，在延安文化沟沟口露天舞台上展出了一个纪念画刊，引来了许多人观看。其中有一幅画引起了大家的注意，它的选材颇为特别，撞击着不少观众的心。

这幅画叫《娃娃兵》，作者石鲁。

在中华民族到了最危险的时候，每个有良知的画家必须以画笔做武器，唤起民众，救亡图存！这是在任何时候都无可指责和无可挑剔的。即使崇尚形式创建立体主义的毕加索，在世界面临法西斯灾祸的严峻时刻，他也能奋笔画出揭露法西斯暴行的《格尔尼卡》。一个西方现代派艺术大师在当时尚且有强烈的社会责任感，延安画家更不能脱离现实，钻进象牙之塔去搞所谓纯艺术和纯技巧的东西。

石鲁笔下的《娃娃兵》，画的是在日本侵略军的练兵场上，一根枯树桩上绑着一个无辜的中国百姓，凶残的日军军官，正在指挥着一个满脸稚气的刚应征到侵华日军中来的娃娃兵，用中国老百姓作为牺牲品，提刀练习砍杀。作者在这幅宣传画中，带入了情节性的内容，用故事情节揭示日本军国主义灭绝人性的残暴本质。

原作没有保留下来，但它留在了当年看过展出的人们的记忆里。

这一年是延安文艺运动掀起新高潮的一年。

毛主席在1942年5月2日到23日召开的延安文艺座谈会上发表了著名的《讲话》，又于5月30日到鲁艺讲话指出：光在“小鲁艺”学习还不够，还应该到“大鲁艺”中去学习，这样才能创作出受广大群众欢迎的作品。

在这前一天，陕甘宁边区文委召开会议，决定成立临时工作委员会，实行文化人战时动员，号召大家到部队去，到地方民兵队伍去，开展“文化入伍”运动。《讲话》发表后，陕甘宁边区文化工作委员会做出决定，奖励以工农为对象的艺术作品。

1943年新春，由鲁艺、青艺、西工团和民众剧团等专业文艺团体和群众业余剧社等，联合举办了盛况空前的秧歌演出。

鲁艺的王大化、安波、贺敬之、张鲁和李波等人，利用民间艺术形式新编排的花鼓、旱船和大秧歌上街进行表演，深受群众欢迎。人山人海的观众，震天动地的锣鼓声，以及热烈欢快的场景，使石鲁激动万分。

石鲁在延安新市场看了秧歌戏以后心情十分激动，久久不能平静。他独自在延河边漫步，眼前仍然浮现着秧歌戏演出的热烈场面。他深深地思索着，怎样才能找到一种具有广泛群众性的美术形式呢？

审干结束后，石鲁和朱丹一起到中央党校画了几个月的党史连环画。后来，经边区文协领导研究，调他来文协美术工作委员会任专业创作员，同时调来的还有刘迅、张明坦、李梓盛和苏坚等人。

这时他又开始积极寻找一种美术服务于工农大众，又能为他们喜闻乐见的有效方式。

黄昏，他独自在延河边漫步，落日的余晖在河水中泛着耀眼的金波，哗哗的河水不停地向远方流去。在苍茫的暮色中，只见两岸山坡上一排排、一层层窑洞的灯火亮了，山坡变得黑黢黢的，好像大都市里闪亮着华灯的层层高楼。灯影投映在跳动的河水中，十分迷人。

他突然想起儿时跟着母亲到文公场赶场看“西洋景”的情形。一口大木箱前一排圆形孔洞，人们将眼睛贴在洞口观看，旁边站着一个人，手上套着几根绳子，有节奏地扯动，脚下配合，踩动起锣鼓，嘴里还津津有味地唱着人们熟悉的故事。母亲告诉他，这叫“西洋景”，也叫“拉洋片”。

他心中如闪电般一亮，这种从近代在民间流传的“拉洋片”形式，不正可以改造利用来向群众进行宣传吗？一想到这里，他浑身发热，飞也似的向着住地跑去。

他首先告诉了刘迅。刘迅听完了他的突发奇想，也产生了浓厚的兴趣，认为这是个好主意，可以试一试。他俩又连夜找来文协美术工作委员会的其他同志商量，有施展、辛可、张明坦、李梓盛等人，大伙儿商量出了不少的好主意，使他这个想法更进一步得到丰富和完善，变得切实可行。

他们说干就干，立刻进行分工，投入行动，有的搞设计，有的做“拉洋片”的木箱，有的就开始搞创作。

石鲁带领几个人干起木匠活来，制作“拉洋片”的木箱。没多久，搞脚本和唱词的也大体就绪，接着他又开始参加绘制“拉洋片”至关重要的部分——连环画。

改造后的“拉洋片”究竟是个什么样子，恐怕是当今看惯了电影和电视的人所无法想象的。石鲁在1946年创作过一幅木刻《改造西洋景》，能让我们形象地见到当时表演“拉洋片”的一些情况。

石鲁和他的战友们把民间艺人“拉洋片”为了赚钱，只能从孔中窥视的封闭式做法，改变为像看戏一样可以围观的开放的新样式——安置“洋片”的大箱子变成了一个小型舞台，面对观众的一面洞开。他们还特意在大箱子上加了一个装饰性的屋顶，两边还挂着对联，好像老乡们平日看戏的戏台，只不过小了很多罢了。

表演开始，画面就一幅接一幅地横向移动，旁边有一个人拿着木棍做解说，既有道白，又有演唱。解说者身后扯一块小幕布与前台区别开来，弹三弦拉二胡的乐队就在幕布后伴奏配乐。

“拉洋片”首先在延安、延川、延长等地巡回演出。因为要演唱，还配备了从民众剧团请来的演唱人员。

改造西洋景（木刻）　石鲁　1946 年

“拉洋片”的小分队用毛驴驮着大木箱子，走进沟沟坳坳，来到一个个小山村演出。“拉洋片”在村头架了起来，敲锣打鼓又说又唱，村里的老大爷、老大娘、大闺女、小媳妇、放羊娃先先后后围拢来，看得津津有味，看了还想看，不愿离开。直到落日西沉，炊烟在山村袅袅升起，乡亲们才依依不舍地望着他们赶着毛驴离去。石鲁和大家一样，虽然口干舌燥又累又饿，但成功的喜悦把连日来的疲乏和辛苦都驱尽了。

他显得特别亢奋。他为自己终于找到一种能被群众接受和喜爱的艺术形式，感到由衷的高兴。为了丰富“拉洋片”的节目内容，他一连画了好几套连环画，这对于他用绘画手段描绘现实生活和刻画人物形象的能力，无疑又是一次很好的锻炼和提高。

当时，“拉洋片”被认为是美术占领文化阵地的一件大事。

从延安撤退以后，边区文协为适应战斗的需要，又专门成立了一个“洋片组”，由石鲁任组长，李梓盛任副组长。他们白天到群众中去采访，晚上就投入创作，石鲁画连环画，其他同志负责编脚本背台词。演出的效果特别好，上演的节目都是当地发生的真人真事，老百姓最爱看，有时一个村子一次有三四百人来观看。这个村演完了，又被接到那个村，老乡经常用白面烙饼、炒鸡蛋款待他们。有时演出也很危险，他们在子洲县老君殿一带的山沟里活动时，敌人的队伍就在山上走。

他带着“洋片组”在北庙岔、老君殿和马蹄沟一带待了半个多月后，彭老总的西北野战军在羊马河、青化砭、蟠龙打了胜仗。他们立即创作出新的“洋片”，迅速赶到部队驻地去慰问演出。随着锣鼓声与音乐伴奏声在部队驻地响起，“洋片”开演了，配音演员高声唱道：

你往里头瞧来往里头看，
这个“洋片”唱的青化砭。
……

后来他们又渡过黄河，来到山西冯家会进行演出。

当时在延安限于条件，不论搞国画还是油画专业创作都是行不通的，最方便、最现实的就是搞木刻版画。找几块梨木或枣木板，有几把刻刀就可以搞创作了，不仅能大量复制，而且老百姓也看得懂，很喜欢。

石鲁不知从哪里找到一段钢条，他硬是凭着一股子百折不回的毅力，终于把它磨成一把把小圆刀和三角刀，受到同行们的赞赏。有了刻刀，干木活又是他的拿手好戏，于是他便一头扎进了木刻创作中去。

20 世纪 40 年代中后期，延安的木刻创作十分活跃、成果丰硕，出现了古元、彦涵、胡一川、力群、焦心河、张映雪等一批著名的木刻家。1946 年元旦，全国文协延安分会、边区文协和鲁艺在延安大学礼堂举行木刻展览，延安木刻家的作品有 131 幅参展。这时也是石鲁木刻的丰收时期，这个阶段他创作的作品主要有：

《改造西洋景》（1946 年）

《群英会》（1946 年）

《民主评议》（1947 年）

《胡匪劫后》（1948 年）

《妯娌俩》（1949 年）

《说理》（1949 年）

《打倒封建》(1949 年)

他的这些木刻可分为前后两期，前期的代表作品是《群英会》和《胡匪劫后》，后期的作品有《妯娌俩》《说理》《打倒封建》等。

《群英会》的难得之处是刻画了领袖毛主席的形象，这在当时的美术创作中是不多见的。这幅作品技巧尚不娴熟，主体形象不够准确，神态个性欠佳，总体上还未脱离西洋木刻的明暗写实技法，过分重视素描关系，使得整个画面显得有些拥挤和琐细，缺乏木刻的力度和明快感。

《胡匪劫后》这幅作品无论在画面的处理和提炼还是表现技法上，都比较

说理（木刻）　石鲁　1949 年

成熟。画面布局颇费匠心，远处是遭洗劫之后的残破窑洞，近处是一片狼藉的废墟，牛头、骨架、破筐和三眼灶以及乌鸦啄食残剩的食物，处理得也较为得体。视觉中心是一位老妇跪在地上，双手捧起被敌人糟蹋的东西，极具感染力。整个画面凝聚着浓郁的悲剧气氛，为观者提供了巨大的想象空间，具有强烈的情感撞击力。

后期的《妯娌俩》表现的是两个婆姨纺线的情景，艺术形式上有一定特色。窑洞的弧形窗户使画面上部形成对称构图，民间装饰风味极浓。对称的方格天窗和下部条形窗扇构成图案化背景，窗格上贴的牲畜、瓜果和蔬菜内容的剪纸富于生活情趣。纵横交错的小方块构成的炕席图案，左侧折叠整齐的箱笼被褥和枕头以及右侧墙壁上的柳条筐，使整个环境充溢着浓郁的生活气息。相向而坐的妯娌俩，一正一反地对称摆布，白衣深色裙者背向，露出又大又圆的横别银簪的发髻。对面穿黑衣浅色裤的露出颜面，注视着自己纺线的左手。两部纺车在画面中心前后错开，黑白对比适度，对称又不呆板。画面的形式感很强，表现了作者在创作中对民间艺术形式的高度重视和可贵探索。

石鲁后期木刻的突出成就表现在《说理》和《打倒封建》这样成功的有影响的力作上。

《说理》反映土改生活内容，人物造型准确而富于个性化，它是石鲁木刻创作进入成熟的标志。居于画面核心地位的两个人物中，最突出的一位是身披羊皮袄、头系羊肚子手巾的老农，他伸出打着补丁的双臂，数着指头，充满正义感地列举出无可辩驳的事实，向地主进行说理斗争。而头戴毡帽、身穿长袍马褂、蓄着八字胡的老地主，胸前挂着一个烟盒，理屈词穷，满脸一副无奈相。这幅作品在画面构成上亦具匠心，四位说理农民占画面三分之二，如群山般难以撼动，老地主被逼到画面三分之一处，处境孤立，难以抗拒。作者还采取近景构图、简化背景的艺术手法，使得主体人物形象十分突出，很有分量。人物造型简洁生动，刀法含蓄准确，黑白处理自然明快。

石鲁曾在绥德写生，画过一家地主宅院的城堡式的门楼。他构思《打倒封建》这幅版画时，就成功地利用了这一素材，形成了富有特色的构图。这不能不说

打倒封建（木刻） 石鲁 1949 年

是生活的积累对艺术的馈赠。

石头垒起的层层城堡，装饰繁复、精雕细刻的门楼和围墙护栏，以及墙上的雉堞和望风孔，处处显示出封建地主阶级的年深日久和罪恶深重。静态城堡与动态人群的对比与结合，形成这幅作品最大的特色。冲入城堡的躁动的人群，那圆拱门旁的敲锣召唤者，威风凛凛手执红缨枪的民兵，拄杖的老太婆以及背孩子的妇女，他们前呼后拥汇成了一股滚滚洪流，向代表封建势力的城堡发起冲击。有声（锣声和呼喊声）和无声（沉默的石砌城堡）碰撞，烘托出这幅作品独到的艺术氛围和形式特色。

若干年后，有人在《中国版画五十年》中说：

> 石鲁同志解放后一直从事中国画创作，但他早期的版画作品的历史地位是引人注目的，任何时候谈起延安版画的成就，都不得不提到这两幅作品。

这是对石鲁后期木刻创作准确的历史评价。

中国历史的日历已经翻到了 1949 年。隆隆的炮声震撼山河，千军万马正在这片广袤的土地上进行着历史性的决战。

新中国成立前夕，石鲁调到延安大学文艺系任美术班班主任。文艺系主任是贾芝，美术班只有石鲁和刘旷两位教员。

石鲁在延安大学的窑洞里专心致志地从事着美术教育，他一丝不苟地指导学生画习作。当时办学条件太差，他就亲自动手用泥塑成人体模型，然后再用白粉刷上色，供学生练习素描。课后他回到自己的窑洞，身边也总是围着一群学生听他滔滔不绝地进行讲解。

闵力生和石鲁分别了近一年，她随西工团来到彭老总的前总政治部，深入部队进行慰问演出。这次她从前线回来，兴致勃勃地走进家时，只见丈夫正在与一群学生看画。丈夫看见妻子回来，只和她会意地点点头，又继续与学生侃侃而谈。

在延安大学的窑洞里，听得见震撼大江南北的隆隆炮声。石鲁知道东方古老的大地上，正在发生着一场地覆天翻的巨变。

胜利的曙光已燃烧在东方天际，不能不令他怦然心跳，欣喜若狂。

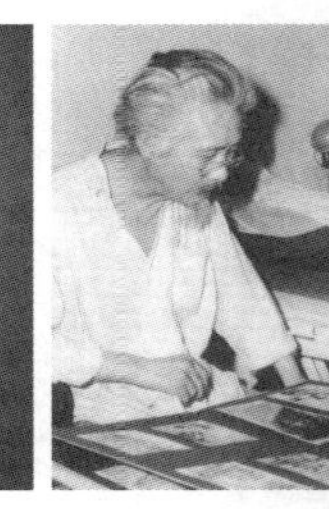

第四章

长安画派：我为生活传精神

从古长城外到恒河、尼罗河畔

1949 年，中国在发生着历史性的大转折。

1 月 31 日北平（今北京）宣告和平解放。4 月 23 日人民解放军占领南京。5 月 20 日西安解放。

7 月 2 日，中华全国文学艺术工作者代表大会在北平召开。石鲁是西北代表团的成员，他当时还在延安大学任教，直接从延安经山西到了北平。

这是新中国诞生前夕，来自解放区的文艺家和来自国统区的文艺家的一次胜利的大会师，也是自五四新文学以及左翼文艺运动兴起以来，进步的革命的文艺家前所未有的盛大集会。

毛泽东主席亲临大会讲话说："同志们，今天我来欢迎你们。你们开这样的大会是很好的大会，是革命需要的大会，是中国人民所希望的大会。因为你们都是人民所需要的人，你们是人民的文学家、人民的艺术家或者是人民的文学艺术工作的组织者。你们对革命有好处，对人民有好处。因为人民需要你们，我们就有理由欢迎你们。再讲一声，我们欢迎你们。"

随着中华全国文学艺术界联合会的正式成立，中华全国美术工作者协会也宣告成立。

石鲁从北平直接回到西安，到已经迁到这里的边区文协美术创作委员会工作。1951 年年初，石鲁出任西北美术工作委员会副主任，兼任西北画报社社长。这时他三十二岁。

在西北文代会召开之前，上级党委曾研究决定，石鲁任西北美协主任，赵望云任副主任。但石鲁坚持让民主人士赵望云当主任，自己为副主任。他认为自己是共产党员，应当多做实际工作，不计较职务高低。

西北画报社成立后，缺乏美术专业人才。石鲁想招聘一批专业人员，这时自然也就想到了远在四川家乡的二哥冯建吴。

东方美专停办之后，冯建吴长期靠卖画为生，新中国成立后他在仁寿县中学当老师，定为自由职业者成分。这时石鲁想通过组织把二哥借调到西北画报社工作，以发挥他艺术之特长。

石鲁曾把自己的想法向文联党组织汇报过。他认为冯建吴毕业于上海昌明艺专，又在成都当过东方美专教务长兼国画系主任，他对中国传统绘画技法掌握很深，如果再能很好地加以改造，是完全可以胜任画报社工作的。

于是在 1951 年 7 月，石鲁趁自己到四川吸收干部的机会，回到了仁寿县，与当地行政部门商量借调冯建吴的问题。

松林湾的冯家大院已在这场天翻地覆的历史巨变中发生了变化，二叔冯子绥和三叔冯子周已被镇压，其余几个叔父和他大哥受到管制。母亲早已去世了，桤木塘的张小姐仍以九少奶的身份住在冯家大院里。

这一切都在意料之中。石鲁毕竟是经过革命斗争洗礼的共产党员。他自觉地采取了“回避政策”，直接来到仁寿县城，没有回文公乡的松林湾。

在回仁寿之前，他通过西北文联给仁寿县有关部门去公函借调二哥冯建吴，但对方始终没有回音。

他没有想到自己这次亲自出马又碰了壁。他首先到区上交涉没有结果，第二天又回到县上找教育科，结果和那位科长谈崩了，对方没有任何商量的余地。于是他只好对冯建吴说：只要乡政府和农会能证明你不是地主成分，与减租退押没有关系，其余的就算不得什么。后来他与县教育科不辞而别，带着怀揣乡政府和农会证明的冯建吴回到西安。

没有多久，仁寿县的公函便寄到了西安，公函大意如下：西北文学艺术界联合会石鲁同志返乡，未经任何组织批准，即将胞弟冯建吴带去文联工作。冯建吴系仁寿县大地主，该县土改即将进行，农民要求冯建吴返家讨还血债，云云。

这显然是不符合事实的。但在当时的历史环境下，谁会为冯建吴去澄清事实真相呢？

这份公函由西安市政府收到并转西北军政委员会办公厅，再转西北文联。这样一来，问题当然就严重了。

1952年元月，西北文联派刘旷带上公函，与冯建吴一道由西安回四川仁寿。西北文联在致仁寿县有关部门的公函中说："经初步查明情况，石鲁同志确系手续不合，不该将其胞兄私自带走，敝会已予批评。兹为尊重贵县意见，敝会专派刘旷同志将冯建吴送回仁寿，并向贵县府申致歉意。"

冯建吴回到仁寿县就被遣送乡里，在松林湾劳动改造达四年之久。直到1956年底，他才被省里调到四川美术专科学校（后改名为四川美术学院）国画系当教师，担任山水画、诗词、书法和篆刻四门课的教学老师。

借调失败后，石鲁只好不时买些宣纸和颜料，寄给在家乡劳动的二哥。从此，他也再没有回过四川仁寿县。

昨日延安的艰苦，对石鲁的人生是一种考验。然而今天胜利后的顺境，同样对他的人生是一种考验。在这个历史转折的关键时刻，他对自己的生活、创作和艺术追求，在做怎样的思考和打算呢？

北京解放后，李琦在中央美术学院任教。他至今还保留着一封石鲁写于1950年8月19日的字迹已经模糊的长信，从中可以清楚地窥视到石鲁此时的种种思考。

他首先告诉李琦，他最近才从青海回来，到青海跑了近四个月的时间，收集的材料也还不少。谈到最近的创作，他只讲了两点：一是他正在准备创作一部反映陕北解放战争的连环画，叫《延安人》，故事提纲早已编成，而且已开始画了一小部分。二是创作一些反映藏民生活的独幅画，准备参加西北文代会的展览。

至于今后的打算，他告诉李琦说："文代会后我准备请假回四川一次，至于以后是长期回四川或在西北呢，现在还难说定。我打的主意是想要求到北京

新中国成立初期石鲁在西安

来学习上一年半年的时间，再深入现实生活。我已经提出要求了，还没有做答复。我是决心要达到这个目的的，因为我一直在瞎摸，迫切要求提高一步。”

他长期回四川的打算后来没有实现，然而当时他对自己的创作却有一个清楚的定位：“我自己是企图在中国画里去摸索一下。”他对自己创作的现状还有一个十分清醒的估计：“我自己知道还有许多地方不成熟，不结实的。作为试作来看，是多少打破了陈套子，但是否新的作风就饱满了呢？那还差得远。这不是客套故作虚心，确实是我的自量，你知道我素来对自己的要求是苛刻的。”

作为一个经过延安岁月洗礼的共产党员，进城后他要肩负起西北美术的组织领导工作。他清醒地意识到，要当好西北美术工作的组织者和领导者，首先自己要成为一个有创作成就的画家。只有这样才会有发言权，方能切中肯綮，团结更多的画家。

他本来可以整天在办公室审读报告，批阅文件；或在主席台前排就座，大会小会做重要指示；或者参与审查画稿，出席美展开幕式，并以一贯正确的姿态发表文章和演说，纠正错误的创作倾向和文艺思潮。他还有可能干得得心应手，左右逢源，叱咤风云。

如果这样，他就不再是石鲁了。

他首先决定要走出办公室，冲破会议、文件所构筑的樊篱，走向新中国建立初期那朝气蓬勃、生龙活虎的火热生活。他胸中涌动着春潮般的激情，一个艺术家跃跃欲试的强烈的创作冲动。

生活在召唤石鲁。

1950年他奔赴青海省的藏族居住区写生后，1952年又到陕南、甘肃等地写生。为了外出写生，他特意准备了一套与众不同的行头和装备。

他的国画写生箱是自己精心设计的。箱盖上有个透空的框子，立起来就成了取景框。箱子的两头安装有轴，供卷宣纸用，画一张卷起一张，写生完后再折叠成册页。箱子里有抽屉，放笔砚、颜料以及洗笔用的铜水壶，携带使用方便利索。为制作这个画箱，他亲自到西安飞机场的仓库，找来不少飞机用的细铝管，又到街上去请了一位修锁的工匠，利用他的工具，并亲自动手。

他还有一件必带之物，就是那架心爱的德国望远镜。他常对人夸耀说："我有一架望远镜是德国货，军用的，可以看见月亮上的坑坑洼洼。出去写生，想看清远山的纹路，只要举起望远镜就行了，不用跑到山跟前去，美着咧！你看那个树枝有什么画头？好像没有。你再拿上望远镜一看，哎呀！冒芽了，春天的新芽冒出来了。"

他对望远镜竟然这般入迷。

石鲁写生用的服装，是专门找人缝制的，特别宽大，内外都是大大小小的口袋，有些像现在的摄影马甲或导演服。当时很少有人穿这种服装，看见总使人忍不住发笑，还有人说它是奇装异服。

他想把一张气垫沙发绑在行军床上，再蒙上帆布，野外写生时打上气可以当床睡，遇到有水的地方还可以当船用，岂不两全其美？

等他折腾好之后，便叫上儿子到兴庆宫公园的湖上进行试验，别人搞不清这老少爷儿俩要把这古怪东西弄到水里去干什么，都围上去看热闹。结果公园的管理人员上前干涉，非要叫他们到办公室去接受处理。后来知道他是一位画家，正在做外出用的气垫床试验，方才罢休。

一天，站在钟楼旁的警察看到一个奇怪的现象。

只见大街上一个满头长发、瘦瘦的三十多岁的人，骑着一辆自行车，他的车后挂着一个小拖斗。

哪有带拖斗的自行车？引得不少擦肩而过的人忍不住地回头观望，还有些人在街道两旁驻足观看，放声大笑。

警察火了。

"骑自行车的，站住！"

骑车人没有听见，仍在继续往前骑。

"喂，挂拖斗的，没有听见吗？"

"是叫我吗？警察同志！"

"过来！"

骑车人在警察面前刹住了车。

"下来！"

“有什么事吗？”

“你看这西安大街上，有你这么骑自行车的吗？”

“呀，警察同志，这么回事，我想做个试验……”

“做什么试验？”

警察随手翻了翻他的拖斗，这只用旧婴儿车改造的拖斗内放满了纸、笔、颜料和雨伞等物。

“有工作证吗？”

他掏出工作证递了过去，警察打开一看，上面写着：

石鲁　西北美协副主任

警察惊讶地歉然一笑：“呀，原来你是一位画家！”

石鲁这种近乎顽童式的行为，其中包含着一种对生活浓厚的兴趣和狂热的激情。

1953年5月的一个早晨，中央美术学院油画系教授、油画家艾中信带着研究班的毕业生靳尚谊、葛维墨等在乌鞘岭兰新铁路的一处工地上写生。这时，不远处一个旅行家装束的年轻画家的行动，以及他那套非常特殊的画具，引起了艾中信的注意。

这位年轻画家，东张西望地走上一个山坡，然后将他的行囊打开，里面有一张用精细木料和皮革制成的小案桌，还附带一把小椅子。只见他坐定下来，从小抽屉取出文房四宝——纸、墨、笔、砚，还有颜料碟子、水壶、水罐子，样样齐备。他面对着祁连山眯缝起眼睛，十分投入地画起水墨山水来。

他就是石鲁。艾中信就在这次工地写生中初次认识了他。

艾中信后来回忆说：“石鲁给了我一个出奇的印象，他是一个非常尊重自然、竭力师法造化的国画家。在野外作山水写生的国画家并不少，像石鲁那样全副武装起来的实地水墨写生派却不多见。我料到这些画具是他自己精心设计制作的，靠着它才能在野外荒山僻岭顺利进行水墨的对象写生。他是一个热情、机智、多才多艺、虚心好学的画家，那时还是个小伙子，带着几分天真和调皮，精力充沛、非常活跃。”

这次石鲁和艾中信他们一起，来到甘肃天祝县，探访了藏族女乡长卓玛。这位女乡长亲自牵着他们骑的小马驹，邀请他们来到她的新屋里，请他们吃糌粑，喝酥油茶，一群藏族姑娘还为他们表演了热情奔放的舞蹈。

在乌鞘岭下一望无际的碧色青青的大草原上，石鲁纵马驰骋。那远方天际雄伟的雪山，那蜿蜒银亮的清泉，那壮阔无边的草滩，那粗犷热情的牧民，那令人沉醉的清新空气，都使他迫不及待地在寻找着艺术创作的新突破，寻找着崭新的绘画语言。

石鲁在新中国建立后形成的第一个创作高峰，其标志就是1954年问世的《古长城外》。这篇作品中的女主人公形象的原型，就是甘肃天祝县的那位藏族女乡长卓玛。

在此之前他的一系列作品，为这个高峰做了铺垫。它们是《变工队》《侦察》《移山》《王同志来了》和《幸福婚姻》等。这批作品虽然水平参差不齐，但共同反映出石鲁早期国画创作的几个特点：

创作勤奋精到。这批情节性的命题画都具有复杂的人物场景，不可能一蹴而就。必须认真搜集许多素材，还要精心构思和精细描绘，需要付出大量的时间和辛劳。

题材新鲜火热。这批展现新生活、新人物的作品，有一种清新刚健的时代气息，一种翻身得解放的欢乐情绪，一种当家做主的劳动热情和一种优美明快的调子。

构思以情节取胜。国画创作中能以人物场景为中心来反映新的生活画面，这在当时的确是难能可贵的。

西法中用。这批国画虽然使用的是传统的笔墨，但采用的表现手法却是西洋的。技法尚不成熟，留下中国画吸收西画手法早期简单生硬的痕迹。

这批作品虽然存在着不足，带着一定的图解性，内容还缺少更深邃的意境等，但他毕竟迈出了可喜的第一步。

经过近四年刻苦勤奋的探索，他终于创作出名噪一时的《古长城外》。它算得上是国内这一时期相当优秀的中国画作品，也是他早期艺术探索的初步成果。

《古长城外》题材新，场面广阔，具有强烈的时代性。它展现出一个悠久历史的东方古老民族，所面临的前所未有的翻天覆地的历史巨变。作者巧妙贴切地以穿越古长城的兰新铁路为背景，描绘出即将呼啸而来的火车给翻身后的牧民所带来的惊喜和欢悦，与正在建设中的新中国的时代精神合拍。

画面的构图也较为成功。近景是牧民放牧的山坡，中景是山坡下截断长城新筑成的平整笔直的铁路，远景是起伏的雪山和蜿蜒的长城。整个画面通过动态与静态、有声与无声、有形与无形的巧妙交错处理，山水与人物和谐地融为一体，使主题得以较为完美的体现，而不是流于粗浅、简单的概念化。

《古长城外》艺术追求的独到之处，曾备受王朝闻的赞赏。二十六年之后，王朝闻在为《石鲁作品选集》写的前言《再再探索》中，再次赞赏这幅作品。

> 对于石鲁那幅笔墨技法远不如他后来的作品成熟的《古长城外》有所称赞，就是我偏爱“侧面描写”或“间接描写”，我至今不悔。

虽然《古长城外》的笔墨技法尚不成熟，比较拘泥于西画的明暗透视的写实手法，减弱了国画的神韵和意境，但画家在艺术表现手法上，对于直接与间接、藏与露以及可视与联想的苦心经营和巧妙安排，都使这幅作品产生了独特的审美效果和较强的艺术感染力。

石鲁的《古长城外》在当时的中国画坛引起了较大的反响，但是他并没有陶醉于眼前的成功。他十分清醒地知道自己的不足之处，他把这幅画称为“先天不足的第一胎”。

石鲁热情奔放，精力过人，他的艺术触角伸向哪种文艺门类，便能很快进入角色。他属于那种极富创造力的艺术家。

在兰新铁路工地体验生活的日子里，那乌鞘岭下扎西秀龙草滩的壮丽景色

1955 年石鲁在西北美协西安分会院子里

使他毕生难忘。再往西北行进，左边是自西向东的巍巍祁连山，右边是茫茫无边的腾格里沙漠，南边有自东向西的古长城。在这广袤的草原上，生活着粗犷剽悍和勤劳勇敢的牧民，他们世代逐水草而居，繁衍着许多悲壮动人的故事。

从 1953 年到 1954 年，石鲁几次去天祝县，为写电影剧本不辞辛劳地搜集了大量创作素材。

永不安分的石鲁又开始突发奇想。

这是 1954 年的夏秋之交，他昼夜颠倒，闭门谢客，把自己禁闭了整整两个星期。

白天他蒙头大睡，吃过晚饭后开始伏案，在静静的台灯下通宵达旦地写作。

满屋香烟缭绕。

真令人难以想象，一位画家竟然有兴趣、有精力和有能耐写起电影剧本来，这在别人看来无异于天方夜谭。在 20 世纪 50 年代，一般人眼中往往把写电影剧本看得十分神秘，何况石鲁又从未涉猎过电影艺术，也未曾在语言艺术的领域有过任何建树。

但他富有激情，更有闯劲，是一个敢闯禁区又不信邪的艺术探索者。当创作激情和灵感袭来的时候，他总会不顾一切地向前冲去，不管前面有何荆棘和陷阱。

两个星期过去，他终于走出了书房，手中捧着一大沓手稿。他的电影文学剧本终于脱稿了，名字叫《暴风中的雄鹰》。1956 年北京艺术出版社出版了这部剧本，1957 年 2 月由长春电影制片厂拍摄上映，后来被国家电影事业局列为优秀电影。

一个奇迹被他创造出来了。

《暴风中的雄鹰》上映之后，他为自己的成功所鼓舞，接着又马不停蹄地动手收集素材，准备创作下一个电影文学剧本《共产党人》。然而他的这次创作冲动，差一点马失前蹄栽进陷阱。

他创作《暴风中的雄鹰》得了八千元的稿费，这在 20 世纪 50 年代可谓一笔不小的报酬。他一来到北京，老朋友们当然要让他请客。他过去是个连被子都敢拿去卖来款待朋友的人，现在更有“千金散去还复来”的豪爽气概。他把老朋友请到最高档的餐厅，高兴吃什么就点什么，结果请了几次客就花去两千块。

他就是这样的性格，从没有把钱当一回事。

在北京正碰上故宫拍卖一批清代宫廷的名贵宣纸，他用剩下的钱趁此机会买了不少。同时还买了不少文房四宝，其中有许多清宫御墨，还有几方石砚。他如获至宝，赶快运回到西安来，整天高兴得不得了，还请书画同行前来观赏。他把这批宣纸看得比什么都珍贵，为此还得了个“纸老虎”的绰号。

“石鲁这个人哪，真不可想象！”闵力生看见丈夫那副得意忘形的样子，无可奈何地摇着头说。

1956 年，石鲁已是一个有四个子女的父亲了。除了次子小石子在黄河边上夭折外，延安生的大儿子石坚已经十三岁，三儿子石强已七岁，小儿子石果三岁，小女儿石丹去年才出世。他有着一个温暖而幸福的家。

进入 20 世纪 50 年代的中期，石鲁风尘仆仆的作画身影，不仅出现在西北高原，而且还飘忽到异邦，闪现在南亚的恒河和非洲的尼罗河畔。

1955 年 7 月，中国参加在印度新德里举办的万国博览会，石鲁被派往担任中国馆的总设计师。这是新中国对外交流的一个重要窗口，关系到我们年轻的共和国在世界的形象问题。为此周总理非常关心和重视这件事，并发出指示：万国博览会中国馆的总体设计上，要充分体现我国的民族传统特色。

他全力以赴，精心设计，努力达到周总理的指示要求。

在中国馆布置的过程中，需要雇用一些临时工，他找来了不少大学毕业后找不到工作的印度青年。由于他和他们相处得很好，这些印度青年在中国馆干得特别卖力和开心。

开幕那天，独具东方传统艺术风格的中国馆迎来了成千上万的参观者。中国馆的展品除了纺织品、土特产品以及各种新型机械设备以外，最引人注目和最受欢迎的还是绘画、瓷器、刺绣、雕刻等琳琅满目、光彩照人的工艺品，它们充满了中华几千年文明的无穷魅力和迷人风采。

印度总理尼赫鲁亲自前往参观，同时还有世界许多国家的政界、艺术界和实业界要人，他们都盛赞新中国建立后所取得的成就。

20 世纪 50 年代后期石鲁与家人合影，右一是石鲁的岳母

一天，中国馆得到消息，苏联的赫鲁晓夫要来参观。这位“老大哥”驾临中国馆时，连起码的外交礼节也不讲，盛气凌人，态度傲慢，表现出一副不屑一顾的样子。石鲁为此很气愤，但他知道外事纪律是严格的，不能意气用事，直到后来中苏关系公开恶化，他才明白其中的原委。

他在完成中国馆设计任务之后，便抓紧时间采风、写生。他被这南亚次大陆半岛上充满佛教文化氛围的古老而又神秘的异国风光深深地吸引住了，不停地画下那充满异国情调的印度神庙、村舍，画下了母与女、赶车人、卖艺者的形象，风情万种，令他难以停笔。

给他留下印象最深的是印度丰富而独特的民族艺术。不论是他们的民族绘画，还是民族的音乐与舞蹈，即使在沦为殖民地的时期里，也始终坚持民族艺术传统，保持着本民族文化精神的独特性。

1956 年 8 月，由石鲁和赵望云二人组成一个代表团赴埃及参加国际艺术会议。会后他们又在开罗等地进行了访问写生，历时三个月，并且用此次的写生作品在开罗举办了一个小型的展览，与外国朋友进行艺术交流。

根据周总理的嘱托，石鲁和赵望云首先拜访了爱好东方绘画艺术的埃及女画家吐玛德，据说她是埃及总统纳赛尔的侄女。她邀请石鲁为自己画像。石鲁以娴熟的中国人物画技巧，仅用了二十多分钟，就准确、传神地画出了这位丽人特有的气质和风姿。吐玛德十分惊喜，事后对石鲁的画技赞不绝口。

在有着古老辉煌文化传统的尼罗河畔，石鲁和赵望云还游览了金字塔和狮身人面像，参观了亚历山大港。石鲁着迷地画了大量的表现埃及风光的作品，其中的《沙漠之舟》后来成了他的代表作品。

在印度和埃及的创作，标志着石鲁已经熟练地掌握了中国画的写生技巧，具备了超常的艺术表现能力，初露大师气派。他就要经历一次艺术上的巨大转变，他的精品之作呼之欲出。

归国后，他们在北京和西安举办了赵望云、石鲁埃及写生画展，其中展出石鲁的作品三十多幅。

1957 年，长安美术出版社出版了他们的画册《赵望云石鲁埃及写生画选集》。

1955年7月石鲁参加在印度新德里举办的万国博览会，
担任中国馆总设计师。图为他和翻译人员在展览馆前

为共和国十年大庆进京挥毫

1959 年初春的北京，北海岸边的柳枝已绽放新芽，笼罩上一层嫩绿的轻纱。古老京华的街头，处处春意盎然。

从天安门广场的东西两侧，到繁华的东西长安街，高高的脚手架簇拥着一座座高大的建筑拔地而起。首都十大建筑——人民大会堂、中国革命历史博物馆、中国人民革命军事博物馆、钓鱼台国宾馆、北京工人体育场、全国农业展览馆、民族饭店、民族文化宫、华侨饭店、北京火车站等，正在日夜加紧施工，准备迎接共和国第十个辉煌的生日。

北京前门站，一列从西安驶来的火车进站了。

从人流中挤出一位中年人，浓黑的头发长短适中，长长的脸庞轮廓线条分明，目光深沉坚毅，手里提着画箱，满面春风地走来。他就是已进不惑之年的石鲁。

他身着出国时定做的不大合体的西服，颇有些滑稽之感。难怪朋友一见面，就笑他像个衣架子。他一向大大咧咧惯了，从不讲究衣着，一笑了之。

全国美协的蔡若虹接待了石鲁。一见面就对他说：一路上你都看见了吧？为迎接建国十周年，首都十大建筑将在国庆前夕竣工。根据中央有关部门的安排，由全国美协负责组织各地一批美术工作者，承担起首都十大建筑的美术创作任务。为共和国十年大庆进京挥毫，是美术工作者一种莫大的光荣，他当然也感到特别振奋。

石鲁领受的任务是，创作一幅以毛主席转战陕北为题材的大型中国画作品，必须赶在庆祝国庆十周年中国革命历史博物馆开馆前完成。

他知道自己领受的这项创作任务非同寻常，责任重大，也是对他的创作水平的一次严峻考验。他深深地意识到，面前有一座前所未有的高峰等待他去攀越。

所有参加这次创作活动的画家全部集中住在新街口，以便组织者统一指挥和安排。石鲁在雨儿胡同的齐白石故居里作画。

这里云集着一大批足以代表中国当代画坛水平的知名人物，无疑是一次名家创作实力的展示与较量，远比一次全国性大型画展的影响深远。在这里的每个画家都拼命拿出自己的最高水平，全力以赴地投入创作。可以说，这是新中国美术力量的一次大检阅。

石鲁也希望他的创作能够取得新的突破。

对《古长城外》这个“先天不足的第一胎”，他早已感到不满，近几年来，他两度出国访问和写生，不倦地对中国画传统的突破创新进行着探索，现在是检验他探索成果的时候了，他决心抓住这个难得的机遇，力争跃上一个新的高度。

他不禁怦然心跳起来。

一提起转战陕北，他就情不自禁地回想起自己亲身经历的那段难忘岁月。在陕北裸露峥嵘的莽莽群山与深沟大壑间，他们跟着毛主席和党中央与胡宗南的几十万大军进行周旋，那黄土高原的雄伟山川，那清一色灰军装的长长的行军队伍，那战马、担架和裹着羊肚子手巾的老乡……永远是充满生命力的、永不褪色的历史画卷。

他曾多次提起画笔来，渴望描绘出那段令他梦牵魂绕、回肠荡气的壮阔画面。如今这一使命真正落到了自己的肩上。

他既怀着一位战士不忘革命传统的政治使命，又怀着一位艺术家展现革命画卷的艺术使命，这双重使命感，使他感到肩上的担子似乎过分沉重了些。

他开始了这幅画的构思，日夜不停地画了许多草稿，但没有一张是自己感到满意的。

他开始有些着急。大家在一起工作，谁的构思定下来了，谁的草图已获组织者认可，无形当中有一种相互影响和相互促进的作用，同时也相互增加了精神压力。

他认真地检查了自己的一大沓草图，发现它们都万变不离其宗，全都离不开转战的具体情节和场景——领袖、警卫员、战士、群众，以及战马和担架，不是爬山就是蹚河，老是停留在对历史事件本身简单的复述上。这种单纯的再现和浅层次的说明，不过是一般情节性故事构图的变换而已，艺术上必然缺乏撼动人心的魄力。

他苦苦地寻求着构思上的新突破。

有一段时间，石鲁整天整天的不见人影。原来他扔下画稿，停止构思，跑到故宫和琉璃厂去观赏名画和玩古董去了！来自广东的画家杨之光与石鲁同住一室，他看见大家都在忙着找资料，勾草图，而石鲁却独自躺在床上翻读一本唐诗，显出悠闲自得的样子。

创作组的同行都感到纳闷不解，石鲁真有这份闲情逸致吗?

他是在舍近而求远。

他在消闲地游逛了一阵之后，突然一连好几天闭门谢客，不出工作室一步，也不与任何人往来。

有人以为他病了，想去叩门探视，深谙石鲁性格的人立即上前制止了。别去打扰，他的艺术灵感要爆发了，他胸中的喷火口要冲开了，他感情的闸门快打开了，犹如产妇临盆的时刻到了，谁也别去惊扰他!

正像大家期盼的那样，石鲁终于酝酿成了一个崭新的构思。

《转战陕北》要表现的核心是指挥这场战争的毛主席。有关这方面的题材很多，如毛主席和群众在一起，和战士并肩行军，与战士运筹帷幄，等等。这些都无疑可以展示出领袖人物不畏艰难险阻的胆识和气魄。但石鲁抓住了其中另一个重要的核心内容，就是要表现出领袖胸中自有雄兵百万。他认为抓住了这个核心，就摆脱了具体故事情节的展示，从而进入领袖人物的内心世界和精神境界，使画题具有无限的丰富性和深广性。

于是，他大胆舍弃了毛主席身边的人物——战友、战士和群众，让领袖独立山巅，除形象简括的警卫与战马外，再不显露一兵一卒。

画面展现了宏伟壮阔的陕北黄土高原的风光，毛主席侧身独立凝思，形成一个概括的剪影般的身影。领袖的形象与黄土高原相互映衬，使人感悟到不仅毛主席胸中自有雄兵百万，而且陕北黄土高原的千山万壑也藏有雄兵百万。石鲁一反通常表现领袖时人物大背景小的俗套，作人物小背景大的构图，以小见大，大小相衬，反而突出展现了领袖精神的恢宏阔大，从而产生强烈的审美效果。

在一幅草图上，他曾把地平线降低，领袖位置升高，成仰视角度。后来他把视平线升高到快接近画面顶部，变仰为俯，让气势峥嵘的黄土高原，将整个画面装得满满当当，使人惊叹陕北山水的壮美，更联想到毛主席和他率领的万马千军驰骋在这片神奇的土地上，有了这片土地，就有战胜敌人的巨大力量。山水背景在这幅画卷的立意中，发挥着如此巨大的作用，蕴含着如此深广的内涵。

有人问，为什么不画战士？

“陕北的山沟里尽是战士，不画出战士，反而能表现雄兵百万，要直接画的话，一幅画能画多少人呢？”

他理直气壮地回答完后笑了起来，接着余兴未尽地又说：“万绿丛中一点红嘛！那红不是很显眼吗？若画了很多红点，那红还突出吗？”

有人提出，这幅画应当突出领袖人物，为什么画那么一大片山水背景，而把领袖人物画得那么小呢？

这似乎是一个颇有分量的问题，但他的回答也似乎有点玄：“小，在某种情况下就是大，小中见大嘛！”

说完他又是一串笑声。

难怪有人说石鲁高傲固执，听不进意见，他头脑里总存在着许多稀奇古怪的想法。

创新与超前总是难以被人理解。

等到构图确定之后，他开始着手正式在224厘米 ×217厘米的方形画幅上作画。他决定分两步进行，先画出山水背景，后画人物形象。

背景是塞满整个画面的陕北黄土高原。虽然有近景和远景之分，其实近景也好，远景也好，都是一色的光秃秃的黄土高原裸露的皱褶和山峁沟壑。

他不停地在大大小小的纸上画着局部小稿，每一座山崖的肌理，每一片沟壑的结构，他都精心设计，反复修改。即使构图确定下来了，还一次又一次地琢磨，从工作室回到住处仍在不停地画，反复琢磨，反复练笔，不知疲倦，更从不厌倦。他这种顽强的艺术磨砺精神，使不少同行感动。

他曾有多年面对陕北黄土高原写生的积累，现在又不停地进行“战前演习”，力图使自己真正达到胸中有丘壑的境界。难怪他作起画来笔走龙蛇，意在笔先，得心应手。

但用中国画来表现陕北的黄土高原毕竟是一次新的尝试。在传统中国画中，不论哪家山水、哪种皴法，都找不到现成的技法可借鉴。此时，他正努力创造一种新的山水技法的绘画语言。

作为一幅画的整体山水背景，还必须形成一种艺术境界。陕北黄土高原本来就是贫瘠荒凉的穷山恶水，但在石鲁笔下，既画出了它瘦骨嶙峋般的峥嵘、粗犷与险峻，又被他画得那么雄奇伟岸，那么壮美迷人，从而形成画北方山水的一种全新的绘画语言。

他使用近似大写意的奔放笔法，又并非只能粗不能细，而是在粗犷豪放中又见精皴细染。活而不乱，细而不杂，纵然是黄土沟壑，却一点也不单调、不枯燥和不死板。

那么，如果没有人物，它能否成为独立的一幅山水画呢？不能。没有人物，这幅画就有一种平淡空旷的感觉，是一幅未定稿，没有画眼，没有灵魂，没有统领，犹如画龙未曾点睛一样。

试看画面右部上下居中的地方，浓墨重彩的前景与空蒙远景的交接处，笔立的峭崖有如一座纪念碑。你会感觉到，这里就是“点睛”之处，在这里设置人物最好，整个画面才能镇得住、叫得响，才能体现出画家的立意之所在。

这个“点睛”人物当然就是转战陕北的统帅毛主席。

万事齐备，只欠东风。在这幅已经画好背景的画面上，只要画上毛主席的形象，就可谓大功告成了。

但是，他偏偏在这时候停笔了。

他似乎在等待着什么……

其实，从现在已经完成的《转战陕北》来看，毛主席侧面背手立于山崖边，是一个剪影似的写意人物形象，并不像画工笔人物那般需要精描细绘。

他要的是人物传神。

要传神当然不仅要准确地把握毛主席的形象，更重要的是要从背手侧立的人物身影上，让观者感受到领袖胸中的伟大气魄。

在先前画的毛主席形象的草稿中，石鲁曾几度让主人公背在后面的双手中撑着一只手杖。事实也是如此，毛主席在转战陕北中，徒步时总拄着一根木杖。从生活细节的真实性上看，先前的草稿是合理的，但是这过分拘泥于生活的真实，有碍于对主体形象的提炼和升华。到最后定稿时，他毅然把这根手杖删去了。

应该说，凭他在绘画造型技巧上已经达到的水平和取得的成就，要准确生动地画出毛主席的形象并非一件难事。但他却迟迟不肯落笔。

他让人给他借来一尊毛主席的半身石膏像，然后仔细观察和反复描画。但他觉得这样仍不理想，他渴望能弄到一尊毛主席的全身塑像，但一时又不知从哪里能借到。

他心急如焚。

他找到和他一起进京的陕西雕塑家马改户说道：“求你一件事，千万要帮帮我！”

马改户以为石鲁一定遇上了什么为难之事，忙说：“什么事？快讲吧！”

“你能给我塑一座毛主席背着双手的小型全身塑像吗？”

马改户知道石鲁是为创作《转战陕北》用的。他觉得石鲁搞创作太认真、太亡命了，生怕将毛主席的形象把握不准，不能传神，竟然想出了这么一个“笨”办法，也着实令人感动。

马改户二话没说，就动手塑起毛主席背着双手的全身泥塑小样来。

塑好之后，石鲁非常满意，立即对着塑像选准他需要的角度，像个小学生似的认真描画起来。先是不厌其烦地反复描画，然后又一遍一遍地进行默写。

他就这般苦苦地追寻着。

他逐渐地从形入神把握住了领袖的形象，开始感到笔下充满了灵感，胸中勃勃似潮水般涌动……

天气开始炎热起来，他已经好几个晚上没有回到住处了，有时干脆就睡在画室里。近日来他已经处于不安的躁动中，魂不守舍，难以平静。

一天晚上，他把自己独自关在画室里，面对着墙上那幅已经画出陕北黄土高原背景的画面，望着画面上那一团空蒙的亮处出神。

他大口大口地喝着酒。不知此刻，是清醒还是醉了？不知自己，是醒着还是在梦中？

他仿佛又回到了陕北的千山万壑之中，背上背着一个大行军包，怀中搂着骨瘦如柴的二儿子小石子，在随着大队人马行军。突然他听见谁在喊：

"看，毛主席！"

他猛然抬头，看见前方笔立千仞的山崖上，毛主席正背着双手，敞开胸前的衣襟，挺立在那里凝神远望……

想到这里，他浑身热血沸腾，再也难以控制自己了，飞快地在画面那块空了多日、苦苦等待了多日的山崖上，一气呵成地画出了胸中自有雄兵百万的毛主席形象。

他终于完成了《转战陕北》的画龙点睛之笔。毛主席简括而凝重的伟岸身影，一出现在画面视点的中心，整幅画活了，有神气了！

《转战陕北》是石鲁在探索中国画创新的崎岖道路上，拔地而起的一座丰碑。

《转战陕北》继承和发扬了中国诗画美学传统，成功地创造出一种深远浓郁的艺术意境。不仅在题材上具有史诗般气魄，而且形成一种宏伟博大、雄健豪放又深远醇厚的风格，产生了令人震撼的审美效果。

《转战陕北》中，石鲁将西画技法成功地融入中国画传统技法，是石鲁在传统技法的变革和创新上迈出了一大步，从而为中国画在表现新时代的审美观念和审美对象方面，开辟了新的天地，形成了一种新的艺术语言。将它和《古长城外》对比，可以看出画家经过短短五年间完成了一个质的飞跃，开始显示出一种崭新成熟的艺术境界。

《转战陕北》将山水画与人物画成功地结合起来，不仅在表现重大革命历史题材的创作上取得重大突破，更重要的是它在自然美和人格美的融合上，在自然魅力和人文精神的渗透中，拓展了中国画的新领域，增加了中国画新的审美内涵和价值。数十年后，画家石果深有感慨地说："石鲁以山水画的境界充盈了人物主题，所以山大人小，而人物的形象和位置又仿佛是万水千山精华所在，小中又见其大。"

《转战陕北》创造了独特的描绘黄土高原的技法，独树一帜，填补了各家山水的一个"盲区"，新创出各家皴法之外的前所未见的皴法，有人将这种皴法称之为"黄土高原皴"。它以大刀阔斧的拖泥带水法，色墨相破，干湿相济，骨肉浑成，自成一格。画家不仅让这片自古以来难以入画的黄土高原走进中国画的艺术圣殿，而且把它画得那么壮美，那么迷人，那么独具风采，那么充满时代气息，那么具有强烈的人文精神。

《转战陕北》在空间处理上，继续了《古长城外》间接描写手法的探索，精心处理了藏与露的关系，力戒求满、求全、求尽、无所不包和无话不说的直露，充分调动和激发观赏者的审美想象力。画面露的是黄土高原的千山万壑，显著突出的是挺立于山巅的毛主席的身影；藏的是转战陕北的千军万马，隐的是背着双手远眺的毛主席的面部。观赏者从挺拔崔巍的山崖，从毛泽东沉思远眺的背影，联想到转战陕北的人民军队，联想到隐蔽在山沟里的英雄战士，联想到领袖人物胸中的雄兵百万，联想到人民战争必胜，从而使主题具有蕴含深远和意味悠长的神韵，达到以一当十、笔简而神全的审美境界。

《转战陕北》在形式构成方面的独特风貌，著名画家吴冠中将之称为"腔调"，并有一段独具慧眼的精辟分析：

> 建国以来有不少来自生活的、有浓厚时代气息的、气势磅礴的佳作，“来自生活、时代气息及气势磅礴”并不能标志某一作家的个人特色，那么石鲁的作品又在哪些方面葆有自己独特的面貌、独特的腔调呢？他的独特面貌似乎在50年代和60年代之际开始逐步形成。我细读他此后的作品，发觉他的画面造型大都被归纳、统一在方与圆的基本构成中。《转战陕北》中从毛泽东的身影到前山后山，大大小小的形体都基于方，形象中“大”与“方”的单纯处理拍合了“大大方方”的概念，产生了磅礴之气势。方的锐角大都被磨掉了，寓圆于方。画面于是并存着方与圆两种基本形，它们控制了整个画面，它们交错着向外扩展，又交错着向心脏浓缩，浓缩成身影的方块与脑袋及草帽的圆点，奠定了方与圆的司令部。《转战陕北》以方为基调，寓圆于方……

这已经属于艺术心理学的探讨范畴了，说明石鲁对形式构成的诸种因素非常重视，并自觉地进行着这方面的探索。

《转战陕北》如期在中国革命历史博物馆陈列展出，同时很快被各种报纸画刊竞相转载。它轰动了中国画坛，几乎到处都可以见到这幅画的印刷品，它的影响大大超过了《古长城外》。

如果说《古长城外》表明石鲁已经迈入了大师之路，那么《转战陕北》无论是对他的个人创作，还是整个的中国画坛，都毫无疑问也当之无愧的是一个新的里程碑。

历史证明，石鲁的《转战陕北》无愧为20世纪中国画的经典作品之一。

在完成《转战陕北》之后，他又接到了新的任务，这就是为人民大会堂陕西厅创作一幅延安题材的巨幅国画。

延安十年是他生命年华中最光彩夺目和终生难忘的岁月，那片黄土地也是他人生经历中积累最丰饶的沃土。回首那段时光和那个地方，他就会血沸满腔，心荡神驰。

1957年他回到延安写生，又重新来到哺育过他的延河边。

人们看见一个留着长发身穿米色风衣的人，手捧画夹在延河边入迷地挥笔作画，夕阳落山还不肯离去。

有老乡打旁边走过，瞅着这人在河边坐了大半晌，不知是在干啥，便好奇地走到他身旁问道：

“同志，你是干啥的？”

“我是美协的。”石鲁抬头答道。

“卖鞋的？”

老乡将“美协”错听为“卖鞋”，瞪大一双不解的眼睛望着他，心想卖鞋的到这河边来干个啥？真是个怪人！

石鲁笑了起来。

在苍茫的暮色中，他突然怔住了。延河岸边已变成深黛色的山坡上，一排排窑洞的灯光又亮了，他仿佛又回到那难忘的岁月。

他独立苍茫，如痴如醉……

后来在一次座谈会上，他谈到关于描绘延安宝塔山的画题时说：“记得我第一次带着满脚的血泡进入延安看到宝塔山的时候，激动得连脚痛也忘掉了。第二次看见它是打败胡宗南后回到延安，解放后我回去又看了一次。每次我都很激动，这可以说是追求革命在感情上的经验。我一直想找一个适当的角度表现这种感情。”

这一次回到延安写生，他不仅仅是寻找表现延安宝塔山的角度，更主要的是在寻找表现自己情感的角度，他想把对延安浓烈的主观感情，寓于一个特定的情境之中。

这次他为人民大会堂陕西厅创作的这幅画的画题是《延河饮马》。他说：“这幅作品的产生，是长期的生活在我脑中发酵的结果，是生活印象的涟漪在我脑际激荡……耳边仿佛犹闻延河边上的革命歌声，目中犹见延河畔上的劳动步伐，延河洗衣，延河挑水，延河散步，延河游泳，延河濯足，延河的早晨和晚霞……如此一幅幅画面闪过眼前，唤起年久的心情……”

他落墨于“饮马”，不仅让延河边出现了生龙活虎的马群，为画面注入了勃勃生机，而且战马本身就是烽火岁月战斗的象征。再从延河饮马引申到延河水哺育了千千万万革命的战士，更能让人激发起丰富的联想，揭示出画面深邃的蕴意，从而使作品免于粗浅直露的图解。

这幅画也成了石鲁的名作，得到许多观众的喜爱。“文化大革命”前一直悬挂在人民大会堂陕西厅，“文化大革命”中被取了下来，至今下落不明。

长安画派与“野、怪、乱、黑”

在1958年岁末以后，中国美术家协会西安分会成立了国画创作研究室。这件事在当时并不引人注目，也没有留下文字记载。但现在看来，20世纪的中国美术史，无论如何也不应该漏掉这条史实。

这个国画创作研究室不是民间性与联谊性的松散社团，而是在美协西安分会机关内部的一个进行国画创作和研究的学术组织，它肩负着中国画探索与创新的历史使命。它的六名创始成员是：

石鲁，四川仁寿人，三十九岁；

赵望云，河北束鹿人，五十二岁；

何海霞，北京人，五十岁；

方济众，陕西勉县人，三十五岁；

康师尧，河南博爱人，三十七岁；

李梓盛，陕西延长人，三十九岁。

这个国画创作研究室的策划和组织者是石鲁。后来石鲁在协会里又搞了个学员班，半工半读性质，学员年龄在十六七岁至二十一二岁之间。有少数人是自费，其余的每人每月发十八元的生活费。这些学员不是同时入学的，有先有后，也有中途离开的。

另外，美协西安分会还办了个成员构成广泛的进修班，定期举办讲座，交流作品，以发现人才。每期进修班大约有三十人，参加过进修班的有赵翔、罗国士等人。

这样，一个梯队式的探索与学习国画艺术的队伍在西安古城形成，开始了集团冲锋。

攻坚的主力当然是创作研究室的六名成员。石鲁的创作成就已得到美术界的广泛承认，他又是协会的业务领导，自然成为这个学术组织的核心人物。赵望云是老一代著名画家，颇有影响。何海霞从卫生防疫部门调入，他是张大千的高足，临古功力极深，在学习传统方面具备相当的实力。方济众早年受业于赵望云，新中国成立前在汉中教书，后调边区文协，再入西北画报社，后在美协工作，正在勤奋探索，潜力很大。康师尧早年毕业于江津武昌艺专，后为西安中南火柴厂工会干部，他长于工笔花鸟、仕女，学习努力。李梓盛曾在延安鲁艺美术系学习，新中国成立后又入中央美院调干班学习油画，现在是美协秘书长。这六名画家都具有不同程度的传统功力和创作成就，都具有探索创新的实力。因此，由他们组成西安美协国画创作研究室，实际上在领受着一个新的攻坚使命。

石鲁还为他领导的这个创作研究室拟订了一个长期计划：

在创作上，要求反映时代精神，不论人物、山水、花鸟画，都必须从生活中取材，扩大生活面，扩大创作题材。要求作品要有自己的切身感受、诗化意境和生动的艺术形象，反对概念化和自然主义。要贯彻“一步一个脚印”的精神，要求创作经常化、生活化，使生活、创作、研究三者紧密结合。经常进行“受识”、“运思”、造型、笔墨的研究，大胆创新，树立个人独特的艺术风格。

在学习研究方面，要求学习传统艺术的历史及其他有关理论知识，学习民间美术及其他姊妹艺术。基本功锻炼包括临摹、写生、速写、诗词、书法、篆刻等。研究的课题为国画艺术传统的继承和发展以及新的国画如何反映现实生活两大问题。

对作品的要求是多样、生动地反映生活，每幅作品都要有一定的意境，习作也要具有一定的创作意义。形式风格多样，并具有一定的新意，打破老构思、旧格调，争取每幅作品有诗有题，注意诗、题与画的统一和雅俗共赏。

仅从以上罗列的计划，就可以窥视到石鲁的勃勃雄心与探索构想。

早在新中国成立初期，石鲁在完成从木刻到国画的创作转换之后，不仅从创作实践上，也从艺术哲学和美学规律的高度上，孜孜以求地探索着中国画的继承和创新。

石鲁在思考着创新的突破口，同时对两种现状十分反感。

一种是保守的用传统来压创新。画国画完全靠搞临摹，就是学传统。从宋几大家、元几大家、明几大家直到清几大家，差不多都临摹过。所谓创作，也就是有了临摹的基础以后，写生时把稿子重新构一下。张大千先生当时就是这么搞的，他画的峨眉山水有很多是从古人的稿本上变了几个位置，这就叫“创作”。

石鲁认为，中国画有深奥的艺术哲理。中国画的科学性要从它的美学观、哲学观，也就是美学规律方面来找。中国画的科学性应该是形而上的，我们学习传统不仅仅是学习一家一派、一个时代，我们要学习的是整个民族艺术的规律性。但有些过去过来讲传统的人，不过是讲的一家一派的特点，而不能从哲学、美学高度把握中国画的规律性，也就根本无从创新。

石鲁反对的另一种现状是学院派的用西画改造中国画。他最反感的就是素描加水墨，或者是素描加淡彩。他接受西洋素描，但反对老是静止不动的素描，特别是从苏联照搬过来的那个契斯佳科夫体系。他认为，只画静止不动的素描容易养成画画的被动，把模特看作是被动的，把对象当木头。而中国画虽然要讲真，但最主要的是神韵，是从运动里面来看人，从运动里面来掌握事物，从发展过程里来掌握事物。

关于中国画的继承和创新问题，石鲁确实有超乎寻常的真知灼见。早在1953年到北京参加第二次文代会时，他就曾大胆地与徐悲鸿先生讨论过西洋素描的弊端。徐悲鸿先生说：

“我原来不是那么个主张，我是主张要有素描，还要有写生，还要默写。

现在搞得引进一些苏联的先进经验，几十个钟头画个鼻子，达到了死板的程度。”

他还向徐悲鸿先生提出了自己不用西方素描改造国画的想法，也得到大师的赞同。徐悲鸿先生告诉石鲁说，我搞这个实验不行了，你帮我实验吧！石鲁欣然承诺说，行，让我们实验去。

当时徐悲鸿先生已是重病在身，不久就病逝了。这次与大师的谈话，对石鲁是一个激励和鼓舞。

当然，石鲁反对用西方素描来改造中国画，并不等于他反对画家学素描。早在 1950 年石鲁致李琦的长信中，就详论过学习素描的重要性。他说：“谁都愿意再提高（除近视眼、骄傲的人）。说来我和你处境相同，需要提高一步，提高的方面自然很多，但其中关于素描基础，还是一项最大的课题。就是有修养的人也不能轻视素描基础，何况我们这些先天不足、后天失调的人。”

但同时他又强调：“要舍得钻进去，但是也要钻出来。教室里的素描配合着外面的速写，不断地注意形象，观察形象，记载形象，达到分析形象，总结形象，创作形象。”可见他对素描问题的辩证思考由来已久。

他认同书画同源，书法是中国画的基础的观点。中国画必须以书法，以中国特有的笔法来表现，来作为它的根据。因此要以书法入画，以文字入画，以诗入画，以印入画。

正是基于这种想法，他把协会里的学员班作为他承诺徐悲鸿先生进行中国画改革实验的“试验田”。他有意选择了一批没有受过西洋素描训练的人，看重学员的灵性，重写生，重记忆，让老画家办讲座，让学员学书法篆刻，学诗词歌赋。用画师课徒的方式，准备临摹三年，写生三年，创作三年，试图造就出一批不同于学院式的国画家。

美协西安分会国画创作研究室的六位画家，尽管在笔墨技法的创新上各异其趣，多姿多彩，但他们在美学思想和艺术精神上，却共同高举着一面大旗——一手伸向传统，一手伸向生活。

1952 年石鲁与李琦（左）在北海公园

自从印度、埃及写生归来，石鲁认识到只有继承发扬民族艺术自身的独特传统，才能立足于世界艺术之林。他深有感触地说："现代中国画的基础乃在于深厚丰富的民族传统的普遍发扬之中。"

他对传统艺术的继承，是同时在两个层面上进行的：一个是表层的"术"，即绘画技法和技巧；另一个是深层的"道"，即美学思想和艺术精神。

他用六尺宣临宋人《踏雪寻梅图》，先用细铅笔起稿，再用放大镜对书上印的作品进行细部分析。画出下边一部分之后，他对方济众说："笔道粗些好。这么小的画要放到六尺大，这笔道就要粗些。"可见他在临摹解析古画时，态度是多么严谨。

他每次到北京，总要约李琦陪他去琉璃厂寻访古旧画册，求购早年日本印刷出版的《南画大成》等中国古代名画范本。为了买一部《芥子园画谱》，他跑了好几家书铺，反复比较后才最后拍板。一次李琦去西安，看见他床头枕旁放着一部《南画大成》，上面还放着一个放大镜。

但石鲁清醒地认识到，单纯"师古人之迹"，哪怕达到惟妙惟肖的地步，也不过是艺术的奴隶，难有"我法"，难于创新，难成大家。因此继承传统，还必须从"术"上升到"道"的境界。只有对艺术哲学的把握，才可能"会当凌绝顶，一览众山小"。

他博览群书，苦读古典美学理论，如刘勰的《文心雕龙》、刘熙载的《艺概》以及石涛的《画语录》、孙过庭的《书谱》等。他用蝇头小楷字，工整地记下了大量的读书心得。

1957 年 3 月 11 日他在致李琦的信中对继承传统谈了自己的看法，石鲁说："还是扯扯你所举的某些对中国画将来的看法吧。实在说，我担心一些糊涂的说法，怕把我也弄糊涂了。所以，为了镇静（清醒）起见，姑且不忌鲁莽之嫌，我要说那些人是不知道他是生长在有五千年历史的中国今天，正像一个不知自己父母是谁的孩子，也想不到将来做谁的父母一样。因为如果说五千年来的艺术已经形成它独特的血统的话，也难保今天以及再遥远的未来不留下一丝血缘关系。更何况文化艺术的延续性，也许比之于人类的血缘关系不知是否要持久得多了。我没有请教过人类学者、人文学者研究这一问题，就算瞎说吧。但就目前（当然不是一眨巴眼之间）来说，真正优良传统的生命不是仍叫人惊佩不已吗？”李琦回忆起当时在西安见到的情形，说：“美协西安分会的学术空气很浓厚，他们钻研传统的劲头很大，除了临摹古画，还设有资料室，玻璃柜中放着许多画册，常有人去翻阅。不久前还从北京借出一些古今名画观摩。他们的展览会很多，除了较大型的展览，还有各画会或几个人合开的展览，最近又有夫妇画展。”“他们很注意各方面的修养，什么都钻。书法、金石、诗词都谈论，石鲁同志就写了不少诗，有时还请人开一个讲座，自由论评，很活跃。这真是‘画外求画’。总之，他们注意基础功夫，画铺得较广。另一方面他们经常下去，这从绘画工具上也能看出。他们每个人都有完备的一套写生工具，自己设计，自己制作，很考究。”

“一手伸向生活”是国画创作研究室画家们尊奉的艺术信念，并成为一种自觉的风气。在石鲁的大力倡导和身体力行的影响之下，他们都走出画室，热情拥抱生活，积极面向大自然写生。

1958 年隆冬，石鲁与赵望云、方济众等人在“大跃进”的浪潮中，来到陕西镇巴一个偏僻的山村。他们刚入山中，听说社员们正在改田造地，向荒山要粮，便顾不得旅途劳累，冒着凛冽的寒风，上山和社员们一起参加夜战。

1959 年初春，石鲁又与赵望云、何海霞和刘旷等人到黄河禹门口（即陕西和山西黄河两岸）旅行写生，之后又到三门峡、华山一带写生。

1961 年 9 月，石鲁第三次回延安写生，同行有修军、方济众、张建文等人。他们自己开着小吉普车，边走边写生，方便极了。

从延安回来，石鲁又约李琦、冯真、何海霞和从四川来的二哥冯建吴来到秦岭，在高山上一家小店住下。这里条件很差，吃也吃不好，睡也睡不好，而且遇上秋雨绵绵，寒气袭人。石鲁兴趣不减地在山中坚持作画，清癯的脸上那双眼睛依然闪射着火热的光芒。同行的人无不被他那种执着的精神所感染。

后来他又写信告诉李琦和冯真，说美协西安分会已在郊区找到一排窑洞，准备开辟为画家的生活基地。他是个富于激情又特别容易冲动的人，为这个事情几乎兴奋得失眠。他抑制不住地在信中向李琦和冯真呼唤：让咱们来搞个窑洞画派吧！

石鲁和他的同道者就这样往来于传统和生活之间。他们正在探索，还处在一个变化的过程中。他曾为自己的习作写下了如此一段跋文：

> 山水一道，变化无穷。古有古法，今有今法，其贵在各家有各家法。法非出于心，然亦随自然造化，中发心源，始得山水之性矣。余学涂炭，始终未得其三昧。偶有所笔，亦残败不全，气短力弱，未有统一局面，或远近欠佳，笔率墨薄。此图偶试倒笔，虽犹做作，然近于一法也。

他要求自己总是这么严格，并如饥似渴地全身心投入地狂热地探求着。他还鼓励李琦说："干吧！要照自己想的去干，不一定照别人说的走。"

这些年来，二哥冯建吴的情况变化使石鲁感到慰藉。1958 年，四十八岁的冯建吴彻底恢复了公民权，成了人民的一分子。1960 年和 1961 年这两年暑假，建吴从四川美院专程到西安探望弟弟石鲁，还和他一道去秦岭写生。

石鲁一向都十分看重建吴深厚扎实的传统功夫。他认为二哥不仅是海派吴昌硕的再传弟子，受过潘天寿、诸乐三诸位先生亲授，而且几十年来在绘画、书法、诗词和篆刻各个方面进行了广泛深入的研究，传统艺术积淀深厚。他要抓住这个难得的机会向二哥讨教，更进一步深入传统中去，为自己的探索创新积蓄功力与能量。

如果石鲁没有二哥冯建吴，他冲不进传统的浩瀚营垒；如果冯建吴没有胞弟石鲁，他冲不出传统的重重禁锢。犹如一对双子星座之间能量的互补，兄弟画家之间如切如磋，如琢如磨，释放出了奇异的艺术光辉。共同的艺术追求，使兄弟俩的手足之情亲密深长。

1960 年 7 月，石鲁出席第三次文代会，当选全国美协常务理事。自 1959 年他创作《转战陕北》之后，虽然旋即进入了可怕的饥饿年代，人体内的"卡路里”很难维持生存的需求,但他却惊人地奇迹般地引爆了艺术创造的“核聚变”,产生出巨大的艺术创造的能量，创作了一大批优秀的国画作品。请看他 1960 年到 1961 年这两年间问世的主要作品：

《太白山巅》（1960）

《南泥湾途中》（1960）

《禹门逆流》（1960）

《柳荫深处》（1960）

《秦岭东麓》（1960）

《高原放牧》（1960）

《东方欲晓》（1961）

《赤岩映碧流》（1961）

《山雨欲来》（1961）

《秦岭山麓》（1961）

《宝塔葵花》（1961）

《华山下棋亭》（1961）

《山花幽潭》（1961）

《初晴》（1961）

《豆角花》（1961）

其中，1960 年创作的《南泥湾途中》，是他描绘陕北黄土高原题材的技法达到成熟境界的代表作，也是中国现代山水画创作中难得的精品。

这幅画中，虽然还未出现后一年，即 1961 年的那种霸悍凌厉的气势，但又与前一年，即 1959 年那种虽然峥嵘有力却又略带拘谨与单调的笔墨相异。其实，1959 年他创作的另一幅未得到充分评价的《延河归牧》，就已经透露出《南泥湾途中》这种变革的端倪。

《南泥湾途中》画得潇洒自如，雍容大度，丰富多姿，游刃有余。他不但驾驭传统纯熟，而且以自己独特的艺术语言，传达出他的山水画已逼近精妙圆熟的信息。

这幅堪称典范的山水画，完全经得起细读追摹，不论近景山石的点染皴擦，远山淡墨淋漓的写意烘染，还是林丛的枯笔焦墨，以及人物与毛驴的信笔点缀，都非常适度、恰到好处，整个画面除左上角露出一片天空外，全都被山水塞得满满当当。但满而不塞，多而不烦，显得从容自如，十分大气。画家在把握笔墨浓与淡、黑与白、疏与密、枯与润、远与近、隐与显上，分寸适度，控放得当，使通篇构成浓淡、黑白、疏密、枯润、远近和隐显的交响，真正体现出墨分五色的无穷魅力与神韵。

从《转战陕北》到《南泥湾途中》仅有一年，石鲁在创造性地描绘黄土高原题材上，在中国画传统技法的掌握与革新上，又成功地向前迈进了一步。

1961 年他创作的《东方欲晓》也震动了画坛。

就是在这一年 9 月，他和李琦、冯真、李梓盛等人一道又去延安。

他们沿着延水河畔漫步，故地重游，感慨万千。大家都兴奋不已，引吭高唱起延安时期的歌曲来。他的嗓门并不怎么动听，但却唱得很投入、很动情。

黄昏中，他们从清凉山下走到原来边区政府展览馆下边，河对岸窑洞的灯光亮了，灯光映在延河的水波中，美丽如画。

在苍茫的暮色中，他突然掏出速写本坐在一块石头上专心画了起来，他画得很动情，不知不觉天黑了下来。

河对岸窑洞的灯火更加迷人。

他们一块还去了杨家岭、枣园。在枣园，石鲁画了不少写生稿。

后来，西安的画家们先期回去了。等到李琦和冯真从延安回到西安，来到石鲁的家里，只见他家的墙上挂着一幅十分惹眼的新作。

李琦在画前伫立良久，脱口问道：“这画叫什么名字？”

他答曰：“东方欲晓。”

本来，他还为此画写了一首诗：

长宵漫漫绝豸虫，不谢红花兴正浓。
银勾铁画书天地，刺破东方一线红。

20 世纪 60 年代初石鲁在画室作画

画成之后，他觉得没有必要，就没有把它题上画去，只在作品落款“石鲁写”下面盖了一枚外方内圆的朱文“石鲁”印章，另外还盖了一枚长方形白文“磊磊落落”的闲章。

王朝闻曾写信问石鲁这幅画产生的由来。他巧妙地回答说：“反正这些作品题材的产生，无非是昨天、今天、明天的相连，无非是近处、远处、深处的相连。”

《东方欲晓》的立意十分巧妙。拂晓时分枣园亮着灯光的窑洞，窑洞前是两株枝干遒劲的枣树，窑洞顶上是一丛丛在晨风中闪动的朦朦胧胧的枣树枝杈。它看起来是一幅风景画，实际上它表现的对象是人。这是不言自明的。

这幅画在众多同类题材的艺术作品中是出类拔萃的。它构思新颖，寓意含蓄深刻，而不是通常那种直露的简单的歌颂和说明。画家能把这样一个最容易流于一般化的题材，处理得别开生面，意味无穷，足见其功力不凡。

他摒弃的是浅层次的说明，他追求的是“象外之旨”“画外求画”，以及“画有尽而意无穷”的审美理想。

他用淡墨烘托出背景，浓墨枯笔勾出虬枝，营构一种风骨超然的神韵，创造一种扑朔迷离的朦胧意境。在略带变形的不规则的大大小小的三角形、方形和多边形的外围构图中，又包含着圆形的窑洞窗户较规则的对称图案，寓圆于方，形成一种抽象意味的形式因素。画面上溢露出的雄健和磅礴的大写意手法，烘托出一股阳刚之气，给人以美的享受。

这幅画虽然表现的是革命现实题材，却又十分明显地具有超前的先锋意识。

进入 1960 年以后，在石鲁的创作中有一个连锁反应的大爆炸现象，接二连三地出现了以《禹门逆流》和《赤岩映碧流》为代表的探索之作。他的笔下不仅出现了黄土高原的巉岩绝壁，还有急浪湍流的滔滔黄河，以及莽莽苍苍的秦岭与华山，艺术境界恢宏廓大。

伴随着这批作品问世，他的笔墨更加雄放劲健，显示出个性化和人格化的取向。他笔下的赤岩、湍流和飞舟，已绝非一般的生活写生，而是“人的对象化”，是一种人生境界的展现，人格力量的外化和生命本质的揭示，具有画自己的强烈个性色彩和审美独特性。他的一种先锋意识开始形成，在“师造化”之中，主体性表现得十分突出，客观对象在他个性风神的导引下，呈现出新的光彩。

那《赤岩映碧流》直接用朱砂皴擦出来的岩壁和用各种线条描绘出的黄河激流，那《上工图》用粗犷凌乱的纵横笔墨画出的高原沟壑，那《宝塔葵花》倔强的向日葵，那《山雨欲来》和《华山下棋亭》看似无章法且笔触凌乱的山峰，都有一种雄刚之气，有一种黑压压的逼人感觉，有一种不羁的狂放，有一种对人的心灵强烈的撞击力和震颤感。在前辈黄宾虹、傅抱石等人的南国山水画中，多有酣畅淋漓之笔墨表现，而表现北方山水方面，后来者石鲁这种生气灌注的凌厉之笔，正奉献着一种可贵的探索精神。

一代大师呼之欲出。

1961 年 10 月，在北京中央美院展览馆举办了一个美协西安分会国画创作研究室习作展。在此之前，中国美协负责人蔡若虹、王朝闻等人曾多次来西安考察，对美协西安分会国画创作研究室的突出成绩，给予了充分肯定和很高的评价，并积极促成了这次展览。

这个美展的名字像一个其貌不扬的人一般，不被人注目，但展出后却引起了强烈反响。在 20 世纪 60 年代初那个吃不饱肚子的日子里，习作展为人们提供了一席难得的丰盛的精神之宴。

这次习作展共展出了石鲁、赵望云、何海霞、李梓盛、康师尧、方济众六位画家的习作两百多件，其中石鲁的约五十件。

北京展出后，又进行了南方巡回展。先后在上海、杭州、南京、广州四城市展出，也引起很大的反响。石鲁他们每到一个城市都寻师访友，交流座谈，写生作画，收获很大。赵望云因在中央社会主义学院学习未能参加。

到杭州时，石鲁还登门造访了潘天寿先生。

展出归来后第二年，他们又在西安举行了南方写生画展。

他们的习作展轰动北京后，《人民日报》还专门刊登了题为《长安新画》的专版。

1961 年第六期《美术》杂志发表了在北京召开的美协西安分会国画创作研究室习作展座谈会的纪要，题目叫《新意新情》。

座谈会由王朝闻主持，参加座谈的有叶浅予、关松房、华君武、华夏、吴作人、李苦禅、李琦、郁风、秦仲文、蔡若虹等。创研室除了赵望云因学习未参加外，石鲁等其余几位同志都参加了。

参加座谈会的人对这次展览总的评价很高："这个展览会集中表现了一种新气象。"（王朝闻）"展出是很成功的，展览会的名称叫作'习作'，这也许是出于谦虚。像他们这样大胆的尝试，能有如此的成绩，在 1961 年的展览活动史上，是值得大书一笔的。"（吴作人）"这次展出在国画新技法的发展上，可说是一个炸弹，炸开了山，就可开辟新道路。"（郁风）

然而石鲁自己却认为："我们的作品称为习作，确实因为我们的画都还处于一个变化的过程中，如何推陈出新，如何创造合乎新内容的新形式，还是我们正在摸索的大问题。在摸索中，不成熟也在所难免；我们如果以科学的态度对待自己的习作，就不能只听赞许，而且更愿意听到批评。"

对于传统的继承与创新的问题，大家一致认为："他们不满足于说明式的表达，或老一套的表达，而是寻求艺术的表现，寻求具有传统风格的创新的表现。"（李琦）"这些作品很新鲜，反映生活有独到之处。"（叶浅予）"有新生锐气，魄力宏大，有不可估量的发展前途。"（李苦禅）

石鲁自己则十分清醒地说："先不说浩如烟海的传统，对我们来说还不是轻易一竿到底的；就是生活也是时刻不容偷懒、僵化、保守；如果再加上艺术创造的愿望，这就使一个画家永远不会知足。"他又说："古人做学问讲道、理、法。绘画又何尝不是如此？法可以根据道、理产生，这样产生的法也比较自由。如果一定要说画树要以王石谷的画法才行，那么王石谷又从何人而来的呢？真正追本溯源，不仅是各家继承的演变，而更重要的是了解整个中国绘画传统的规律。如果古人是根据彼时彼地的感觉、材料而创造出表现方法，我们何尝不可以根据此时此地的印象去探求特有的表现方法呢？我认为这是摸索适应新内容的新形式的关键。我以为区分不同形式的主要标志之一是不同的表现方法，要探索新形式首先就要从表现方法开始，特定的内容要求相应的形式。这个形式属于这个内容，穿别人的鞋总是不合脚。我要有我法，但我法又要与古法的一般规律特点相通，也就是要合乎艺术形式美的法则。”

关于技巧与形式问题，有的赞赏其中有铁花式的金石味（李苦禅），有的欣赏经营位置的鸟瞰构图（叶浅予、李苦禅），有的肯定色皴山水，用赭石或朱磦皴黄土和勾水纹（叶浅予、秦仲文），有的赞扬作品充满诗情画意，笔墨淋漓，大气磅礴，认为西安画家技巧上的大胆探索是很可贵的（郁风）。

石鲁就此问题谈了自己的见解，他说：“形式问题绝不是小问题，当有了生活内容之后，形式便成了决定的关键。在艺术创作上，发现内容难，发现适合于表现内容的形式也不易。好像画什么还不太难，而怎样画，倒更难了。这里就是寻找表现新内容的新形式问题。”他又说：“技巧是劳动的结果，中国绘画凭借简单的工具，就要求高度的技巧，而主观努力就更大，凭运气，凭特技，糟蹋纸，也并不够的，也同样需要把握住平时的素养，控制自己。如同打乒乓球，决心有，也有了技术知识，但临阵不能控制自己也会吃败仗。锻炼技巧，也同样是锻炼自己的性格。胆大而心细，情激而气顺，才可能临池变法，笔成于意外。比如用笔用墨。我们喜欢破墨破色，但墨太盛，就没有了笔趣，色是可以追求的，但过于求色，就失去笔墨。”

关于流派与个人风格，华君武主张：“去年东北有人说要搞‘关东学派’，我看西安也可以搞‘关中学派’。”郁风认为：“新风格的形成不是那么容易的，有时是一组、一个流派逐渐形成的，然后在这一流派中再有个人风格。”吴作人认为：“强调学派的大同，又要有个人风格的小异。我希望‘关中学派’不仅石鲁一人，而且有更多的各种各样的彼此不同的‘石鲁’。”

石鲁这时说：“我们几个的习作，有共同的东西，甚至也有某些技法相同，但从个人风格来说，尽管都还不很成熟，但个人风格总有差异。我以为风格作为个人个性和独特的精神倾向，在追求不同的表现形式时，就不能够不流露着个人的爱好。特别在要求程式化的过程中，风格的倾向就必须包含在内，否则就不符合中国绘画所特有的表现方法。我喜欢，如何具体的喜欢，恐怕是贯串在整个创作过程中的主要要求。至于风格是否明显，这也和是否对自己的风格有明确的要求有关。”

座谈会一致认为：“石鲁较敏锐，感受深，发现了许多新的表现角度。”“石鲁这几年变得厉害。”（叶浅予）“这次画展，群众非常注意，特别是石鲁同志的画。”（李苦禅）“石鲁取材较广，善于发现别人所不取的。”（郁风）

座谈会上当然也谈到了展出作品的缺点和不足之处。

一是“在表现技法上还有不满足的地方。直率点说是‘野’，规矩不够，感到技术缺乏深度，含蓄的东西不多”。（叶浅予）

二是“有些新技法还不成熟，石鲁以乱柴皴点杂树野花，给人感受很好，但是乱的还缺少点条理”。（叶浅予）

三是“风格不够多样”。（关松房）

四是“气魄虽然雄伟，但不够细致，题材有些单调”，“醇味不够，含蓄不足”。（郁风）

五是“表现阳光的用色，力图创新，但似乎还显得有些生硬，不够自然，因而不完全使人满意。另外有的山石、树木的画法很潇洒，但人物的画法却显得比较拘谨，这就是还不成熟的表现”。（王朝闻）

石鲁十分坦率地说：“我们就很感谢有人批评我们的作品‘野’，有如大嗓子叫喊似的。粗野自然是缺乏文雅，或指笔墨不够凝练老到，或指布局欠周密，或指韵味还不够深长，总之是引起了我们必要的注意。什么事物都得从反面看看。一味狂怪，就粗野而寡趣；相反只有技法文雅，也有伤气质；因求柔媚而不敢吐气，恐怕也会杀害艺术的生命。我想艺术实践总是一个不断创造和克服矛盾的过程，它没有止境，对于画家来说，他的每幅作品都可以说是习作，满足是不成的。”

他既看到了自己的不足，也坚持了自己认为正确的东西。

1962 年《美术》第四期，刊登了署名孟兰亭的人批评石鲁创作倾向的来信。

这篇文章认为石鲁近年来的画脱离了传统，“远不见马夏，近不见四王”，有一种“野、怪、乱、黑”的不良倾向。编者意图很明确，希望借此能对石鲁作品进行评价，以及对如何继承中国画的优良传统和推陈出新的问题展开讨论。

其实孟兰亭是美术杂志社编辑华夏等人的一个化名。仿效五四时期钱玄同化名王敬轩写《给〈新青年〉编者的一封信》。刊登在《新青年》杂志上，以挑起对新文学革命的论争。孟兰亭的来信，在《美术》上引发了一场对石鲁作品评价的大讨论。这场讨论继1961年习作展的座谈会之后，竟持续了两年之久。从而在习作展的强烈震动和南国行巡回展的余震之后，“石鲁现象”在20世纪60年代初的中国画坛产生异乎寻常的影响。这是20世纪中国美术史上引人注目的事件。

《美术》编辑部先后收到了五十多件来稿。发表赞同孟兰亭观点的文章有施立华的《喝“倒彩”》和余云的来信等，其中最有分量的是阎丽川的《论“野、怪、乱、黑”》。同时也不断刊登了反对孟兰亭观点的文章，有李恁的《与孟兰亭先生商榷》和周韶华的《问〈喝“倒彩”〉者》。《美术》编辑部还整理了一篇极有分量的来稿综述《关于中国画的创新与笔墨问题》，全面介绍了这次讨论。

绝大部分来稿都不同意孟兰亭以过分强调用古人笔墨技法来衡量石鲁作品的观点，他们从以下三个方面肯定石鲁的创作：

一、石鲁这几年来创作许多为群众喜爱的作品，如《转战陕北》《东方欲晓》《延河饮马》等，这些作品之所以引起群众的喜爱，是作者在一定程度上运用了中国画的传统技法和形式，反映了现实生活和时代精神。

二、石鲁的这些作品具有新的风格，新的面貌。别开生面，不落前人窠臼，有继承，有发展。意境清新，笔墨淋漓，气魄较大，具有鲜明的个性。在艺术风格上有独创，思想水平较高。

三、石鲁在探索用新的思想感情表现对象的实践中发展了传统技法。如破墨式的烘染、皴擦，表现大西北黄土高原和作者的情趣，这种创造是前无古人的，用四王技法画不出这样感人的作品。他并非只用中国宣纸、毛笔、墨色来承传前人的东西，而更主要的是从立意、构思到表现技法，继承了中国画的传统。从他的画面，看不出某家某派的具体烙印，然而在精神上，却觉得某些作品有荆关（荆浩、关仝）的雄强，某些作品又有马夏（马远、夏圭）的苍劲。更多吸取了二石（石溪、石涛）的奇宕，还有黄宾虹的葱郁。他不拘于一家，能广征博采，又能从这些传统的框框里跳出来，自辟蹊径。

他们还认为，目前像石鲁这样的画家不是太多，而是太少了。对这样的新风格和新技巧，应该用热情的态度去支持它，鼓励它，而不是抱冷漠的态度去对待它。应该为石鲁喝彩！

赞同孟兰亭观点的人，一是认为石鲁传统的笔墨功力还不够深厚，笔墨组织上也缺乏条理，未能达到乱而不乱；二是失之粗野，深度不够。有些作品线条生硬，锋芒毕露。构图取景方面，给人的感觉是惊奇和喜悦，而不是深思和耐看。有的作品笔墨太粗涩，韵味不够，含蓄欠缺，野气太浓。

阎丽川的文章集中批评了"野、怪、乱、黑"现象。他指出："观众就曾经在李可染的画展中提出过何以'江山如此多黑'的疑问；也曾经对石鲁作品有'野、怪、乱、黑'之感。我们认为'野、怪、乱、黑'虽可能为少数人所欣赏，但未必是优良的传统，同时也绝不是革新创造之正途。"

阎丽川进一步分析说："'野'是艺术技巧的不成熟；'怪'是艺术规律和生活规律的反常；'乱'是结构用笔的不严谨，不精练，缺乏节奏感；'黑'是用墨用色无变化，少气韵，没有虚实关系。它们都有碍于充分发挥艺术的表达能力，有碍于发展传统现实主义创作方法'以形写神'的要求，更难为人民群众所喜闻乐见。"

应该承认，从 1961 年到 1963 年对石鲁作品的评价和讨论，是属于正常的艺术批评，属于学术讨论的范围，没有扣帽子打棍子的粗暴攻击，没有后来那种发展到政治迫害的现象。这在当时还是十分难能可贵的。"文化大革命"以后，"野、怪、乱、黑"由美学上的学术争论，变成"文字狱"的迫害。

《美术》杂志刊登出孟兰亭的文章后，石鲁问过他们是怎么一回事？他们回答说别急嘛，好戏还在后头哩！接着他们组织了反批评，这样一下子就轰起来了，用石鲁幽默的说法叫“要了一个把戏”。

他心中有数，十分镇静，坚持着该坚持的东西。认为自己是唯恐“黑”得不够，“野”得不够，他也没有感到有什么压力。

后来在“文化大革命”中，造反派抄到他写的一首十二句八十四字的打油诗：

人骂我野我更野，搜尽平凡创奇迹。
人责我怪我何怪，不屑为奴偏自裁。
人谓我乱不为乱，无法之法法更严。
人笑我黑不太黑，黑到惊心动魂魄。
野怪乱黑何足论，你有嘴舌我有心。
生活为我出新意，我为生活传精神。

这是一篇大无畏的艺术求索宣言；
这是一代艺术大师毕生献身艺术创新的座右铭和神圣誓言；
这是一种执着倔强、百折不挠、九死无悔的进击和超越精神；
这是20世纪中国美术史的一篇难得的美学文献。
然而，石鲁曾为这十二句韵文八十四字箴言吃尽苦头。王朝闻撰文说：

在那是非颠倒、做人动辄得咎、阎王爷几乎要了石鲁那条命（他几乎被判死刑）的“史无前例”的政治环境里，他这十二句韵文，成了“反动艺术纲领”，被当成罪状“揪出示众”。对它“口诛笔伐”的同时，还勒令石鲁“改邪归正”。不接受“回头是岸”的诱惑，不愿意见风使舵的石鲁，在1969年4月的一次批斗会上，斩钉截铁地声明：“要把我的艺术思想重新改变，不可能。如其那样，不如罢笔！”石鲁这么不信邪，坚持自己认定的那种艺术探索的态度和作风，符合中国古代画论关于画品与人品的辩证关系的论断。

1961 年美协西安分会国画创作研究室习作展后，不但引出了“野、怪、乱、黑”的论争，还由此逐渐形成了一个为传媒所采用、为美术界所承认、为大众所接受的称呼——长安画派。

长安画派并不是石鲁和他们的创作室自我宣扬和标榜的。连画展都冠以“习作”之名，他会称呼自己为一个画派吗？不过他对别人给他们的各种封号也好，戏称也好，从不解释，从不辩白，听之任之，没当回事。既不受宠若惊，也不惊慌失措。经过二十年的流传，长安画派不仅仅是一个约定俗成的称呼，而且成为中国现代美术史上一个无可否认的重要艺术流派。

后来，何海霞在一次讲课中，对长安画派做了中肯的评价。他说：“为什么能形成长安画派？ 1961 年到 1962 年习作展，探索新的表现手法，不是完整的作品。石鲁是否有意识搞了这个画派？不是。是在民族传统基础上，别于古人，又有地方风味，反映陕西的自然生活面貌。我们接受陕北、秦岭自然的感染，有点秦腔的感觉，其实是写西北人的性格。我的画和石鲁、赵望云的就不一样，有自己的风格，又有共同的体会，互相影响，取长补短。”

当然，长安画派这个称谓的形成，也并非空穴来风，没有出处。

《人民日报》整版刊登他们的作品时，题为《长安新画》。

1961 年华君武在座谈会上提出：“我看西安也可以搞‘关中学派’。”1979 年 12 月 20 日他又在《光明日报》发表的题为《石鲁》的短文中又说：“以石鲁为代表的西安的一批国画家被人们称为‘关中画派’。”1982 年悼念石鲁时他仍称“关中画派”。

叶浅予讲过两次，一次说：“1961 年西安美协在北京的首次中国画展……显示出西安地方艺术特色。从此，中国大地上开出了‘长安画派’这一朵鲜花。”1981 年 1 月他在为《方济众画集》写的前言中又说：“西安画家们的作品在北京首次展出后，在美术界引起了强烈的反响，认为他们给山水画开辟了又一个新天地，称他们为‘长安画派’。”

其实，谁最先提出这一称谓并不重要。

长安画派是一个客观历史的存在，它的内涵至少包括以下几点：

一、长安画派是指1961年北京习作展之后，以美协西安分会国画创作研究室的六位画家这个群体的国画创作活动。它是特定历史时期的产物，它的外延不能任意扩展，更不允许随意攀附。

二、长安画派中成就最高、影响最大的核心人物当然是石鲁。如果没有石鲁，西安不论过去、现在和将来都能产生各式各样的画派，但绝对不可能产生20世纪60年代初国画创作研究室的北京习作展的轰动现象。撇开石鲁，不论从历史、文化、地缘、题材、笔墨等哪方面去解读长安画派，都将是南辕北辙，缘木求鱼。

艺术史就是这般无情。没有生命力的艺术现象，即使是背靠皇帝的“台阁体”，也很难流传后世；有生命力的艺术现象，虽经颠仆顿挫，依然历久不衰。

长安画派就是如此。

1962 年冬石鲁在画室作画。周围有李梓盛、修军、康师尧、叶坚等人（张文　摄）

常宁宫病榻上的美学独白

在 1961 年的北京习作展和南方巡回展之后，又有《美术》杂志开展的讨论，石鲁自然成了中国美术界的风云人物，格外引人注目。

1962 年 11 月，由广东省委陶铸出面邀请，全国美协在广东新会召开了由四川、西安、北京、天津、上海、广东等重点分会负责人参加的座谈会。

去年举办南方巡回展，石鲁来过广东，但由于他长期生活在黄土高原、八百里秦川，这次再访南粤大地、榕树江畔，仍使他耳目一新。眼前生机盎然，胸中充满诗情画意，脑子里涌现出许多鲜活的新气象。

来到西江岸边的新会县城，这里花树葱茏，空气清新。当地盛行种花，家家户户房前屋后都种满了芭蕉、榕树和各种色彩鲜艳的亚热带花卉，别是一番情趣，地方特色非常鲜明。

石鲁留给人的印象是，开会时他真正是畅所欲言，会议记录上他的发言最多，而且他的每次发言都个性鲜明，让人感到他思考问题往往很不一般。在那个年代，人们思想已经趋于审慎，心中想的和口头讲的往往不大一样，而且大都是人云亦云了。所以，石鲁的发言当然显得鹤立鸡群，不同凡响。

会议休息时，别人都三三两两在一块聊天，他还是老习惯，要么一声不响地在琢磨什么，要么就从口袋里掏出小本子画速写。晚上，他就在招待所的房间里铺开纸来作画，迫不及待地画他这次南国之行的新感受。

还没有等到会议结束，他的一幅新作就完成了。这就是那幅又一次震动画坛，至今仍使人难以忘怀的作品《家家都在花丛中》。

这幅画当时就得到参加会议的行家权威的交口称赞。令广东画家惊叹的是，作为当地人，他们应该比他更为熟悉和了解这些景象，但它却在他的笔下生辉。这大概就是石鲁的“物化为我”吧。

当时广东美术界对石鲁评价颇高，他们曾准备邀请三个画家举办画展，一个是黄宾虹，一个是潘天寿，还有一个就是石鲁。

能震动岭南画派重镇者，绝非等闲之辈。

在 1960 年时，石鲁就患了肝病，生命肌体亮起了红灯，但这没有能引起他足够的注意。到 1963 年春天，人们熬过了饥饿年代，生活刚刚开始有所好转，他的肝炎再度复发，只好被迫住进常宁宫疗养院养病。

常宁宫原为唐太宗为其母所建的小庙，在西安城南长安区境内的神禾塬上，从这里可以看见终南山。新中国成立前胡宗南将其改建为蒋介石的别墅，新中国成立后这里成为西北高干疗养院。石鲁是行政十一级干部，有资格住在这里。

石鲁属于那种生命永远不会闲散的人。他一住进常宁宫，美协的业务干部也都和他一起来到这里，边学习边创作。

一天晚上，他的病房一下子热闹了起来，几位绘画界的朋友前来看望他。

他们告诉石鲁，他们刚才到距离常宁宫几里外的皇甫村，去看望了在那里落户的作家柳青。写过《铜墙铁壁》和《种谷记》的柳青，长期在这里扎根落户，他正在创作长篇小说《创业史》。柳青给他们讲了一席发人深省的话，他说：

“一个时代的艺术家必须丢掉点什么，但不能丢净，而且应该添点新的东西，而添新东西的人，往往是最能了解当代生活的人。”

作家柳青这番话马上引起了石鲁的共鸣。他点头赞同说：“我的看法与他完全一致！”

于是，他的话匣子打开了，向他们娓娓道来：

“如果感情是野马，生活就是地区。野马式的感情要想有人驾驭，那么思想就是骑手。而形象、题材还并不是主题，主题就是对形象、题材所做的具体的独特的判断。这里所谓‘独特’，就是说挖掘的深刻、尖锐、新鲜。”

虽说是到常宁宫去养病，但他借来的各种图书要用车拉。他是有备而来的，要借养病好好读读书，认真地思考一些艺术美学的问题。

从1961年到1963年，他在对国画艺术的变革和创新进行着不倦探索的同时，又刻苦地阅读了不少中国古典画论，其中有石涛的《画语录》和郑绩的《梦幻居画学简明》等。这些古典艺术理论与现代艺术探索实践的融会互补，使他的探索创新升华到了美学思维的新境界。

近些年来，他曾断断续续地写下不少零碎片段的对艺术哲学的思考体会，但由于公务和绘事的繁忙，他无暇串衍成篇。如今他在常宁宫养病期间，不能进行绘画创作，于是便利用在病榻上的寂寥，将这些对艺术思考的断章碎语进行了一番整理和加工。

在病榻上，他摊开一本美术日记本，握着一只灌满碳素墨水的自来水笔，忍着肝部的疼痛思索着，然后一字一字地认真写起来。

犹如一个在崎岖险道上攀缘的登山者，带着浑身的疲困，躺在山坳的断崖边，回首云雾中的盘曲磴道，他胸中有道不尽的艰辛和感慨。在这探索之路上一块块带血的脚印里，其中包含的得与失、甘与苦，他此刻感受得最真切了。

他在病榻上整理的这份手稿也是一份授课的讲稿。他不时把大家召集到他的病室里，一边摁着痛得厉害的肝区，一边讲课。他在常宁宫讲课的消息一传开来，有时连病室窗外也站满了人，有些年轻人干脆席地而坐，边听边记笔记，他们当中有的还是骑自行车从西安市区赶来的。

石鲁的《学画录》问世了。

一个富于求索精神和具有创新气魄的艺术家的心得笔记，是人类美学长河中最美丽最珍贵的奇石，每一颗都是造型独特、光彩夺目、不可取代。

古往今来有多少这种创作手记，它们的行文并不缜密，有的还是残篇断简，甚至带有偏颇和失误，但它们比起那些浅薄平庸、面面俱到和废话连篇、不痒不痛的大部分的什么“学”、什么“概论”来，更深刻、更有价值，生命力更长远。

在当时，石鲁能用这种充满个性的话语和方式谈艺术，其勇气和见识，都具有超前性，不能不令人肃然起敬。

在这部《学画录》里，石鲁至少在三个重大艺术思想上，闪射出难以掩盖的美学思想光芒。

一、物与我

在艺术家与生活的关系上，石鲁追求物我契合、物化为我的大真大实和至情至感的审美境界。

从物的角度，他又提出“物为画之本”，因此必须“观物以探真”，如果“有我无物不足以达真实”；从我的角度，他提出“我为画之神”，因此必须“观我以通德”，而“有物无我不足以通理想”。

只有物与我的契合，“而后始可言流美矣”，才能谈得上审美创造。

在我与物的关系中，他不主张“间接旁观生活”，反对仅仅“将生活陈列于画面”，提倡“直接参加生活”，这样才能“将生活移入内心”。要对生活“一见钟情”“发生恋情”，要“以情求生活”，既要“热观”，又要“动观”，这样才能“化生活”。

于是，他提出一方面“观物广才远”，即“饱餐生活当贪而无厌”；另一方面“观物细才深”，即“咀嚼生活当细而不烦”。

他提出两个概念，一个是“他神”，即“物进我出”“我化为物”，也就是人的对象化；另一个是“我神”，即“物出我进”“物化为我”，也就是对象化的人。这样，“物化为我，我化为笔墨，然后活矣”，如此方可以“显精神”。

通过物我契合，物化为我，从而升华到大真大实，至情至感的审美境界。

物化为我的艺术思想，反映了石鲁对主体精神的张扬。

二、形与神

在艺术形象的创造上，石鲁追求形简神赅，神明形精，神形兼备。

在艺术形象的构成因素上，他提出了两点，一是“可视”“可视以通真”，即形的问题；二是“可想”“可想以通情”，即神的问题。二者结合方可以构成一种“艺术之诗意形象”，构成“灵魂与血肉之统一体也”，即形与神的有机统一。

那么，形与神在艺术形象中如何融会为血肉之有机统一体呢？

他提出要“神意为经以立骨”，这就是“以神为魂”；又认为“理质为纬以生肌”，这就是“以形为貌”，在神与形、魂与貌的关系上，他再提出“以神造形”，进一步深化了在物我关系上提出的“物化为我”思想，突出强调艺术创造中艺术家的主体意识的主导作用。

“物化为我”和“以神造形”，最终要达到“通灵”的艺术审美，何谓“通灵”？这就是“形者，神之载也，神乘形而游焉。神附于岩，则若虎视而坐威；神附于人，亦可曰庄严雄伟，如此观之，神可游诸四方，魂附诸体矣”。

既然“以神造形，则可变形”，即“破形传神”“故形之变异虽舛，而得神气者为上”。

总之，在形与神的关系上，他既重神似，又形神兼备，强调“以神造形”“破形传神”“传神则远，惟肖则浅”“形似易，神似难，形神兼备更难”。

如何才能达到形神兼备呢？这就必须要做到“形简神赅”“神明形精”，神始终居于统帅的地位。

三、法与变

在艺术语言的继承和创新上，石鲁主张师古当师其创造之心，不做笔墨奴隶。对于法，“当得体立法”，进而“变体化法”。追求从“无法”到“有法”进而“化法”，达到“至法”境界。

中国画的艺术语言离不开笔墨。他认为“笔墨乃画者性格风格之语言”，一个艺术家必须追求“自己的语言”。他还强调笔墨要“通情达理”，因为“笔墨既通人情，亦通于一代”，因此笔墨“忌虚情假意，无情无义”。他非常重视笔墨的内涵，指出笔墨中必须融会理、意、法、趣才能“求活”。而笔墨最后形成艺术语言——法，是“因性以练笔，凝性而成体，结体而成法”，笔、体、

石鲁在唐顺陵考察

法是艺术语言中不可分割的要素。

他继而认为，中国画的艺术语言——笔墨之法并不只是一种依样画葫芦的工艺匠法，而是通情达理的“主客交织之生命线”。

他将笔墨之法视为一种“生命线”，与他所强调的“物化为我”和“以神造形”的精神是一致的，都是强调突出富于创造性的艺术个性。

他又说：“故神志高，体法则高。神志不清，体骨不明，欲得法高，岂可以古人之面具为面具耶？”只有神高才能法高，才能变法创新。用神来统帅驾驭形与法，才能创造出生命力的艺术作品。所以，“而以形命笔者，则兢兢于形；以法命笔者，则拘于定法。唯以意命笔直者则笔活，而意不通理法则无趣”。

他特别重视作为艺术创造主体对笔墨之法的主导作用。认为“画有我之思，则有我之笔矣”，反之，“画无我之思，则徒做古人自然之笔墨奴隶矣”。他把仿某家笔墨称之为“无笔墨”。有无笔墨和笔墨有无生命力，关键在于有无自我，所以他说“画者当种自己之瓜”，笔墨应当“不为某家役，当择其为我，为时代可能用者化而食之”。

他还认为“师古当观其变，师其创造之心可也，古今中外各家各派无所不师”，同时还剔除出“笔法当师古人之常规，不应守古人的常法，常规不可变，常法犹可变”。他将传统分为不变的“常规”和可变的“常法”，主张师“常规”，变“常法”，才能创造“我法”，从而避免“以古人之面具为面具”，才不会“做古人自然之笔墨奴隶”。他理直气壮地宣布：“夫我有我法，方为真法，新法也。古人既可立法、生法，难道不许人生男育女耶？”

既然变才能创新，那么笔墨变法创新的规律又是怎样的呢？

他提出了先“立法”，而后“化法”。首先是“得体立法”，即“无法求法”“无法而有法”。然后是“变法化法”，即“有法而化法”“再化为无法”，这就是“我法”“真法”和“新法”，这也就是前人所说的“无法而法”的“至法”。而“至法”不是万古师法的“常法”，它只不过是“创造之心”对“常法”的变革创新。

只有由“有法”而“化法”进入“至法”的境界，才能成为大家。

石鲁的《学画录》继承和发扬了中国古典美学思想，集中表现强烈的主体意识方面，特别强调艺术家主观的精神、情感、气质和个性在艺术创作中至关重要的主导作用。他在当时艺术家的主体意识受到压抑的氛围中，果敢提出自己的艺术观点，令人不能不钦佩他这种可贵的理论勇气和大无畏的超前意识，以及不屈不挠的探索精神。

初读石鲁《学画录》，大有不食人间烟火的隔世之感。仿佛一位丹青高手在与一位出世高人论道，箕踞而坐，侃侃而谈，不知今夕是何年。但它起草于20世纪60年代前期，且知当时阶级斗争硝烟弥漫，文艺界批判之风日剧，“文化大革命”已步步逼近，艺术家已开始人人自危。然而它并没有流行套话、违心之言、媚世之语，在当时中国美术界真算得上一部振聋发聩的美学宣言。

探索者从来都是命蹇时乖。这部未写完的笔记手稿，在后来的岁月里只会给作者增添更多的打击。同时，这部笔记手稿还曾有一番传奇般的经历。

“文化大革命”开始以后，石鲁被戴上了“西北地区美术界反革命修正主义、反动权威”的帽子。

在抄家时，造反派抄到了一个笔记本，翻开一看，原来是他用碳素墨水笔密密麻麻写的一本什么东西。他们如获至宝。

凭那些人极其敏锐的嗅觉，相信这个笔记本上必定是石鲁“反党反社会主义的黑话”，是他“反革命修正主义的罪证”。有了这个笔记本，任凭石鲁如何狡辩，一定会把他打翻在地踏上一只脚，叫他永世不得翻身！

于是他们便把这个笔记本带回去好好查究一番。

谁知翻开来你读我读，读了半天不知所云，倒真成了一本“密电码”。经过几天仔细研究才终于下了结论：这本用难懂的文言文写成的《学画录》，是一本“最恶毒的黑书”。

在那个荒诞年月有一个荒诞的逻辑，这就是任何一种价值判断，首先取决于这个人是“好人”还是“坏人”。那时，石鲁作为一个“反革命修正主义分子”，当然是一个天经地义的“标准坏人”，坏到不能再坏的程度。那么他的所作所为，从目的动机到后果影响，肯定都是彻头彻尾反动的。

用这种思维方式来判断石鲁的《学画录》，问题当然就十分严重了。首先，他的《学画录》为什么要用文言文写，存心让人看不懂，其中定然心怀叵测，有着不可告人的目的。他们自然又联想到当时点名批判的如《燕山夜话》之类的“反动透顶的黑书”。如果能将隐藏在这本笔记中的“黑话”拆穿，说不定是个什么“反动纲领和反革命行动计划”，那就可以轰动陕西甚至全国了。

造反派便将《学画录》连同石鲁其他的“反动言论”辑录油印，散发到社会供大批判之用。然而，这些散发出的油印本却被许多仰慕石鲁艺术的人悄悄珍藏起来，作为难得的艺术理论来偷偷地阅读揣摩。这当然是那些抛出它的人未曾料到的。

1968 年那个轰轰烈烈又动荡不安的夏季，举国上下正掀起“三忠于、四无限”的高潮，大唱“忠字歌”，跳“忠字舞”，大搞“三忠于、四无限”活动。于是西安美术界一个群众组织举办了一个名叫“敬绘毛主席画像学习班”，有不少青年工人和大专院校学生，怀着一种狂热到学习班来学习用油画绘制毛主席像。这在当时是一件十分荣耀和被人羡慕的事。

那伙急于要揭开石鲁笔记本中秘密的人正束手无策时，突然打听到这个学习班有一个“秀才”，是陕西师范大学历史系六七届在校闹革命尚未分配的大学生。于是他们便找到他，并抱来一大堆摘抄整理的群众揭发、批判石鲁罪行的大字报材料，石鲁本人写的检查交代材料，石鲁画集、画稿，另外就是这本笔记——《学画录》。他们郑重地交给这位大学生一个光荣的政治任务，要他写出一篇高质量的批判石鲁的革命大批判文章。

没过多久，国务院下达红头文件，决定对在校大专毕业生进行分配。这位陕西师范大学历史系的“秀才”回校参加毕业分配时，退还了其他有关石鲁的批判材料，留下了这个笔记本，并承诺回校之后继续帮助他们写大批判文章。

后来，他将这个笔记本锁在一个小棕箱里，从关中蒲城县的盐碱地带到陕北甘泉县的山沟里，然后又从劳山深处的溪水畔带回到大荔县的沙土滩。农村劳动锻炼结束之后，他被分配到西安市一所中学教书。1979 年他考上中央美术学院美术史系的研究生，这本笔记随之被带到北京。

这是一个传奇的故事。一个爱好美术的大学生，在动乱年代意外得到这本笔记，经过十一年辗转漂泊之后，他竟然还保存着它，并考进了中国美术的最高学府中央美术学院学习中国美术史专业。仿佛冥冥中有一只无形的手，在护卫着石鲁这部珍贵手稿的命运。

一天，中央美术学院国画系教授李琦的家响起了叩门声，造访者是这位美术史系的研究生。他从纸包里取出这本已经有些破损的笔记本，双手捧到李琦面前。李琦接过它随手翻开，熟悉的笔迹映入眼帘：

学画录　一九六三年三月　石鲁

李琦浑身热血立刻沸腾起来，惊讶地问道："你从哪里得到的？"

石鲁在常宁宫写《学画录》时，李琦也在那里待过一段时间，十分清楚这件事。他后来听说，这本《学画录》在"文化大革命"抄家后下落不明，他以为早已被毁，没想到今天却在北京拜读到它。

李琦听完了这位研究生的讲述后激动不已，叮嘱他一定妥为保管，等有一天完璧归赵。而这时，被"文化大革命"摧残得奄奄一息的石鲁正在西安困卧病榻。

后来这位研究生回到西安时，到医院专门拜访了石鲁。

他告诉石鲁笔记本尚完好地保存在他的手上。这时，只见满头灰白长发、面容憔悴的石鲁，两眼顿时闪射出难以掩饰的兴奋的光芒。历尽劫难，笔记本犹存，石鲁就像找回自己失散多年的亲生儿子一般，感到莫大的欣慰。他万分激动地说：

"我以为那本笔记早都给毁了，想不到你还把它保存着，真不知道该怎么谢你才好。"

这位研究生回答说："主要还是你的著作有价值，我保存它也从中学到不少东西，有些问题还要向你请教呢。"

时时让石鲁挂牵的《学画录》笔记本终于有了下落，又激起了他强烈的写作欲望。他多么希望早日离开病榻，重新继续他九死未悔的艺术探索。他对这位研究生说：

“那时写的只是一个草稿，因为有病没能写完。现在看起来还很不成熟，等我病好出院以后，还要继续把它修改完善。那时我们可以互相讨论。”

石鲁精神之火又熊熊燃烧起来，但他生命所依附的肌体却终因饱受非人的折磨伤损而崩毁了。大师赍志而殁，始终未能提起笔来将《学画录》补写完成，他为20世纪中国画坛留下了一个深深的遗憾。

1979年冬天，石鲁画展在北京展出，轰动全国，尤其是他在“文化大革命”中所受的非人迫害和不屈抗争的事迹传开后，社会上竟然奇迹般地通过手抄本、油印本，将他的《学画录》流传开来。后来又有几家刊物公开发表，一些美术团体也内部印行，人们争相传阅《学画录》，甚至展开研究讨论，产生了一定的影响。由于辗转传抄，当然不可避免地产生脱衍笔误和舛讹差错。

1981年《文艺研究》第一期公开发表了经石鲁修改过的《学画录》中的《生活章》与《造型章》，并附有石鲁的后记：

这个《学画录》，是我一九六三年养病期间所作的学艺笔记的一部分。当时，看了一些古代画论，联系自己和西安一些画家的创作实践，产生了不少感想。曾有心写一个比较系统的笔记，从理论上探索一下中国画在对待生活、造型、笔墨、立意、构图、设色、题款等方面的艺术规律。但因精力和时间的限制，未能如愿，只写了生活、造型、笔墨三章的简要提纲。为了叙述方便和文字简洁，采用了文言文体，准备尔后进一步充实修改时再改写成语体文的。后来因病情日益加重，更遭十年浩劫，至今卧病于床，无力动手修改，而画界朋友又多方敦促此稿，姑且抛出此砖，以引美玉。这次先刊出生活、造型两章，谬误疏漏之处，乞同行教正。待康复之日，再改写正稿。见谅。

石　鲁

一九八〇年十二月于陕西省人民医院

当时石鲁病重躺在床上，这篇后记由陕西日报社记者叶坚在病床旁边受托代笔写成。

1985 年 5 月，石鲁《学画录》终于由陕西人民美术出版社出版。它的整理校勘者，就是石鲁那本笔记手稿的保存者，他的名字叫令狐彪。

石鲁的《学画录》问世时，他已经离开人世快三年了。而它的校勘者令狐彪几年后也去世了。

书犹如此，人何以堪?

不过，关于石鲁《学画录》的故事并没有终结，那本早该完璧归赵的笔记本则又下落不明。石鲁家属至今为此叹息不已。

它还会有新的传奇故事发生吗?

惊涛险浪中的艰难求索

石鲁写刘志丹的电影剧本《共产党人》早已胎死腹中，这也算是不幸中的万幸。

1957年的一天，北京玄武门外米市胡同三十三号，一座幽静的小院里，一位三十七岁的女作家，正在伏案写土地革命时期一位著名领导人的传记小说。她就是石鲁在延安西工团时的党支部委员李建彤。

敲门声响起，她放下手中的笔走去开门，打开门她惊喜地叫了起来：

“石鲁！”

石鲁受到了李建彤的热情接待。

毕竟他俩一起在延安度过了一段难忘的岁月，一旦重逢当然倍感亲切。过去的石鲁有些不修边幅，头发长长的，衣服也有些邋遢。现在的他身体健壮，着装整洁，显得格外精神，给人一种焕然一新的感觉。

无事不登三宝殿。石鲁准备创作关于刘志丹的电影剧本，打听到老战友李建彤应工人出版社之约正在写长篇小说《刘志丹》，就找上门来了。

李建彤为创作《刘志丹》积累了大量素材，她和石鲁敞开话匣子交谈起来，结束后还给了石鲁不少关于刘志丹的资料。

1958 年以后，石鲁为了写好这部电影剧本，便开始频繁地和李建彤通信。他告诉李建彤，他现在至少投入了三分之一的精力用在这部电影剧本的创作上，剧本定名《共产党人》。他还说，他发现刘志丹身上存在着三种矛盾，在自己身上也有，等等。刘志丹的革命事迹，引起了他强烈的共鸣。

1958 年 5 月，李建彤来陕西，石鲁陪她去商洛地区采访，进一步了解红二十六军团南下失败的情况。事后，石鲁十分认真地告诉李建彤：

“我要回延安采访，将来为你的书作插图。我要走遍你所写的每个地方！”

接着他又谈到一个关于刘志丹的故事。她一听便反驳说：“不，那故事是假的！”

“我喜欢，它可以启发我的构思！”

她不赞同他的观点：“这样的故事我可以给你编一筐。”

石鲁一旦和谁争论起来，不争个面红耳赤不肯罢休。他从不隐讳自己的观点，在老战友面前更是如此。他指着她激动地说：“我先给你打个招呼，将来我写的电影，只按我理想的、想象的写，你可不要干涉！”

她了解他的个性，只好问：“你打算怎样写？”

他如数家珍似的谈了自己的构思。

他沉入了想象之中，仿佛电影正在上映……

后来，石鲁把电影剧本《共产党人》的梗概写出来了，有关单位还专门开了一个座谈会。会上各说不一，有的要他这样写，有的要他那样写。更有权威人士说，主要人物刘志丹还没有结论，你石鲁怎么敢写？他气极了，回家后只好对妻子闵力生气愤地说：“我不写了，他们愿写他们写好了，反正我不写了！”

1962 年 9 月，在中共八届十中全会上，康生搞突然袭击，诬陷习仲勋，说他勾结刘志丹弟弟刘景范及其夫人李建彤，授意炮制反党小说《刘志丹》为高岗翻案。会上康生写了一张字条给毛泽东，上面写道：“利用小说进行反党活动，是一大发明。”毛泽东在会上念了这张字条，还说：“凡是要推翻一个政权，总要先造成舆论，总要先做意识形态方面的工作。革命的阶级是这样，反革命的阶级也是这样。”后来这段话连同康生递上的字条一起当作毛主席语录在全国迅速传播开来。作为小说《刘志丹》一书的作者，李建彤当然遭到了厄运。李建彤的女儿，就是后来很有才气的女作家刘索拉，这是后话。

处于危难之中的李建彤想到了保护战友石鲁。她悄悄转告他：出了意外，一切暂停，信件已全部焚毁，不必惊慌。

石鲁的电影剧本《共产党人》幸好没有出炉，算是有惊无险。不然的话，即使当年“抢救运动”没有栽在康生手上，此次也难以幸免了。

1964 年对石鲁来说，可谓流年不利，是多灾多难的一年。

先是《转战陕北》问题。石鲁为中国革命历史博物馆创作的《转战陕北》，当时轰动全国，大小报刊竞相刊载，从来没有听到过什么不同的意见，特别是否定意见。实际上早在这件作品完成之后，已经有相关权威机构和领导严格审查过，并没有提出过任何政治问题。

为什么现在却风云突变，祸从天降？

据说是有一位军界领导人在参观革命历史博物馆陈列的画时说，《转战陕北》将毛主席画成走投无路，悬崖勒马。尽管这位领导人并没有做禁展封存之类的指示，但在当时也等于宣判了作品的“死刑”，并由此给石鲁带来了沉重的打击。《转战陕北》从此失去公开陈列的资格，被打入了冷宫，在革命历史博物馆的仓库里，足足关了长达十五年之久的“禁闭”。直到 1979 年北京举办石鲁书画展时，才使它重见天日。而对石鲁的最沉重的打击还在于由它所产生的多米诺骨牌效应，凑巧得很，屋漏又遭连夜雨。不早不迟偏偏当时在人民美术出版社出版的《石鲁作品选集》刚刚印刷完毕，准备面世，而《转战陕北》又十分突出地居于这本画集的首页，于是便顺理成章地发生了停止发行石鲁画册的事件。

事情已经到了无可挽回的地步。

在那个年代，谁的作品出了问题被查禁，都会被视为严重的政治事件，甚至可以使作者陷入万劫不复的深渊。

在这样一个时候，有人提出了两种折中意见：一种是能否根据那位领导人的意见，将这幅画进行适当修改，依旧可以重新在革命历史博物馆陈列；另一种是作者能否用另一幅作品将画集首页的这幅作品换下来，重新加以装订，然后再发行。

在别人看来，这两条意见并不算苛求，都不失为一种出路。照此办理，不但画可以继续陈列，书也可以继续发行，石鲁自己也能够摆脱困境，又何乐而不为呢？

那时对于书画遭禁的沉重打击，常人避之犹恐不及。一旦祸从天降，哪怕只有一根稻草，也会被人死死抓住不放。更何况是有关方面主动提出解决问题的办法，又有什么不妥呢？

石鲁就是石鲁，宁为玉碎，不为瓦全。这两条意见，统统被他断然拒绝了。

他要坚持自己的艺术品格和美术追求。

画坚决不能改，当然更不可能按照审查者的那个意见去改。如果让毛主席的身旁站满了千军万马的战士，不又回到他当初构思的方案上来了吗？为什么又要退回去将它画成平庸之作呢？

更重要的是，如果同意修改或重画，那不等于承认自己真的把毛主席画成走投无路面临绝境了吗？这是别人硬栽到他头上的东西，他决不屈服。

画不能陈列，打入冷宫就算了，等待时间去检验吧。他相信自己的艺术追求经受得起历史的考验。

至于人民美术出版社要换作品，他更不能接受。

这本画集无疑对石鲁意义重大。虽然前几年已出过一本《埃及写生》和《国画选》，但全面展示自己作品的画集这还是第一部。它收入了他近年来在国画探索创新上的新成果，最重要的标志当然首推居于画集首页的《转战陕北》。如果把这幅画换掉，就等于承认自己探索失败，那么这本画集的出版还有什么价值和意义呢？与其如此，还不如不出版！

决心下定之后，他让妻子闵力生将人民美术出版社的八百元稿酬先退回去。

妻子劝他说，如果马上这样做，怕人家说你心胸狭小。你这么大的气，还是等等再说吧！

后来这笔钱在“文化大革命”中被造反派当“黑稿费”没收了。

石鲁的拒绝，马上引起了美术界的不同凡响。有人认为他固执，有人叹息他不听话，有人觉得他不明智，也有人指责他太骄傲，但也有人暗暗地敬佩他有崇高的人格，崇敬他忠贞于艺术探索的精神。

后果当然是意料之中的。

新华书店正准备开始发行《石鲁作品选集》，突然接到上级有关部门的通知：停止发行，立即封存。

《石鲁作品选集》收入了石鲁从1959年至1962年间的二十幅作品，王朝闻为这本画集作序《探索再探索》。在这篇序言的末尾，他写了这么一段意味深长的话：

> 和其他画家一样，石鲁的现在的作品和未来的作品自己会说话，看画的观众自己也会说话，看来我作为画集前言的写作者，没有必要再多说什么话了。

石鲁画册遭查封，王朝闻已不是没有必要多说，而是没有办法再说了。现在读这段序言，则觉得作者当时关于“石鲁的现在的作品和未来的作品自己会说话”的论断何等深刻！

一天，王朝闻在中宣部教育楼前与陆定一邂逅相遇。

当时陆定一任中共中央政治局委员、国务院副总理兼中宣部部长，身居高位，乃是掌管意识形态的重要领导人物。

王朝闻在和陆定一交谈中，小心谨慎地似乎是随便谈起石鲁这幅画，然后客观地介绍了那位军界领导人的观点。他很想听听陆定一的看法，为困境中的石鲁争取一点转机。

令王朝闻大受鼓舞的是，陆定一对那位军界领导人的论点颇不以为然，他用一种同情的口气对王朝闻说：

“画上虽只画了几个人，怎么能断定山沟里就没有未被直接画出的许多人？”

尽管王朝闻有偶然的机会，遇见掌管意识形态的重要领导人，并能够如实地向他反映有关这幅画的情况；尽管陆定一的头脑相当清醒，并且未曾被那些貌似革命的时髦理论所左右，做出了非常明确的有利于石鲁的判断，然而事情却丝毫没有转机，甚至毁灭性的打击还在继续。

命运已开始向石鲁展示出残酷的面目。

就在这极端艰难的日子里，人们难以置信地发现，石鲁竟然没有屈服，没有气馁，他又开始了新的探索——《东渡》的创作。

为了国庆十五周年的画展，在常宁宫疗养院的病榻上，他就开始构思和起草《东渡》。这幅作品又是一个重大革命历史题材，又是画毛主席，可以说它是《转战陕北》的续篇或姊妹篇。

他决心以全新的艺术语言来创作这幅作品。

1964 年 4 月，正是桃花盛开的时节，一辆吉普车迎着扑面的春风驶出西安古城的朝阳门，向东奔去。车过灞桥北拐，然后过渭河北上。

车上坐着石鲁，他又带上外出写生的“全副武装”——便携式的画箱和他心爱的德国望远镜以及照相机、半导体收音机、当行军床用的气垫沙发，还有那支离不开的双筒猎枪。同行者有何海霞和几名学生。

来到蒲城天已很晚。城里黑灯瞎火的，小招待所已经满员，他们找到一家澡堂子，并从吉普车上搬下行军床临时凑合了一夜。第二天他们直奔宜川，后经南泥湾到延安。考虑到经费拮据，他们在延安滞留了三天，然后又继续向北行，经子长到米脂又返回绥德。这里是石鲁当年战斗过的地方，他痴迷地把速写画个没完。速写笔是一支“老金星”，刚从街头的地摊上买来的。

他们在东去黄河边的途中，来到他当年搞土改的义合镇。这里城堡式的地主宅院，成为他早年创作的木刻《打倒封建》的背景素材。他兴奋地指给同伴们看，当年搞土改他就住在半山腰的那个地方。

最后，他们从义合镇再往东行，来到终点站——黄河边的吴堡。这里是他当年埋葬二儿子小石子的地方，对岸就是山西的军渡。毛主席当年东渡黄河的渡口，在北边佳县的桃花渡。不过这里地势开阔，河水湍急，很有气势，是个收集创作素材的好地方。

渡船从黄河西岸的陕西岸边，顺流划向黄河东岸的山西岸边，然后由纤夫把船拉到上游，再由东岸划向西岸。每只渡船上有一位艄公掌舵，一边四位船工汉子划桨。他们上身赤裸，只有腹部下围了一圈麻布片，个个都像是铜浇铁铸似的。酷暑、严寒、烈日、风雨的岁月，铸就了黄河船夫坚挺的身躯和刚烈的性格。

最为惊心动魄的是，船到江心，由于水深河床不平，形成险恶的漩涡和激流，使四方平底的渡船猛烈地颠簸晃荡，随时都有覆舟之险。于是船工汉子奋力呼喊，拼命划桨，艄公稳操船舵，与烈马奔腾般的黄河浊浪进行着殊死搏斗。

这一撼天动地的场面使石鲁心灵受到强烈的震撼，也激发起了艺术创作的冲动。黄河船夫的生命力在拼搏中爆发，使他产生了深深的共鸣。

他不但在黄河岸边画了不少渡河的写生稿，还执意要到渡船上体验黄河击水的惊险，而且要亲自用照相机去拍摄黄河船夫划船的俯视镜头。

对于他来说，这种体验也算得上惊心动魄的一幕。

他先让身体壮实的学生侯声凯坐在渡船中间的一道横栏上，两边再各坐一个人将他稳住。然后他再骑在中间者的双肩上，下面的人将他的双腿抱紧，这样他就可以居高临下，在颠簸晃荡的渡船上俯拍黄河船夫的划船镜头。他拍下了一副副铁臂铜肩，拍下了一个个钢铁的脊梁，拍下了船工汉子划桨拍击浊浪，拍下了艄公力挽狂澜，稳操船舵。他真恨不得能拍下船夫的呐喊和黄河水的涛声！

黄河渡口写生归来，他一面继续对《东渡》进行推敲和定稿，一面又为创作做具体准备工作。

他把木工老徐师傅请来，新做了一张很大的画案。这张画案设计巧妙，装有滑轮，可升可降，可以根据需要放平或立起。

《东渡》定稿之后，他马上进行放大制作。他先在小纸上画出线描小稿，然后制成幻灯片。找到新城剧场，他将幻灯片投射在两张丈二宣纸上，并请人用木炭笔把影线勾了下来。

作画的前两天，他让一个学生协助他在那大沙砚里磨墨。这方大沙砚用精制的木盒承托，用沙子、猪血、布胎和漆做成，很坚硬也很起墨。他要学生把几锭墨捆起来，周围用木片扎紧，然后双手抱着按顺时针方向磨了整整一天。

还是在去年，石鲁就搬到美协那间大资料室工作。房子挺大，共三间，一间卧室，两间画室，而现在放下专为《东渡》制作的画案，两间画室就已塞得满满当当的了。房子南北走向，窗户朝东，北面有门，门上有一小附窗。

开始作画了。他把自己禁闭在里面，闭门谢客，不再与外界接触。除了妻子闵力生可以送饭送水或送药，儿女们也好，学生及朋友也好，任何人不得进入。西北局一位领导的夫人来访，也被他谢绝了。

一个学生好奇，登上北边的一个台阶，踮起脚从门上的附窗看了好一阵子。同学问他看到什么？他说："什么也看不见，只看见石老师的头顶一撮乱发在抖动。"

一个多星期后，他像得了一场大病似的走出了画室，《东渡》终于完成了，然后他把窗户统统推开，并叫闵力生和他一起到窗外站在高凳上观看自己的新作。这时他的神情显得十分激动，但他并不满意，还要继续琢磨修改。当晚他就病倒了，闵力生连夜请来大夫给他打针治疗，第二天就送进了医院。创作《东渡》所显示的强大的精神力量与创作者病体的衰竭形成了何等巨大的反差！

由于《东渡》尺幅巨大，裱工王老头只好在地上进行装裱工作。

1964 年 10 月 1 日，陕西省庆祝新中国成立十五周年画展在西安市新城区文化馆礼堂隆重开幕，石鲁的《东渡》参加展出，马上引起了轰动。预展时石鲁前去看画，已病得走路都十分艰难了，不得不手提一只小凳，走几步歇一下，勉强把画展看完。

《东渡》的画面呈竖长形，四米多高。在画面中央，毛主席双手叉腰侧身而立，站在船头凝望远方。身旁是一个戴工人帽穿干部服的人，后面是摇桨的船工和战士，船尾是掌舵的老艄公。在艄公的腿部下边，是牵白马的战士和行李、马灯。船四周用朱砂略带墨色的线条，画出“黄河之水天上来”的气势。

《东渡》的题款是一首《寄调满江红》，是他专门请二哥冯建吴由重庆赴西安住了半个多月，帮助他推敲填写的，词曰：

破浪乘风，东去也，电奔雷激。
从天降，纵横九曲，势吞南北。
赤水掀腾冲腐浊，狂飙旋舞飞魂魄。
恸人间，血泪洒江河，岂无息。

翻天地，风云逼，捣魔窟，擒妖贼。
主沉浮，万代永清河色。
力拔三山挥铁手，放诸四海掌全策。
看金波，涌出日轮红，照中国。

最后由于他病倒，题款才由冯建吴用八分隶书题写。建吴的书法金石味很浓，如刀刻一般，足见深厚功力。

《东渡》以一种全新的“腔调”问世，它标志着石鲁在中国画的探索创新上，又向前迈出了一大步。

《东渡》面世的前一年，他就在探索新的艺术语言。在一幅习作中，他题写道：“拟金刚之画法，颇有壮美之感，唯当色墨浑然方见真力也，写时当改之。”可见表现色墨浑然的壮美，是他对艺术语言的新追求。

《东渡》具有磅礴的气势和巨大的震撼力。

他用没骨法画人物。笔下的船工全是用纯朱砂和赭石画出形如金刚的陕北壮汉，有一种雕塑感。

色彩上，他以朱砂、赭石破墨，色破墨，墨破色，色墨并用。

笔墨上，他采用大笔触，焦墨颤笔，如刀刻石，有强烈的金石味和版画效果。

颤笔画船板木纹，铁线笔法画水纹，形式感很强。

构图上，他采用俯视构图，突出了毛主席的坚定沉着以及黄河船夫的刚健，给人以身临其境之感。

他在艺术探索上的超前性往往造成震荡，使不少观展者感到振奋，也使一些人瞠目结舌，感到吃惊、不理解和难于接受。

全国美协派人来西安看画，批评他搞形式主义，更有人说他画的黄河船夫像活剥了皮，血淋淋的，船板像烧焦的朽木等，也有别有用心者自然想乘机上纲上线对他进行批判。

《东渡》选不选送北京参展顿时成了一个难题。在反对选送的人中，有坚持说这幅画有问题者。然而大多数人还是出于好心，他们认为他的《转战陕北》遭到领导人的批评，他的画集刚刚停止发行，这幅作品拿到北京如果接受不了，通不过，甚至再受到批评，对他打击太大。当时"四清"运动已经开始，文艺界的形势严峻，已是山雨欲来风满楼了。

就在这一年的6月27日，毛主席在《中央宣传部关于全国文联和所属各协会整风情况报告》中，做了第二个批示：

> 这些协会和他们所掌握的刊物的大多数（据说有少数几个好的），十五年来，基本上（不是一切人）不执行党的政策，做官当老爷，不去接近工农兵，不去反映社会主义的革命和建设。最近几年，竟然跌到了修正主义的边缘。如不认真改造，势必在将来的某一天，要变成匈牙利裴多菲俱乐部那样的团体。

这个批示作正式文件下发后，文联各协会开始整风。

这一年文艺界批判之风有愈演愈烈之势。批判电影《北国江南》《林家铺子》《不夜城》《红日》《兵临城下》等，批周谷城的"时代精神汇合论"和李凌的音乐创作思想……

美术界同样不安宁。江青跑到中央美术学院，说美院是个"稀烂了的鬼地方”。说钟涵的油画《延河边上》对毛主席“有歪曲”，还说挂在人民大会堂正厅的中国画《江山如此多娇》，“看了半天也看不出是什么，有那么好？”

《东渡》还敢往北京选送吗？

西安的展览结束之后，这幅耗尽石鲁两年心血的巨幅国画，便被打入冷宫。他在精神上又一次遭受了沉重的打击。

到了“文化大革命”中，《东渡》更成了他“丑化伟大领袖毛主席的罪证”。

如今最大的遗憾是，作为石鲁代表作品的《东渡》，除留下几张简单的小草稿以外，原作经“文化大革命”浩劫之后，早已下落不明。更遗憾的是连原作的黑白照片都没有能留下一张。

“文化大革命”开始之后，美协西安分会的资料室被抄，到美协所有人员下到“五七干校”时，资料室里的古籍、画册以及石鲁的《东渡》，全部被拉到省文化局的一间保管室里去了。直到“四人帮”倒台，美协恢复后，剩下的资料被重新搬回，但《东渡》却下落不明。

20 世纪 70 年代初，在东大街原中苏友协礼堂，造反派曾举办过一个内部批判的画展，《东渡》还完好无缺地挂在舞台口的墙上。

关于《东渡》的下落，说法很多。有的人说，在“文化大革命”中大兴画领袖像时，不知是谁把这幅画中的毛主席头像用刀挖走，以后残画又不知被谁拿走。还有人说，1973 年他在省文化局大院搞创作时，曾在一间平房里见过它，屋子里放了些杂物，尘封已久，画有丈二匹大，几乎铺满地，基本完好，只是石鲁题款下的一方朱文印被人用刀子挖走了。但也有人猜测，石鲁名气很大，即使是他的“黑画”，当时也不可能被毁。想收藏他画的人很多，说不定这幅画还在某个人手里，只是现在还不好拿出来。总有一天它会重见天日的。

归来吧，《东渡》！

大雁塔旁的迷乱精灵

1964 年对石鲁来说是重大变化的一年。自从新中国成立以来的十五年间，石鲁不论在政治上和艺术上，可以说都是处于顺境。

在政治生涯中，作为一个画家和美协负责人，他在这期间的历次政治运动中，基本上未受过冲击。

在艺术创作上，他勇于进取，新作不断，成就世人瞩目。他在艺术上所进行的探索虽有异议，但只是学术争论，并没有形成干扰和压力。

他的艺术思想，如“一手伸向传统，一手伸向生活”，与当时的文艺方向并不相抵触，基本合拍。他的谈话和撰文，也没有违背党当时的文艺方针。由于他是懂艺术的画家，又是共产党员，在贯彻党的文艺方针时，能按艺术规律办事，他为国画创作研究室草拟的计划就是最好的说明。

1958 年 8 月 30 日他致李琦的一封信，也是他在这一时期文艺思想的表白。他当时思考的是革命浪漫主义如何与革命现实主义相结合的问题。他坚持的基本立场是：“我以为我们应该站在这样的高度，从右来的修正主义要狠打，从‘左’来的教条主义也要打。当然，我们不是中间和折中。”这种思想基本属于防止左右两条路线的模式，与当时的基调合拍。

但与此同时，他作为一个艺术家的良知未泯，他说：“有人又说风景画不能反映现实生活呀，即兴的创作，所有速写，总是缺乏思想性呀，不能谈风格呀，他们好像是为了追求新，然而他们没有提出新东西。”可见他对当时文艺界“左”的东西，有着比较清醒的认识，头脑并不发热。

然而到了1964年，他艺术事业的列车却在正常运行的轨道上突然翻车。《转战陕北》遭贬，画集停发，电影剧本《共产党人》夭折，《东渡》受挫，使他这个十五年来在政治上、艺术上一直处于顺境的人，对领袖、对革命、对新生活唱颂歌的人，受到一系列意想不到的挫折和打击。尤其是《转战陕北》与《东渡》，他对这一重大革命历史题材，用高超的艺术技巧，进行了相当完美的表现。而如今连它们也遭到了否定，今后的路又该如何走？

他缺乏一定的思想准备，当然感到深深的困惑。

余波未息，到了1964年底，耗尽石鲁心血成立的学员班又被解散，学员都要去上山下乡。

有人到上级有关部门去告石鲁的状，说他用师傅带徒弟的方式培养学员，是封建主义教育的做法。于是上边便停止了拨款，使得几个学员每月十八块钱的生活补助也难以为继。他的用三个三年培养国画专门人才的雄心勃勃的计划半途夭折，化为泡影。

恰恰在这时，街道办事处又来通知美协，说这批学员属于知识青年，是上山下乡的对象。

学员班上除了已经离开和回老家的人之外，其余的都全部下乡插队。他们和其他知青编成一队，下放到陕甘边界的陇县，被安置到李家河公社聂家山大队普陀生产队。当年这里是“农业学大寨”的典型，被称为“高山上的一杆红旗”。

学员们开始了艰苦的知青生涯。昨日那些追随名师做画家的美梦，已抛掷在西安钟楼旁边的那片院落里。如今，伴随着寒窑的风雪之夜，他们只有对老师的深深思念：

你好吗？石老师……

一次，学员班的侯声凯回到西安，去看望石鲁老师。老师单独把他拉到一

1963 年石鲁与家人合影。前中为岳母李润卿，右为石果，左为石丹；后右为夫人闵力生，左为石强，石坚此时在新疆当兵

家小餐馆，师生俩边吃边低声倾谈。老师问起他们在山区的生活和处境，叮嘱他多关照体弱的女同学。

第二年，在陇县聂家山下乡插队的学员班的同学间，传递着一个令他们震惊和不安的消息：

石老师疯了！

石鲁住进了精神病院！1965年11月，这条惊人的消息不胫而走，立刻传遍了陕西美术界。

这年夏天，石鲁还兴致勃勃地来到陕南安康地区的劳模会上，为农村养蚕能手李兴元画像，连画三张，直到这位不懂画的农村妇女感到满意。他汗流浃背、不厌其烦的认真精神，使围观的人都十分感动。后来《安康日报》很快发表了这幅女劳模的写生像，并由诗人党永庵写了一首配画诗。没想到几个月后，他竟然得了精神病。

闵力生向陕西省委宣传部报告石鲁的病情。宣传部部长方杰亲自来看望石鲁，并立即派了一位精神病大夫前往检查。这位大夫与石鲁进行了二十分钟的交谈后，得出结论：石鲁患的是严重精神分裂症！

他思想超前，性格固执，特立独行，平时有许多令人难解的言语和行为，但谁也没有想到他会患上疯病。

近年来，他虽屡遭误解，连续受挫，但他都能顶得住，是个坚强又乐观的人，怎么就会突然发疯呢？

他的疯病像是个难解之谜。

记得《东渡》刚完成的那天晚上，他就曾突然发病，浑身抽搐，十分可怕，经大夫打针处理之后，第二天就被送去住院。在治病期间，他有些怪异的表现，但妻子闵力生却一直以为他在坚持练气功。

他从常宁宫疗养回来之后，就开始练气功，甚至带动了美协一些人跟着练。据说他练的是一套“益气自发功”，练功者端然静坐，屏息凝神，双目紧闭，意守丹田，然后气游走于经络。开始如梦游般起舞，犹如五禽戏，做太空舞状，复苏之后如大梦初醒，一扫病态。起初他练一两个小时，后来长达半日，最后发展到终日闭门不出，甚至彻夜不眠，不时从床这头爬至另一头，好像不断地想把自己藏进一个虚幻的世界。有一段时间，他的精神显得特别好，练功时打着赤膊，还用棍棒使劲地敲打胸和臂。冬天，他竟然打着赤膊到院子里的水龙头冲冷水浴。这期间，他又老爱给人摸脉看病，还喜欢给自己和他人针灸。由于他过去读过一些医书，看起来还像那么回事。

有一天，美协的司机老张把闵力生叫到一边，提醒她说：

“老闵，我感到石老师近来的行为越来越不对头，是不是精神上有什么毛病？你应该让医生给他检查一下！”

闵力生大吃一惊。

“老张，你发现了什么？”

老张师傅悄悄把石鲁的一些反常现象告诉了她。原来石鲁要他去砍些榆树叶来围在屋子周围，说是防止从内蒙古草原传来的口蹄疫病毒传染。

闵力生仔仔细细地想了想，又进行了认真分析，这才恍然大悟，如梦方醒。

当时石鲁的精神分裂症并没有那种躁狂混乱的病态表现，医院大夫说，这叫作“文疯子”。他和人争辩问题时，思维仍然比较清晰，条理也清楚，甚至时时还会表露出深刻的思想来。他的异常行为，集中表现为一种强烈的变态的自危感和防范心理。

一位教过石鲁针灸的何大夫来看他，立刻引起他的警惕，叮嘱何大夫不要靠近他，并说何大夫的身上带有口蹄疫。一天早晨，他叫妻子一起到东大街骡马市去喝豆浆，说喝了可以消毒。不仅如此，临行还再三叮嘱她只管在前面走，千万别回过头来看他。到了豆浆店里，他坚持他们夫妇俩背靠背地坐。

他把茶叶倒进洗脸盆里，说茶叶里有毒。他让孩子们进门就吃一把花椒，还用一叶兰熬汤，说为了防疫，并且让全家人要一碗一碗地喝，不喝不行。这些苦涩难喝的汤，孩子们喝了一转脸又吐出来。

这是我们往日心目中的画家石鲁吗？

石鲁的这种精神病态，事出有因，绝非偶然。

文艺界的“文化大革命”，要比全社会提早了两年。在1964年毛泽东《关于文艺的两个批示》发表之后，文艺界的批判之风愈演愈烈。自从《转战陕北》打入冷宫之后，石鲁开始不断地遭遇到极左政治的巨大压力和无情冲击，他的精神大堤也不断地受到强烈的震动与摇撼。

此刻的石鲁别无选择，要逃脱灭顶之灾，只有缴械投降。但是具有强烈探求精神和独立品格的石鲁，决不“自甘为奴”，也不愿“自丑”。于是，在他对革命和领袖的忠诚得不到理解，对艺术的苦恋和探求遭受到打击时，他陷入难解的困惑和愤懑以及深深的焦虑和自发的逆反与抗拒之中。

同时，他的健康状况也危机四伏，他的病体更难以支撑和承载即将要紊乱的精神世界。他正面临崩溃的边缘。他迷恋于气功，不过是潜意识中一种解脱的渴求，在自贱中对自己焦虑与痛苦的转移和消解。然而，这种行为不但没有化解他的焦虑与痛苦，反而使他走火入魔，最后加速了他的精神病变。

于是，他精神的板块在强力的挤压、冲击、震荡之下，在虚弱病体无力支撑的情况下，在气功走火入魔的误导下，终于发生了错位和裂变，演化成一种变态的自危感和强烈的防范心理。

石鲁的精神大堤，在横流的滔滔洪水中终于崩溃了。

美协组织上只好做出决定，把石鲁送进南郊大雁塔附近的陕西省精神病院治疗。

这时，闵力生和儿女们都忍不住痛哭起来，美协的很多同志也感到一阵阵心酸。他们甚至不相信他真的患了病。

正因为他有强烈的自危感和防范心理，他把进医院治疗当作是别人对他的一种陷害。他喊叫着，说美协某领导同志送他进医院是想陷害他，他没有病，人们硬说他有病。接着他又和闵力生大闹，执意叫她送他回家。

在精神病院里他和大夫激烈地辩论，说自己并没有患精神分裂症，并且一条一条地反驳，讲得头头是道，医生也奈何他不得。他拒绝吃药，不配合治疗，护士一转身，他就把药扔掉，或者狡猾地把药片压在舌根下。

但这里毕竟是医院，医生的职责是治病救人。他们给他注射胰岛素，使他处于半昏迷状态，以抑制、麻痹脑细胞的活跃，达到治疗的目的。四个月之后，他的病情有所好转，身体开始发胖，神态有些呆滞。在精神病院那间受优待的小平房里，迷乱的精灵虽然收敛起了它不驯服的翅膀，但充满艺术想象的画家大脑却变得有些迟钝了。

大雁塔，诗人登临爆发灵感和放飞想象的大雁塔，在你旁边蜷伏着一位杰出的画家，难道他艺术想象的翅膀真的就从此折断，铩羽跌落在你的身旁了吗？

这时，医生见他病情有所好转，破例允许他回家住几天。

在接他回家途中，他十分清醒地说了许多话，使闵力生深为感动。他深感内疚地告诉她说，他知道前一段时间患了精神分裂症，让家里人吃了不少苦头，真对不起他们。等回家休息几天后，他一定配合医生的治疗，尽快把病治好。等到身体彻底恢复之后，他还有好多好多的画要画，好多好多的事要做。

闵力生伏在他的肩上，真想痛哭一场。她觉得他今天率真得简直像个孩子，只要他病情能好转，她的一切苦痛和悲伤都变得微不足道。

他回家只住了八天，自己又只好回到精神病院去了。

如果不发生后来的打击和摧残，石鲁的精神分裂症完全可以治好，他的身体也完全可以康复。尽管他有满腹的委屈，但他决不会消沉，决不会碌碌无为地混时度日，不会明哲保身的畏葸不前，他仍会勇敢地大无畏地探索下去。

石鲁的人生字典里从来没有“退缩”两个字。

经过几个月的治疗，他的病已有大大的好转，用药量也渐渐减少了。他在这间小屋里静静地养病，又有妻子和儿子轮班陪伴和精心护理，他仿佛从一场恐怖的噩梦中醒来，重新感受到家庭的温暖和生活的幸福。

他从迷乱精灵的俘获中，一步一步十分艰难地挣脱逃离出来。他的脑神经被镇静药物麻痹，他要发作的病症被胰岛素休克疗法抑制。他成天昏睡，并不知道医院外面有一个正在疯狂的世界等待着他。

山中方十日，世上已千年。这里是世外桃源，外面则沧海横流，中国的“文化大革命”开始了。

在古老钟楼旁边的美协西安分会大院内外，已经铺天盖地地贴满了“打倒石鲁”的巨幅标语和大字报。他的庄重的名字上打上了红色的叉，他的画室已经被造反派封闭。

这一切当然不敢向他透露半句，否则，他又会逃回那个迷乱精灵肆虐的荒诞世界里去的。

这些日子除家里人外，探望他的人几乎绝迹。一天晚上版画家修军突然来访，他当然很高兴。

1959年，石鲁应邀为中国革命历史博物馆创作国画《转战陕北》时，一起来北京的还有版画家修军，他为人民大会堂陕西厅创作大型套色木刻《枣园春色》。修军的《枣园春色》完成之后，各大报纸画刊，包括《人民画报》都竞相转载。人民美术出版社还以单张的形式出版了这件作品，在全国新华书店发行。

时隔三年，陕西美术界中流传着一则消息，传到了石鲁的耳朵里，使他不由得火冒三丈。原来，有人向省委宣传部打小报告，告了修军的黑状。他们指控《枣园春色》中的黑色太多，套色灰暗，调子阴冷，又说毛主席桃李满天下，为何只画白色梨花，而不画红色桃花？

他认为这些攻击纯属无稽之谈。

当时他对有些人大肆鼓吹“写中心画中心”的题材决定论就十分反感。他在致李琦的信中，就提出对那些“从‘左’来的教条主义也要打”的看法。不久，在陕西省委宣传部召开的一次规模相当大的文艺座谈会上，针对有人对《枣园春色》的横加指责，他大胆地在会上发表了自己的看法。

发言之前，他先把一张《枣园春色》的印刷品贴在墙上，然后才开始发表意见。显然他是有备而来的。

那些告黑状、打棍子的人，没想到一上阵就遇上他这般强劲的对手。他向来是得理不让人，不给人留面子，为此得罪过不少人。今天他还是那个脾气，嬉笑怒骂脱口而出：

“怕黑吗？那么你的头发应当剃去，《人民日报》也应当全部红色印刷！”

笑声哄然而起。许多人扬眉吐气，也有人无地自容。

散会之后回到家里，他还余怒未消地对闵力生说道：“今天大大地打了一仗！”

不过，他过于低估了这种“左”的思潮和势力。不然的话，“文化大革命”的大火会如火如荼地燃烧起来吗？

今夜修军来访，他总想了解外面的情况。修军想让他多少知道一些事情，思想上有个准备，以免到时候猝不及防。于是便将“文化大革命”开展的情况和美协里贴大字报的内容，多多少少向他透露了一点。

他听后，反而显得比较平静。

石鲁的三儿子已经上了高中，在北关外一所中学念书。这段时间他上完晚自习后，就骑着自行车穿城南奔，赶到父亲那间病房里值夜班。

他发现逐渐康复的父亲，这时变得特别富有人情味。他不再是从前那位经常外出写生，忙碌得根本无暇照管他们兄妹的父亲；也不是那位成天逼着他们喝苦涩一叶兰汤，脾气变得古怪的父亲。也许是长期孤独和寂寞的缘故，儿子来陪伴他时，他的态度变得十分和蔼可亲，并且心平气和地与儿子谈起心来。

从父亲的问话和交谈中，儿子发现一天天清醒过来的父亲，在那被迷乱精灵践踏过的头脑中，又产生了许多新的忧虑。

父亲总是不时地问起外边的情况。他似乎在敏锐地捕捉这间屋子之外的“文化大革命”的消息。他急于想弄清这场轰轰烈烈的大革命究竟是怎么搞法？他显得有些迷惑和不安。

自从那天晚上修军离开之后，石鲁知道了美协已经有造反派，知道了那些造反的人给他贴了许多大字报，揭发他许许多多的“反革命修正主义的罪行”，而且来势凶猛，势不可当。他似乎预感到一场大的灾难即将降临在自己的头上。

他的理智已开始逐渐恢复正常，那曾经错位的判断力又回到了常态。他还能恍惚记得，自己住院前那些失去理智的荒诞之举，并开始为它感到羞愧，感到懊恼。他多次询问儿子，美协院子里的人怎么看待他的病？是不是叫他疯子？

此刻，他多么需要和一个了解他的人倾诉，他有好多好多的话要说，他感到心里憋得慌。

静静的深夜，就在大雁塔旁这间几乎与世隔绝的小屋里，儿子趴在一张行军床上，认真地听着父亲毫无困倦地自语般地讲述着过去的一些事。尚未成年的儿子也闹不清楚，父亲究竟为什么要告诉他这些事情？

没过多久，这间精神病室被冲开了。

石鲁，一位正在开始康复的精神病患者，被送上了“文化大革命”的祭坛。

第五章

十载梦魇：枯兰犹劲笑刀粗

钟楼做证：寒宵更放豪

1966年10月17日，病已基本好转的石鲁，还躺在病床上养病。尽管外面的世界已经天翻地覆，但在大雁塔旁精神病院这间病室里，却依然保持着一种奇异的宁静。

石鲁没有想到，这种宁静在一瞬间即被打破。

门被踢开了，从外面快步走进几个人来。他认识他们。

进来的这几个人都是造反派，有单位的职工，有过去学员班的学生，还有年轻的画家。

他们一进门就带着满脸的杀气，好像是监狱中提审囚犯似的。往日那种对领导和老师的亲切与尊敬，现在已全然不复存在，仿佛彼此之间根本不相识一样。

石鲁第一次看见，他们每个人的右臂上佩戴着的红袖章。这是当时最时髦的标记，使这些人一瞬间成了最最革命的人。

他们来到石鲁面前，领头的一位用极其威严的语调宣读了美协革命造反派勒令石鲁回单位检查交代、接受革命群众审查批判的通告，然后不容分说地把他押出门去。在出门的一瞬间，一位青年画家突然在石鲁耳边小声地说："你不要怕！"

闵力生开始和他们论理，说石鲁不能出院。论理无结果后，她又只好请医生开证明。医生出具证明，让石鲁回家休息两周，还要按时吃药，不能受刺激，以后还必须来医院进行复查。

上车时，闵力生提出让她陪石鲁坐三轮车回家。于是她叫了一辆三轮车，造反派们只好开车尾随其后。为了让丈夫有个思想准备，闵力生在三轮车上大声向他说："'文化大革命'已经开始，你要正确对待，和群众站在一起，揭发自己过去的错误。"石鲁只是默默地点头。

三轮车和汽车缓慢进入市区，一种异常气氛向石鲁袭来。

此刻的中国社会，好比一个失控的闹钟，发狂地不停地鸣响起来，长短的时、分、秒指针在无序地转动，时顺时反，时快时慢。

一连串新奇的符号组合成怪异的混响：红宝书、红卫兵、红袖章、红海洋、语录歌、领袖像章、样板戏、大字报、油印传单、高帽子、游行、游街、批斗……

种种新鲜词语组成了独特的语境："最"的多次方，"伟大"的排比，"万岁"的重叠，"打倒"的泛滥，"造反"的高频率……

崇高的人一夜之间臭不可闻，无耻之徒则在一瞬间大红大紫，善良的人被迫出卖自己的灵魂，清醒的意识却被视为顽固不化，聪明智慧被当成天大的白痴……

神圣的荒唐，严肃的滑稽，崇高的丑恶，欢笑的血泪。

历史的悲剧，被当成了万众欢呼的盛大节日。

石鲁被押回到美协西安分会。院子内外，到处是铺天盖地的大标语和大字报，到处可见打了大红叉的石鲁的名字。他的画室被查封，他的家被查抄，他被推到一间小屋里等候。这时，批斗他的会场早已经布置妥当。

两个小时以后，他的脖子上挂着黑牌，被押进了批斗会场，会场群情激奋，吼声震天。他先是弯腰低头，接着被拳打脚踢。在刺耳的高音喇叭声中，一个个造反者登台发言，他们把一顶顶沉重的"大帽子"扣在了他的头上。

在众多批判者的发言中，首先要提到的当然是他的《转战陕北》，说这幅作品"恶毒污蔑伟大领袖孤身一人，陷于绝境"。《东渡》的渡船画成烧焦的破船板，"伟大舵手毛主席站在这条船上，能把革命引向何方？"然后批他"'野、怪、乱、黑'的反党反社会主义的修正主义文艺纲领"，说《家家都在花丛中》是"宣扬地主资产阶级的复辟美梦"，《东海之滨》是在"盼望国民党蒋介石反攻大陆”，《东方欲晓》的枣树枝杈是“从尿缸得到的启示”……

他被批得狗血喷头，却不允许有丝毫辩解。

他的命运急转直下，迅速沦为“黑帮”“牛鬼蛇神”“走资派”“反动权威”，被推入万劫不复的深渊。

十三朝古都西安，那根有悠久文明的历史琴弦突然断了。

历经沧桑的古老钟楼，独立在这座古城中轴线的中间，像一位孤独的老人站在那里，睁开他昏花的老眼，不解地望着满街的动荡不安。

全市规模的“牛鬼蛇神”大游街开始了。一辆接一辆的敞篷大卡车，在刺耳的高音喇叭和震天的口号声中缓缓驶过大街。车上荷枪实弹的民兵战士和威风凛凛的红卫兵，押解着挂黑牌的如五花大绑押赴刑场的死刑犯般的“牛鬼蛇神”，石鲁当然也在其中。

就在这座钟楼旁边，北大街美协西安分会的大门口，往日那块受人敬重的会名挂牌，现在被砸烂扔在地上任人践踏，替代它的是一副字迹拙劣的白纸对联：

庙小妖风大

池浅王八多

于是在美协里，美与丑交换了场地。美成了最丑的东西，美被无情地摧残践踏。

造反派们将石鲁的画室接管，并将钥匙从闵力生手中拿走，由他们自由出入，随意索取里面的东西。同时，赵望云、何海霞、方济众的画室也被查抄。办公室被砸烂，画家们珍惜如命的文房四宝，被造反派抢走。从北京琉璃厂买来的清代宫廷用的宣纸，现在正好用来写大字报。更有些外边人打着造反的旗号趁火打劫，他们用板车把古代宣纸、书籍杂志一车车往外拉，也无人敢过问。

在打砸抢的高潮中，一队美协的“牛鬼蛇神”被造反派们像赶牲口一般，押出了大门，站在高高的板凳上示众。

每个“牛鬼蛇神”的胸前挂着一个巨大的黑牌，为首的一个人挂的黑牌上写着：

反革命修正主义分子　黑画家　石　鲁

牌子上“石鲁”两个字写得特别大，还用红笔像判处死刑犯一般画了个大叉。

在西安，石鲁的名气很大，但真正见过他的人很少，因此看热闹的人特别多。围观者才知道眼前这位一头乱发、满脸病态、不修边幅的人，原来就是大名鼎鼎的画家石鲁。

在那个政治狂热日益升温的社会氛围中，一些过去没有机遇或没有场合得以表现自己的人，往往会利用这样一个千载难逢的机会，凌辱平日要仰视的社会名流，以得到一种心理和精神的补偿。

以凌辱他人为荣，才是真正的疯狂。

在许许多多的围观者中，有人就跳出来对石鲁这个“反党反社会主义的黑画家”高声怒骂，拳脚相加，大打出手。他们还吐唾沫，搞各式各样的恶作剧。在当时，这些行为都可以被视为“革命行动”，披上了一层神圣的外衣，人群中没有一个敢站出来反对的。

石鲁站在那里，此刻他唯一的“权利”就是饱受谩骂和凌辱。沉重的黑牌子挂在脖颈上的时间太久了，他感到天旋地转，却又要拼命支撑着不倒下。他清楚地知道，倒下去就会受到更加粗暴无情的毒打和凌辱，也许自己就永远也站不起来了。

冷汗在他蜡黄的脸颊上流淌。

搞“活人展览”并非是那些作恶者灵感袭来时的即兴之作，一搞就是两个多月。他们将石鲁的“罪行”编成漫画，让石鲁自己挂在美协对面邮电大楼前，并让他搬一张大椅子站在上面，自己向过路群众讲漫画的内容。旁边有造反派监督，稍有差错，回来就少不了一顿毒打。

石鲁从医院回家后仍在继续服用镇静药，因此他的脑袋成天昏昏沉沉，像戴上“紧箍咒”一般。写交代时发生遗忘，受审时对答不上，都要挨打。每天，西安美院学生的“红大刀”刚把他批斗完，美协的造反派又把他揪过去。他就这样轮番不息地被批斗，被暴打。挨耳光、遭拳脚、受辱骂、请罪，对他来说现在已经成了家常便饭。

开始他还满脸惶惑不安，感到无地自容，后来逐渐地变得麻木了，好像失去了荣与辱的感觉。他满头是灰白的乱发，双颊瘦削，面容憔悴。他已经被折磨得不成人样子了。

家里被这个造反队和那个造反队一次次查抄，一切关于画画、读书的东西被扫荡一空。有一次抄家时，一个戴红袖章的人正抱着被抄走的东西往外走，不小心把一本字帖掉在地上，另一位戴红袖章的人说：“看，这些东西你都要，拿它干什么？”等他们前脚一走，石鲁捡起一看，一本好字帖，赶紧把它藏了起来。

接着又是写不完的书面检查，开不完的批斗会。1967 年的夏天，美协的黑帮分子被西安美院造反组织和美协造反组织联合押解到西安美院批斗。当时坐在会场里的美院学生高民生画下了批斗会现场的速写，他的本子上至今还保留着一幅石鲁挂着“反动权威黑帮分子”牌子，在台上挨批斗时挣扎不服姿态的速写。

平日在“牛棚”里，“牛鬼蛇神”集合恭听训话的时候，总发现石鲁将身子微微向左倾斜，然后慢慢抬起右腿，用脚尖在地上来回地滑动，脸上还不时露出窃笑。

“石鲁，老实点！你在笑什么？”

他似疯非疯地答曰：“我在练习写字嘛，写到妙处，实在忍不住就笑了。”

真奈何他不得。

一天深夜，屋外响起惊天动地的敲门声，石鲁从噩梦中惊醒过来，又回到噩梦般的现实中。

门开后，拥进十几个戴“南泥湾造反兵团”红袖章的凶神恶煞的人来，他们在已被多次洗劫过的房间里到处乱翻，试图搜索出阶级斗争的新动向。结果他们什么把柄也没有抓到，最后只好把石鲁画的一张毛主席像以及平时画的一些速写小稿全部抄去，甚至连他正在写的几页检查交代材料也一并予以没收。

他感到这帮人的行为无聊和可笑到了极点，便顺手把搁在墙角的一把平时当和泥瓦刀用的只有半截的道具钢刀拿起来，递给他们说："这也拿去吧！"

没想到一位造反派的小头目眼睛一亮，反咬一口说：

"你这个黑帮，真正是贼心不死！你给我老实交代，家中暗藏凶器想干什么？"

"好呀，你的狐狸尾巴终于露出来了！"

"把他押出去批斗，走！"

一伙人便不由分说连推带拉地把石鲁押到一间空屋里，接着安上一盏几百瓦的灯泡，召集了十来个人，立刻开起批斗会来。这帮人连家属也不肯放过，他们把石鲁的岳母和子女全部叫了起来，弄到现场陪斗。

这种所谓的批斗会，其实就是叱骂加拳头。十几个人大打出手，拳头巴掌劈头盖脸地打来，等到这帮人筋疲力尽时，石鲁已被打倒在地爬不起来了。

孩子们含着泪把他扶回家去。他的眼睛和耳朵被打肿了，半边脸打成了酱紫色，面目也难以辨认了。背脊被打得皮开肉绽，令人目不忍睹，血迹斑斑的汗衫粘在背上无法脱下来。岳母只好用剪刀小心地一块一块把汗衫剪开来，再一点一点把血迹擦净。

当时为了顺应革命潮流，石鲁的四个子女与父亲划清了界限，全都改了姓，跟母亲姓闵了。他们分别改姓名为闵向东（石坚）、闵志东（石强）、闵勇东（石果）、闵红东（石丹）。但是，不管他们改成多么革命的名字，他们仍然是"黑帮"子女，丝毫改变不了自己的命运。

1967 年 9 月 2 日晚上，天气特别闷热。石鲁的三儿子吃过晚饭，等到天黑之后，就从父亲那间被查封的画室旁边的葡萄园前面，像往常一样爬到临街的屋顶上去。这是他的"乐园"，一是为了乘凉，二是为了听钟楼上高音喇叭里的群众大辩论。

今晚他根本没有想到，房屋下面有人为他布下了罗网。他刚从屋顶上下来，一帮人便一拥而上将他捉住了。当时正值“武斗”期间，一些造反派手里有枪。后来听说他还在屋顶上时，下面就有人主张开枪打，要不是被人制止，后果不堪设想。

他们一下子将他捆绑了起来，在墙上的烟囱洞里插了一根杠子，然后将他吊在上面，拷问他爬到房上去干什么。

其实这伙人做贼心虚。他们正在悄悄准备“武斗”用的石灰袋，看见有人上房，误以为是对立派的人来进行“敌情”侦察的，所以差点开了枪。

他们发现抓的是石鲁的儿子，于是就一口咬定，他上房顶是想到他爸爸的画室里去取那支双筒猎枪，来对他们进行阶级报复的，而且非要他招供不可。其实石鲁画室被查封后，那支猎枪早被他们拿走了。闵力生赶来过问，也被他们轰走。石鲁的儿子一直被吊到半夜一两点钟，他们还不肯放手。他毕竟是个十几岁的孩子，受不了这种折磨，只好屈认了。

第二天，美协召开群众大会，先把他弄到大会去做交代。这时，他又翻供了，陈述了昨晚事情的原委，还指出他们搞的是逼供信。主持会者无奈，只好把石鲁押来和儿子一起批判。

父亲没有发言权，只能保持沉默，而儿子又翻供，弄得批判会进行不下去了。他们恼羞成怒，干脆把他拖到后院的一棵大槐树上吊起来，还别有用心地拷问：是不是你妈闵力生教你的？

他在大槐树上吊了半天，还是没有承认。

下午，他们又把他弄到美协的展览室，让他弯腰站在凳子上。这时他们改变了主意，假惺惺地说，只要你承认，然后写个材料就算了。但有一个附加条件，必须把你爸给你讲过的事情也写出来。

他憋着一肚子气，心想你们尽说我爸爸有多坏，好像一切坏事全是他干的，你们这些戴着红袖章的人，难道都是最革命的？一气之下，他把过去听到的一些关于美协人事的是是非非，索性全写了出来，这当然会涉及他们中一些人的不光彩的事情。

没有想到，他为此闯下了大祸。

这伙人被彻底激怒了。于是他们把一腔怒气全部发泄到了石鲁身上。一个爬房顶的顽皮少年捅破了马蜂窝，一群马蜂把毒刺全部蜇进了他爸爸的身上。

当天晚上，他们半夜三更把石鲁从床上抓了起来，他只穿了一条裤衩就被押到一间屋里。先让他跪在地上，然后又开始拷打他，要他老实交代指使儿子去干了什么坏事？他摸头不知尾，前言不搭后语，所答非所问。于是他们用树枝抽打他的背脊，一边抽打一边咬牙切齿地骂："打死你这个老反革命！"他裸露的脊梁上留下了道道紫红的血痕，刚刚愈合的伤口重新被撕裂，渗出了殷红的血迹。

毒打完了，正式开会批斗。

石鲁刚被押上台，那位从医院押解他时曾在他耳边轻声说过"不要害怕"似乎同情过他的青年画家，这时突然跳了起来，上前一口气狠狠地打了他几十个耳光，打得他鼻血流淌，眼冒金星。

这当然是石鲁没有想到的。当这个青年画家的手再向他打来时，他感到悲哀，更感到震惊和愤怒！他再也忍不住了，终于向他发出了一声怒吼：

"你的手是画画的，不是打人的！"

这是一声令人痛彻心扉的呐喊和警告。

批斗会结束了，石鲁带着浑身的伤痛躺在床上回想过去，他与那位青年画家的往事一幕幕从眼前掠过。在那位青年画家曾因复杂的社会关系而受到歧视陷于困境的时候，他无所畏惧地帮助他，并为他创造了良好的工作环境。在他创作上遇到了难以克服的困难时，他也总是竭尽全力地帮助他。

人啊！人……

在这些日子里，长安画派另外几位成员的命运又如何呢？

赵望云本来就年纪大了，又被人用钉了钉子的木棒击中头部，眼底出血，后来因此中风，造成半身瘫痪。1970 年，他被疏散到泾阳县云阳镇。

造反派对何海霞实行日夜轮番批斗，用强光照射，实行疲劳惩罚，他终于不堪其辱，逃亡到河南去了。后来被下放到富平县庄里镇落户。

康师尧身体有病，非强迫他爬梯子贴大字报不可，结果摔了下来，腿折断了，成了终身残疾。1970年美协西安分会解散，他被下放到户县牛东乡插队落户。

方济众被关进“牛棚”，1970年被下放到陕南洋县的一个偏远山村去了。

20世纪60年代初名震中国画坛的美协西安分会国画创作研究室，终于在“文化大革命”的无情风雨中，随着美协西安分会解散而自行消失，众星寥落，百卉凋零了。

那几年肆虐在北大街美协西安分会的造反派组织主要有：“红大刀”“美术纵队”“美术兵”“美术战团”以及从延安来的“南泥湾造反兵团”。

前车之鉴，录此存照。

在西安美协中，也有几名同志始终不愿参与那种所谓的革命造反活动，他们不畏强暴压力，同情石鲁。后来在一些人借群众之名，将石鲁定性为“反革命”时，他们敢站起来说：不！他们是女画家王冰如、司机张志生等人。

危时见节，这是我们民族的古训。

石鲁在“文化大革命”中的非人遭遇，在中国美术界是罕见的。产生这种悲剧，除深刻的历史和社会原因之外，还有其自身独特的原因：

石鲁在“文化大革命”前既是美协副主席，又是业务负责人，加上他是知名画家，从而构成了他在“文化大革命”中“走资派”与“反动权威”的双重身份。决定了他在这场史无前例的运动中，几乎每一阶段都成为斗争对象；再加上他受迫害提前了两年，昭雪平反又滞后了两年，历时长达十四年。这是石鲁“文化大革命”遭遇时间的长期性因素。

他在“文化大革命”前就已患有精神分裂症，从未痊愈，还不时复发。身处逆境而又精神癫狂，使得他行为反常，说话无所顾忌所以容易授人以柄，以致差点被判处死刑。这是石鲁“文化大革命”遭遇的病态中的非理性因素。

他在“文化大革命”前艺术成就卓著，使得不少人嫉妒他，一旦失势他便成为嫉妒者发泄仇恨的对象。又由于他在艺术上的探求精神与超前意识，难以为常人理解，所以他的艺术行为必然被视为异端。这是石鲁“文化大革命”遭遇的超常性追求艺术的因素。

他作为一个艺术家，对极左政治带给他的羁绊必然产生巨大逆反，从一个投身延安的革命者对领袖的强烈崇拜，演变到在身受迫害中产生的巨大困惑、焦虑乃至抗争。这是石鲁“文化大革命”遭遇的精神矛盾因素。

他坦率直露、不留情面、得理不饶人的性格特征，容易误伤他人，在不知不觉中树立了对立面。平日自己又不愿讨好逢迎、圆滑虚伪，不工于心计，不吹吹拍拍。一旦失势，便遭他人攻之，陷于孤立。这是石鲁“文化大革命”遭遇的不易改变的性格因素。

他曾执掌地方美术界的大权，有一个难以回避的重要问题，这就是参与对下属人员的安排处置问题。“文化大革命”中美协领导层会议记录失密，有人就会立即反目成仇，甚至把多年来因其他原因受压抑之私愤，借搞运动全部发泄到他的身上。这是石鲁“文化大革命”遭遇的难以化解的人际因素。

再加上“文化大革命”席卷全国，其势如暴风骤雨，摧枯拉朽，所向无敌。一个人一旦被揪出，顷刻间沦为阶下囚，全民共诛共讨，众叛亲离，完全丧失自我保护能力。同事、战友、亲人、学生，出于自保，或公开揭发，或投石告密，或躲避以示划清界限，或挺身而出以显其“革命”。更有流氓恶棍发泄不满和愤懑，乘机打砸抢，以凌辱他人为乐，以摧残他人为荣，以补偿平日的空虚与无能，将人性之恶发挥到了淋漓尽致、登峰造极的地步。

石鲁的遭遇是“文化大革命”中人的遭遇的一个典型“标本”。

逃亡历险：奔青山而恸哭

1969 年 8 月，石鲁想逃回老家去。

结果，他没有逃回去，而关于他的通缉令则张贴在四川仁寿县城街头的电线杆上。

通缉令上给石鲁戴了一连串的帽子，还揭发了他的“滔天罪行”。最后说他畏罪潜逃，希望广大革命群众提高警惕，一旦发现立即将他捉拿归案，实行无产阶级专政云云。

这张通缉令有两句话特别令人难忘。一句话令人想哭，一句话让人好笑。

前一句是说石鲁“疯疯癫癫”。这时仁寿县的人才知道，这位新中国成立前就到延安投奔革命的家乡人，现在被逼疯了，实在令人痛心！

后一句是说“此人可以画几笔画”。他是有名的大画家，听说北京还请他去作画哩，怎么只能“画几笔”呢？实在令人啼笑皆非。

仁寿人为自己家乡人鸣不平。

在非人的折磨中，石鲁终于萌生了出逃的念头。这是他反抗意识的复活，他不堪再在凌辱中逆来顺受地生活下去，他要逃回老家去。

第一次出逃，是 1969 年 5 月间。

经过一年多的打击和折磨，他早已是身心交瘁。再加上他早已被迫停止药物治疗，他的精神分裂症不复发才是怪事！这也使他开始变得天不怕，地不怕，什么话也敢说，什么事也敢做。

在工宣队开始进驻单位的时候，他还存有幻想，认为澄清自己的问题的时机到了，但很快他就失望了。他被工宣队集中到文化系统的大“牛棚”里，反复进行审查批判。当时的“牛棚”设在北大街西一路省文化局内。

记得1966年10月石鲁被造反派从精神病院揪回单位时，医生再三向他们解释说，他不仅真正有病，而且病情还十分严重。然而医生的吩咐以及医院的诊断证明和一大沓病历都无济于事，造反派们还是一口咬定石鲁装疯，想蒙混过关，逃避批斗，并且郑重其事地向医生发出警告：石鲁问题复杂，罪行严重，必须回单位交代问题，谁也不能阻拦！

医生毕竟是医生，临别还叮嘱石鲁，要他离开医院之后一定要坚持吃药，生活要有规律，千万不要受刺激，要定期回医院检查。

石鲁和家属当然只有无言地苦笑，他们还能说什么呢？

他被揪回单位所受的无情打击和非人折磨，即使是强健之躯，也难以承受，何况一位尚未恢复健康的精神病人。他像一叶残破的孤舟，经得起在狂涛中嶙峋礁石上的摔打撞击吗？

他又开始犯病了，先是不吃饭不吃药，后来在“牛棚”里练起气功来，时常敲打得咚咚直响，弄得别人无法休息。连“牛鬼蛇神”们也群起而攻之，开他的批斗会。他成天自言自语，不知说些什么。他开始爬树，爬到树上摘桃胶吃。现在，他再不像以前那样唯唯诺诺低头认罪，开始表现出反抗，不服“牛棚”里的管教。

这时他产生了一种强烈的幻觉，总觉得有人在对他不停地说：你还不赶快逃走！你……

他决定逃走，逃到一个没有“牛棚”，没有红袖章，没有造反战斗队和工宣队，没有高音喇叭狂呼乱叫，没有挂黑牌，没有“坐喷气式”的地方去。

他处在被迫害的现实处境和出逃的精神幻觉中，产生了偏执的突围意识，并且愈来愈强烈。

一天下午，“牛棚”里的人都吃晚饭去了，那个催促他的声音又在耳边响起：“快跑！快跑……”趁看守没有注意，于是他就溜之大吉。

耳边的风呼呼响，“快跑”的声音在不断催促着他。他跑了很久，不知道方向，也不知道是什么地方，反正已经跑出了城市，跑到了一个没有人的野外。这时他感到筋疲力尽，气喘得特别厉害，再也跑不动了。于是，他便一头钻进了一片庄稼地里躲了起来。

其实，这次他并没有跑出多远，只跑到了西安北郊的草滩农场。初夏，正是田野里庄稼茂密的时节，随处都可以藏身。

他躺在一个真正的破草棚里，周围很静，闻得到一股干草和牛粪的气味。

他的大脑里也一片空白。他太累了，再没有什么躺不下去的地方。更何况在这里，除了蚊虫肆虐之外，没有看守，没有训话，再也用不着写检查交代。比起拳打脚踢、轮番批斗和挂牌子游街之类，这里仿佛就是天堂，在这里没有那种令他日夜不安的恐惧感。

他从未有过如此轻松。他想，如果能在此独自一人看守庄稼，该有多好呀！

他在这里住了下来，离此不远处有一片尚未成熟的西红柿，果实长得不大，他每天就靠它充饥。

天又一次黑了下来，这已是他在郊外草棚里睡的第五个晚上。他躺在干草堆上，一手挥着树枝驱赶蚊虫，一手拿着未成熟的西红柿啃，他觉得这西红柿的味道似乎比当年在西工团窑洞外亲手种的甜多了。遗憾的是这里找不到辣椒吃。想来想去他发现这里并不理想，他想逃进深山，像家乡峨眉山那样风光美丽的地方，然后独自结庐而居，采野果子吃，喝山泉水。专门开一块地种辣椒，然后再自由自在地作画……

一想到自己已好几年没有画画了，他心中立刻绞痛起来。

透过茅棚顶破烂的洞口，望得见夏夜天空闪烁的群星，好像第一次从安吴堡向延安突奔，露宿在黄土高原……

想着想着他进入了梦乡。

在石鲁出逃几天后的一个晚上，他北大街的家又响起了急促的叩门声。一个小伙子上前开门，一位着公安装的人进来问道：

“石鲁是你们家的人吗？跟我到公安局去领人。”

开门的小伙子跟着公安去了。

他就是石鲁的长子石坚，那位在延安保育院长大的小石头。1962 年 7 月，十九岁的石坚高中毕业后参军，分到新疆阿克苏当了一名炮兵战士，到部队第三年就入了党。1968 年他复员回来，被安置在西郊的西安机床厂当工人。离开部队时，指导员十分遗憾地告诉他：“如果不是你爸爸的问题，我们不会让你离开的。”他明白事理，强忍着不让自己眼泪流下来。他刚从部队回来时，窝了一肚子气没处发泄，只好拿挨批斗的父亲出气。吃饭时他对给他带来灾难的父亲吼道：“走资派，一边吃去！”

面对儿子的呵斥，父亲无可奈何，只好端着饭碗一声不响地走开。他知道自己对不住儿子，是他影响了儿子的前程。

石坚跟着那个公安来到西大街鼓楼旁边的市公安局里，只见父亲坐在那里，满头的长发已被剃得光光的，显然是被关押过。天气有点热了，他却穿着一件黑色的大衣，那是一件日本军用呢大衣，后来染成黑色的。他满脸病态，神色痴呆，一句话也不说，默默地跟着儿子走出了公安局大门，像刑满释放的囚犯似的，乖乖地回了家。

石鲁第一次出逃的梦想就这样破灭了。

庆幸的是，这一次他回到文化系统的“牛棚”并没有挨批斗，工宣队同意他上午去“牛棚”学习，下午回家养病，晚上可以住在家里。这时，闵力生每天要在单位值夜班，石鲁便和儿女们一起睡在那间半地下的屋里。

在北郊草滩农场的破草棚里的五六天逃亡生活，对他来说那是无拘无束、自由自在，而且摆脱了被迫害的幸福生活。他对此十分留恋，并渴望再次得到它。

他决心还要再逃亡，逃回老家的峨眉山上去，他要去找救过他命的那个人。只要能找到他，只要进入了深山老林，就不会有人可以捉住他了……

近来，他每天晚上都要梦见这个人。这个人就是他儿时松林湾冯家大院的对他特别好的长工王老头。他一定要去找到王老头，只有到王老头那里就可以找到慰藉和安宁。

近来，他总是隐隐约约地听见有人告诉他一个绝密的消息，说峨眉山上藏有一枚巨型导弹。他想如果能够找到那枚巨型导弹该多好，他就可以拿它向苏修发射，看那些戴红袖章的人还敢不敢说他是修正主义分子！

王老头一定知道这枚巨型导弹藏在哪里，他也一定会带他去找到它。

强烈的渴望和预感，促使他下定决心再次逃亡。

石鲁的精神分裂症，并不像那种完全失去理智的迷乱与躁狂。据说精神病院医生判定他思维混乱，意识清楚，是一种妄想偏执型的精神病。

这次逃亡，他那功能紊乱的头脑里确定的目标是：跑回四川老家，跑到峨眉山上去，找王老头帮他寻找那枚巨型导弹。

1969 年 8 月初的一天，家里人发现他撬开了衣柜，拿了几十块钱，并带走了他那件黑呢大衣，身穿一件深灰色单衣，失踪了。全家人顿时惊慌起来。

管理“牛鬼蛇神”的一个小头目得知这一消息后，立刻跑来找到闵力生，硬说是家里人把他弄去藏了起来，非要她把人交出来不可！

全家动员，凡是他可能去的地方都找过了。到郊区乡下的庄稼地里找过，到有水的地方也找过，都不见他的踪影。他究竟会跑到哪里去了呢？

石鲁这次出逃前，表现出一个正常人的一些清醒和理智，并不像前一次那样毫无目的地胡奔乱跑。他可能还经过了一番细心周密的策划和安排。离开家后，他从容不迫地一直往西走，到了西郊三桥车站，从那里登上了去成都的火车。

他这次出逃的准备和登上火车的行为，虽然看不出有一点精神病患者的非理性的荒诞迹象，但是，火车刚翻过秦岭驶入四川广元境内，他就误认为到了峨眉山，于是便下车走进了深山。从这一点看，就只能是他患精神病的行为和表现了。如果当时没有出现幻觉，他不可能连广元和峨眉山也分辨不清楚。

关于他第二次逃亡的地点说法颇多：一说他逃到了秦岭，一说他逃到了大巴山，还有说他逃到了太白山。

究竟应该是什么地方呢?

后来，在他病情好转、神志清醒的时候曾告诉别人说，他是误将广元当老家，他只记得那里有个地方叫“真假朝天”。

连他自己都闹不清楚逃亡到什么地方，可见他当时真又犯病了。

“文化大革命”后曾有位热心的好事者专程到广元调查，并有专人陪同在大山里转悠了几天，却始终未能寻访到石鲁当年的踪迹。后来找到两个偏僻的山乡，一个叫“曾家”，一个叫“朝天”。也许是石鲁一时不能听懂山民的方言，误以为这里就叫“真假朝天”。

从分省地图上可以查到，由陕南阳平关入川，从广元沿嘉陵江上行二三十公里，有个地方叫朝天驿，它的东面是米仓山，西面是龙门山。按现在的火车运行状况，西安到成都直快列车在此不停，但在“文化大革命”中，这趟入川列车是慢车，在朝天驿停站。石鲁一定是在这里误认为是到了峨眉山，然后下车的。他下车后，再沿着嘉陵江的支流朝天河来到小镇上，找了一家客栈住了下来。住了一阵子，四处打听王老头的下落，可一点消息也没有，小镇上的人向他投来怀疑的眼光。于是，他只好蹚过河，沿着一条公路向大山深处走去。

正因为他又疯了，处在幻觉之中，从而又具有不怕危险，敢在恶劣环境中生存的勇气。他和其他精神病患者一样，生命力显示出一种病态的、畸形的、非理性的顽强和亢奋，一种超人的精神状态。

他独自一人，在他认为是峨眉山的人烟稀少的深山里，四处寻找着他深深怀念的长工王老头，寻找着藏在大山深处的巨型导弹。

他完全像生活在梦幻中。

一天下午，他摸到了悬崖绝壁下的深沟里，发现了一部从公路上翻跌到万丈深渊中的汽车残骸。他大为振奋，既然已经发现汽车，说明巨型导弹已经离此不远了。

这时，一抹残阳正把山巅染红，暮霭已从山谷中升起。他只好决定明天再继续寻找，于是便钻进汽车残骸中过夜。今天他觉得自己的心情特别好，还口占了一首七言绝句式的打油诗，以纪行程：

鸡鸣狗盗我不怕，反正我要回老家。
夕阳西下有人家，人家就在岩底下。

半夜，他被深山中的寒气冻醒。月正中天，他听见山间传来野狼的嚎叫声。

第二天，他继续在大山里苦苦追寻，王老头，你在哪里？他一定要找到他，一定要在这“峨眉山”上找到导弹。

他独自一人在荒无人烟的大山里游荡，出逃前准备的钱和粮票，现在变成了无用的废纸片。他只有倒退回到原始先民采摘野果充饥的生存状态中……

他采摘油桐果实来吃。在他的家乡，漫山遍野都是桐子树，春天开出满树绯红色的花朵，灿若云霞，花谢后结出大大的油桐果实，人们用它来炼制桐油。但是，这种果实是不能吃的。

可能是吃油桐果实使他的大脑中发生了变异。他的意识好像一个镜头在聚焦，时而清晰时而模糊，促成他产生许多令人难以理解的精神幻觉与怪异行为。

一方面他吃了不能吃的油桐果实，这是头脑正常的人不可想象的；另一方面当他吃坏肚子之后，又能找出随身所带的黄连素片，清楚地知道吃这种药可以止腹泻。这能不叫人感到奇怪吗？

他身处荒山，住岩洞或山里人看庄稼的棚子，沦为名副其实的穴居野人。尽管此刻他已经脱离了社会生活，但做人的基本准则和道德观念，仍然对他这个精神病患者有着极强的约束力。

好些日子了，他几乎没有进过熟食和热食，肠胃里装的全是野果和野菜，真有如屈原《离骚》中所吟：“朝饮木兰之坠露兮，夕餐秋菊之落英。”食品结构的大改变，对于任何一个现代文明人都是很难承受的。

一天，他在山林里寻觅了大半天，腹中空空，饥肠辘辘，浑身冷汗直冒。这时他发现半山腰有一块玉米地，高兴地跑下去。来到地边一看，一株株玉米秆上挂着一个个熟透了的玉米棒子，顶端垂着紫褐色的须子，十分诱人。

他忍不住了，看中了一个又长又大的玉米棒子，但当他的双手伸过去抚摸到它时，却像触电一般，一下子又缩了回来。

不行！这是山民辛勤耕耘赖以为生之物，怎么可以随便摘取而不经主人的允许呢？

他经历过延安革命岁月的锻炼，头脑里深深地刻印着一句熟悉的歌词："不拿群众一针一线。"那些狗彘不如的东西尽管骂老子是"反革命"，但老子才是真革命、老革命！革命者怎么能随便掰群众的玉米呢？即便身陷绝境，我决不可能去偷、去抢，去干丧失良心、丢掉人格的事！

他的双手缩了回来，独自坐在那里发怔。

此刻，林深风静，除了天空缓缓飘动的闲云，自由飞翔的群鸟，偌大一片山林中，再没有第二个行人，也找不到另一双监视的眼睛。他完全可以为所欲为，但他没有那样去做。

难道他就这般饿死在这荒无人烟的深山野地？

他终于想出一个办法。他从口袋里掏出一个小本和一支笔，一笔一画地写道：

> 我现在落难在此，饿得实在不行了，吃了你几个玉米，但我并不是坏人，今后一定还你。

他先将这张纸片撕下来挂在玉米秆上，然后才掰下几个玉米棒子来，狼吞虎咽地填饱了肚子。

在他看来，写纸片与不写纸片完全是不同的两码事。没有写纸片就完全是偷，是丧失人格，他会受到良心的谴责而灵魂不安。写了这张纸片，虽然出于无奈，但他总算对山民有了个交代，有了个说法，名正言顺了。

世上有这样的疯子吗？

他仍然在山间转悠，寻找着王老头和巨型导弹，他相信一定会找到的。

一天，他又找到一间老乡的茅屋，看看是不是王老头的家？

上前一打听，不是姓王的。但见茅屋里的主人正在烧香，乞求保佑他的儿子转危为安。

老乡的儿子病倒在床上昏迷不醒。他上前伸手一摸，浑身滚烫，在发高烧。

他告诉老乡一些紧急降温的办法，并把自己身上的消炎药片取出来给孩子服下，接着又爬到山上采了些中草药回来，熬汤给孩子喝。

第二天孩子的高烧就退了下来。

山民们开始发现，这个在山里转悠的孤寡老人，原来还是一位能起死回生的走方郎中。从此他们对他刮目相看，不再将他看成一个孤独无靠的乞丐，而是将他看成了民间传说中那位落拓不羁、济世救人的济公一类的人物。他走到哪里，哪里的山民就向他求医问病。

但他毕竟只是懂得一点很浅薄的医术，而非岐黄高手。几天后，他给一位山民看错了病，被性格粗鲁的山民扭送到公社去，他的逃亡生活便由此告终。

来到公社革委会，一看他蓬头垢面又脏又破的邋遢样子，立刻就引起了人们的怀疑。一个人平白无故地窜进大山里来干什么？必定有什么不可告人的秘密，这一定是阶级斗争的又一新动向。

于是公社革委会的人便将这位形迹可疑的古怪人扣押起来，立即加以审问。

首先叫他拿证明出来看，可是他身上找不到一件说明他身份的单位证明。然后又问他的姓名、籍贯和工作单位，结果他总是前言不搭后语，时而姓张，时而姓王，疯疯癫癫，东说西说，愈加引人怀疑。有人说，看来像个疯子，放了他算了。有人则认为，此人一定有重大政治问题，决不能轻易放过他。

他们搞严刑逼供，但不管怎么拷打，他始终咬紧牙关不吐露一点真情。他横下一条心死不认账，他觉得不管后果怎样，都比押回单位强。

公社革委会的人多次开会分析研究，一会儿怀疑他是一个逃亡地主，一会儿又怀疑他是畏罪潜逃的走资派。恰巧这时又接到上级通报，说有苏修特务潜入我国。于是大家心里顿时豁然开朗，都说这个家伙肯定是苏修特务，空投到大山里来便于隐蔽。不说不像，越说越像。

于是，他被押送到广元县城里。当时公、检、法已被砸烂，管这些事的是一个由造反派掌握的群众专政指挥部，简称“群专”。

他被广元“群专”关了起来，一天只给三两稀饭喝。他们怀疑他是到处流窜的“五湖四海”的成员，又开始拷打他，要他交代问题。一个“群专”爪牙用一根竹棍乱抽。有一下抽在他犯病的肝区上，疼痛难忍。他用手护着自己的腹部，大声地叫唤说：

“哎哟！我的肝……”

“你这坏家伙还有心肝！”

又是一阵狠狠地抽打，直到这位爪牙打累了才住手。然后他们又把他吊了起来。他的双臂阵阵剧痛，两只手也开始麻木了。他想，要是把胳膊吊断，我将来还能画画吗？过去在美协批斗他时，就有人曾咬牙切齿地使劲拧他的胳膊，边拧边骂：“叫你画，叫你再画！”

一个画家最大的悲哀就是失去自己的双手，这时候他不得不招了。

同时，“群专”的打手又仔细地在他大衣口袋里搜查，最后终于找到一张美协西安分会食堂的饭票。

真相终于大白。

西安方面一接到广元“群专”的通知，立刻派出两名群众组织的头头和一名工宣队员，连夜赶赴广元把他押解回来。

此时的石鲁经过五十多天的逃亡，又受到严刑拷打，被折磨得不成样子了。他骨瘦如柴，疲惫不堪，衣衫褴褛、面容憔悴，令人心酸。

火车一到西安，他就被直接押到北大街西一路省文化局的批判会场。这次批斗会换了一个新招，要求参加批判会的人排成两行，夹道高呼口号，名之曰“夹道批判”。于是，美协造反派集中了西安市内四大协会所有的群众，列队在大门两旁，大门外还贴满“打倒石鲁”的巨幅标语。瘦骨伶仃、面色黧黑的石鲁，押到会场门口时已是气息奄奄、形同槁木。他被人使劲一推，立刻沉重地匍匐在地。在无情的吼声中，在脚踢威逼下，他只得一步步往前艰难地爬行……

第二天晚上，闵力生被允许去看丈夫，并送去换洗衣服。妻子问他为什么要逃跑，他说他要去找王老头，当一个农民还自在些。

自从石鲁出逃之后，美协的掌权者将发给他的三个孩子每人每月二十元的生活费全部扣掉，现在家中生活十分困难。

石鲁又被激怒了，他痛心地流淌着热泪说：“我的儿女有何罪？！”

这次逃亡，石鲁处于精神病复发的幻觉中，但他的行为却并非是一种完全非理性的疯癫之举。从总体上看，这是他对“文化大革命”的一种不屈的反抗。这种反抗带有一种哈姆雷特式的悲剧色彩，还有屈原式的孤愤情绪，更有石鲁自己独具的个性。

这一点最突出地表现在他写的《吟泽句·补天阙》中：

苍夷黛典兮，
奔青山而恸哭。
罗汨之鱼鳌兮，
吾不道地窟。
屈子何茫乎于楚烟兮，
你不晰乎共产之路。
我何别饱鱼腹，
落个叛徒，
收住眼泪问天去。

王朝闻说它大意是：到哪儿查我命运的书典呢？只有跑到山里恸哭。即使眼泪流成江河，我也不谈下地狱的问题。屈原为什么感到楚国无望而投江自沉，是因为那时还不明晰有共产主义前途。我是共产党人，何必投江喂鱼鳖而落个叛徒名义。不能！应该擦干眼泪继续往前走！

到了这种绝境，石鲁并没有想到死，他要顽强地活着。

后来石鲁又填了一首与这次逃亡有关的词，绝非游戏笔墨，真可谓刻骨铭心之作。他曾背诵给一位朋友听：

行行步步天桥走，
试问餐风饮水剥夺谁家油？
山穷水尽疑无路，
飞身上天问日头，
昔有射日之传口，
我何曾反天换星筹，
自问良心安在否？
游街戴帽偷识人间无仇，
是否？
不必自丑！
共产党员成了黑囚。
览花瞅月寻失必由，
盼仓颡之证然者，
什么是由头？！

这首词为逃亡做证：餐风饮水，山穷水尽；

这首词反思追问：飞身上天问日头，何曾反天换星筹；

这首词充满自信的人格力量，也是对侮辱诬陷的抗议：不必自丑；

这首词充满无比愤慨：共产党员成了黑囚，岂非咄咄怪事；

这首词也在苦苦寻觅：寻求失去了的人间正道，即必由之路；

最为可贵的是，他还试图在词中作深层次的探寻，抚今追昔叩问产生这一悲剧的历史缘由。

谁敢说这是一个精神迷乱者的谵语妄言？

人的精神世界是何等深广而又神奇。

断头威胁：老子还是老子

两度逃亡失败之后，石鲁又被关进文化系统的“牛棚”。

在这里写不完的检查交代。其实无休止地写交代，本身也是一种折磨人的方式。

有时一些外调人员来找他了解其他人的情况，他一边回答对方提出的问题，一边在写交代的纸上为外调人员画速写像，弄得对方哭笑不得。

他不愿在“牛棚”中荒废了自己，他渴望拿起笔来画画。

他的精神病在这样的环境中是好不了的，只能一天天加剧。整天被迫在那里写交代，他心里十分愤懑。写着写着他就停下笔来，小声地哼起了家乡的川戏，并且专门拣那些骂奸臣弄权、坏人当道残害忠良的段子。一天他在“牛棚”里小声哼起川戏《五台会兄》中的唱段。其中，杨五郎被权臣潘仁美迫害出家当和尚一段，唱得他忧愤难平，怒火中烧。

五台山削了发学为和尚，
思想起天波府疼儿的老娘。
愤恨奸臣才出家，
五台庙内削去发。
不愿在朝陪王驾，

脱去蟒袍换袈裟。

……

近日来，他又酝酿了一首打油诗，索性提笔写在一张写交代的纸上，顺手压在席子底下。

没想到他的这一行动，被一位“同是天涯沦落人”的“牛鬼蛇神”看在眼里，以为立功表现的机会到了，便悄悄跑去告了密。

“牛棚”的管理者得到这一密告之后，立即来到石鲁的床铺前，揭起席子来，果然是他写的一首黑诗：

么姐上牙床

打乱红妆笑虎狼，
奴家有事去烧香。
上敬玉皇三宝殿，
美术家家画殿堂。

这四句打油诗显然是有所指的，但那伙人翻来覆去看了半天，始终不得要领，便逼着他问道：

“老实交代，你究竟骂的是谁？”

只见他毫无惧色地从嘴里清清楚楚地蹦出几个掷地有声的字来：

“骂江青！”

真有如惊雷炸地。这几个人做梦也想不到，石鲁竟然如此胆大包天。

石鲁再无知，也绝不可能不知道在这个时候骂了这位“文艺旗手”，将会带来什么样严重的后果！然而他分明说出来了，并且清清楚楚明明白白毫不含糊地说了出来。你说他究竟是疯癫还是清醒？

前一段时间，“牛棚”里的“牛鬼蛇神”被恩准星期六归宿。工宣队怕石鲁疯疯癫癫又到处乱跑，便另外单独规定了一条：石鲁必须要家里人来接才能离开。一次闵力生来迟了，石鲁就到老关家去等。老关是石鲁在延安时西工团的战友，叫关鹤岩，陕西音协主席。石鲁一来到老关家，谈起国家大事就激动起来，扯着大嗓门骂江青和林彪。

隔墙有耳，关鹤岩怕那伙人会给石鲁增添新的罪名，便赶紧给闵力生打电话，叫她马上来接走了石鲁，那次总算平安无事。没想到这次，因为这首打油诗他还真的惹下了杀身之祸。

这几个人惊呆了，等了片刻才回过神来。他们激怒了，疯狂了。你这老家伙真是反动透顶，竟然谩骂和攻击我们的“文艺旗手”江青同志！接着一顿拳打脚踢，打得石鲁七窍出血、遍体鳞伤。

在那伙人看来，石鲁恶毒攻击“文化大革命”，攻击无产阶级司令部的反动言行，随便拈上两条，一顶“三反分子”的帽子便稳稳当当地戴在他的头上，按当时颁布的《公安六条》，枪毙他两次都还有余！

你看石鲁自己白纸黑字亲笔写的交代：

> 我骂“豺狼当道”，其用意是笑话讽刺司令部乱用人，党的许多老中央政治局委员怎么一下子烟消云散了。而如江青、姚文元、张春桥怎么选成了政治局委员，我对他们的革命历史实在怀疑到极点。……我们党为什么不重用像朱德、周恩来、陈毅等同志那样身经百战、开创新中国江山的英雄好汉？

这不是恶毒攻击无产阶级司令部的反动言论又是什么，敢于这样赤裸裸地跳出来，指名道姓攻击中央领导人，这在全国都很罕见，不是反革命又是什么？

再看他在同年 12 月 14 日的一份认罪书中又写道：

> 我对江青的反对，集中在江青的“文化大革命”旗手的地位与《部队文艺座谈会纪要》上。我反对的是解放十七年来的文艺界被一条反革命修正主义文艺黑线专了无产阶级政的总估计。再不满的是她轻视批判

吸收，而重于推翻旧文化与西欧民主派的文艺批评看法。怎么能把人类的文化传统一概否定呢？我把这论调在心中概括为专制主义的动向。

这不是猖狂地把矛头直接指向“文化旗手”江青吗？不仅如此，他的反革命气焰还十分嚣张，公开指责江青道：“为什么出几个样板戏就称为‘文化旗手’呢？公然代替了当年鲁迅先生而成为无产阶级专政下的文艺旗手了。”

他还骂过江青不懂艺术。他说毛主席去安源时，穿的农民服装和草鞋，但《毛主席去安源》油画上的毛主席不是农民服装，而是薄底朝靴。江青说这样的画好，那就是江青不懂艺术。

他们开始罗织罪名，要把石鲁定成“现行反革命分子”。

在当时，石鲁能直言不讳地做出如此深刻和清醒的判断，绝不仅是他发癫犯病的“疯话”。恰恰证明他心中有数，证明他的目光特别敏锐，头脑特别清醒，敢讲真话。在那场错误的运动狂热到极端时，真正洞若观火，能有如此深邃历史眼光的人毕竟是少数。石鲁就是其中的一个。

他再疯，不可能掂量不出说这些真话的严重后果。他明白，这样做必然会遭遇到粉身碎骨的打击，落入万劫不复的深渊。但他还是勇敢地把这些话清清楚楚明明白白地写了出来，作为“认罪”交给了那些想置他于死地的人。难道他真的就这么疯，这么傻吗？难道他真正在向他们低头认罪？

他在大悲大愤中大彻大悟。他借写“交代材料”、写“认罪书”，坦诚无畏地陈述他对关系国家与民族命运的大事的观点。作为一名真正的共产党员，他不愿意也不能够隐瞒这些观点。他想起在延安，在党旗下他举起握紧拳头的右手向党宣誓……

从来不会做“双面人”，也做不来两面派。他不愿隐忍苟活，更不愿奴颜侍人。有话就堂堂正正地说出来，如鲠在喉，不吐不快！

这正是石鲁无私无畏的风骨。

他之所以如此清醒，是因为他一开始就把“文化大革命”的本质看得很透。他痛恨极左，痛恨江青、张春桥、姚文元那伙人，即使为此遭遇残酷无情的打击，也坚决与之势不两立、不共戴天！正是基于这一点，他以突出的人格力量而有别于一般的画家，从而成为一位高出云天、壁立千仞的不朽的精神战士。

他曾一针见血地指出：“什么‘文化大革命’？是文化大破坏，文化大屠杀！”

这需要何等的勇气、胆识和气魄！世上过后方知、过后清醒、过后聪明的人太多了。中国亿万个头脑，在那个年月如石鲁这般清醒的有几个？如果人人都如此清楚明白，“文化大革命”还搞得起来吗？请继续倾听他在当时的呐喊声：

> 什么是修正主义？要说真正修改、歪曲马列主义的，不是别人，正是这一帮人：他们用法西斯主义冒充马列主义！马列主义，老子在延安时学过，哪是这个样子！对善良的人，动不动挥舞拳头、刀枪：“你的，斯拉、斯拉的……”一派日本法西斯模样，哪有马列主义气味呢！

难怪那些沐猴而冠的新权贵，对他那么恨之入骨，必欲除之而后快。他那张嘴太尖刻、太不留情面了，嬉笑怒骂，入骨三分。他还说：

> 我们有什么罪过？没有！我们尊重人，尊重真、善、美；不压迫人，不剥削人，有什么罪过？这一帮新权贵，打砸抢者，新法西斯才是真正的罪人。他们颠倒是非，制造混乱，毁灭生灵，摧残艺术创造，是假革命、恶人、丑类！

这里不妨让我们来欣赏一下他当时写的那些令人捧腹大笑而又欲哭无泪，并且还给他带来灾祸的辛辣的讽刺诗：

> 乱吵乱骂登龙榜，啼笑姻缘更一楼。
> 可怜半打新权贵，豺狼当道世忧忧。
> 不堪一笑是尔曹，公然一直上竿高。
> 平生多有何竟是？不过一纸文纪要。

钟馗打马过扬州，嫁妹不须吹鼓手。
一日捉鬼三千万，抽尽黄泉水倒流。

自从在“牛棚”里搜出石鲁骂江青的“反动诗歌”后，造反派中一些人便抓住这一难得的机会，大造声势，大做文章。他们想借此机会把他打成“现行反革命分子”，锒铛入狱，然后再把他送上断头台。

他们还找到一件可以置石鲁于死地的“罪证”——一个男人头像轮廓的钢笔线描。这伙人一口咬定，这个宽阔头像的轮廓就是最最敬爱的领袖毛主席。更为可怕的是，在这张线描的下面，在一串串外文字母中间，夹杂着几个龙飞凤舞的汉字：此物在21世纪必然自我爆炸。在他们看来，这是石鲁十恶不赦的弥天大罪。

于是，他们一方面大量收集整理他的黑材料，另一方面又在美协召开群众大会，想借群众之名，置他于死地而后快。

让美协群众来公开表决，说某个人是不是反革命，如此做法，真可谓煞费苦心，用心险恶，手段毒辣。他们知道，在“文化大革命”的氛围中，是没有任何人有胆量敢站出来说一个“牛鬼蛇神”不是反革命的。特别是对石鲁这样的顽固不化的反革命，人们唯恐避之不及，还敢主动站出来为他辩解吗？到那时候，他们上报材料时，就可以写上：革命群众义愤填膺，全体一致强烈要求对“现行反革命分子”石鲁实行无产阶级专政。

结果出乎他们的意料。在美协群众表决中，就公然有几个人敢冒着受打击迫害的风险，不同意将石鲁定性为反革命。第一个敢于站出来说不的，竟然是年迈的女画家王冰如，还有那位最早发现石鲁患精神病的汽车司机张志生。这位女画家坚定地说：“我认为石鲁不是反革命，是真的有疯病。”

尽管如此，他们还是将石鲁定性为“现行反革命分子”，并将材料上报到省革委会“斗批改”办公室去了。

一天，音协的关鹤岩找到闵力生，悄悄告诉了她一个惊人的消息：有人向他透露，说石鲁的问题严重了，可能要判死刑！只不过政法组内部现在有分歧意见。有人说他疯了，不能以此来判刑；也有人说他完全是装疯，是个政治疯子。

由于意见不统一，这个事情就搁置起来了。

闵力生听了如同五雷轰顶。她立即跑到省革委会“斗批改”办公室去打听，事情果真如此。

石鲁要被判死刑！

那些无时无刻不在想将他置于死地的人，现在得意扬扬地昂起了头，心花怒放，只等弹冠相庆的日子。

石鲁要被判死刑！

善良的人瞠目结舌，难以置信。他们愤愤不平：这是什么世道？一个精神病患者都不能宽容，这伙人倒行逆施已到了什么程度！

石鲁要被判死刑！

这对于闵力生和他的四个子女，有如晴天霹雳。对于这个家庭来说，“文化大革命”一开始，灾难就不断地从天而降。横祸虽然落在了石鲁头上，但全家受株连，饱受欺凌，吃尽苦头。这个美好家庭被摧毁，一瞬间他们都成了涸泽之鱼。

当打击以迅雷不及掩耳之势降临，闵力生也被弄得晕头转向，难辨真伪。她一度也把种种不幸迁怒于丈夫，甚至向他提出离婚。但是，她不忍心把在延河畔结成的姻缘拆散，依旧和石鲁相濡以沫，共度危难。

她看见自己的丈夫从医院病床上被揪回单位，一次次游街示众赶会批斗，坐“喷气式”，罚跪，拳打脚踢，昏死在地，令她欲哭不敢，欲死不能。

她流淌着眼泪，替丈夫用剪子剪开被血迹沾在伤口上的衬衣，小心擦洗着他那遍体鳞伤的身体，每次她的心都碎了。

她无处哭诉，也不敢哭诉。

作为一个“反革命的臭老婆”，在单位没人敢和她说话，终日在歧视的眼光中，低眉来去，忍声吞气。看见自己的儿子被吊打，做母亲的心在滴血，脸上却不敢表露出一点点怒颜。

在丈夫逃亡的五十多个日日夜夜，她昼夜难安，梦牵魂绕，很快双眼深陷，形容枯槁了。深夜里，她独自一人望着夜空，心中在声声呼唤着：石鲁，你在哪里？回来吧……

现在，灭顶之灾终于降临了。

这是为什么？

绝望中，这个善良的忍声吞气的女人终于愤怒了，她拍案而起，决心面对强暴进行不懈的抗争！

她十七岁就参加新四军的游击队，十八岁加入中国共产党，然后穿过一道道封锁线来到延安。过去年代的战斗精神使她挺直了腰板，鼓足了勇气。她一次一次找省革委会“斗批改”办公室，据理力争。连那些人也不得不承认：石鲁的老婆太厉害了！

在人生的困厄之中，她当然体味到了什么叫世态炎凉。一次次碰壁，也着实令她感到齿冷、悲哀和愤慨，同时也进一步让她看清了一些人的面目。

此时的石鲁似乎已经拥有了一套“智斗权臣”的丰富经验。他时而以正常人的姿态与他们论争，毫不让步地进行抗辩，时而又说一些前言不搭后语的荒诞错杂、玄妙难解的话，每每令审查他的人哭笑不得，束手无策。

他有一首疯疯癫癫的词叫《寄怀道兄》，从中可以读出一些味道来：

海啸无情，
梦中独叩白头人。
一代书生太笨，
不懂天地风云。
狗说我装疯，
鬼说我不行，
其实，老子还是老子
准备出航针。

恰在这时石鲁的精神病复发了，这就为营救他增添了一线希望。难道他们真要判决一个精神病患者的死刑吗？

芦屋困境：不是媚花是梅花

石鲁的精神病实际上从1968年就开始复发了，而在那种非人迫害的逆境中，根本谈不上治疗。这样一直拖到1970年10月，他才第二次住进了精神病院。

1970年初，关在那个“牛棚”里的人大部分被下放走了，石鲁由一名“牛鬼蛇神”看管，他是一位作家。正在这时，工作组派人通知他，说他岳母病逝，让他回去一趟。

前一天晚上，石强、石果兄弟俩还陪着病中的外祖母，到半夜老人突然去世。第二天石鲁回到家里，护送老人遗体到火葬场去火化了。

岳母葬后没有几天，单位造反派领着工作组的人来到石家，他们见墙上贴了一幅石鲁写的“阅尽人间春色”，故意说他把“春色”写成了“昏色”，硬要把这幅字取下来。石鲁毫不畏惧地据理力争，骂他们是歪曲诬陷，但这幅字还是被他们无理地拿走了。

按规矩丧事料理完之后，他应该回到“牛棚”去。但这次他果敢地拒绝了。

当工作组一个头头亲自上门来叫他时，他竟敢把门顶上，手提一根棍子，身边伴着一只小黄狗，摆出一副决斗的架势。

对方挖苦他说：“石鲁！石鲁你还是老革命呢！”

他一边舞着棍子一边高声叫道：“我是老革命？我是反革

命！我是‘文化大革命’！”

工作组的头头忍不住地放声大笑起来，最后只好无可奈何地转身走了。

石鲁终于赢得了一次胜利，从此便留住在自己家里，再也没人来管他。

经过三年多“牛棚”里的折磨，现在一下子暂时无人监管，使他感到一种前所未有的轻松。看见妻子儿女为老人之死哭哭啼啼，他提笔画了一幅花卉，题款曰：“妻哭子啼吾以为乐。”也许他正历经着大难，反而觉得人死了也是一种解脱，有什么可哭的？大有古代贤士庄周、阮籍的旷达和超然。

但他似乎忘却了那份定他为“现行反革命”的报告，还压在省革委会政法组的卷宗里，那柄达摩克利斯的利剑，还依然高悬在他的头顶。

这次石鲁的精神病复发与第一次的表现有所不同。

他有一种强烈的创造发明欲，成天地装拆收音机，扬言要把半导体改成“全导体”。他在电线插座里不知胡弄了些什么，家里人怕他触电，只好把插孔全堵上。他试验不用发酵蒸馍，一次次揉上面，烧起大火在锅里蒸。他还在一只宋瓷花瓶里，放上玉米、土豆、高粱米和黄豆，掺上水再在木炭火上煮。煮熟之后让儿子和他一起吃，并说它不但有营养，还可以增强人的智慧，结果花瓶煮炸裂了。他还把一件皮衣放在石灰水里泡烂，说是皮衣有毒，又在锅里炒手表。他就这样整天地胡折腾。

他的精神有时特别亢奋。他往街上走，儿子只好跟着。他一口气就要走上十来里路，儿子都感到累了，他却依然精神抖擞。

他还有躁狂的表现。有一次他操起一把火钳来，要打妻子。儿子上前才把他手中的火钳夺了下来，推了他一把。他气冲冲地对儿子说：“儿子打老子，这还了得，我要与你脱离父子关系！”

最让人揪心的，就是那次抢占服务公司的行动。

天刚拂晓，他就在屋里大吼大叫，命令全家人立即起床，跟他一起去占领前院的服务公司。家里人知道他又犯病了，以为让他吵闹一阵子就会过去的，谁知他竟然真的行动起来。

他像那位敢和风车挑战的勇敢的西班牙骑士堂吉诃德一般，手执一根长长的铁桨，宛如关云长的青龙偃月大刀。只见他怒发冲天，瘦削的脸上怒目圆睁，向美协的前院勇猛地冲杀而去。自从美协被砸烂以后，单位解散，人员下放，前院成为西安市服务公司机关办公的地方。

赵望云的老伴杨素芳急忙跑来喊闵力生："不得了啦，石鲁在前院发狂了，你还不快去！"

闵力生闻声披上衣服向前院奔去。

只见他用铁丝把服务公司所有的门都拧了起来，并且将大门顶住。然后来到收发室，手拿铁桨对准值班人员。那人吓跑了，他就把电话线剪断了，还将电话机抢走。

他得胜而归。来到后院，一头碰见赵望云，他便兴奋地大声喊道：

"望云，我已经占领了服务公司，美协又是我们的了！"

他把服务公司的电话机藏在后院防空洞里。一位平日和他相处得还好的老头，走上前递上一支烟和他闲聊起来。谈得高兴了，他悄悄告诉老头："我今天打了个大胜仗，电话机我藏在后院防空洞里了，你千万别告诉他们！"

他感到扬眉吐气，脸上显露出一种非凡的英雄气概。在他那潜意识深处，隐藏着对美协的被砸和解散的深仇大恨，他时刻都想夺回自己苦心经营的艺术阵地，今天算是得到一种宣泄和满足。

石鲁家里人想把他送回原来的那所精神病院，由于他是批斗对象，不经省革委会"斗批改"办公室同意，医院拒收。闵力生只好每周跑几次找"斗批改"办公室，先是看他们的脸色，后是受他们的训斥。但她并不气馁，坚持和他们论理，要他们答应为石鲁看病。后来实在推脱不了，他们才答应去联系医院，联系好了之后又得等待病床。就这样整整拖了大半年，直到1970年的10月石鲁才重新住进精神病医院。

这次送他住院，家里人煞费苦心，并且经过了一番周密的策划，否则很难把他弄到医院去。

大儿子石坚请来他的两位战友穿上军装，说是"斗批改"办公室的人。他一见大为恐慌，又用大粗杠把门顶住，好说歹说他才开了门。这才一把将他死死抱住往车上拖。这时他挣扎着高声喊道：

“你们是干什么的？你们要把我弄去枪毙！”

他的潜意识里并未曾忘却头上那柄悬剑。

他在精神病院住院期间，“斗批改”办公室和政法组两次到病房提审过他。在精神病院里提审精神病患者，这也真算得是“文化大革命”的一种独创。

这次住院，由于他是“戴罪之身”，当然不可能享受到第一次住院的那种待遇。这次在医院里整整住了八个月，到1971年6月中旬，他又出院了。闵力生去接他回家。

在接他回家的车上，他的精神正常，十分清醒地对闵力生说：“我知道你怕我病没有好，回家又犯病。要不是你关心，我早就不知死在哪里了，你真好，我对不住你。”他还说回家后要试着画点画，看看是否因为这个病失掉了业务能力。

自1965年11月他第一次住院以来，五年的时间过去了，他完全失去了作画的条件与机会。这对一位毕生献身于艺术创作的画家来说，是一件何等痛苦的事情。尽管过去一次一次飞来的横祸与打击几乎给他带来灭顶之灾，虽然他也曾在“检查交代”中多次说过“我今后不再画了”，但实际上，他真的能从此放下笔来吗？

不能！

石鲁为艺术真可谓是九死不悔！

20世纪70年代初，石鲁的艺术生涯中，发生过一段奇特而神秘的现象。

1970年初，他从“牛棚”回家后竟然荒唐地提出了要分家，不管家里人同不同意，自己分了一罐米和一些简单的生活物品，要开始单独过了。他还提出要“分砚台”，这当然是令人啼笑皆非的疯话，但从中也泄露出潜藏在他心灵深处的一种要求自由的强烈渴望。

于是他钻进起居室旁一间只有六七平方米的漏雨又钻烟的堆破烂的小屋，将门一关，过起他独特的日子来。

家里人密切关注着他的动向。

1971 年石鲁从精神病院出院后与家人在一起（陈长安　摄）

他把自己关在屋里干什么？家里人从缝隙处悄悄窥视，发现他伏在桌子上，聚精会神专心专意地在画画，而且是没日没夜地画。他正处于精神高度亢奋中，所以根本不知疲倦，而且可以几天几夜不睡觉，也不吃不喝。

他在用自己变异的燃烧的生命之火，去熔炼他非凡的画艺。他耽误得太久了，他在强烈地寻求一种补偿。他怀着焦虑和恐怖，担心自己阔别了五年的画艺再也追不回来了。

他的《美典神》《花卉昆虫长卷》和一些印度埃及写生作品的再创作就在这种非常特殊的创作环境中诞生了。

这一组非理性地表现他深层的潜意识状态的、用特殊怪异的艺术符号完成的绘画作品，是他的艺术创作中一座神秘、魔幻的奇峰。

他从 1965 年起开始患精神分裂症，后来时重时轻，时好时歹，直到病逝前也未曾彻底痊愈。关于这种病对他后期美术创作所产生的微妙而复杂的影响，是一个值得研究探索而不能回避的课题。

应当如何看待这一特殊的艺术现象呢？我们先听听两位大家的意见。美学家王朝闻说：

> 我从西安美术界同志们那里知道，石鲁确实在 1965 年因脑蛋白自我中毒，患了精神分裂症。经医院治疗初愈后，被揪回机关接受打、砸、抄、抓、斗的“洗礼”，使精神受到新的刺激和折磨。那么，石鲁在 70 年代，究竟是真正发了疯，还是装疯，这个问题在当时和现在，都是一个值得注意的问题。在当时，如果我们也说他完全是装疯，这并不合乎事实。如果这是事实的全面，医生没有根据挽救石鲁免于死刑。如果石鲁的头脑完全正常，那就不可能理解，为什么在“四人帮”被粉碎以后，他还坚持他那白酒可以代替饭食的错误言论和有害做法。如果我们只根据石鲁在某些方面的确有很不正常的状态，就断定他过去也完全是一个疯人，那就无从解释，为什么他可能说出那些不可能是一般疯人所能说得出来的道理……我也有直接的根据说：当时的石

> 鲁，使我联想起莎士比亚悲剧中那位丹麦王子哈姆雷特，在“丹麦是一所监狱”一般的环境里的言行，既好像是疯子，又不像真是疯的。在那十年浩劫的年月，“四人帮”以“坚持无产阶级专政”的姿态，把不少好干部的确逼成疯人。但我印象中的石鲁，颇有点哈姆雷特那种似疯不疯的意味，头脑有时清醒得令人吃惊。

特别推崇荷兰画家凡·高的著名画家吴冠中，把石鲁的精神一度失常与他的后期艺术创作联系起来加以思考过。他说：

> 1970年前后，石鲁翻出他50年代在埃及和印度的写生作品，在“牛棚”里偷偷直接在原作画面上反复加工改画，改画后的画面变得复杂而神秘，笔阵纵横，点线分布如天罗地网；彩色泼溅，出没无常，宇宙浩渺任遨游；层次里更辟层次，图画哪有边岸！上下左右往往布满了斑斑字迹，天书由君猜读……添绘的分量远远超出了原作的容量，原作只是引起再创作的一点酵母而已。石鲁这一时期的创作活动是异常？是精神错乱的一种表现？或纯粹是艺术童心的流露？狂热的凡·高自画像中，彩色的笔触在滚动，其间渗透着血管里奔流的鲜血，他那无法抑制的狂热终于导致了割耳朵的终结……石鲁对他这批旧画的改画与再创作，我认为可以从两方面来分析：一方面，他50年代的作品偏于追求生动活泼的客观形象，艺术处理中还没有形成后期的腔调。70年代旧画重提，欲赋旧作以新腔，他要将自己的话剧改编成戏曲。他在改画时对他的女儿石丹说：“这些画本来就没有画完。”另一方面，“文化大革命”给石鲁看尽了人间的丑恶，他试图从现实人间逃奔去艺术世界，他憧憬的天国。他改画后的1956年作的《赶车人》不再是泥泞道上的车夫了，他是赶着四匹马的阿波罗，他在太空绕一圈便赐予了人间昼与夜！《印度少女》和《印度神王》都不只是印度的，少女应藏娇于伊甸园中。神王呢，他是荷马，他守卫着苦难的艺术之海

洋！废弃的“古城堡”只作为怀古太简单了，作者于此重建琼楼玉宇，从“牛棚”到海市蜃楼又有多远呀！石鲁在改画旧作之际，也写新篇，在那幅《美典神》中，他题道：要和美打交道，不要和丑结婚。

一天，闵力生偶尔走进丈夫的小屋里，发现了他改画这一荒唐行为时，惊呼道：“你怎么把你的画都破坏了？”

他神情诡秘地得意地回答：“你懂什么！”说完又埋头画了起来，不再理她。

莎士比亚说过：“疯狂的人往往能够说出理智清醒的人所说不出来的话。”石鲁在“文化大革命”中这一系列的创作或许就是这样的。

《美典神》是绢本白描，画的是一位典雅的女神，衣着装饰繁复，被他自己称为“东方维纳斯”。这时他突然用印油把画面除面部外全部染成红色。不知什么原因，他又把这幅画裁为两半，一半给了石果，一半给了石丹。后来石丹把她的那一半给了哥哥，才让《美典神》成为一幅完整的画。

《花卉昆虫长卷》尺寸为30厘米 ×365厘米，既不同于他那纵笔变形的大写意，又不同于他那斑驳繁复的埃及、印度写生作品再创作。整幅长卷从总体上看，诗、书、画、印设计安排得十分严谨，三组花卉昆虫精细入微，设色考究，构图各异。四组题跋有楷书、行草和篆书，卷首画以异形的大小朱文印章，使整个长卷乍看起来精美绝伦，似乎并无任何变态的非理性的痕迹。

但只要一细读这幅画的题跋就不知所云了。试录如下：

电雷导师世界诺贝尔奖金创立者老爱德华与牛顿科家以诺贝尔之名敬奉于□□康□电灯启明大发明家KMA爱迪生冯康氏瓦特特将与大自然家达文西芬奇雨果文家生物学大家之联兄弟富兰克林德甫冯公达孙逸仙中山大博士之世界科学家泰斗以终生之主宰王权为神矣自慧眼安娜为茅屋补白牛顿拜于石榴裙下永守宇宙之主仆之尊后世子孙永为牛顿大学士之当然主导也录于旧约首本之K章石鲁。

显然，这是一种与花卉昆虫毫无关系的非理性与非逻辑思维。在这幅长卷卷首画了一枚“冯门九子”印章，是可以理解的。而在又一方最大的朱文印章中，竟出现了他父亲“冯子融”三个字，同时他记起了自己儿时的名字，有“永康创写”几个字。然而，不同于语言文字表达的三处图像——杜鹃、绿菊和墨菊，特别是昆虫螳螂与蜻蜓，却画得十分精美和逼真。细看杜鹃的枝干和昆虫身上，写满具有神秘色彩的英文字母，但从整体上看这些字母并不破坏画面的统一和美感。由此可见，精神病对于使用文字语言的作家与使用色彩和线条语言的画家，影响和表达方式都是完全不同的。这或许能成为研究变态艺术心理学的一个很有价值的例证。

精神病患者大多有妄想症，思维常从一点疾速而流畅地向另一点转移，运行的频率和质量都比平时更高。这种扭曲了的富于创造性的跌宕起伏的思维状态，有助于大跨度联想和独立思想的形成，并且可能给平常的生活和平凡的事物注入错位或变异的内涵，并镀上一层奇幻色彩。从石鲁 1970 年创作的和再创作的这一批特殊的作品中，我们能窥视出其中的玄妙之处来。

1971 年 6 月，石鲁又从精神病院回到家里来。他带着残损的病体和一颗破碎的滴血的心，躺在那间阴暗潮湿的芦屋里。

位于西安钟楼西北的北大街三十二号的美协大院，经过几年的折腾，现在变成一座寂寥破败的空院。

美之神已遭到放逐。

前院，从前展出长安画派新作的展厅，早已被改造成了一家旅社客房。当年浓郁的艺术气氛已荡然无存，变成了供吃喝拉撒的实用之地。

后院，墙壁上残留的大字报字迹已经模糊，在风中寂寞地晃动着，几只麻雀在院落空旷的地上觅食。美协的干部和画家大多下放到“五七干校”去了，只有属于“现行反革命”而被控制的石鲁和属于老弱病残的赵望云，才被暂时留了下来，但在这里已找不到他们的踪影。新的住户来历不明，反正绝非等闲之辈。

偶尔有胆大的造访者站在院中茫然四顾，问石鲁搬到什么地方去了？结果没有人应声。

在后院偏僻的一个角落里，有几间从前堆放杂物的小屋。靠门口的两间西屋，是石鲁的家，赵望云的家在靠里边的东屋，两家中间通着一条狭长的巷道。

石鲁全家住的这两间西屋呈狭长形，室内要比室外矮两三尺，进门还须下五个台阶。这地方原来是石鲁岳母和孩子住的。

进门的地方放了一个橱柜，堆放着一些坛坛罐罐。靠墙放了三张床，窗前一张方桌，使屋里显得十分拥挤。天花板上钉着破旧的芦席，有的地方还糊着旧报纸。一阵风刮过，一些半脱落的芦席和旧报纸发出一阵窸窸窣窣的响声，尘沙便从头顶向室内的床上和桌上洒落下来。

1971 年 9 月的一个上午，下放到延安的《陕西日报》记者叶坚来访，进门他就关切地问道："石老师，房子这样透风，下雨漏吧？"

"当然漏！"石鲁苦笑着回答说，"一场大雨，床上、桌上、地上都得放上盆子接水，唱《茅屋为秋风所破歌》。嘿，现在谁管！"

他的话既有酸楚，也有愤懑。

家里虽然阴暗潮湿了一些，但比起住文化系统的"牛棚"来，又有天壤之别。他像被世人遗忘似的，被抛弃在这寂寞破院里。在经历了无休止的批斗游街之后，如今他也算有了难得的一刻静憩。他认为他得到了自由。

他重病缠身，形容枯槁，但仍充满着一种强烈的自信。他并没有变成谨小慎微、畏首畏尾的庸人，更不会因随时可能降临的灾祸而放弃他矢志不渝的求索。犹如芝兰在深山幽谷间寂寞开放，孤芳自赏，不愿同流合污，更不自惭形秽。他今天的精神状态好一点，说话显得多。他语重心长地对前来告别的叶坚说：

"总而言之，统而言之，总统而言之，不管他处理也罢，发配也罢，关键在于自己是不是一颗有生命力的种子。你注意到了没有？有许多植物，譬如院子里的榆树、椿树，当它的种子成熟之后，就不管狂风疾雨，不管霜寒雪冻，不管飘落到什么地方，即使落在干涸的荒原上，狭窄的石缝中，只要能沾上土壤，遇到露水，就会生根、发芽，长成有用之材。怕就怕这颗种子先天不饱满，后天霉烂，本身失掉生命力……我们一不剥削人，二不压迫人，潜心于艺术创造，为什么不可以理直气壮地做人呢？心胸开阔些，没有什么了不起，真、善、美一定会战胜假、恶、丑。尊美重德，艺道方长！”

他为叶坚在一本册页上画了一幅老驴。这头驴瘦骨嶙峋，摇摇晃晃，但又拼命顽强地撑持着，低垂着头，夹着尾巴，还不满地翻着白眼。这难道不是他在困境中的自我写照吗？你再听听他那番令人捧腹而又心酸的高论：

“人是动物，驴也是动物，属于同类。驴也有人性，有情绪。造反派常喊我们‘竖起你的狗耳朵听着！’我们不光是‘牛鬼蛇神’，还是牛马骡驴呐！你看，这两只耳朵竖得多直！简直欺人太甚，违背天良！”

他说得慷慨激昂，怒上心头，突然又转声哈哈大笑起来，而且笑得那般犀利无情。

叶坚为他担心，提醒他说：“这张画的情绪是不是有些低沉，有点不满情绪？”

他却毫无顾忌地回答：“那怕啥！老子就是有不满情绪，合理吗？你把驴惹恼了，驴都会用蹄子踢，用头顶，何况人乎！”

他个性的棱角，依然没有被磨掉。他铁骨铮铮，宁折不弯，始终没有低下自己高昂的头颅。他自己就像一颗有倔强生命力的种子，绝不可能在这种恶劣的环境中霉烂掉。他不仅在生长着，而且依然保持着自己的独特个性和人格理想。

他始终保持着人的尊严。

从精神病院出来之后，他仍在继续服药。脑子成天昏昏沉沉，迷迷糊糊，药物无情地摧毁了一个天才艺术家的敏锐感觉和丰富的想象力。这当然使他感到恐惧和忧伤，不知道自己还能否继续作画？他感到自己的手指也有些僵直，心中不免泛起一些悲凉。如果自己真正病到不能作画的程度，那将如之奈何？

他决定每天坚持作画，让手指重新变得灵活起来。先是写字，然后画些梅、荷、菊以及鸡、猫等花鸟动物。经受多年的被迫荒疏和疾病折磨，他明显地感到自己手下的笔墨已经变得呆滞拘谨。但他并没有因此而丧失信心，坚持每天画上几幅，像小学生做作业一样，从不停顿。他把自己当作一个初涉绘画的艺徒，而不是一位名震艺坛的画家。

他总是关起门来悄悄作画，每当深夜难眠时，干脆披衣下床，挑灯挥毫。

这段时间题画，他总爱书上“石鲁写于长安芦屋”。

1970年他画了一幅没有题款的画，整幅画只画一只龟和一条蛇，互相呼应，像似书法的一点和一竖，右上方有一方用墨笔画的长方形印章“石鲁”。

他自己说叫《玄武图》，问他什么意思，他只反问了一句：你知道曹操的《龟虽寿》吗？《龟虽寿》是曹操的歌行体诗《步出夏门行》的末章，诗云：

神龟虽寿，犹有竟时。
螣蛇乘雾，终为土灰。
老骥伏枥，志在千里；
烈士暮年，壮心不已。
盈缩之期，不但在天；
养怡之福，可得永年。
幸甚至哉，歌以咏志。

神龟，长寿之龟又通灵；螣蛇，传说中与龙同类的神物，能兴云雾。神龟与螣蛇这样的神物尚且要死，人的生命更是有限的了。人的生命虽然有限，而壮志却是无穷的。身心修养得法也可延长寿命，成败祸福不完全由老天安排。

先哲一往无前的追求精神，仍然激励着石鲁。

就是此刻身处逆境，他也没有放弃寻求新的艺术语言。这幅《玄武图》全用焦墨，无一丝浓淡渗化，他想着力追求汉代画像石简括含蓄、质朴粗犷的艺术效果和一种强烈的金石味。

这幅画在他屋子墙上一挂就是好几年。

1972年，他为叶坚画的册页后面写了一首诗：

信手拈来不是春，试将颜色清前人。
东风不似黄花瘦，还将笔墨待深耕。

石鲁的探索之志不衰。他像一匹在荒原上受伤的狼，舔干净身上的血痕，发出一声声孤独的哀号，又一步一个血印地向前爬去。

他的外形是那般清瘦，那般疲惫，一副沉疴难起的衰竭之躯。然而他却仍有着强悍刚毅的精神气魄，挺拔崔巍的坚强人格，强弓大戟的艺术语言。否则，真难以想象如此病弱的他，怎么能在 1973 年画出《华岳之雄》这样顶天立地、撼人心魄的山水画来。

从 1972 年起，华山形象不断出现在他的笔下，成了他人格化的艺术符号。以华山之形，传石鲁之魄。以石鲁之神，再造华山之形。石鲁成了华山的对象化，华山成了对象化的石鲁。

正如他自己所说："山水画就是人物画。""山水画要画得有人的气魄。""不仅客观的对象变成人，还有你自己。画山画水，它本身是人化了的！你的人伟大，你的人坚韧，你的人雄浑，你的人沉浮，它都必然注入到山水画里面。"他在《华岳之雄》上题写道：

> 华岳天高月色斜，横眉冷眼镇雄峡。古有千丈之铁梯，登天而笑走，东观沧海之波涛。西有横绝天穹之峨标，登苍龙而上高峰，仰观宇宙之无极。顿兴胸高而气爽，无琐乎宏观，是谓之伟也，莫若华峰之雄矣。吾久居长安，登岳而后作焉，写之以为乐也。
>
> 辛亥暮秋写于长安芦屋　石鲁奉文轩为赏

他的华山，笔势奇崛，摈弃陈法。造型险峻劲健，如金石崩裂。精魂凝聚，充满顽强的生命力和不屈的人格魅力。

1973 年创作的《山鸣图》，是石鲁迸出的雷鸣，是他对长期郁积的痛苦、愤怒、冤屈、不平的发泄与呼号。

《山鸣图》的独特之处在于一幅平面视觉艺术作品，则追求一种听觉艺术的轰鸣效果，也就是说他画出了钱锺书先生所说的——从空间的静态到时间的动态，从视觉到听觉的艺术通感。

他当时的情绪很坏，胸中像要爆炸，疾病所产生的幻听，经常搞得他头昏耳鸣。他的积愤太深太久，渴望从笔墨间如火山般地宣泄出来！

他在苦苦地寻求，寻求着一种独特的艺术表现手法。

这时，铁道部第一工程局的一位朋友来访，向石鲁求画。他的灵感突然袭来，意象逐渐形成，他要画出一列火车在穿越大山时发出的轰鸣和震撼。

他激动得都有些沉不住气了，关起门来整整画了八个小时。好多年了，他未曾体验过如此酣畅淋漓，如此大气磅礴，如此全身心地投入和如此痛快地过一次画瘾！

画面上的一列火车，被处理到最顶端，留一抹空白表示烟雾外，其余绝大部分被自上而下的山岩塞得满满的，几乎是密不透风。凌乱粗放的大笔皴擦点染，不拘一格，不受成法约束，比他前期那些山水画中的山石画得更自由、更大胆、更奔放。笔墨酣畅灵动，如石破天惊，动魄惊心，轰鸣之声如雷贯耳！

在画的最底部，用淡墨在山脚下点染出的两只小鹿，竖着耳朵倾听山顶的响声，与最顶端轰鸣而过的火车相呼应。粗中有细，妙不可言。

《山鸣图》的这种大写意手法，绝不属于哪家哪派的皴法，它带给了人一种形式构成的美感，充满大写意的抽象之美，完全是一种他自己的艺术语言。它说明石鲁遭受“文化大革命”摧残的画艺，在他顽强不屈的探求中，不但得以恢复，而且开始有了新的突破和发展。

衰病之身，落拓之形，不屈之魄，合成了一个完整的石鲁。

他的落拓不羁，不修边幅，不拘形迹，再加上他嗜酒如命，大有魏晋名士嵇康、阮籍狂放的风韵。

那时，在冬日的大晴天里，在钟楼东面邮电大楼的橱窗前，人们总会看见一个形迹古怪的老头，拄着一根竹杖，双目紧闭，气定神闲地晒着太阳。

有人总会好奇地停下脚步来观望。

他满头花白蓬乱的长发，面目虚胖，胡须参差，嘴上叼着一只巨大的牛角烟斗，缓缓喷吐出缕缕烟雾。

他旁若无人，遗世独立，身穿着一件从印度带回来的亚麻布的宽大便装，脚上趿拉着一双拖鞋。

有认识他的人，轻声耳语说："他就是石鲁，听说他疯了……"

一些无聊的闲人，干脆默默无言地站在一旁，像看天外来客，用一种陌生的眼光久久注视着他。

他的生活习惯，正在发生病态的畸变。最突出的标志，就是他所理解并追求的人生三元素——阳光、空气和水。

他认为，人生只需要这三样元素就行了。阳光能产生光合作用，他每天要晒两小时的日光浴。空气，人少不得，除了呼吸，抽烟也算呼吸空气。水，除了茶水，酒也是广义的水，它是粮食酿成的液体，是五谷的精华，是液体粮食，营养丰富，所以喝酒就等于吃饭。

于是，对三元素中的水——酒，他嗜之如命。

他从 1973 年下半年开始，就不吃饭不吃药，开始以酒代饭，以烟、茶代食。有一次他上小酒馆喝酒，要来两大碗啤酒，只喝酒不吃菜。同桌的两个小伙子以为他穷，买不起菜，就把他们吃的一盘炒菜推到他面前。而他见此情景，把头转向一方，然后掏出一包大中华香烟往桌上一放，取出一只抽了起来。两个小伙子互相点点头，知道自己误会了。

在家里，他不是客来茶当酒，恰恰相反是客来酒当茶。偷偷来看他的朋友不无忧虑地劝告他："谚曰：一杯人吃酒，三杯酒吃人。还是少饮为佳。"

他不以为然地笑了笑。他当然清楚自己饱受摧残的病体，正在向危险地带急速滑去。

1974 年深秋，他的学生徐义生来看望他，给他带来家乡的苹果和石榴。他看见这些新鲜水果，动了兴致，并授意徐义生摆了一套"重阳清供"来观赏。过了片刻他有些伤感地说：

"我好长时间都不能吃东西了。一吃就拉，痛苦得很！我是以酒为食，以酒为命，喝点酒，拖一阵子。别人是吃饭，我是欣赏吃饭，就这也是我对现实不满。"

有多少人能理解他满腔的忧愤？

“黑画”蒙冤：鸡鸣狗盗我不怕

1973 年，石鲁头上的那柄悬剑终于摘下。

陕西省革委会“斗批改”办公室发出通知，将石鲁的问题定性为人民内部矛盾，并且恢复了原工资，退发了被扣的工资和查抄没收的一些东西。

元月下旬的一个晚上，省文化局的一位负责人和军代表光临他的“芦屋”，十分客气地请他出任陕西省革委会文化组的美术顾问，并鼓励他为全国美展的创作出力等。最后还传达了周恩来总理关于外贸出口美术品的指示，要他替外贸作画。

曾在全国有影响的西安美术界，经“文化大革命”摧残已元气大伤，缺乏参加全国美展的实力。他们心中明白，要在很短时间内拿出参展作品，只有请出被他们打倒的石鲁。

石鲁当即表示，不敢答应当美术顾问，还推说自己身体不好，也不愿意作画，怕再出问题。可是来人再三夸奖他有专长，卓有才华，一定要请他做好参加全国美展的创作辅导，还要他响应周总理的号召，多为外贸做贡献。

去年夏天，他听说周总理要陪同越南总理范文同到西安访问，他便站在北大街上足足等了好几天。他多么想看上总理一眼！

那天，他终于等到了。西安的大街两边围满市民，庄严的外宾礼仪车队绕过钟楼从北大街向北驶去。突然他看见身着夏布短袖衬衫的周总理，撩起窗帘向群众挥手致意，他的热泪顿时夺眶而出。

现在其他的都可以推脱，但他怎么能不响应总理的号召呢？面对来人，他只好说："我画了画领导要审查，自己不负责。因为我的问题尚未做最后结论。"

那位负责人似乎很有原则性地说："我们已到'斗批改'办公室去过了，人家说你没有大的问题，快做结论了。"

这样他才勉强答应了下来。

在石鲁为外贸作画期间，连外交部也辗转请他为我国驻外使馆作画。

在他担任省革委会文化组的美术顾问和开始画外贸画以后，上面派人把原来美协后院的厨房修理了一下。先用牛毛毡铺了天顶，再裱糊了一层纸；白灰刷了墙壁，青砖铺地，并隔成了两间半。一间他住，兼作画室；一间闵力生住兼作客室，半间让女儿石丹住，比起"芦屋"算是知足了。

这段时间他的心情相当好，酒也不喝了，人也十分精神。虽然未做结论，但似有被解放的迹象。经过多年比囚徒更惨痛的折磨之后，现在能恢复常人生活，特别是又能回到绘画的业务上来，他当然感到欣慰。他每天在前院给业余创作组讲课，演示技法，辅导创作，修改草图，忙得不可开交。他还负责保管画室的钥匙，每天提前去为大家开门。他又专门为自己添置了一张新画案。看得出来，他的心境已大为改观。

第一次他给外贸画了三幅画，写了一副对联。外贸部门送来几百元的稿酬，但他无论如何也不收。他认为收稿酬是搞资本主义，这条路不能再走。后来，外贸派人三番五次送钱来，但他仍然拒收。

夏天，外贸部门又多次上门要画，他只好挑选出部分以前的作品，先送到省文化局请他们审查。文化局的人表态说可以，没问题，并同意外贸部门以后直接到石鲁家中收画就行了。

石鲁的画被送到天津口岸装裱，准备出口。他的画刚一上架装裱，消息就不胫而走，传遍了天津美术界，有许多人跑去看画，引起了轰动。

组织画家为外贸和宾馆作画是周总理的指示。他指出，出口工艺美术品只要不是反动的、丑恶的、黄色的东西，都可以组织出口和生产。又说，风景画不能叫“四旧”。他还指出，要内外有别，区别对待，不要强加于人。宾馆布置要体现我国悠久的历史和独特的民族文化，要陈列中国画。

然而有关部门根据周恩来的指示精神，组织国内一批著名国画家创作的这批美术作品，很快就被“四人帮”污蔑为“黑画”。

早在1973年，“四人帮”的爪牙就开始跟踪搜集有关这批“黑画”的材料了。1974年元月2日，姚文元在上海市委常委会上，气势汹汹地要外贸部门和美术部门查一查，进行批判。他认为出口画，是“迎合资产阶级和修正主义的货色”。后来于会咏等人便在创作办传达姚文元的指示，还专门派人到国际俱乐部、北京饭店、荣宝斋、北京画院、中央美术学院等单位搜罗罪证，甚至连被作画者废弃的草图也不放过。

于是1974年2月15日，“批黑画”展览便在中国美术馆和人民大会堂展出，共展出了十八位画家的二百一十五幅作品。

李可染的《积墨山水》，被攻击为“给社会主义抹黑”。说黄永玉画的猫头鹰睁一只眼闭一只眼，“暗示了对无产阶级专政的不满”。

在于会咏等人策划炮制的展览前言中，公然极其猖狂、含沙射影地说：“这批画的产生是得到某些人公开鼓励支持的……值得我们深思。”接着江青羽翼下的写作班子用“初澜”的笔名，发表了一篇题为《坚持文艺革命，反对复辟倒退——反击美术领域文艺黑线回潮》的文章，赤裸裸地说：“值得注意的是，这些反动倾向十分露骨的黑画，竟然得到了某些人的鼓励和支持，为之开绿灯。”

他们明目张胆地把矛头指向周总理。

除北京、上海外，陕西也是“重灾区”。

在陕西，有二十多位画家被扣上了“黑画家”“反动画家”的帽子，石鲁成了他们“批黑画”祭旗的首犯。

事首先发于天津。1974年5月6日，天津市“革委会”文教组给中央文化

1974 年石鲁在兰州常书鸿家作画。右为画家蔡鹤汀（叶坚　摄）

组的报告中说："我们会同有关部门在调查了解我市外贸部门组织出口的工艺品问题上，发现陕西省石鲁的字画有严重问题，现将全部共三十二幅字画拍照送上，请批示。"

在呈送报告之前，他们曾先后两次派人到陕西活动，说："北京一些人老奸巨猾，题词少；西安不仅有画，而且有题词，有的更恶毒，有的更严重。"

接到天津的报告以后，有关人员专门给陕西省委负责人写了信。接着有人就咬牙切齿地说："石鲁的字画不能放过！他在全国影响大，流传广，不仅有画，还有理论。要进一步搜集。"

一声令下，省上有关部门派人到天津去把存放在外贸部门的石鲁三十多张字画拍照放大，专门成立了批判"反动画家"石鲁筹备组。还调集了西安大专院校几十名政治、文学、历史和美术界的学者批注石鲁"黑画"，搞出了一大本《石鲁反动字画批注》。一份报送这个批判材料的请示报告中说："1973 年石鲁趁征集国画、书法出口之机，通过西安市外贸部门和外贸部门的个别干部，将《猫虎镇宅图》《文康载道》等一批反动字画相继抛出。这些反动字画中，有的托物寓意，借题发挥，攻击无产阶级专政，反对社会主义制度，否定'文化大革命'的伟大成果。有的横涂乱抹，用'野、怪、乱、黑'的画法，歪曲和丑化社会主义现实。有的狂热地宣扬反动没落的孔孟之道。"

同时他们举办了"石鲁反动字画"的专题内部展览，省报连续发表了二十多篇"批黑画"的文章，并且在西安人民剧院召开了千人参加的"深批克己复礼痛击美术战线文艺黑线回潮"大会，狠批"文艺黑线复辟回潮的急先锋、黑画家"石鲁。

当我们今天翻读到那本由一批"秀才"奉命煞费苦心炮制而成的《石鲁反动字画批注》时，真令人欲哭无泪。有的地方竟荒唐到令人难以置信的程度，真不失为极左思潮扼杀文艺的绝好标本。奇文共欣赏，这里不妨略引数则，立此存照，以警后人：

梅为雪而娇，寒宵更放豪。

惟余风漫舞，还看春正高。

〔批注〕倒梅者，倒霉也。石鲁画此以攻击“文化大革命”。但是他并不甘心倒霉，他要在忍受中求得重生，傲寒风，“更放豪”，等待来日“春正高”，这就是要继续和无产阶级进行较量。

富贵于我如浮云，

凡华粉色伤精神。

〔批注〕孔老二在《论语·进而》中说：“不义而富且贵，于我如浮云。”这是他对新兴地主阶级的恶毒攻击。石鲁对于文艺黑线赏赐的富贵荣华感恩戴德，现在又借孔老二之口指桑骂槐地攻击无产阶级文化大革命的胜利成果和新生事物是庸俗的荣华“富贵”、大“伤精神”的“凡华粉色”，其反动立场何等鲜明。

猫虎镇宅图 辛亥暮冬写　石鲁

〔批注〕虎为兽中王，性猛且暴，因此人们往往把戕害物类之虫以虎名之，有时也以虎形容苛政。石鲁别有用心地在1971年冬将过去的“猛虎镇宅”改为“猫虎镇宅”，其罪恶目的就是攻击无产阶级专政。

风流千载 辛亥秋日　石鲁

〔批注〕辛亥秋日即1971年秋天，这一年的“九一三”，叛徒、卖国贼林彪叛国投敌，摔死于温都尔汗。接着，全党和全国人民在党中央的领导下，愤怒声讨和揭发了林彪反党罪行，开展了轰轰烈烈的“批林整风”运动。石鲁正是在这个时候，躲在阴暗的角落里，写下“风流千载”这几个字，无耻地吹捧林彪是芳名流传千载的风流人物，石鲁反党的狼子野心在此昭然若揭。

这时，文化局一位好心的同志悄悄告诉闵力生，说有可能在美协大门口组织群众批斗石鲁，最好躲一下。于是在一天黄昏，夜幕刚刚降临，石鲁在儿子石果的陪同下，避开监视，悄悄溜了出去。换乘几路公共汽车之后，来到郊区一家工厂的住宅区，住进了朋友提供的一间宿舍。父子俩在此躲避了数十日，每天由石鲁口述，儿子执笔，写成了厚厚的一本申诉材料，等待蒙冤昭雪的一天。同时把“文化大革命”中的一本手抄的诗词也做了稳妥的转移，以防不测。现在石鲁和他的家属对付打击和迫害，比“文化大革命”初期有了一些经验。

愤怒中，他又在1974年底画了一幅倒挂横斜的梅花。题曰：

横挂一枝天地大。
不是媚花是梅花。

在“批黑画”的冤案中，石鲁同道们的命运又如何呢？让我们来看看这批被打成“黑画家”的人又受到些什么样的诬陷呢？

赵望云。他以衰年病体画出的《晚秋》《初雪》《严冬行》《深夜行》等，被“四人帮”一伙诬为“黑山黑水”“歪曲和丑化了社会主义现实”。

何海霞。他在《严陵月色》题记曰：“严子陵钓台，与石鲁、李琦月夜泛舟，荡漾江上，得此景色，援笔记之。”从而被说成是“借以寄托他们对文艺黑线及黑线统治下昔日盛事的无限眷恋之情”。

方济众。他画革命圣地延安的画竟然也挨了批，岂非咄咄怪事！还是那伙人自己一语道破天机：“正因为画的是延安，才更应该批。”

叶访樵。他画的一幅花卉下有怪石，硬被说成像蒋介石的头，结果被戴上一顶“替独夫民贼蒋介石招魂”的大帽子，岂不冤乎？

郑乃珖。他画了一只鸡蹲在岩石边，于是便由“危鸡似伏”一下子破译为“危机四伏”。此画成了“林彪反党集团恶毒诬蔑大好形势的反革命谣言的形象图解”。

这种指鹿为马的本领堪称千古一绝。

石鲁头上那顶陕西省革委会文化组美术顾问的桂冠，被这场“批黑画”的龙卷风刮得无影无踪，而一顶顶“反动画家”“复辟回潮急先锋”的帽子，又稳稳当当地扣在他的头上。

他虽然又被剥夺了发言权，但他并没有屈服。他拿出那张批判他的报纸对一位朋友说：

“这张报纸我保存着哩，这就是证据。市外贸拿的一批准备出国的字画，我都留了照片，我到底写了什么？画了什么？是红是黑，世人有目皆可睹嘛！怎么能凭空捏造罪名呢？‘道德文章天下事’有什么错？我们就是要有道有德，不能失道失德嘛！我们就是要有文章，有法，不能愚昧，不能乱来嘛！不知天下事，就有亡国之忧嘛！我错在哪里？”

他理直气壮地继续说道：“任务完成了，国家得到了外汇，我倒成了罪人。我的身体实在很坏，等好一点，我就和他们打官司。世界上没有论不清的理！”

说到这里，他把一个“理”字，做了一番令人捧腹的妙析：“什么叫理？理者，一个王，一个里。里拆开是个田和土，土是自然，代表客观；田是人文，代表主观，主客观统一为里。里者，尺寸之谓也，这样的东西是打不倒的。打不倒，就是王牌儿，这就叫理！”

妙解汉字是石鲁的拿手戏和癖好，接着他为自己这番解释放声大笑起来。

他异常清醒，因为他坚信：“人民是神，他们什么都知道，只不过失去了发言权，暂时沉默罢了。”

他坚持真理，因为他明白历史总是要说话的。他还说：“他们要置我于死地，我人可以离开这个世界，但是他们不能在人民的心里抹掉我的画。我人不能说话了，我的画会说话！其实，有时艺术的生命要比人的生命长得多。”

在“批黑画”之后，石鲁健康状况进一步恶化，以酒代饭已经愈来愈严重了。他感到无人理解的孤独与痛苦，从早到晚抱着一壶酒，一口一口地啜饮，一天总得半斤酒下肚。他还把香烟丝剥出来，再拌上红辣椒粉，又重新卷起来抽，认为这才过瘾。严重的痔疮，常使他便血不止。他变得苍老瘦削，脾气暴躁。他在一首《了梦曲》中写道：

一副清魂，
骨头还硬，
苍果柔情，
又是梅点雪天烟道。
脾气不好，
疾世欺心，
何翻陈词滥调。
假惺惺，
该写就写，
无非断了粮本。
无处不生极，
天、地、人。

他时而清醒，时而犯病。他也知道别人说他是疯子，他自己也毫不隐讳地说：

“人家都说我有精神病，其实不是这样。原来一段时间，受的刺激太大，精神是失常了。后来治了一阵子，回过头来了。现在主要是消化系统功能紊乱，肝不好，中医叫肝气不适，西医叫神经官能症。讲话多了肝痛，容易动情绪。我也知道不能多讲，但一讲起来就控制不住了，可周围的人都拿我当精神病看！”

他怀着“心事浩茫连广宇”的孤愤，独立长风，吟诵出一首五绝：

少年添老色，云青便是春。

苍潜无语处，长风寄广情。

长时间的孤独与痛苦，使他的精神病又复发了。在那种接二连三猝不及防的打击下，连好人都会逼疯，更何况他是一个有近十年的精神分裂症病史的患者！

经过“批黑画”，他更加清醒地认识了一些人的真面目。他曾对一位学生说：“批黑画在文化系统的人，阳奉阴违者有之，随声附和者有之，敢怒不敢言者有之，甘为鹰犬而投机者大有人在，而外系统大骂者亦不乏其人。这是一个认识人的机会，各种嘴脸都受到检验。”他在一首诗中曾深恶痛绝地写道：“从清朝翰林院到苏联百科辞典，才知道伪知识分子最不要脸！”

在“批黑画”之后，尽管他的精神压力很大，然而还是有一批年轻的艺术求索者，仍然仰慕他，仍然拜他为师。他们冒着风险，不怕受牵连和打击，来到“芦屋”探望和求教。他们当中有的是教师、干部，有的是学生，有的还是“根正苗红”的工人。

放逐令下：还看春更高

到了1975年的春夏之交，石鲁的精神病发展到十分危险的地步。

他每天很少吃饭，夜里也不睡觉。一天到晚只知道喝酒和抽烟，自言自语，喜怒无常，时而大骂，时而大笑，脾气越来越坏。他浑身是病，肝痛、胃痛、肠道大出血，但他拒绝看病吃药，甚至半夜还往街上跑，家里人真拿他无可奈何。

然而就在这年秋天，一件出人意料的事情发生了。

省“斗批改”办公室以不容商量的严厉语气，向石鲁传达了一项紧急通知：要求他必须在二十天内离开西安，疏散到边远大巴山区去。

他病体如此衰竭，连行走都异常艰难了，还要把他下放到边远山区去参加劳动，这不明明是要置他于死地吗？

石鲁被激怒了。

晚上他独自坐在那里骂人，他只有借骂人来发泄胸中的怒气。

妻子和儿女苦苦地劝他息怒，反而遭到他一顿臭骂。

这是一个难以宁静的夜晚。全家人默默地听着他的怒骂，忍受着他的怒骂。每个人都深深理解他的痛苦和愤怒，为他感到不平和忧伤，但他们又能有什么办法呢？

这是一个连续遭遇灾难与横祸的家庭。

凌晨一点钟了，他突然要喝酒。在那个年代，酒是定量供应的商品。闵力生找遍了盛酒的瓶子，再也倒不出一滴酒来，无可奈何，只得央求他明天再喝。

“不行，我今天非喝不可！”于是，他把石果从床上叫起来，命令他马上到街上买酒。

半夜三更，大街上哪还有卖酒的店铺开门营业。但石果不敢违抗父命，也不愿父亲在痛苦中煎熬，明知无望还是走出了家门，算是对痛苦中的父亲心理上的一点安慰。

石果独自走上大街，钟楼黑黢黢的高大剪影矗立街心。

深夜的大街上，凉气袭人，行人绝迹，街灯显得特别明亮刺目。

他驻足一个十字街口，前后左右望了一下，只有一家店铺还在营业。走近一看，是一家昼夜营业的中药门市部，只卖药酒，不卖白酒，石果只得回去如实禀报。

“药酒也要，马上去买。”石果只好再次上街去，按父亲的吩咐买回一瓶木瓜酒来。

石鲁安静了下来，开始喝酒。

全家人悬着的心总算放了下来，然后才昏昏沉沉地睡去。

这一夜是石鲁最痛苦、最愤怒的一夜。他一口一口地啜着苦涩的药酒，似乎一点也感觉不到其中的苦涩味，也许是因为他吃的苦太多，反不觉其苦了。

他知道自己的背脊已经弯曲，胸腔已经下陷，双腿已经浮肿麻木。他浑身难受，连说话的力气也没有了。肚里长期空空，胃已经下垂。喝的是酒，便的是血。人已病成这样，还要强迫下放。名曰疏散，实为放逐。也许上断头台也比这种放逐更人道一点！

他将这瓶烈性的高浓度的药酒喝得一滴不剩。他酩酊大醉，胸中烈焰燃烧，呼出的气都像是在喷火。他猛地挣扎着站立起来，摇晃着身躯，在画案前铺好一张宣纸，抓起一支毛笔，正准备伸向墨池，又突然停住了。

他换了一支笔，端过装朱砂的颜料盘，饱蘸血红的朱砂。他双眼泪光盈盈，凭着药酒给他的胆气与豪性，挥舞着搅动雷电的笔头，用那钢浇铁铸般瘦硬遒劲的笔触，写下了两行触目惊心的大字：

鞠躬而未尽瘁

死而不后已

石鲁绝笔

这是他倾洒的一腔热血，也是他为自己题写的墓志铭。

他似乎觉得自己的生命已经走到了尽头，一阵剧痛在腹腔中升起，疼痛难忍。

他轰然倒在床上。

深夜惨白的灯光，照在画案上犹如鲜血写成的大字上，令人想起他那幅红色覆盖的《美典神》……

血色黎明。

闵力生进屋一看画案上的字迹，顿时惊呆了，她差点叫喊起来。

她奔到床前，只见丈夫和衣而卧，带着满脸的痛苦睡着了，鼾声如雷，酒气熏天。

她在画案前，含着泪默默地站了许久许久。

一个夏天的中午。

在声声嘶叫的蝉鸣声中，一位拄双拐的人叩响了石家紧闭的房门。他叫徐行，一位吃尽苦头还未获解放的厅级老干部。

房子里，患了急性转慢性青光眼的闵力生，正忧心忡忡地坐在外间的床上发愣。小儿子石果和女儿石丹也坐在妈妈身旁。

一种沉重不安的气氛，笼罩着这个遭遇太多不幸的家庭。

闵力生一见徐行，眼泪就止不住地夺眶而出。还没有等老徐坐定，她就上前压低声音告诉他说：

“他们要疏散石鲁！”

徐行感到异常震惊。

这时，从里屋传出了石鲁有气无力的声音：

“是不是徐行同志来了？”

显然石鲁没有睡着，听到双拐触地的沉重敲击声，判断出是徐行来了。

石鲁见徐行进来，挣扎着从床上坐了起来，让老朋友在床边的木椅上坐下来，说：

“我想你，你又几天没来啦！我还在便血，我认为喝酒可以止血止痛，力生天天说不行！”

不知是他刚才听到了外面的谈话，还是别有什么意图，他突然转换了话题，风马牛不相及地突然问道：

“你说说，什么是忠诚？什么是忠于党？”

“我说不清。”徐行苦笑着答道，心里十分沉重。

“你能说清，莫装糊涂嘛！”石鲁步步逼近，显然不满老朋友的回答。

徐行抬起头来，凝望着石鲁那张灰黄枯瘦、满目病容的脸，以及他那蓬乱的胡须和花白的头发，心里不由得一阵酸楚。多年来，他简直成了一个弹痕累累的活靶子，即使是一块石头，也早在颠仆中碎裂了，何况是一个疾病缠身的血肉之躯。

石鲁见他不回答，又单刀直入地把话挑明了：

“你说，是你忠诚，还是江青、王洪文忠诚？”

徐行担心石鲁又要借题发挥，发泄心中的愤懑，从而招来横祸，罪上加罪，便赶紧无可奈何地回答说：“我已是‘三死型’的走资派，早有定论，当然是江青、王洪文忠诚！”

没想到这话反而激起他压抑了许久的愤懑，他大声地说：“不是！你是忠诚的，他们才是假的，统统是假的！”

“文化大革命”中石鲁在芦屋前

慷慨之言，声震四壁，掷地有声。

忠诚，是从1964年以来，一直困扰着他的一个大问题。他的忠诚，换来的是一次又一次残酷的打击。他认为忠诚的人，却受到排挤，遭到迫害。而他所不齿的人，却又大红大紫，自以为最忠诚。这不明明是人妖颠倒、真假混淆、美丑错位吗？但有谁能告诉他这是为什么？

现在是非常时期，隔墙有耳，万一传出去了怎么办？闵力生无可奈何地含着泪水，赶忙进屋劝阻他说："你不要胡说，说出去又会给老徐惹来麻烦！"

石鲁看见妻子痛苦怨尤的目光，心里软了下来，沉默了很久。

"怕什么？杀了我的头，干净！"

他的情绪又开始激动起来，显然他已经知道了自己的非常处境，重申自己心底的念头：

"我身上还剩几千毫升热血，让它一下子都流出来，干净！"

徐行怕他因此而发病，赶忙站了起来，准备出去替他买一点药，让他镇静。他却说：

"药治不了我的病，还是买酒吧！"

石鲁早已将生死置之度外。

又是一个雨夜。

有人前来急叩徐行家的门。徐行已经躺在床上，连忙起身前去开门。

他开门一看，大吃一惊，门口站着石鲁。

只见他浑身湿透，淋湿了的长长的花白头发，紧贴在他蜡黄的脸上，雨水顺着头发往下直流。他的双手捧着一个用塑料布裹得严严实实的纸包。

徐行怕他感冒，忙给他递上干毛巾，叫他把头发擦干，再拿出自己的衣服来，让他把湿透的上衣换掉。

石鲁喘着气坐了下来。徐行的妻子为他沏上一杯滚烫的浓茶，叫他趁热喝下，以免感冒。而他又毫不客气地说："喝酒比喝茶治感冒更安逸！"

徐行知道他嗜酒如命，便让妻子赶快上街到杂货铺买回二两散装老白干。

几口老酒下肚，他才谈到了雨夜造访的正题来。他说他故意选择雨夜天来这里，以免被人看见，招惹是非。

今夜，他神色特别严峻，仿佛有重大的事情相托，深陷的双眼带着几根血丝，显得炯炯有神。

徐行夫妇顿时感到一种异乎寻常的紧张气氛。

只见他打开纸包，拿出一幅字，十分庄重地放在徐行面前，神情严肃地说：

“徐行同志，这幅字委托你在我死后，你认为可以说清问题的时候交给党中央。”

这是生离死别的嘱托，显得如此严峻而悲怆，徐行的鼻子顿时感到有些发酸。

徐行的脑袋轰的一声响了起来。他睁大双眼，凝视着石鲁这张熟悉而又陌生的脸，试图从他的眸子中，解读出有关他命运的最新信息。

他又听到了什么？他打算干什么？为何突然有此异乎寻常的举动？

是不是他们对他的迫害即将升级，马上要将他遣送到山区？

是不是医生已对他下了明确的病危通知，他将不久于人世？

是不是他已厌倦了人生，准备寻求新的解脱，以死来抗议那些人对他的残酷迫害？

但石鲁此刻却显得十分镇静，他从老朋友惊愕的眼神中，意识到自己的举动被误解了，便从容不迫地解释说：

“你放心，我不会走女人寻短见的路的，我慢性便血的病也一下子死不了。他们要疏散我，我早就知道了。这幅白纸黑字就是我的忠诚。他们认为我的‘不忠诚’，是从十五周年国庆时，画了表现毛主席东渡那幅画开始的。今天交给你这幅白纸黑字，就是我为《东渡》那幅画填的词，我忠不忠诚有词为证！”

说着说着他两眼泪光闪烁。这泪光犹如隐隐掠过天际的闪电，让人听得见他胸中滚滚的雷鸣。

徐行缓缓地展开纸来，宣纸上书写着那首《东渡》题画词《寄调满江红》，字迹像晴天惊雷，行间仿佛涌出黄河波涛。

石鲁又用枯瘦的双手，牵开两张六尺的虎皮宣，这是两幅送给徐行的条幅，一幅是：

干戈风雨　正道喜秋

徐行同志赏　石鲁稽首

另一幅为：

心怀日月　气感山河

徐行同志赏正　石鲁顿首

接着他掷地有声地对徐行说："你要相信，这场野蛮的纷乱不会长久的，我们党会有人出来收拾好这个局面。一定要相信这一点，一定要真正的忠诚。"

他将酒一饮而尽，豪爽地说："该说的都说了，该委托你办的也交代了。"

说完他起身告辞，宛如即将远行。

他接过一把雨伞，拄着一根手杖，在凄风苦雨中，步履艰难地在小巷中缓步走去。

夜深了，微弱的街灯下行人稀少，只有他瘦弱的身躯，在风雨中踽踽独行……雨，越下越大了。

为了给父亲开病情证明，石鲁的儿子专门去找一位还比较同情他父亲的医生。不知是什么原因，这位医生突然一本正经地说："我怎么能开这种证明？"他赶紧告退，另外去找医生。

闵力生拿上医生的证明，又去找"斗批改"办公室，以为这下子恐怕没有问题了。谁知"斗批改"办公室仍然说，疏散是组织决定，已成定论，不容更改。

问：他重病在身怎么劳动？

答：不能劳动可以下到农村看病嘛！

问：他已经丧失了生活自理能力怎么办？

答：生活不能自理，可以由家属陪同嘛！

简直岂有此理！

面对他们对丈夫残酷无情的迫害，闵力生也被激怒了。她和孩子把已经卧病难起的石鲁用自行车推到“斗批改”办公室去，让他们看看石鲁究竟能不能下放劳动！

她据理力争，毫不妥协。拿着医生出具的不可辩驳的病情证明，在许多主持正义的人的支持下，终于迫使那些蛮不讲理的人，对石鲁的放逐令不得不暂缓执行。

自石鲁从“芦屋”搬到由厨房改的两间半屋以来，他的命运并没有改变多少，反而更糟糕了。

小院里有一张小石桌，他坐在一张破藤椅上，旁边放着一壶酒，独自望着院子中央的那棵椿树出神。

他突然喟然长叹，对一位朋友说：“你发现了吗？我这个院子就是一个中国字！”

这位朋友感到不解，便问他是个什么中国字？

“你看这院子中间是什么？”

“一棵树。”

“对，一棵树被围在中间是个什么字？”

“困。”

“对，那么一个人被围在中间又是什么字？”

“囚。”

“对，困的就是老子！老子不就像个囚犯一样被困在这里吗？”

说完他得意地大笑起来，转而又有些黯然神伤地说：“看来我要被困死在这里了。”

这座小院的构成，似乎成了石鲁命运的图谶和生命悲剧的隐喻。

方济众从被下放的陕南一个山村回到西安，登门来看望石鲁。他请石鲁为他在册页上作画，其中一幅画的是兰。上下对角两枝兰花遥相对应，石鲁题写道："兰兮，兰兮，天各一方！"令方济众当场怆然涕下。

唯有美协国画创作研究室的成员，才能有如此摧肝裂肺的感受，才能引起如此催人泪下的共鸣！

一次，远在山西窑洞里看守果园的著名版画家力群，专程来西安看望他日夜思念的石鲁。当力群请老友题赠留念时，石鲁挥毫泼墨，书写了一副后来被人们广为传诵的对联：

平生惯惹千夫气
两手勤浇万木春

上联是人格理想，下联是艺术追求。这既是石鲁的夫子自道，也与老友共勉。

1975年春，他得到一个令他激动不已的消息：王朝闻一行到西安参观秦兵马俑来了，住在省文化局招待所。

自从在延安鲁艺的一间窑洞里，石鲁第一次找到王朝闻请教开始，王朝闻就成了他的老师、兄长和诤友。三十多年来，不论是邀请王朝闻到西北文工团指导画素描，还是为他夭折的第一本画集作前言《探索再探索》，特别是当《转战陕北》蒙受冤屈时，王朝闻的仗义执言，更使他终生难忘。他忘不了有一年王朝闻来西安，他和这位老乡在兴庆公园的茶馆喝茶，黄昏中他俩品茗促膝倾谈，谈得那么融洽投机，谈得那般心情舒畅。

此时此刻，他是多么期望和王朝闻再倾谈一次啊！

他决定到文化局招待所去看望王朝闻。经过这八九年的非常时日，王朝闻的日子也不一定好过多少，他也是有所风闻的。他吩咐闵力生想办法去买一点田鸡，约王朝闻来家里痛痛快快地饮酒畅谈一次，倾诉他阔别多年的思念和心中难解的忧愤。

这次石鲁一出现，却使王朝闻顿时大为震惊。当年那个英气勃勃、谈笑风生、性格豪爽的石鲁哪里去了？面前这位须发花白、形容枯槁、落拓不羁的老人，就是石鲁吗？不用任何诉说，只需看他一眼，就全然明白这些年来他所饱受的磨难了。

王朝闻内心忧愤无比，但他又不能当着石鲁和大家的面流露出来，只是惊讶石鲁这种太刺眼、太不一般的打扮，总觉得他大可不必如此放浪形骸。

石鲁却坦然地笑着。他告诉王朝闻，有一次排队参观陕西省博物馆的秦俑展览，却引来了不少人的围观。他反而成了一个无须买票就可以自由参观的“秦俑”了。说到这里他放声大笑起来。

王朝闻一向衣着严谨，文质彬彬，不苟言笑。即使在挨整的日子，也一丝不苟，不失学者风度。他理解石鲁的性格和遭遇，并以老友的身份含蓄地劝告他稍稍注意收拾一下，改变自己的这种打扮，不必非如此不可。

令王朝闻感到吃惊的是，石鲁显得十分理性，丝毫不像一位精神病患者，头脑清醒地当着众人的面，用了一种只有王朝闻才能听得懂的说法，机智地向他暗示：如此怪异的打扮，这般疯疯癫癫落拓不羁的样子，有利于保护自己少受一些政治性的折磨。

王朝闻理解他的痛苦和无奈，知道他是在特殊的政治环境中，采取的一种特殊的自我保护方式。

石鲁请王朝闻到他家做客。王朝闻虽有苦衷，却不能直接拒绝老朋友的盛情相邀，他算是勉强答应了。

当天晚上，王朝闻的女儿来到石鲁家。她委婉地告诉石鲁，她爸爸让她来向他转告，这次他们是集体行动，明天就要出发去延安，然后还要去五台山和晋祠等。这次来不了了，下次再来看他。她是专门来代父亲向石鲁告别的。

她当然不可能告诉石鲁，她爸爸目前的艰难处境。王朝闻也是“四人帮”一伙的眼中钉，他研究《红楼梦》的皇皇巨著《论凤姐》，被认为是把矛头指向江青，他会有好日子过吗？

石鲁立即挥笔写了一幅字，让她带给她的父亲：

1975 年石鲁在郊外与友人交谈时的情景

真理的标准只能是实践

朝闻同志共勉　石鲁

疯耶？癫耶？石鲁清醒得异乎寻常！

在这些日子里，无所顾忌地出入于石鲁小院的人，差不多都是一些被称作“三教九流”的人。他们不怕失去什么，许多人都是出于对他艺术的推崇、对他人格的仰慕和对他遭遇的同情。当然，也有个别人是来打探、监视石鲁的。

一位陕西商县的民办教师，从山里采来一束兰草，献给这位饱受磨难的画家。经过石鲁精心地培育，这簇幽兰竟然在小院与苦难的画家共命运，吐放出高洁的清香。

隔壁百货商店的营业员，上门求他写各种牌子，他毫不推辞地满足了他们的要求。

当“芦屋”在凄风苦雨中“床头屋漏无干处”时，有的掩来水泥和石灰，亲自动手修补，给这位病衰的画家以些许温暖，让他体会到一丝人间真情。

不论石鲁家遇到什么困难，大事小事，开口不开口，他们总是两肋插刀，挺身相助，从无半点怨言。

当造反派的人上房揭瓦，想霸占这间房屋时，一位回族兄弟仗义执言，站出来抱打不平。他带了几个人，不但修好了房屋，还对那帮人破口大骂，吓得他们一个个不敢出来对阵，美美地为石鲁出了一口恶气。石鲁提笔画了一幅画来送给那位回族兄弟，画上题了七个大字：“玉龙白雪一天青”。真是扬眉吐气！

很多时候，大家就在那棵椿树下的石桌旁，听他高谈阔论。他畅怀饮酒，妙语连珠，语惊四座，真可谓“听君一席话，胜读十年书”。特别是听他拆字解字，信手拈来，歪批古书，妙趣横生，更是一种不可多得的精神享受。一些学生，每次归来都把石鲁那些谈论艺术与人生的妙语，一条条记了下来。有时怕忘了，找个借口上厕所，连忙摸出钢笔来记在手腕上。有的人就这样竟然记满两大本笔记，并珍藏至今。

一次，大家愤慨地谈起那些靠造反起家的新贵好话说尽坏事做绝时，石鲁将《三字经》的一句话只改了两个字，一下子就将问题的本质说得入木三分。

《三字经》有句话是“苟不教，性乃迁”，意思是说，一个人如果不接受教育，他的德性就会变坏。石鲁将这句话改为“狗不叫，性乃迁”。这就是说，那些人本来就是走狗，当然要叫要咬人；如果走狗不叫不咬人了，他还叫走狗吗？

说起《三字经》，有位学生问他，人是不是真的“性本善”，他的表情一下子变得严峻了，拧着嘴角上的翘角胡须的尖端，凝思片刻说：“‘文化大革命’以后，我发现了人有狼性。”

喧喧笑语戛然而止。

一次他和一位年轻朋友谈起令他梦牵魂绕的陕北，由此引发出黄土高原的环境保护问题。他的妙语又脱口而出，令人叫绝。他说：

“你看那个‘荒’字是怎么写的，上面草字头，下面‘川’是个水，没有上面的草木和下面的水，不就剩下个‘亡’字了吗？”

他独自坐在大椿树下的石桌边，寂寞时总爱逗逗他喂的一只狗。他先后喂过两只狗，连他的狗也脾气古怪，除了听他的，家里人谁也招呼不住。狗成了他在非常年月中的“患难知己”。另外，他坐在树下总爱用一面小镜子照自己的美髯。一次一个学生走来，正碰见他在照镜子。

“快过来看！”

他让这个学生往镜子里看，这位学生看了半天，没有看出个名堂来。

他让学生看树枝的倒影，由于角度不同，树枝穿插呈现出新奇的构图，由此他引申出一番图画构图与视角关系的深刻道理来。他感叹有些人不会构图，因为他们老是从一般角度去观察对象。

有时他的心情特别好，“老夫聊发少年狂”。只见他弹拨着吉他，放声唱起当年战斗年代里的老歌，唱得如痴如醉。

他最喜欢唱的有《延安颂》《太行山上》《河边对口唱》《保卫黄河》等与延安岁月有关的歌。他的嗓子并不好，再加上他长期酗酒和身体虚弱，嗓音自然有些沙哑，还显得底气不足。但他一旦唱起来就特别投入，特别动情，仿佛是用自己的生命在歌唱。看见他微微眯缝着泪光闪烁的双眼，忘情高歌时，倒还真的让人特别感动。

唱到最富有激情的时刻，他还硬拉上当年西工团的老战友，三十多年来与他相濡以沫、共度艰危的妻子，同她一起放声高唱。他们夫妇俩仿佛又回到大砭沟口的延河边……

1976 年刚刚过去几天，广播中传来震撼中国大地的哀乐，敬爱的周总理去世了。

石鲁臂戴黑纱，躺在床上，整整三天泪水未干。

一位兰州来客，见他独自默默地坐在小院的树下沉思，问他写没有写悼念周总理的诗词。他的情绪一下子激动起来，立即带客人走进画室，端出了一个里面装着不少笔记本的小箱子。拿起一本笔记来，翻出他写的悼诗给这位朋友看。

丙辰清明。西安钟楼前后像下了一场大雪，铺天盖地地摆满献给周总理的花圈、挽联，四周贴满了诗词。群众用特殊的方式表达着自己的心声，沉默的火山终于爆发了！石鲁感慨地说："人民开口说话了！"

他激动万分，强撑病体，在女儿石丹的搀扶下，拄着手杖来到钟楼前。他碰见一个学生，激动地跷起大拇指说出了掷地有声的四个字：

"正气上升！"

这位学生顺手把报纸上一个写作班子的大块文章给他看，他不屑一顾地骂道：

"文痞！痞子嘛！"

石鲁的健康状况一天天恶化，亲友们十分担忧。家里人劝他戒酒或者少喝一点，他们知道烈酒已经在日益严重地损害着他那已经衰竭得快要倒下的

1976 年 9 月石鲁与李世南

躯体。然而他却偏偏鼓吹他的喝酒健身法，说：“李斛患了肝硬化住院，在生命最后一息都喝酒。大夫不让他喝，他就死了。还有某某人得了肝癌，又叫肝硬化，此人好酒。大夫任其食用，两年后复查，癌细胞不见了。问什么原因？答：酒！”

闵力生和孩子们绞尽脑汁，千方百计想要戒掉他这一顽固的嗜好，但又谈何容易。开始闵力生不惜到附近的食品门市部，一家一家地去打招呼，请求他们不要卖酒给石鲁。别人感到十分为难，既然卖酒，又有什么理由唯独不卖给他？她只好失望而归。然后又让小儿子石果悄悄往酒里掺水，降低酒的浓度，这样做也解决不了问题，她也只好作罢。

最后又施行“苦肉计”，在他喝酒时，让石果主动参与。父亲喝高兴了让儿子喝，石果也就大口大口地喝；没有让石果喝，他也主动抢着喝，以为如此可以让父亲少喝一点。结果父亲的酒量未减，儿子反而上了瘾。石果这才对父亲为何借酒浇愁深有体会了。

春节，石果真的喝醉了，酒后动了真情。他再也难以抑制这么多年郁积在胸中的痛苦与愤懑，终于跪在父亲的膝下，号啕痛哭起来。是的，这个家，包括闵力生和孩子们，跟着石鲁一起吃的苦太多太多了。

一人向隅，举座不欢，没有一点过年的喜悦气氛。石鲁虽然感到阵阵难言的心酸，还是勉强撑起欢颜，笑着对在座的客人说：“看这个小酒疯子，比我还狂！”

此刻，石果哭得泣不成声了。

这段时间，石鲁的精神病总是时好时坏，他的一些近乎顽童的行为，显得特别荒唐可笑。

地震期间，他在树上绑了个滑轮，准备把自己那张行军床吊在大树上。他说，一旦发生大地震山崩地裂，就赶紧把自己拉到树上去，这样就没有什么危险了。这不明明是想拔着自己的头发升到天空去吗？

冯建吴把老家的一张家传的唐琴给他带来了。他找了几根钢丝系上琴弦，用手一拨如鸣泉般叮咚作响。他在寻找高山流水那样的悠远意境，寻觅知音的古韵。同时他又在研究，这张古琴能否在水中漂浮？是否可以载人？为此又特别在院子里挖了一个小池，蓄上水做实验。他说如果万一地震发大水，他就抱着这张唐琴漂去，像当年李太白一样……

他的头脑中，一半是山摇地动的严峻现实，一半是飘飘欲仙的浪漫幻想。

但是，当需要在重要的事情上做抉择时，他又绝不会有半点含糊，清醒得令人震惊。

国画家亚明挂念着逆境中的石鲁，写了一封亲笔信，托人带到西安，向这位长安画派的主将传达思念之情。

石鲁非常感动，马上作了一幅兰花并题款曰：

芝兰宜为友，天涯伴色香。
请为高者寄，惟余道幽长。

石鲁作于长安芦屋

他对传书者说："不另写信了，你把画和诗拿给亚明看，他会明白的。"

北京一位领导同志爱梅，想在百位国画家中征集百幅梅花，组成百梅图，请名画家亚明代劳，于是亚明又想到了石鲁。

亚明选中石鲁，除他的梅独具特色外，还别有一番苦心。他想，石鲁是上面点过名的，虽未下最后结论，但也一时难以平反。如果能得到更多中央领导人的知情和理解，事情就会好办多了，更何况又不是要他去巴结江青那伙新权贵。虽然他知道石鲁性格孤傲，但想来这件事是不会被拒绝的。

由于当时中央路线斗争复杂微妙，消息不可泄露，于是亚明托付一位可靠的人上门转告石鲁，以表关切之情。

没有想到，在别人看来是无伤大雅，于己有利而又是举手之劳的事，却被石鲁断然拒绝了。

他以不容商量的口气拒绝说："不，不行，我不画！"

也许在常人看来，他已经迂腐固执得令人难以容忍。这有什么不行的？这

1976 年国庆节时石鲁应邀到好友郭琦家做客（叶坚　摄）

位领导同志又不是江青一伙的，通过画一幅画让别人理解自己的冤情和遭遇，又有什么不可？

他依然还是那么一句话："不行，不管他是谁，这画我不画。"

带信的人也替他着急了，说："可也得为你的前途着想啊！"

他振振有词地反驳："正因为是这样，我才不肯画的。我还没有到用自己的画去乞求生存的地步！"

这位朋友苦口婆心地劝告说："可他和他们不一样，是总理的人啊！"

石鲁仍不为其所动，一下子把话说绝了："我知道，但我不画。如果他是个一般的朋友，我肯定画。"

这就是中国"士"的迂执、傲岸和高洁。

这当然使来人感到难堪。亚明如此一番好心，又叫信使如何回去复命？

石鲁淡然答曰："你就说我从来不会画梅花好了。"

这就是他的天真，就像一个小孩用双手蒙住眼睛，就以为别人看不见自己了。

老花鸟画家叶访樵在凄凉中辞世，石鲁在病中挣扎着走到画案前展纸写道：

叶老升天去，花儿遍地开。

他的心情十分悲凉，艺苑又少了一位同道，自己也不知哪一天撒手而去！

郭琦，四川乐山人，他和石鲁既是同乡，也是延安的战友。石鲁平时最爱吃郭琦母亲做的乐山风味的豆花，曾戏言："此味只应天上有，人间能得几回尝。"1976年夏，石鲁为他题赠四幅册页，题字曰："郭兄嘱画山川虫鱼人物，余谓人在其中矣，可谓奈也。"其中"奈"系"赖"之笔误。

上午9时，他一边磨墨一边和郭琦海阔天空地闲聊，也是在进行艺术构思，11时提笔作《嘉州山水图》。晚上画第二幅《延安马兰草》。画到晚上9时之后，闵力生对郭琦说："你不睡，他嘴不会停，你睡了他也会休息，半夜起来他会画的。"于是郭琦便在石家的外间睡了。

凌晨3时郭琦醒来，见内室灯亮，他悄悄进来，只见石鲁正在画上题诗：

青青河畔草，马兰也不平。
化为青红纸，金迷不沾魂。
醉纸非钞票，一纸重千金。

第三幅是一匹老马，马的鬃毛画得特别长，画面下部画有一枚朱文闲章“藏仓者寿”。

7时起床后，郭琦见他把老马已画完，便钉在墙上欣赏。石鲁说：“马屁股还应再瘦一点，这不和我们现在差不多吗？”

他题词之后风趣地说：“人物就不画了，人已在其中了，‘赖’误写为‘奈’，也不再改了，要赖就赖到底！”

这三幅画，绝非石鲁信笔所为。

嘉州山水——延河马兰——瘦骨老马，正是石鲁人生历程的三部曲。

他宁愿把自己未来的处境想得更坏些。有一次他对儿子说：“等我的病好了，我们一起去拉三轮车，拉三轮车我们也能活！”

他又对一位学生说：“以后咱俩卖画吧，我画你跑路去卖！”

这是一个何等顽强的生命！他苦熬着，不屈地苦熬着，于无声处翘首倾听。他坚信终有一天，天际间一定会响起惊天裂地的雷声……

“惟余风漫舞，还看春更高。”

1976年10月，又到了“秋风吹渭水，落叶满长安”的时节。

深夜，秋风萧瑟，落叶在屋顶上沙沙作响。

石鲁已经成了习惯，彻夜难眠，忧愤中披衣而起，挑灯作画。

大约凌晨三四点钟，门外响起了令人心悸的叩门声。

又发生了什么事？平日祸从天降，如今的半夜敲门，也不能不使他感到心惊。

开门一看竟然是徐行。

这位在邓小平复出主持工作后被解放出来抓工业生产的老干部，又在“反击右倾翻案风”中靠边站等候发落。今夜，他突然接到一个紧急通知，要他立刻赶去参加中央重要文件的传达。会刚一散，他就急不可待地向石鲁家的小院直奔而来。

石鲁发现，今夜的徐行目光如炬，情绪特别兴奋。

“好消息，‘四人帮’被打倒了！”徐行面对石鲁大声叫道。

石鲁一下子还没有反应过来：“啥子‘四人帮’？！”

等他搞清楚了这条消息的真正含义时，也一下子惊呆了。

总算被他言中了！就在那个风雨之夜，他对徐行讲过“我们党会有人出来收拾这个局面的”，现在不正是如此吗？

那个雨夜里，他托付徐行转交给党中央的那首诗词，当夜就被徐行装进了一个广口瓶里，密封之后，撬开几块地面砖，被深深埋进了地下，等待沉冤昭雪的一天。这一天不是终于来到了吗？

石鲁总算是活着看到了这一天！

他激动地走到书柜边，拿出一瓶太白酒来，斟满两大杯，举杯与徐行相碰：

“来，饮酒庆祝！”

连干三杯，他豪兴大发地说：“老徐，你写首诗！”

徐行理解他此刻的心情，答应说：“老兄，我就以一路上给你送消息的心情吟几句吧！”接着沉吟片刻，口占一首：

晨星光清夜路静，情满心舒步履轻。
花逢时雨谁为俏，西行回首见启明。

石鲁连连拍案叫绝：“好，妙！就以‘花逢时雨俏’为题，我来一幅画。”

他展纸挥毫，以色当墨，画出一枝枯萎的月季，在蒙蒙细雨中变得俏丽，并题上了“花逢时雨俏”。

然后又提笔写了一幅“春到人间”的中堂。

消息正式公布后，西安和全国一样沸腾了，大街上锣鼓喧天，人如潮涌。

他坐在躺椅上，右腿架到左腿上，伸手捋着他的山羊胡子，异常兴奋地说：

“好，善有善报，恶有恶报，早在预料之中，一点不感到奇怪。过两天我们庆祝胜利，喝两杯！”

听着大街上传来的欢呼声、口号声和锣鼓声，他一边饮酒，一边随口编起顺口溜来：

“咚咚哐，咚咚哐，粉碎‘四人帮’！让那些大大小小的‘四人帮’向隅而泣吧！”

大难不死的石鲁此时豪兴勃发，拿笔饱蘸浓墨，挥写了一副大气磅礴的对联，展现了他在十载梦魇中从未有过的最佳心境：

大风吹宇宙

红日照高山

石鲁顽强的生命，在黑暗的炼狱中十载穿行，终于走到了苦难的尽头，重见光明。

第六章

风流千载：站在精神的高峰

乍暖还寒：文化部向西安派出调查员

当中国历史终于把这灾难的一页翻过去时，石鲁感受到从未有过的欣慰。他首先想到的就是他获得了创作自由，又可以投身到艺术的创造与探索中去。这是他生命之所在，其他的一切都是无足轻重的。

他扬眉吐气地说：“大难不死必有后福，我再干它十年！”

这时他才五十七岁，正当艺术创作的盛年。对于一个国画家来说，即使再干一二十年也并不算老。他的一番雄心壮志，最突出地表现在为一位日本友人写的一幅书法作品中：

不经沧海难为水，重上青山又一峰。

他善于借鉴和改造古典诗词和成语，经他一点，意象翻新，其味无穷。王朝闻曾赞赏他把“欲穷千里目，更上一层楼”改为“穷目千里，更上一楼”，改后意味更加深长。唐代诗人元稹的这句“曾经沧海难为水”，经他把一个“曾”改为“不”字，强烈地表现出他历经劫难之后，不是心灰意冷，看破红尘，而是以更加大无畏的勇气，攀登更高的山峰。且下联以“山”代“楼”，与上一联的“水”相应，立意全新，意境开阔宏大。

这是打倒“四人帮”之后石鲁精神状态的最好写照。

“文化大革命”十年，他是“运交华盖欲何求，未敢翻身已碰头”。殊不知粉碎“四人帮”后，他已经翻身，却依然碰头，岂非咄咄怪事？

这是他本人和许多善良的人都未曾料到的。

历史的舞台并不像剧场里的旋转舞台，可以在切光的瞬间，将结束的前一场转换得不留一丝痕迹。

文化部决定，1977 年 5 月 23 日在北京举办纪念《在延安文艺座谈会上的讲话》发表三十五周年艺术作品展览，准备展出自 1942 年以来的优秀代表作品。这无疑是美术界拨乱反正的大举措，也是众多受“四人帮”迫害的美术家的大解放。

荣幸的是，石鲁就有四幅作品入选。

出人意料的是，当全国美协征求有关部门的意见时，得到的回答却是：石鲁政治问题严重，作品不能参展。

1977 年 10 月，全省召开美术创作会议，石鲁连参加会议的资格也没有。何海霞在会上发言，公开说石鲁是他的创作老师，并为有人阻拦石鲁参加这次创作会的错误做法感到愤慨。闵力生和子女连夜抄写了三份申诉材料，披露“文化大革命”期间石鲁所遭受的迫害，并分别贴在省文化局大院中、省文化局招待所会议室门前和省美协大门外，在美术创作会议上引起强烈反响，震动很大。参加会议的代表们都纷纷出来看大字报，会议也无法进行。

这时的石鲁连路也不能走了，成天坐在沙发上咳喘，病情十分严重。

推举出席第四次文代会的代表时，美术界许多人都提了石鲁的名，但最后还是未获批准。

石鲁的命运，仍然受极左思潮的捉弄。有些人咬定石鲁的诗词中有反革命言论，少数别有用心的人坚持说石鲁装疯，是政治疯子。

他们根据“两个凡是”的标准，以绝不能否定“文化大革命”的伟大成果为由，认为石鲁问题依然严重。不仅如此，竟然还要给予石鲁党内处分。

在后来甄别石鲁的问题时，他们仍然一口咬定“有严重政治问题”。

石鲁看后，气得脸色铁青，断然拒绝签字！他愤慨地说：

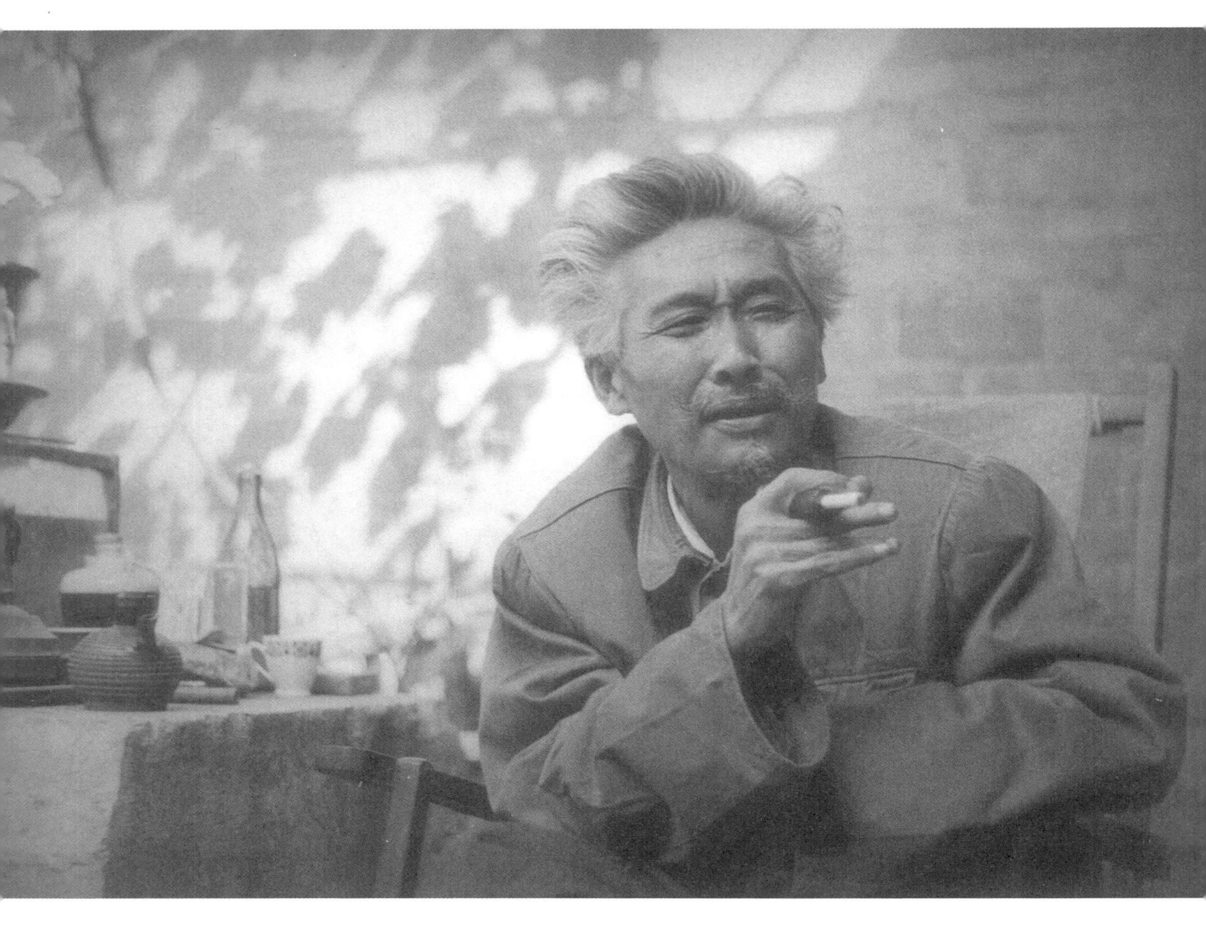

1977 年石鲁困居家中小院（邢武威　摄）

“十年来不知多少人才被‘四人帮’摧残了，即使孙悟空从五行山下被解放，还不知陕西的唐僧，会给他念什么样的紧箍咒！”

他还痛心地说：“现在有继续要两面派的，有暗中挑拨离间的，有害了人而受重用的，这些都是历史悲剧的续篇！”

为什么这噩梦般的一页明明已经被翻了过去，却还有人继续做着过去的梦不愿醒来呢？

此后不久，石果去了一趟北京，他受父亲之托，去探望了一些父亲的老朋友。他向他们讲述了父亲目前的处境，引起了关心石鲁命运的人的极大愤慨。他们都热心地出主意，想办法，希望能尽快把石鲁从危难之中解救出来。

一位画家好心地告诉石果：“劝你父亲画些画嘛，我可以替他转送给上面的领导，再顺便反映一下他的情况。有上面领导一句话，你父亲的事不就一笔勾销了吗？”

石果觉得这位画家说得有道理，不失为一个好办法。

从北京返回西安之后，石果兴冲冲地向父亲报告北京之行的见闻。开始石鲁蛮有兴趣地听着，还不时插话打听一些老友的近况。

谈兴正浓，石果想起了那位画家的建议。知父莫如子，他知道前次南京的亚明伯伯专门托人来请他为一位领导画梅，竟被父亲断然拒绝，这次不正和前次如出一辙吗？尽管石果心中有些犹豫，还是想讲出来试探一下，看看究竟。

石果故意漫不经心、轻描淡写地说出了那位画家的建议，没有听见父亲吭声，误以为成功了。他正想谈谈自己的看法，进一步将此事促成，以不枉费此次北京之行。

突然，他听见“咚”的一声，不由得猛地抬起头来，只见父亲用双手扶着手杖重重地在地上一拄。

他双眉紧蹙，脸色铁青，那长长的山羊胡子气得直发抖。只听他厉声说道：“我真的落到这一步了吗？要拿我的艺术去乞求怜悯和赦免吗？”

石果感到父亲的确太迂了，这是一个多么难得的机会，不能就这样放弃了。

于是他鼓足了勇气据理力争："爸，依我看这不失为一个办法，只要能解决你的问题。"

"胡说！"石鲁被激怒了，他撑着虚弱的病体吃力地喘着气，"我的问题自然有党的政策解决，用不着去讨好卖乖！对真理我问心无愧，这就够了！"

石果还不死心，颇有些抱怨地说："有时候……还得讲究一点……策略吧。"

父亲斩钉截铁地回答儿子说："艺术家的原则不需要用策略来保护，艺术家只靠真善美！"讲到这里，他凝思片刻之后，冷眼狠狠地瞟了儿子一下，用不容商量的口气说：

"好了，关于这件事，我不想再多说一个字了！"

说完他闭上了双眼，一动不动地坐着，宛如一座难以撼动的大山。

华岳之雄也！

真拿他没有办法。石果开始还有点生父亲的气，但渐渐地又为自己有这样一位父亲感到自豪。他记得父亲曾说过的一段话：

> 把事物的意义和真挚的感情看得比实际生活高而更高。重气节、重品德、重情义、重真理，轻利欲、轻名财、轻物欲，这正是艺术家成为艺术家的修养条件，因为艺术是不计任何代价的创造。

这就是石鲁的审美理想和人格力量。

并不是没有人关注石鲁的命运。

徐行在北京见到当时任中央组织部部长的胡耀邦，向他如实反映了石鲁的处境和遭遇。胡耀邦曾担任过中共陕西省委书记，他了解石鲁，并态度鲜明、十分关切地对徐行说：

"你要保护他，保护这个革命者，保护这个战斗的艺术家！"

这是何等明确而有力的结论。

就在省上召开美术创作会议期间，石鲁的一些学生在美协大门外贴出了几幅大标语，表达了他们对老师冤案的关切与呼声：

“应该甄别石鲁的冤案！”

“石鲁应尽快解放出来！”

“人民画家石鲁应该解放！”

一些关注石鲁命运的人，再也不能坐视和等待了。一封封求救的加急信件，一份份关于石鲁冤案的申诉材料，纷纷寄往北京的有关单位和有关人士。许许多多的人在为石鲁四处奔走，大声呼喊。

1977 年 11 月，石鲁再一次被送进了精神病院住院。

中央美术学院的杨先让得到消息之后十分不安。他还记得是在 1949 年初春，由徐悲鸿先生在北平国立艺专的大礼堂主持的解放区美展上，他第一次见到石鲁的版画作品，并留下很深的印象。1952 年他毕业之后在人民美术出版社工作，又曾担任过石鲁几幅新年画出版的责任编辑。然而他第一次见到石鲁本人，却是 1954 年初夏随邵宇出访途经西安时，并受到石鲁以及赵望云的热情接待。当二十年之后中央美术学院在陕西户县搞开门办学他再去西安，却正值“批黑画”，这时石鲁又被逼疯了。

没想到石鲁的处境现在还依然如此艰难。

他立即去找当时任中央美术学院国画系主任的丁井文，商量解救石鲁的办法。然后他又和妻子一起，带着石鲁家属的申诉材料，从西郊跑到东郊，首先找到画家范曾。因为他的文笔快，让他立即起草一份申诉书。范曾义无反顾地接受了这一重托，立即挥毫，很快便把一份义正词严的申诉书写成。

杨先让拿上这份申诉书，夜已经很深了。他又和妻子一道，飞速地蹬着自行车，冒着冬日砭人肌肤的寒风，直奔文化部宿舍。

他敲开了程浩飞的家门。正准备上床睡觉的程浩飞，颇有些惊诧地看着杨先让。程是杨当年在文化部工作时的办公厅主任，杨先让一进门连客套话也来不及说一句，就把关于石鲁的申诉材料递给他，并详细介绍了石鲁在“文化大革命”中的非人遭遇和目前的危急处境。

杨先让请求程浩飞，尽快地把这份申诉材料转给文化部部长。

程浩飞收起了材料，答应尽快办理。

这时杨先让和妻子才有一种如释重负的感觉。走出文化部的宿舍，迎面扑来一阵寒风，使他们不由得打了一个寒噤。在路灯下，杨先让伸手一看表，已经是后半夜了。他们虽然浑身疲困，心中却感到十分惬意。

第二天，程浩飞很快给杨先让打来电话，让他放心，说事情已经办妥。

就这样，一份有关石鲁冤案的申诉书，郑重地放在了共和国文化部部长黄镇的办公桌上。

与此同时，中宣部和全国美协也都收到了有关要求给石鲁平反昭雪的来信和材料。

事情的进展迅速得惊人。文化部很快就专门派出了黄韬和金克浚二位同志，专程前往西安调查石鲁在“文化大革命”中受迫害的情况。

临行前，他们还接受了一项委托——代表中宣部、文化部向石鲁同志表示亲切的慰问！

这等于是一个郑重的表态。

黄韬和金克浚离京之前，先找到杨先让，请他详细介绍了石鲁的情况，然后带着部领导的重托，登上了西行的列车。

1977 年 12 月 31 日下午，黄韬和金克浚来到石鲁家里。石鲁正在住院，由闵力生接待来人。黄、金两位同志自我介绍说：“我俩是代表中宣部、文化部前来慰问石鲁及其家属的。”闵力生真没想到这么快中央就来人了！第二天是 1978 年元旦，不能立即开展调查，他们决定先到医院看望石鲁。

文化部专门派人了解石鲁的情况来了！石鲁得知这一消息，感到非常欣慰，“怎么样，我不是早就说过了吗？我的问题自然有党的政策解决，用不着去讨好卖乖嘛！”当他在病房里见到黄、金二位同志时，激动万分，精神也格外振作。

他并不知道亲友们为之付出的艰辛和努力。

有朋友开玩笑地对他说，文化部派来的这两位调查员，一位姓黄，一位姓金，你的“黄金”时代又到来了。

石鲁开心地畅怀大笑。

一切关心石鲁命运的战友、同事、亲友和学生，一切有正义感和有良知的疾恶如仇的人，一切被石鲁艺术所感动和陶醉的人，一切对十年浩劫扼腕痛恨的人，听到这一消息，无不奔走相告，扬眉吐气！

黄韬、金克浚两位调查员开始走访和接待知情者。他们一谈起“文化大革命”中石鲁的遭遇，有的愤愤不平，义愤填膺；有的说着说着就泣不成声……

石鲁所受到的非人折磨和残酷迫害，就是对十年“文化大革命”的血泪控诉！

然而现实中又分明有这样的人，他们丝毫没有良心发现，更不忏悔自己曾经犯下的过错，反而设置障碍，千方百计地阻挠石鲁平反。记得巴金老人后来公开忏悔自己当年昧心参与对胡风的批判，并为此在灵魂深处感到深深的愧疚和不安。人们尊敬这位老人，将他的这种忏悔和反思看作是我们民族的理智和良知。

黄韬和金克浚二人当然要了解有关部门对石鲁问题的一些看法，因为他们当时掌握着对石鲁生杀予夺的大权。

但他们依然是老调重弹。

石鲁攻击江青的那些“黑材料”现在失灵了，当然不能再端上桌面来。他们只好把“文化大革命”前所谓的《转战陕北》和《东渡》的“严重问题”，又重新搬了出来，并演绎成整人的新材料，企图将石鲁压在这座沉重的大山下，永世不得翻身。

当时的政治气候和大自然的气候颇为相似，早春二月，乍暖还寒。一些人还死死抱住“文化大革命”还要继续搞的论调不放手，借口要继续捍卫“文化大革命”的伟大成果，试图把这道紧箍咒永远套在包括石鲁在内的一大批受迫害的人头上。我们整个国家都尚且在“两个凡是”的崎岖泥泞的道路上颠簸，石鲁解放的受阻就不难理解了。

为解决石鲁问题，这两位来自北京的调查员和他们进行着艰难的较量。他俩和他们进行激烈的辩论，甚至到了拍桌子的程度。

但毕竟春天已经到来了，大河上下的坚冰已经开始断裂和消融，短暂的寒流不可能阻挡春到人间。

两位调查员回京前认真听取了石鲁家属的意见。家属希望能让石鲁得到很好的治疗，因为他又患上肺结核，病情日益恶化，在西安治疗确有困难。两位调查员立即打电话向北京做了紧急汇报，回答是：尽快送来北京治疗。同时，他俩又和省里有关部门进行严正交涉，他们只好同意了。

两位调查人员回到北京，并根据在西安多方面的调查了解，很快做出结论：石鲁的问题纯属“文化大革命”的政治迫害，完全是冤假错案。

结论是公正的。

抢救行动：担架从窗口直接送进车厢

正当笼罩在石鲁头上的“文化大革命”阴云即将被彻底驱散的时候，死神的魔爪又向他伸来。

真是命蹇时乖。

他那个在非人的环境中勉强支撑了十年的病体，早已到了崩溃的边缘。他那种健康状况能活到今天，真是个奇迹。连医生也惊叹不已地说：“要是换了个人，早就死去了。”

他身体的每一个器官都亮起了红灯，发出了紧急呼救的信号。

1977 年 11 月，他的谈吐尚清醒，但只喝酒不吃饭，后来开始怕冷，出现水肿，一按一个窝，十几分钟起不来，走路也十分艰难。令家人最担忧的是，他不愿看病吃药。经过家人几番周折，总算联系上了精神病医院，而且还不敢向他说出真相。家人好不容易才把他哄上了汽车，并且故意让汽车在街上绕了好几圈。

他是第三次进精神病院了，不过这次与第二次不同，住院部给他单独弄了个小房间，还是三儿子陪着。由于他身体太虚弱，病情严重，一送进医院就马上打吊针。

在北京，杨先让又找到丁井文商量，然后立即向文化部美术组反映情况。

一路绿灯，文化部美术组不论是为石鲁申请经费还是交涉医院，可以说是诸事顺利。

石鲁由闵力生和石果护送进京。

1978 年元月 23 日，石鲁先由精神病院的救护车送到火车站，再由他的学生们用担架把他抬到列车前，直接从窗口将他送进了车厢。许多亲朋好友都前来为他送行，闵力生买了四十多张站台票都用光了。亲友学生们有的抹着眼泪，有的低声啜泣，他们一声声呼唤着他，让他一路保重，愿他早日康复。

他虚弱得连说话的力气也没有，脸上露出一丝艰难的笑容，长长的胡须动了动，流露出一种感激与欣慰之情。

飞驰的火车终于驶进了北京车站。华君武和几位老画家走进车站，直接到车厢里迎接石鲁。石鲁和华君武见了面，一句话也没有说就先紧紧地拥抱在一起，热泪止不住地流淌，一切都在不言中。

站外一排人，都是来接石鲁的文化部的代表和北京美术界的著名画家。石鲁和他的家属被安排住在北京友谊宾馆。这里的人对他照顾周到，专门为他在床上架了一张小桌，让他坐在床上吃饭，并为他做高营养饭菜。

此时的石鲁已经寸步难行，精神仍不太正常，不愿到医院去治疗。他一直在宾馆休息了十来天，经过许多人前来劝说，后来才同意住进医院治疗。

住进北京人民医院后，医生对他进行了一次全面检查。可以说他浑身百病俱全，有肝硬化、胆囊炎、痔漏、肠胃功能紊乱、精神分裂等。

北京美术界的老朋友，回想起国庆十周年大庆进京画《转战陕北》时的石鲁，那时他是何等英气勃勃，精力充沛！而如今形销骨立，步履维艰，已到了气息奄奄、朝不虑夕的程度，在场的人无不感到震惊和痛心！

大家也惊叹，石鲁的生命力又是如此顽强，真像关汉卿的散曲中所形容的那“蒸不烂、煮不熟、捶不扁、炒不爆、响当当的一粒铜豌豆”。

石鲁在北京人民医院住院治疗近两个月。经过反复检查，在他诸多疾病中，最严重的仍然是肺结核，而且病情已经发展到了晚期。因此，4 月初他又被转入京郊通县结核病研究所治疗。他的肺部已经有一个很大的结核空洞。医生说，这么大的空洞一旦大出血，顷刻间就没命了。石鲁笑了笑说：“我的五脏六腑都烂完了，这也倒很轻松！”

石果于当年初考上西安美术学院，他只好推迟了入学报到时间，直到 4 月份才赶回西安上学。石果走后由大哥石坚接替。石坚在工厂里上班，长时间到北京护理父亲，单位要扣发工资，最后还是由北京有关领导批示后，才作出差处理。石坚在北京护理了九个来月，直到年底石果放寒假时才被替换下来。

兄弟俩都深有体会，父亲在医院里实在有点难于侍候，他有时严厉苛刻得不近人情，真叫人受不了。

石果一声不响地坐在病床边，按时侍候父亲吃药和进餐。突然父亲横眉怒目地骂他：

“谁叫你监视老子来了？”

真叫儿子哭笑不得。石果当然明白，父亲的病还没有脱离危险，眼下自己不管吃多少苦，受多大委屈，都只能忍受下来。父亲好不容易才熬到今天，只要他的病能一天天好转，再吃苦和受委屈也值得。

石坚再来接替弟弟时，结核研究所的病房里不让家属陪住，他只好住到通县招待所。这里离医院有三站路，他每天骑车到医院照顾父亲。

作为传染病院，有些要求当然很严格，如特别注重隔离，探视人员必须戴口罩等。石鲁见儿子戴口罩、穿隔离衣这般全副武装的打扮，马上就火了，大骂儿子贪生怕死，是个胆小鬼！

石坚只有苦笑，还不能有委屈的样子表露出来。

经过医生几个月的抢救和家人的精心护理，石鲁才总算从死神的魔掌中挣脱出来。他的结核病治疗很有起色，精神状况基本恢复，吃饭也开始慢慢趋于正常。只是有一项戒律很难将他束缚，医院不准他抽烟喝酒。酒是不敢喝了，但是只要石坚不在，他就悄悄地找人替他买烟。

石鲁是个生来就闲不住的人，只要病情稍有好转，他又开始坐了起来，摊开笔记本，用工工整整的字迹，回忆整理着“文化大革命”中写的那些骂“四人帮”的诗词。从 1971 年至 1976 年，他写了好几百首诗词。现在他用几大本硬皮册将这些诗词抄录编排，有的还加了钢笔插图、毛笔题跋、手画印章，成了他十分钟爱的一部手抄本诗词集。

当年这些诗词差点让他人头落地，所以他特别珍惜它们，一边抄写一边吟诵着：

安天不稳谁为主，五胡扰乱古神州。
可堪半打新权贵，豺狼当道世忧忧。

他让儿子到文化部下属的中国画创作组，找来颜料、纸笔和毡子，开始在病房里为朋友画册页。这段时间，他最爱画些鸭子、鸡、猫、毛驴之类的动物。

他在顽强地练笔，努力恢复他的技艺。他暗中与病魔较着劲，心中有些着急。好似一个园丁，望见大好春光，又迫不及待地开始躬身耕耘了。治病也好，画画也好，究竟为了什么？他心中有数。

天机总会泄露。女儿石丹考入中央工艺美术学院，他在她的一本画册上，题写了这样一句话：

艺术的道路就在于探索

他又在一幅书法作品中写道：

艺道方长　新意为趣

一息尚存，就忘不了探索和创新，这是石鲁的艺术之魂。

住院期间，正逢周恩来总理八十周年诞辰，他挥笔写下八个大字：

德齐日月　美化神州

石鲁在北京与诗人李季在一起（李江树　摄）

他来北京治病期间，不论是在友谊宾馆、北京人民医院，还是通县结核研究所，每当有老朋友前来探访，客房或病室里总是充满异乎寻常的欢乐气氛。这时他的情绪就特别激动，心情也特别舒畅。

“访旧半为鬼，叹息肠内热。”大家都是九死一生的幸存者，劫难之后重逢，总令人有恍如隔世之感，今日相聚别有一番滋味在心头。来访的朋友们都不忍久坐，想让他安安静静地养病，却又流连忘返，不愿仅仅是礼节性地坐坐就走了。他们之间有说不完道不尽的东西。

延安时期的老战友刘迅夫妇来到石鲁在友谊宾馆的客房。当年石鲁和闵力生结婚时，就是他画了一幅新郎新娘拥抱的漫画。刘迅见战友被折磨成这般模样，再想起自己在“文化大革命”遭受的九年半冤狱，忍不住地失声痛哭起来。随后满屋的人也都哭起来了。

李琦和冯真带着全家人来了。

十几年未见，当年生龙活虎、热情奔放的石鲁，如今已变得骨瘦如柴，连上下床都要儿子搀扶。李琦心中顿时涌起一阵酸楚，但又不得不强作欢颜。

1964 年李琦从西安返京时，向石鲁提出要一点他的画带回去观摩。石鲁毫不犹豫地抱出百多幅画来，放在李琦面前任他挑选。李琦当即挑了四十幅四尺宣大小的山水、花鸟、人物画。山水画里春、夏、秋、冬四季景色都有，人物画中尤其是那张《关中老农》，全部用朱砂调少许墨画成，把太阳下田间小憩的老农夫的神情画活了。但是这四十幅画在“文化大革命”中从李琦家全被抄走了，后来在“窑洞画派黑画展”上露过面，以后就销声匿迹了。李琦告诉石鲁，大画被抄走后杳无音信，但侥幸还有几十张小画幸存。

石鲁见李琦满脸的惋惜和难受，爽快地安慰他说：“再画！”

冯真还记得，1974 年她从户县返京，途经西安又去看望石鲁，当时正逢批“黑画”的高潮，他处境十分艰难。冯真告诉他户县农民画的情况，而他身处逆境依然不隐瞒自己的观点，直率地发表自己的看法：

“户县农民画本来很好，现在坏就坏在‘为政治服务’了！”

当时冯真为这位天不怕、地不怕的老友很是担心，直往窗外瞅，她怕又被别人听见汇报上去。

雨过天晴，风卷残云，这一天终于过去了，但石鲁却躺在医院的病床上。

见李琦和冯真来了，石鲁的心情特别好，竟然放声唱起家乡的川戏来。他最喜欢川剧折子戏《情探》，是荣县翰林赵熙填的词，有些段子简直成了千古绝唱。他清了清嗓子唱了起来：

更阑静，
夜色哀，
月明如水浸楼台，
透出了凄风一派！
梨花落。
杏花开。
梦绕长安十二街。
夜深和露立苍苔，
到晚来辗转书斋外。
纸儿、笔儿、墨儿、砚儿，
件件般般都是郎君在，
泪洒空斋，
只落得望穿秋水不见一书来。
……

他虽然丹田不足，嗓音也带着沙哑，却唱得那么动情。

他又见到了李建彤。

这位西工团的老战友，也是劫后余生，能再次相见恍若梦中。

李建彤见到石鲁那皱纹满脸，豁着门牙，一头乱蓬蓬的花白头发，还蓄着山羊胡子的样子，便想起了他当年在延安演《蜕变》时，饰梁公祥一开口便冒出四川话，惹得哄堂大笑的事来。她笑着对他说：

“现在你再演老头儿不用化装了！”

“你胡说，我还很年轻！”

说完他也开心地笑了起来。

李建彤的革命历史小说《刘志丹》，在“文化大革命”中遭点名批判，为此吃尽苦头。现在她欣喜地告诉石鲁，这部历经劫难的小说已准备正式出版，她要约他为《刘志丹》插图。

这对石鲁当然是义不容辞的事，他十分兴奋地说：“画！我还给你画！只要你的书倒不了，我的画也倒不了！”

石鲁又和王朝闻见面了。

两年前在西安，王朝闻迫于当时复杂险恶的政治环境，由女儿去石鲁家代行问候与辞行之礼。此后，这一直是他心中的一个难以弥补的遗憾。但他相信，总有一天会有机会向石鲁说明原委并表示歉意的。没想到只等了两年工夫，这一天就到了，怎么能不使他感到欣慰呢？

其实，现在任何解释的话都是多余的。

王朝闻风趣地说：“你当时扮演的是赵高的女儿赵艳容呀，能瞒得过我吗？”

石鲁大笑着反击说：“你扮演的难道不是‘青梅煮酒论英雄’里的刘备吗？你当我不知道？”

那是一个智者只有装糊涂才能存活的年代，回想起来多么令人心酸！

王朝闻后来这样评价石鲁：

> 醉汉那种既不清醒又很清醒的矛盾现象，早就有医学和心理学做过解释。那么，生活在不正常的环境中的石鲁，要以不正常的生活方式来生活，在不正常中又有正常的一面，形成了既正常又不正常的复杂性。

知石鲁者莫过王朝闻也。

杨之光探视石鲁来了。

杨之光时任广州美术学院副院长，他是与石鲁在延安的老友陈英一起来的。

阔别二十年了，杨之光总以一位国画人物画家的眼光去观察石鲁。他对石鲁那瘦骨嶙峋的病体、又长又乱的白发、残缺的牙齿和山羊胡子，留下了深刻的印象。

石鲁慷慨激昂地为他们背诵了自己那首为国画《东渡》填写的《调寄满江红》，尽管病体虚弱，他却是那么豪情勃发，两眼闪烁着盈盈泪光。

杨之光对石鲁的造访，不仅仅是老友重逢，更使他获得了强烈的艺术创作的灵感。以往他画国画人物肖像，大多是直面对象，直取其神。唯独面对石鲁时，他内心激荡但并未立即挥毫，进行了较长时间的酝酿和准备。

杨之光在两年中共创作了三张石鲁像。一张是病中的石鲁，另一张是横眉冷对的石鲁，最精彩的是他在洛杉矶画的那幅。他以挥洒自如的狂放笔触，以暖色调的彩墨，画出了石鲁醉态癫狂、嬉笑怒骂的名士风采，简直达到了出神入化的程度，令人叹为观止。不仅画好，而且诗也题得好：

妖孽横行百卉落，未逾花甲死不服。
任性痴狂对尘世，石公笑时我则哭。

后来，杨之光在广州发现石鲁一批珍贵的速写稿流散到这里，他又写信向石家通告了这一情况，并把他拍下的二十几幅速写稿照片寄给闵力生做证。

在石鲁的病室中，经常是高朋满座。李季、华君武、丁井文、张明坦等也都来过。黄永玉还将一本册页让石坚带给他父亲，嘱咐石坚要他父亲另外再画一幅荷花。

一天，满屋客人告辞之后，石鲁用奇异的眼光，打量着一个坐在屋角不肯离开的人。

这是一个十七八岁的小伙子，似乎有些腼腆，始终一声不吭。石鲁顿时产生了疑窦。本来他的精神病并未曾痊愈，时好时犯，说话也不免有些疯疯癫癫，于是他便对这位不言不语的年轻人厉声呵斥起来：

“喂，你是谁家的孩子？坐在我的病房里干什么？是什么人派你来的？是不是又想监视我？”

小伙子涨红着脸站了起来，嗫嚅着：“是……是我爸爸叫我来的。”

石鲁一惊，忙问道：“你爸是谁？”

“我爸是黄胄。”

石鲁高兴地笑了：“你咋不早说？乖乖，老伯难为你了！”

说完，他爽朗地大笑起来。

他是黄胄的长子梁穗。

黄胄第一次知道石鲁，是在1948年石鲁主编的《群众画报》上看到他的版画作品的。当时，石鲁的版画使这位生活在国统区的年轻人，呼吸到一派崭新的时代气息。

黄胄后来调到北京。石鲁每次进京，都要找上黄胄叙旧。黄胄每次都要拉上石鲁上东华门馄饨馆里，边品尝北京小吃，边尽情地畅谈，总是谈不够。

梁穗说父亲曾多次谈起，在他们举行婚礼时，身为老大哥的石鲁，还赶来参加了婚礼，他一来就逗乐起哄，婚礼顿时变得热闹起来。

接着梁穗又郑重其事地说，他父亲因为有事脱不开身，派他专程前来探望石伯伯的。

石鲁高兴地又是为他倒水，又是为他削苹果，把好吃的点心放在这孩子面前。他知道黄胄在“文化大革命”中也和自己一样吃尽苦头，于是他愤愤不平地问梁穗：

“你爸近来可好？还有人敢给他扣上‘驴贩子’的帽子吗？这些王八蛋！”

药物，消灭着石鲁体内的结核菌；友谊，修补着他心灵的创伤。到了8月，他的病情已有所好转。

这时，陕西电视台派出了一个采访组，专程来京采访石鲁。这是“文化大革命”后他第一次在陕西的电视节目中亮相，同时也向人们传达出一位著名画家即将复出的信号。

他高兴地为电视台现场作画，即席挥毫作了一幅《青青者长松》。他选择画松，而且画的是鲜嫩的新松，也传达出一种意味深长的回应：冰雪消融，青松又开始萌发新枝。

1978 年 11 月下旬，正值中国共产党第十一届三中全会召开之际。中共陕西省委派人专程赴京来到通县石鲁的病房，宣读了省委审干领导小组对石鲁的平反决定，即《关于石鲁同志的审查结论》。这份文件中说：

> 1965 年冬，石鲁同志因患精神分裂症，在精神病院住院治疗，“文化大革命”开始后，从医院回到机关参加运动，接受群众的批判和组织对他的审查。但由于林彪、“四人帮”反革命修正主义路线的影响，使石鲁同志遭受到打击迫害，以致旧病复发，当时对他在发病期间所形成的一些诗词和材料（其中：有的是斥责林彪、江青、张春桥、姚文元之流的，有的是爱戴老一辈革命家的，有些是因病幻想的），曾不加分析地断章取义，无限上纲，大搞逼供，乱加批斗。1974 年在“四人帮”篡党夺权，炮制所谓“黑画事件”，大搞“黑画展览”的时候，又把石鲁同志的作品作为“反动黑画”进行了展批。这些做法都是错误的，应予以彻底平反，恢复名誉。在审查批斗期间，各级组织所形成的材料，一律销毁。属于本人书写的材料（包括诗词、画页、个人用物、交代检查等），一律退还本人自行处理。并将此结论，通知其家属、子女所在单位。
>
> 中共陕西省委审干领导小组
>
> 1978 年 11 月 21 日

被颠倒的历史终于被翻了过来。屈指算一算，“文化大革命”十年，“文化大革命”前后各两年，石鲁整整熬过了十四个年头。

12 月的一天上午，中央美术学院国画系派车来到医院把石鲁接走。

李琦是国画系的负责人之一。当时这个系刚刚恢复并开始招生，石鲁的学生徐义生就是这时考上李可染的研究生的。

今天李琦请石鲁来给国画系本科生和研究生班的学生讲课，参加听讲的还有老师，共四十多人。

李琦对前来听课的师生们说，石鲁先生还在住院，今天请他来讲课还真有点冒险。

石鲁说，讲什么呢？老虎吃天，无处下爪。我怕把话匣子打开就收不住，先带些小画看看。我先抽支烟，大家随便提一提。

李琦主张先讲后谈，不然就乱了。

石鲁说，讲中国画的传统创新，开的题太大，不知从哪里谈起，随便提一点，吹牛，具体一点，小一点。

女画家周思聪请求说，讲讲你是怎样吸收传统的吧？

石鲁笑了笑说，我怎么吸收？我现在都还吸收得不够。我过去也是画国画出身的，1945 年东方美专国画系毕业的。那时，我们的美专有国画系、西画系、实用美术系，还有音乐系、戏剧系。画国画的跟画西画的不打仗。画国画的都是搞临摹，就是学习传统，从宋几大家、元几大家、明几大家直到清几大家，差不多都临摹过。

他的话匣子就这样打开了。

在谈到什么是中国画的传统时，他强调不能仅从形式、技术上来区分，而要从艺术哲学的范畴来把握整个民族艺术的规律，而不仅是一家一派和一个时代。

他旗帜鲜明地提出，中国画不能建立在素描的基础上，中国画的科学性，要从它的哲学观点、美学观点，也就是从美学规律方面来找，要追求“形而上”的更高的真实。

他还特别讲了他对西洋素描，尤其是对不动的素描的弊端的看法，认为用这种素描跟中国画结合会走很多冤枉路。他说创造性是艺术的生命力，要不断创新，不断创造当代的美；不要从教条出发，从古代的美出发，而应该从生活出发，从真实出发；然而这个美又应该比现实要高，比主观的要更广大，它是客观与主观的重新结合。

周思聪又问他，能不能用几个字把国画的特点概括出来？

石鲁答曰：程式。

接着他就对形与神、大与小的辩证关系，进行了精彩而深刻的分析，他还提出书法是中国画基础的观点。

两节课的时间很快就过去了，李琦不得不十分遗憾地强行关掉了他的话匣子。

石鲁在中国最高美术学府的讲坛上，讲了整整两节课，没有讲稿，没有提纲，条理清晰，逻辑严密，目光敏锐，思想超凡。你能想象出主讲人是一个患过十几年精神分裂症且尚未彻底痊愈的人吗？

这次讲课的录音，后来被整理成《最后的画论》发表，在美术界引起了强烈反响。

1978 年 11 月，全国文联理事会在北京西苑饭店召开。石鲁由大儿子石坚陪同，从通县来这里参加了一天的会议。晚上中宣部、文化部宴请了石鲁和另外几位知名画家。

党的十一届三中全会召开之后的 1979 年初，思想解放的春风吹遍神州大地。2 月 7 日，刚在人民大会堂参加完春节联欢晚会的石鲁，满面春风地返回西安。在西郊机场，他受到有关部门的领导以及家属、亲友和学生的热烈欢迎。

他赴北京治病，整整一年的时间。

1979年石鲁从北京治病回到西安，在机场受到迎接。图中有省文化局局长郑中和以及美协分会的张建文、陈笳咏、何海霞、程士铭、李梓盛等人

书画个展：二十年后再度轰动京城

石鲁从北京回到西安刚好一个月，又接到中国美协通知，到北京参加常务理事会。

中国美术家协会的常务理事扩大会议，1979 年 3 月 8 日至 11 日在北京西山召开。参加这次会议的有美协副主席、常务理事、书记处书记、美协筹备组成员和部分地区美协分会负责人共三十六人，会议的议题是研究召开全国美协会员代表大会的准备工作。

石鲁是这次会上最引人注目的人物。

这不仅是他那被摧残得重病缠身、形同槁木的形象令人触目惊心，而且他与众不同之处还在于，别人面前都是一杯清茶，唯独他的面前放着一杯白酒。

更重要的还在于，他在“文化大革命”中的特殊遭遇是中国美术家中最为独特和最为罕见的，从而激起了与会者的特别关注和同情。

始终关注石鲁命运的美学家王朝闻，首先将《转战陕北》这一桩全国美术界闻名的冤假错案提到了会议上来，马上引起了强烈的反响。在会上，王朝闻仗义执言，他以一位艺术理论家的深刻思想、超越眼光和逻辑力量，非常有说服力地为这幅名画及其作者的遭遇辩诬。

形象颇为怪异、一边说话一边饮酒的石鲁，在会上感慨万分。他终于有了说话的机会，终于到了为自己辩解的一天，他越说越激动，越说越愤慨：

“什么是美术？美术不是权术、魔术、丑术。文学家、美术家、戏剧家，从‘五四’以来，许多人头发都白了，但骨头是硬的。美术家是创造家，不次于科学家，但常常被绑在人家的马车上，让你唱小旦就唱小旦，要你卖屁股就卖屁股。”

话丑理端。全场顿时响起暴风雨般的热烈掌声。石鲁的发言深刻揭示了一个用血泪换得的艺术真理。大家用热烈的掌声向这位勇敢无畏的艺术斗士致敬！

接着，他又历数极左路线下美术界无法无天的“杀人现象”，满腔的愤怒像火山般地喷发出来。他的发言早已超过了规定的时间，最后还是王朝闻连拉带劝才把他弄下了讲台。

王朝闻后来深为遗憾地说：“如果来得及把他这次发言录下来，他的发言对于现代美术史的研究，应当说是一个重要的依据。”

足见石鲁这次发言的分量。

有意思的是，1979年第三期的《美术》发了关于这次会议的一则短短几百字的简讯，其中披露了参会者对石鲁及其作品遭遇的判定：

> 会上还谈到了石鲁同志创作的《转战陕北》一画的遭遇和由此而来的作者所受到的迫害。这件作品完成以后，就受到一些清规戒律的非难。出版以后，又发生了由于某些长官的建议将已出售的画册全部收回，以致作者在“文化大革命”中受到残酷迫害，险些丧命。有些同志说，这幅画的作者石鲁同志的遭遇反映了美术界一代人的遭遇。

石鲁和他的《转战陕北》的遭遇问题，在中国现代美术史上，是一桩延续十五年之久的令人深思的历史公案。后来王朝闻在为《石鲁作品选集》写的前言《再再探索》中，有一段话可以作这个问题的小结：

> 我这么反复说到《转战陕北》一画的遭遇，并不违背毛泽东同志“历史的经验值得注意”这一名言的意思。一向容易出问题的文艺界，当时又出了远比《转战陕北》一画的问题更大的问题。关于文艺问题的“两个批示”给文艺界带来很大的压力，比《转战陕北》的遭遇更麻烦。这种动辄得咎的受审状况，不能加强只能削弱革命文艺的发展壮大。十分强调文学家的党性的列宁的著作——《党的组织和党的文学》[①]，既尖锐指责了“商业性的资产阶级文学关系”的假自由，却不否认艺术个性和艺术民主。同一文章明确指出：“无可争论，文学事业最不能机械的平均、划一，少数服从多数。无可争论，在这个事业中，绝对必须保证个人创造性和个人爱好的广阔天地。”但是，《转战陕北》这幅歌颂革命领袖的绘画，却丧失了自由的环境。这一历史性事件表明，列宁所说的“生气勃勃的精神”很容易受到阻碍。
>
> 回顾这件往事并不愉快，但这种往事的回顾，有助于了解石鲁之所以是石鲁。石鲁拒绝修改或调换《转战陕北》，愤然退回了画集的全部稿费，这分明是他“不听话”的表现。但不听话的石鲁也很听话，不过他所听的，是“实事求是”这一原则的话。人们早就说石鲁看来精神不正常，在他那仿佛不正常的状态中，却有这么可贵的正常的特征。

真正的艺术精品是没有任何力量可以扼杀和禁锢的。历史再次证明，《转战陕北》不愧为20世纪中国美术经典。

但教训也是极其沉痛和深刻的。

归来时石鲁笑得那么开朗，心情显得格外舒畅。前次从北京回来，他获得

---

① 现译为《党的组织和党的出版物》。

政治上的平反；这次从北京归来，他获得了艺术上的平反。

石鲁艺术创作的第二个春天即将到来。

1979 年 12 月，中国美术家协会和新成立的美协陕西分会在京联合举办石鲁书画展览。继 60 年代初，原美协西安分会国画创作研究室习作展轰动北京之后二十年，石鲁的画展再一次轰动京城。

还是在去年春天，石果陪他在北京人民医院住院期间。有一次文化部国画创作组的几位负责同志，向石鲁表达了他们很想看看他“文化大革命”后的新作的愿望。他感到有些为难，不知如何是好。

他到北京治病时，随身没有带画。其实这并不难，前不久才送了一位北京朋友一幅荷花，可以借来用一下。但问题是，困厄中病了这么长一段时间，他的作品拿出来能否见得人？

石鲁对待自己的艺术，从来都是十分严肃而又苛刻的。

按照父亲要求，石果把画借回来并挂在病房的墙上。石鲁独自端详了好半天，颇有些不安地小声地问儿子：

“你看看，我这几年的画行不行，能不能拿得出去？”

大约是石果已考上西安美院的缘故，今天他感觉到父亲完全以平等的身份，像对一位同行似的征求他的意见，而且那么推心置腹，那般和蔼可亲。

石果不禁心头一热，十分感动。

他看得出，此刻父亲的心情竟然如此紧张，似乎有点不知所措的味道。儿子感到有些好笑，父亲平时的威严和自信哪里去了？一个老练纯熟、气质非凡又敢于探索的大画家，一下子变得如此小心谨慎、拘谨不安，真有点丑媳妇怕见公婆的味道。

儿子大胆地给老子打气：“你的画会叫人感到震动的。这幅荷花尤其精妙，人家一定会喜欢。”

听见儿子的表扬，石鲁居然高兴起来，眼里闪射着奇异的光芒，他拍拍儿子的肩膀说：

“你可不要乱吹牛呀！”

说完他笑了，笑得那么天真可爱。

他突然又止住了笑声，严肃而又认真地对儿子说：

“今后要是身体健康了，我将画出一批跟以前完全不同的画来。”

石果完全相信父亲的话，但心里同时又泛起一种隐隐的忧伤。他不知道父亲何日才能走出医院，重新回到画案边。

为石鲁在北京举办一次大型书画展，已经成为美术界共同的强烈要求。前不久，在四川举行的各省美协秘书长会上，程士铭先在小组会议上介绍了石鲁在“文化大革命”中的遭遇。华君武主持会议，又让程士铭到大会上去讲，引起了到会全体代表的震惊和愤慨。因此，举办一次规模盛大的石鲁书画展，本身就是美术界拨乱反正的胜利。

美协陕西分会和石鲁的家属，进行了整整半年紧张繁忙的筹办。他的许多精品之作，大都被博物馆和有关单位收藏，民间个人手中的藏品也不少。由中国美协和美协陕西分会成立了一个作品征集小组，联合发出征集通知，征集的藏画之多，大大超出了人们的预料。

对于他的近作，石鲁要求极严。这时他已经住进了黄雁村陕西省人民医院，他躺在病榻上，由家属和他的学生一幅一幅展开画来让他挑选。方济众在一旁看见《桑蚕行》时激动地说，这真是杰作！

然后陕西方面派人，带着石鲁三百多幅书画专程到苏州去装裱，这批书画刚一上架，又引起了轰动。苏州的裱画工场又成了展厅，川流不息的人前来看画，成了一次石鲁书画的预展。

为了布展，筹备人员又专门到中国革命历史博物馆的仓库里，将禁闭了长达十五年之久的《转战陕北》借了出来，放在展厅最显著的位置，使它终于重见天日，重新获得人民的认证。

在布展期间，工作人员激动地说，我们搞过很多展览，很少见过这样的作品，很振奋人。

这是石鲁人生六十春秋举办的第一次也是最后一次个人书画展，共展出他从20世纪50年代到70年代的书画作品二百三十余件，开幕后轰动了首都美术界。很多著名画家都出席了开幕式，真可谓盛况空前。但是，画家本人此时已无力从病榻站立起来，代替他出席开幕式的是他二十三岁的小女儿石丹。

李可染由夫人陪同前来，在石鲁的一幅作品前，一站就是半个小时。他在展厅里足足看了半天，时至中午才离去。

吴作人来了，他在石鲁画前深深地鞠了一躬。他说："我老吴甘拜下风。"

周思聪几乎天天都去，站在石鲁的荷花面前，她抑制不住自己的兴奋，大声赞叹说："盖帽啦！"

华君武不但出席了开幕式，而且在《光明日报》撰文说：

> 石鲁同志的书画在北京展出了，我们许多人为他高兴。
>
> 这样一个党培养的才华正茂的画家，却被林彪、"四人帮"迫害得只差致死了。石鲁所受的凌辱和迫害在美术界是罕见的，他两次被迫逃亡，听说躲在庄稼地里吃生玉米，最后还是被抓回来毒打。石鲁仇恨"四人帮"，当时差点被判处了死刑。瘦骨嶙嶙，奄奄一息的石鲁，在党中央粉碎"四人帮"后得救了，因此，他的书画展出，我们大家都高兴。

这的确是美术界的共同心声。

年末的北京虽然已瑞雪飘飞，但中国美术馆的展厅里却春光融融，热气腾腾。当思想解放的春风正在神州大地吹拂，石鲁书画展览可谓中国美术界的东风第一枝，得风气之先。

人们噩梦初醒，刚睁开还有些眩晕的眼睛，心中还止不住惊悸地狂跳。一个在逆境中饱受凌辱的艺术家形销骨立地站在大家面前；一个在抗争中降生的风骨卓然的美神站在大家面前，着实令世人瞩目。

面对着石鲁一幅幅令人动魄惊心的画，大家看得怦然心跳，看得热血沸腾，看得热泪盈眶，看得心中发怵，冲击波久久难以平息。

大家开始发现，这个异乎寻常的展览，不论是它的审美效应、社会效应和心理效应都是不可低估的。

这个展览不仅感动了中国人，也感动了外国人。

日本朋友大平正芳和夫人前来看画，并激动地询问，画能不能卖？

一个由七八人组成的美国文化代表团，参观展览后非常激动。一位老人一时不知在留言簿上写什么好，最后挥笔写了一句：中华人民共和国万岁！

一天晚上，有三位北京大学的法国留学生，乘了两个钟头的公共汽车到中央美术学院。他们看过石鲁画展后，听说中央美院有位研究生是石鲁的学生，便兴致勃勃地赶来造访。

这两男一女的法国留学生找到徐义生，高兴地对他说：我们在中国看了很多画展都一样，只有石鲁跟别人不一样。我们非常敬佩他，请向他转达我们的问候，我们深深地被他的画感动了！

他们还说，石鲁是一个伟大的画家，是中华民族的骄傲。

第三天下午，在中国美术展览馆的大会议室举行了座谈会。华君武、王朝闻、李琦、黄苗子、刘迅、华夏、杨先让、邓林、刘春华、王唯正、程至等人，以及中央美术学院的研究生参加了这次座谈会。

与会者大部分人，都对石鲁艺术的探索创新和他的不屈的人格力量赞叹不已。有人将石鲁与八大山人相提并论，但也有人不赞成。不赞成者不是认为石鲁够不上八大山人，而是说像八大山人这样的封建时代的文人画家，怎么能和石鲁相比呢？

座谈会上也有人唱反调。他们问，石鲁的画中传统的含量究竟有多少？是不是真正的传统还是应该认真研究。

当然，这是正常的艺术争论。

文化部艺术研究院美术理论和美术史专业的研究生，为这次石鲁书画展特别举行了一次研讨会。

与会者首先指出，石鲁既不是“四王”，也不是石涛、八大山人，石鲁就是石鲁，是一个开宗立派的画家。“野、怪、乱、黑”也不是坏事。

大家一致认为，石鲁在20世纪60年代的作品是以讴歌为主，以反映社会生活为其特长，意境表达和内容形式都相当完美，但笔墨功夫较差。而他“文化大革命”后的作品表现的是抗争，转向主观感情，表达出爱憎交替，所爱更真、所憎更深的赤子之情。抒发不平与愤懑，大声呐喊，写胸中块垒。风格也由沉醉、浑厚变为冷峻、奇崛。

尤其是石鲁的“疯”，就是一种对世俗观念的超脱，是真情实感的流露。他的变态心理及其对应的书画作品中深藏着他清醒的认识。他的后期作品是一篇用绘画语言写成的《狂人日记》，是“四人帮”迫害下被摧残的心灵的特有产物。

他们还指出，石鲁敢于用自己特有的绘画语言讲话。他的华山、兰花、鸭子都被情感化了：是华山，又是石鲁；是物，又是情；是形象，又是思想。

大家肯定了石鲁在继承传统笔墨技巧方面有所发展，他的画不是缺乏笔墨技巧，而是有新颖的、富于表现力的笔墨技巧。特别是后期作品有更多文人画的笔墨情感。

同时他们又从各种不同的角度，指出石鲁“文化大革命”后的作品，由于他伸向生活的手被无情斩断，从而生活气息淡薄了，较少关注现实中人的生活，更多流于自我表现，过于生涩，产生隔膜。笔墨也有些圭角外露，缺乏内涵，不够自然。

这次讨论会是美术理论界对“石鲁现象”一次比较集中的反思。在反思中，人们试图更多地从理论上解读石鲁这个“文本”，从而探索中国画的创新与发展问题。

石鲁其人，是个富于传奇色彩的“文本”；石鲁其画，也是一个神奇而又神秘的丰富多彩的“文本”。在20世纪中国画的大“文本”中，石鲁这个“文本”特别引人深思。

面对这个“文本”，不可能只有一种解读。单向的一种解读，破译不了这个奇特“文本”多元的复杂性与深邃的歧义性。

面对这个“文本”，不可能在短时间就能全部解读完毕。一次性的解读，爆破不开他深层次潜意识中全部的丰富性、深刻性与独创性。

通观石鲁书画展，为我们展示了石鲁在艺术上极富个性化和创造性的求索之路，及其所经历的一个巨大的转折性的变化和后期的鲜明特征：

第一，从艺术语境上，石鲁的艺术探索，经历了由拥抱与赞美到忧愤与抗争的转化。

他从20世纪50年代初到“文化大革命”前，艺术的基本话语是歌颂性的。他带着延安时期的革命传统，怀着极大的热情投入生活，正面歌颂生活中的美和崇高事物，就是他常说的“我为生活传精神”。

“文化大革命”前期，“左”的文化专制主义对他接连不断地摧残打击，使他艺术的基本语言，由拥抱与赞美，转向忧愤与抗争。

在“文化大革命”前，他对那种虚伪造作与肤浅粉饰是深恶痛绝的，他不赞成那种公式化的简单化的所谓“为政治服务”。他强调主观色彩和个性特色的艺术独创原则已基本形成，他说：

“个性，鲜明的个性，这必须是从事艺术工作的人追求的目标！”

“艺术作品的内容要新要美，而在形式上也要标新立异。”

他还说：“敢抒真情，大胆发挥个性，是艺术创作不可轻视的因素，也可以说是艺术创作的内在因素。”

在当时能发出这种声音是异常可贵的。

第二，从艺术思维上，石鲁的艺术探索，经历了由写实到写意，由再现到表现的转化。

他前期倾向于对象化的写实，着力于开掘生活之美。但他仍强调“以神统形”，不满足于如实地再现对象，而是要表达自己对山川人物的感悟，能倾听到画家的心声。

后来他开始倾向于情志的抒发，由写实走向写意变形，表现的色彩愈来愈浓。

由描绘对象的形貌，变为表现对象的神韵，乃至过分强调主观感受，削弱对象真实感的描绘，从而形成他艺术思维、艺术观念上的变异和突破。

一个画家在技法上走向成熟和圆熟不难，在技法上变法也不难，但艺术技巧和方法上的变化，并不等于更不能代替艺术观念即思维方式的变革。前者仅仅是形而下的，属于“器”的范畴；后者才是形而上的，属于“道”的范畴。石鲁的可贵，正在于完成了形而上的飞跃。

同为艺术道路上的求索者，吴冠中对石鲁十分理解，他说：

“石鲁是脚踏实地从现实世界匍匐着爬过来的……愈近晚年，作品愈写意，其腔、其韵、其神是绝对控制画面的主宰。”

听听石鲁自己的声音吧——

“画画要给观者留下想象的余地，不能把话说完。要有点似是而非、似非而是的东西，使观者见仁见智，不能样样都画得十分清楚，让观者不动脑子。”

“画画靠感情……情之所至，金石为开；情之所钟，可以惊天地而动鬼神。”

“画贵神质，人为精英，物动气流，皆为物之精神，故画之笔墨无不为精神所贯，此为中国艺术通理也。”

石鲁强调艺术的“似是而非，似非而是”，强调情可以使“金石为开”和“惊天地而动鬼神”，强调“人为精英”与“精神灌注”，重主观感受，重神似，都是促使他由客观再现转变为主观表现的重要的美学因素。

第三，从艺术符号看，石鲁艺术探索，经历了我画对象到对象画我的转化。即“我注六经”到“六经注我”的转化。

他前期笔下的艺术符号，大多是陕北黄土高原、延河、窑洞等，他试图努力展现对象的真实形态，努力为对象传神写照。

“文化大革命”时期他的笔下出现了华山以及梅、兰、松等传统文人画中常用的艺术符号。

这是石鲁在特殊境遇中的一种选择。

但石鲁的文人画精神，一扫旧文人画的散淡、超然、趋同之风，着力去张扬个体在困境中倔强刚健、宁折不弯的铮铮铁骨，是他主体意识、人格力量、个性色彩和人文精神的诗化表现。

他在“文化大革命”中画华山，就是在画自我，用华山宣泄自己的情感。他的书法，也最能体现出“六经注我”的个性。他说：“1970年以后我能在家住了，开始写了许多字。那时写字，不管写什么体就是不舒服，都没有特点。特别觉得古帖上的字体，没法表达我当时的情绪。我认为要用我字笔头之情，来表达我当时的心绪，要有气度，有力感……”

正因为他要以字写自己，最终形成他书法的铁画银钩，佶屈盘绕，酣畅淋漓，狂放飞动。追求金文瓦当的金石味、残碑断简的残缺美、形成雄放遒劲的霸悍之气和狂野不羁的崇高之美。

第四，从艺术语言看，石鲁的艺术探索，经历了由改造传统到超前创新的转化。

他的艺术语言即他的笔墨、形式与技法，来自传统而不拘泥于传统，不论淡墨、白描、泼墨、破墨、积墨，还是单色（以色代墨）或重彩，色破墨与墨破色，着重考虑审美效果，不拘任何成法，成为无法之法。他还成功地创造了被戏称为“黄土高原皴”的技法，并让不入流的黄土高原登上了山水画的艺术殿堂，丰富和发展了中国山水画的传统技法，扩大了中国山水画的审美空间和视野。

与前期的开阔、雄放、明朗、热情不同，他后期更多地转向借物寓意的隐喻与象征，冷逸深沉和泼辣狂放。在前期笔墨的酣畅淋漓与大气磅礴中，后期融入了刀刻般劲利、铁丝般盘结、尖石般峭拔，更增添了金石味极浓的力度感，增添了更多的狂放、泼辣和冷峻，增添了更多的横眉冷对、嬉笑怒骂、冷嘲热讽和孤愤苦涩，这正是他在压抑中顽强抗争的艺术表现。

石鲁前期的艺术语言，倾诉的是激情、理想、追求和向往，倾诉的是一种热力，一种奋发，一种欢乐，一种欣喜和一种奋进的力量。

石鲁后期的艺术语言，有能指与所指之间的多义性、断裂性和模糊性，更有解构功能、超前意识和先锋精神。

第五，从艺术接受的角度看，石鲁的艺术探索，产生了由审美感染变为审美冲击的特殊效果。

他前期的作品让接受者有一种耳目一新、生气灌注的强烈感染力。“文化大革命”后，他的作品力度越来越强，由耳目一新变为触目惊心，由生气灌注变为生命熔铸，辐射出一种强力的审美冲击波与艺术震撼力，具有强烈的穿透力，使观赏者神魂震颤、胸襟摇荡。

1979 年 12 月石鲁书画展在北京展出后，又像二十年前习作展那样开始了为期半年的全国巡回展。第二年 3 月在成都，4 月在重庆，6 月在长沙，7 月在南京，每一个城市都引起强烈反响。本来还要去广州，听说黄胄的画在广州展出时，由于气候的原因发生霉变，才取消了。

1980 年元月，石鲁书画展在西安工人俱乐部隆重展出，其意义当然非同寻常，它所引起巨大轰动也是当然的。

然而，石鲁没有参加这次西安展出的开幕式，他躺在医院的病床上。

死不瞑目：黄雁村病榻的最后时日

在通县住院期间，他的病情刚有好转就闲不住了，急不可待地在病床上开始起草规划来。他在思考如何恢复美协，设想筹建一个国画研究院，一套班子两块牌子，美协的国画家又是研究院的画师。他按捺不住心中的激动，把李梓盛、程士铭从西安请到通县来，在病房里商量了好几天，最后确定了一套方案。

春节前石鲁从北京住院回来以后，一次陕西省文化局招待所礼堂召开文化系统的大会。会议进行中，会场里突然轰动起来，只听见有人在说："石鲁来了！"全场人都在引颈张望。

只见病体衰弱的石鲁，身着米色风衣，拄着一根手杖，在家人的扶持下，缓步登上主席台。

顿时全场起立，掌声雷动。

大会主持人请他在主席台前就座，并让他发表讲话。他终于有了公开讲话的一天，终于讨回了公道，他有一种扬眉吐气之感。

元宵节刚过，西安一批国画家兴致勃勃地聚集在卧龙寺赵翔的住所，商谈成立书画社的事，也算是一次新春笔会。大家都带来了自己的新作，相互交流切磋。更令他们高兴的是，在这个良宵之夜，他们企盼的嘉宾到了。

石鲁来了，他的老友、音协主席关鹤岩也来了，大家好多年都没有这样聚会过了，真令人有一种沧桑之感。

良宵、美酒、师友、书画，不亦乐乎！

石鲁看着一幅幅朋友和学生的书画，评点笑谈，心情格外舒畅。他终于抑制不住自己的激动，提笔挥写道：

北风急，
寒潮逼，
天地如墨，
一夜风风雨雨，
合奏一番狂曲。
绿茵深处听鬼泪
挥笔探云间，
待红日，
看八百里秦川，
清清白白。

书旧辞奉土风画友

在场的人正为书画社的命名颇费踌躇时，关鹤岩一旁击掌叹曰：“这不是已经给书画社的名字起好了吗？”大家顿时恍然大悟，“土风”的名字就这样一锤定音。

石鲁又为他们写下八个大字：乐天爱土，以民为风。

北京归来，石鲁的健康状况没有根本好转，需要继续治疗，故不允许他再投入工作。但是，当他听说美协要召开打倒“四人帮”后恢复协会的第一次工作会议时，非要李梓盛陪他参加不可。在这个拨乱反正的会议上，他还做了精彩的发言。

3 月，他去北京参加全国美协理事会扩大会后，在京滞留了一段时间，身

1979年石鲁在北京。照片后面自题：“天怒像疯狂，其实老头没牙了。”（李江树　摄）

体一直很坏，被诗人李季接到家中住了二十天。李季的儿子李江树替他拍了不少照片。其中一张他冲天的怒发如燃烧的火苗，枯瘦的手抚着长满乱须的下巴，嘴巴微微张开，道道深深的额纹如石刻一般。他在照片的背后题字：

天怒像疯狂，其实老头没牙了。

石鲁

回到西安以后，他又故态复萌，拒绝治疗，不吃药，不吃饭，依然是他的“阳光、空气、水”，成天的烟、酒、茶，令家人十分担忧。

家里人和陕西省人民医院联系好了住院治疗事宜，但是要把他弄到医院去则相当难。家人趁他整天喊牙痛，便以治疗牙病为名才把他哄上车。来到省人民医院五楼楼道上，他知道上了当，大吵大闹，坚决不进去。他训斥儿子：“我知道是你搞的鬼！”

住院后经大夫检查才让人大吃一惊，他浑身皮包骨头，体质衰弱到极点。连续二十四小时打吊针不间歇，同时又请来精神病院的大夫佯装是省人民医院的，来诊断病情，并在吊针中加了镇静药。

医生要他加强营养，多喝奶，但他不愿喝，儿子只好把鸡蛋在奶中搅碎后哄着他喝。他不愿吸氧，较量一阵后，父子俩才达成协议，一次只吸十五分钟。他两眼直盯着钟，时间一到马上拔了下来，一秒也不多吸。他爱扔药，吃药时必须有人严格监视。由于儿子的坚持，他只好无可奈何地吼道：“你的婚礼我不参加！”

1979 年 10 月 30 日，中国文学艺术工作者第四次代表大会在北京隆重举行。第三次文代会于 1960 年举行，到第四次文代会，其间已相隔了十九个年头。这时夏衍说：

“一般人都说文艺界的十年浩劫开始于 1966 年，事实上这场浩劫的序幕早在 1963 年就开始了。这说明文艺界受到林彪、康生、‘四人帮’的迫害，时间最早，损失最大，而重整旗鼓恢复自己的组织则在‘四人帮’被粉碎了三年之后。”

石鲁在医院里坚持学习

石鲁与夫人闵力生在一起

石鲁的遭遇也恰恰证明了这一点。

这次文代会原定代表名额从两千五百人增加到三千人，就是为了让劫后余生的老一代作家和艺术家们，以及二十年来受到不公正待遇的中年文艺工作者有一个相聚的机会。

很多人没有等到这一天就永远离开了。石鲁虽然勉强支撑到这一天，但他也是沉疴难起，无力赴京参加这次盛会了。难怪第四次文代会那本珍贵的《文坛繁星谱》上见不到石鲁的留影，只在后面附上了他几百字的小传。

石鲁在黄雁村的省人民医院住院的三年，开始由二儿子照顾，后来，石鲁的学生徐义生考上中央美术学院的研究生,趁开学报到前来照顾老师一段时间。起初石鲁不能下床，要接屎接尿，四十多天过去，当徐义生离开时，他的病情有所好转，已经可以上阳台走动了。

在他住院的三年中，照顾他时间最长的，是一位高中还没有毕业的才十七岁的年轻人，他的名字叫赵西庆。他完全是出于对石鲁的崇拜，自愿慕名而来。开始他隔着病房的玻璃窗，神秘地窥视着躺在病榻上的令他仰慕的艺术家。照顾石鲁的工作每月虽然有一点微薄的报酬，一般人是不乐意干的，然而有人推荐他，他却十分高兴地答应了。为此学校还差一点将他除名。

由于长期患精神病和长期受“四人帮”迫害，石鲁对陌生人很警惕，总认为他们是来监视他的。开始他根本不理小赵，好像没有这个人存在一样。

在他俩无言相处的第一周里，小赵默默地观察他。

他不睡觉的时候，就一声不响地靠在病床上，双手抱在前面，两根大拇指来回转动着。吃完饭后就用嘴吹气，吹掉黏在胡须上的饭粒。寂寞的时候，就用手将左右两边上翘的胡须捻得尖尖的。

他从一大把口服药中挑出一种来扔掉，或许他知道药中有治精神病的镇静药。小赵记住这种药丸的颜色和形状，悄悄去问大夫。大夫说扔掉的这种药是治肺结核的雷米封。

他的头发白了，瘦得好像透过皮肤都能看见骨头似的。开始时体重八十来斤，后来慢慢上升到一百斤。打吊针后开始脱皮，脚上的脱皮如粉状，他自己用手撕身上的脱皮。便秘，长达十多天解不出大便。

一个星期之后，他的怀疑逐渐消除，开始对小赵有了信任感。他一手握手杖，一手让小赵搀扶着，在走道上散步。他和小赵边走边聊，言谈交流很正常。他俩谈得高兴，他还给小赵讲起他逃跑到广元深山半夜听见狼嚎的事。

他俩的关系开始变得融洽。一次小赵问他：

“石伯伯，画画难不难？”

“你喜欢画什么？”

“山水。”

他先开始教小赵写字，在一张空床上铺起一个简易案子，小赵就在那里练字。他还给小赵启蒙，给他讲书法是中国画的基础，写字必须悬肘，练字要讲布局，笔笔运到，血脉贯通。

一次小赵病了，石鲁让他躺好，为他按摩穴位，还为他发功。

他的身体渐渐好起来，开始看文件，看累了揉揉眼睛也不休息。当他的身体恢复到可以在阳台上活动活动了，他便用手杖当剑打太极剑，动作显得很地道，十分老练，韵味十足。但每次都不同，不能重复两次，显然是即兴发挥。

石鲁的病房，几乎每天都有来访者，上午来的多，下午也有，偶尔有一两天宁静。来访者有几十年的深交，有素不相识者。求他看画来的，他总叫别人多画。过去整过他的人上门道歉，他总是给予宽宏大度的谅解。他的健康状况已到如此程度，还有厚颜的“逼画”者来骚扰。有的煞费苦心地来求签名，千方百计想从他身上捞取点什么东西。

时任陕西省委第一书记的马文瑞来到石鲁的病房，要他好好接受治疗，说：“石鲁同志，你是老同志了，应该很好地与医生配合。”

石鲁点头答应了，却说：“接受治疗，但保留意见。”

马文瑞走出病房笑着对闵力生说：“他的党性还是很强的嘛！”

1982 年的春天，蔡若虹、黄胄专程赴西安，在方济众和叶坚的陪同下来到省人民医院，代表全国美协前来慰问石鲁。他十分兴奋和激动，临别时还走出

1982 年石鲁在陕西省人民医院治病期间，与前来探望的蔡若虹（左三）、方济众（右一）、黄胄（右二）合影。左一为叶坚，左二为石丹（何爱群　摄）

病房与他们合影留念。

一天，人民美术出版社来了两位编辑，找石鲁商谈出版画册的事情。鉴于1964年的画册停止发行事件，这次出版画册则被他断然拒绝。等出版社的人走后，儿子劝他说，人家找你出画册又不是坏事，这不等于为你平反吗？仔细考虑之后，他才点头答应了。这就是后来1983年出版的，由王朝闻作序《再再探索》的《石鲁作品选集》。

有一位慕名而来的摄影爱好者，前来请求为石鲁拍摄一张照片。他叫邓伟，为我们留下了一张石鲁最后岁月的动魄惊心的珍贵照片。

面对饱经磨难劫后余生的石鲁那衰病之身，邓伟感动了。他不仅拍下了形容枯槁、不修边幅的石鲁逼真感人的容貌，更拍下了石鲁不屈的炯炯有神的目光中，燃烧不息的生命之火闪射出的强烈的创造激情，他将这一位杰出国画家的独特个性和人格魅力定格于方寸之间。后来，这幅摄影作品收入作者1986年在香港出版的《中国文化人影录》，引起轰动。

《陕西日报》的摄影记者胡武功，多次上门请求为石鲁摄影。那时的彩色胶卷还很难买到，他设法搞到一卷，专门留下来给石鲁拍照。他三番五次地上门，他的真诚终于感动了不愿见采访者的石鲁。在病房，他为石鲁留下最后时日的珍贵照片。

1981年夏，四川和陕南发生洪灾。消息传到病房中，一个是他的家乡，一个是他的第二故乡，他在病床上感到日夜难安。这时，陕西美术界的画家举办赈灾义卖，以支援灾区。由于他的身体很差，不能作画，他就让闵力生从家中拿一幅画去参加义卖。

中央美院丁井文教授带了电教室一行人专程来到西安，想录制石鲁现场作画的情况。他的病体仍然十分虚弱，但还是勉为其难地答应了。

作画地点定在龙首村刚建成的陕西国画院方济众的画室。

画室里架好摄像机，方济众准备好了纸和笔。石鲁作画对纸笔的要求很严格，他摸了摸铺在画案上的宣纸，似乎不太满意，他比较喜欢用夹宣。

今天他画荷花，直接用浓墨和焦墨，构图亦巧妙，气势很好，荷花秆子拉

1981 年中央美术学院国画系专程前来西安拍摄电教片，石鲁在陕西国画院作《荷花图》，并将该画义卖的三千元全部捐献给陕南灾区

石鲁在病床上

得很长，穿插很有力度。闵力生牵纸，他一口气画了两个小时，放下笔来已是满头大汗。

陕西国画院很想收藏这幅画，但他说："拿去赈灾吧！"

石鲁这幅荷花，卖了三千多元，全部捐献给灾区。这在当时西安义卖画价中是最高的，其他人的画不过几十元一张。

年前，石鲁的身体本来已开始好转，病情稳定，还能画一点画。春节刚过，他开始干呕和恶心。这个病变非常意外，到入夏时已不能进食，大夫怀疑是胃癌，并要给他做胃镜检查。但是不管怎么劝说，他坚决拒绝做胃镜。

家里人拿他没有办法，便只好背着省人民医院，到一家中医院去请了一位著名的中医权威，悄悄前来给他诊断病情。这次他也意识到自己病得厉害，再没有任何反对行动。

到了七八月份，连输液都很困难了，他身上多处被切开，插满吊针针头。人也越来越消瘦了。

组织上决定采取非常的抢救措施。美协陕西分会就石鲁的病情给上级有关部门打了报告，并由方济众和石鲁的儿子同医院的两位大夫一同赴京求援。北京协和医院马上派出一位副院长带一名护士专程去西安。当时西安的航班已经起飞了，他们又立即与机场联系，幸好有一架只坐二三十人的小飞机要空飞回西安，才总算没有耽误。

协和医院的教授确诊石鲁患皮革样胃癌。由于患者本人不愿意，加之他的体质也不允许动大手术，只能采取保守治疗。当时，采用了一种先进的"高营养法"技术，切开他的动脉直接接管，用小泵把进口的增强免疫力的高营养物质打进去。

这样，石鲁的生命又延续了二十多天。

入夏以后，当他发现自己的病情突然恶化，痛苦地扬起右臂直指苍天，像古希腊雕像《拉奥孔》那位老祭司一般发出痛苦的哀鸣：

"啊，我要死啦！"

但热爱生命的石鲁并非是那种庸庸碌碌的苟活者。

在他生命的最后时日，一位老战友问他："石鲁，病好之后你要怎么搞？"

他回答说："我要面目全非！"

在他生命的最后时日，一位学生要去北京，前来问他："石老师，你需要带什么吗？"

他喃喃地说："北京的秋天，香山枫叶红了……"

虽然他的躯体正在病魔摧残下一天天衰竭，然而他那对美深深迷恋和不懈追求的灵魂，却仍像如火的枫叶一般燃烧！

1982 年 8 月初，在一个炎热的下午，叶坚和高民生骑着自行车前往黄雁村省人民医院去看望老师。

躺在病榻上病体衰竭的石鲁，仍然很关心外面的事，问："社会上最近还有哪些热闹事？"

高民生简要介绍了最近北京报刊上有关长安画派的争论，然后问道：

"石老师，你是长安画派的创始人，最有资格发言，你说长安画派的精神实质到底是啥？"

这时，叶坚将石鲁扶起，石鲁沉思片刻后，用低沉而肯定的语气说：

"探索，不断探索！"

这是他对长安画派的临终嘱咐。

大限将至，他反而变得异常平静了。

输液的透明滴管中，一滴一滴的药水，在不紧不慢地滴落着，像是他生命倒计时的读秒。

癌细胞正在他的病体中疯狂地扩散。

他的肢体像一盏油干灯草尽的油灯，微弱的火苗在燃烧，已愈来愈微弱、愈来愈微弱了。

他还有多少设想萦绕在怀中……

那本十八年前在床榻上未曾写完的《学画录》，还需要重新整理，补写完备……

还想成立一个民间艺术研究机构，不仅研究中国书画，还要研究民间艺术和壁画艺术……

他还要重振长安画派，发现更多的新人，树起第二座创作高峰。

他还有多少探索的想法，未曾来得及付诸实践，他打算病好以后，画出一批跟以前完全不同的画来！

他不负众望，缺席当选为美协陕西分会主席和省书法家协会主席。

他生命的水银柱正在向零度逼近。

他用微弱的声音吃力地说：“我……有很多东西要写，有很多东西要画，还有许多事情要做。我那本手抄诗词，一定要保存好，如能出版就出版……死，我是不会甘心的！”

弥留之际，他双手冰凉，显得异常平静，仿佛没有任何痛苦。医院在全力组织抢救。

走廊上，何海霞独自站在那里默默地落泪，久久不愿离去。

1982年8月25日16时许，石鲁猛然呕吐了一盆近乎黑色的血块。16时18分，他运转了六十三个春秋的生命时钟停止了转动。

9月初，那天秋雨如泣，落叶飘零，一部载着石鲁遗体的灵车，从省人民医院向三兆公墓驶去。车前挡风玻璃上的雨水如泪水般涌流，天公也在为他悲泣。

遗体告别之后，妻子闵力生、学生周光民和刚刚从北京赶到的李琦三人走进火化楼。

这时石鲁的遗体被缓缓地推了进来，李琦掏出一块洁白的手绢，轻轻地擦干石鲁脸上的水珠。

闵力生忍住哭声说：“石鲁，你安息吧，我们永远告别了！”

说完她伸手理了理丈夫身上覆盖的被单，忍不住号啕大哭起来。

焚化炉的门打开了……

在将石鲁的骨灰从三兆公墓火葬场送回在美协设置的灵堂时，雨已经停了。车上由石坚和石强共同捧着家人亲手设计制作的汉白玉骨灰盒，石果、石丹抬着父亲的遗像缓步走在灵车的前面。

这张石鲁的遗像，是当年西工团那位年龄才十岁的战友孟静，1979年专门到黄雁村的病房阳台上拍摄的。石鲁病逝后，他将它放大，又请来当年在延安石鲁给他画过速写像的孙永和，进行了精心修整。

1982 年 9 月 15 日下午，石鲁追悼会在陕西人民剧院隆重举行，各界群众一千多人参加。省委第一书记马文瑞刚从北京开完会，一下飞机就从机场直接赶来参加追悼会。习仲勋发来唁电。

华君武、刘迅、李琦、丁井文专程从北京赶来参加追悼会。石鲁生前好友、全国美协书记刘迅致词，石丹代表家属致词。

在追悼会场上，各单位团体、友人、学生自发送来的花圈和挽联铺天盖地，挂满了楼厢、走廊、大厅，一直到大门街口。挽联上条条悼词真挚哀婉，催人泪下：

石师离去，忆延安手把手教，同志深情不禁泪下；

巨子睡了，抚心脏依然炽热，搏击奋进永不止息。

——李　琦

是有鲁迅骨头，品画论人，泪倾南粤；

非附石涛骥尾，惊凡骇俗，派创长安。

——关山月

惯惹千夫之指，野怪乱黑，毁誉随地。论久则明，讵识长安画派，艺苑争夸添异彩；

不失赤子之心，谐谑痴狂，高下在我。天胡不吊，永怀蜀道故人，黄垆谁与话平生。

——郭　琦

最为哀恸动人的，莫过于手足之情的兄长冯建吴，洒泪祭奠胞弟的这副挽联：

后我生，先我死，吃苦受害比我多，哀哉季子！

无悲声，有悲愤，才优命蹇遗悲永，恸矣予怀。

——冯建吴

石鲁的骨灰安放在西安市烈士陵园骨灰堂内。

两年之后，长安画派著名画家方济众填词一首，一年后抄出，以表悼念石鲁之情：

1984 年暮春于西安烈士公墓瞻仰悼念望云老师和石鲁同志，面对大师遗骨遗容，心悲欲裂，归省医院病房，夜不能寐，吟成此词。今值石鲁同志逝世三周年，抄此以表悼念之情。

匆匆韶光三春暮，
细雨梨花陵园路，
转眼又清明，
垂首无限情。

大师云何去？
空有啼鸟声，
长安一片花纷纷，
相与泪沾襟。

画坛巨匠：天下何人不识君

在法国巴黎远郊偏僻的小镇奥弗·休·奥洼士的一座普通公墓里，安息着伟大的荷兰画家凡·高。

在十三朝古都西安大雁塔西南的革命烈士陵园里，安息着不朽的石鲁。

1890 年 7 月 27 日，凡·高借了一把手枪，然后来到田野靠在一棵树干上，将子弹射入自己的腹腔。他对哥哥提奥说的最后一句话是“苦难永远不会终结”，两天后的日出之前他结束了他苦难的生命。

将近一个世纪后的 1982 年 8 月 25 日，饱经磨难的石鲁，尽管非常痛苦地说：“死，我是不会甘心的！”然而他那颗永不满足的心，仍然停止了跳动。

有人称石鲁为“中国凡·高”，这不仅仅是因为他们都曾经发生过精神病变，也不仅仅是因为他们都有一个痛苦的灵魂，更主要的在于他们都是用燃烧的生命化为笔底的色彩，进行着美的创造与探险。他们都有一颗永不满足、永不安定的渴求探索的心，与艺术进行着永无休止的对话——

如果要生长，必须埋到土里去。我告诉你，将种到德朗特的土地去，你将于此发芽，别在人行道

上枯萎了。你将会对我说，有在城市中生长的草木，但你是麦子，你的位置是在麦田里……（凡·高）

艺术的矿藏，散布在生活的海洋里，人民的心坎上。可以说，有人有生活的地方，就会出产艺术的矿石。（石鲁）

当我画太阳时，我希望使人们感觉到它是在以一种惊人的速度旋转着，正在发出威力巨大的光和热的浪。当我画一块麦田时，我希望人们感觉到麦粒内部的原子正朝着它们最后的成熟和绽开而努力。当我画一棵苹果树时，我希望人们能感觉到苹果里面的果汁正把苹果皮撑开，果核中的种子正在为结出自己的果实而努力！（凡·高）

神通乎声，则大风荡于草木，波涛吼于江河，禽鸟鸣于花丛林间；神通乎味，则树林散发出清香，人体发出热气；神通乎形，则诸形皆象，高山有如人，人亦有如狗，狗亦类乎人。如此之通变，乃因神在其间，一以贯之。否则，不动之为动，形之于声，声之于色，色之于味，都互不通气；气不通，则神将焉附，绘画何以表达思想，音乐何以称为形象！（石鲁）

我的体内存在着某种东西，那是什么呢？现在那莫名的东西已经成为一股力量爆发出来，它本身的旋律与自然界的旋律合而为一了。（凡·高）

凡物我之感应莫先乎神交，无神虽视亦无睹。（石鲁）

凡·高生前只卖出过一幅画。那幅价值连城的《鸢尾花》，在百年前尚不能为这位穷困潦倒的画家换回一片面包。

石鲁生前，曾为自己的画吃尽苦头，他的作品集遭到停止出版发行，被声势浩大地批为“黑画”。他曾对人坦率地预言：自己的画要二十年后才会有人理解。

石鲁从来不看重自己书画的经济价值，赠送友人和学生时毫不吝惜。李琦要他给一些作品做教学研究，他抱出一百多幅随他挑选，结果选了四十来幅，后来在“文化大革命”中全被抄走。他的一些精品也题款送给知己。

南京一位老画家，专程来西安看望石鲁。这位画家谈起另一位名画家去香港，只用了几幅画，就换回了所有的高档家电和小汽车后说：“等你病好了，画上几幅画，你需要什么我都能为你办到！”

石鲁连忙说：“不行！不行！”

这位画家苦笑着说：“‘文革’真把你整迂了！”

金钱让有些画家如痴如醉，石鲁却无动于衷。

石鲁逝世后，他的作品受到赝品的严重骚扰。如今，石鲁的名字被一些疯狂逐利者当成了一棵摇钱树。

这些癌变般的赝品，或者钻进画展，骗取承认；或者通过报刊发表、出版画集的方式，混淆视听；或者挤进画册，取得身份；或者公开拍卖，招摇过市；或者骗盖章印，求得护身符。总之，手段之卑劣，无所不用其极！

金钱的狂潮无情地冲毁着真、善、美，吞没着人格、理智和良知。美在异化，智慧在衰变，世界在清楚地制造着荒诞。

在这个世界上，越来越多的人更关注石鲁所创造的那个美的天地，那片艺术世界，那种艺术精神。

石鲁的作品，除了两度轰动北京，两度南方巡回展出外，还参加过 1981 年北京举办的中国画研究院首届作品展、1981 年中国美术馆藏画展、1982 年巴黎的法国春季沙龙画展、1982 年日本东京中国书法展、1983 年在纽约联合国总部举办的中国现代绘画展、1985 年西安石鲁书画遗作展、1986 年中国近代已故著名书画家遗作展、1987 年武汉石鲁书画遗作展、1987 年 12 月香港石鲁回顾展、1992 年全国纪念“五二三”画展、1998 年北京陕西当代中国画展等。

美国艺术商、收藏家艾尔斯沃思，他有个中国名字叫安思远，收藏了从1800年到1970年间，吴昌硕、任伯年、齐白石到石鲁、林风眠、黄永玉等中国艺术大师的五百多件作品，全部捐赠给纽约大都会博物馆并举办了展览，影响很大。美国东方艺术拍卖行爱斯比公司中国画部主任何诺德·张说："艾尔斯沃思的藏品赋予中国绘画一种未曾有过的新评价。"

美国评论界认为，石鲁是一位"前无古人，后无来者"的风格极为独特的画家，是西方艺术界应认真研究的一位大师。石鲁被美国艺术界开始以"中国的凡·高"的形象接受。美国国际先驱论坛报社艺术主管梅利柯恩把石鲁和吴冠中看作是重新崛起的一个世间最伟大的艺术流派，并认为西方的现代绘画在他俩面前相形见绌。

世界正在认识石鲁。

台湾著名女作家施叔青谈及石鲁时说："他是中国的，民族的，又是世界的。"

香港中华文化促进中心理事会主席文楼说："我们所敬爱的石鲁和他的艺术风格，完全在一个不可思议的逆境中播种、灌溉以至开花、结成果实，在中国优秀传统书画艺术的强大行列中占着一个承先启后的不朽地位。"

著名美学家王朝闻1963年撰写《探索再探索》，二十年后1983年又写《再再探索》，两度为《石鲁作品选集》作序。1987年他为香港的石鲁回顾展撰文《探索再三》，再一次肯定说：

"真正的艺术个性和个性的独创性，就其产生过程来说，石鲁的探索精神是一种典范……倘若石鲁今天还活着，他也不会放弃他的探索态度，从而给20世纪80年代的观众提供崭新的艺术成就。"

石鲁逝世后，长安画派著名画家何海霞，挥笔写下"江山灵秀，一代画杰"八个大字，并饱含深情地说道：

"余蛰居长安近三十年矣，友辈可数，然同道中挚友，当推石鲁一人耳。"

怀念之情，溢于言表。

何海霞在北京对一位西安来访者说道：

“我这一生有两位老师，一位是张大千先生，是我的启蒙老师；另一位是石鲁先生，他是我的创作老师。两位恩师无论从艺品到人品都是我终生受益、没齿难忘的。”

他还说：“石公虽然比我小十一岁，但艺事不能论年龄长幼。我一生接触认识许多著名画家,但像石鲁先生这样有思想、有强烈个性、不断探索、不断创新、永不满足的人，确实是我平生所罕见。”

“从新中国成立初到80年代初我调北京，我和石公在西安生活共事达30年之久，石公无论从艺术到为人都是我效法学习的楷模，这是其一。其二，石鲁早在60年代初与赵望云团结美协新老画家，探索求新，创立了独树一帜的长安画派并在北京举办画展，震动了画坛。其三，我在新中国成立前主要以摹古为主，新中国成立后随着时代的前进，在石鲁先生探索创新精神的感召下，我的绘画语言不断出新。石公还是一位杰出的美术理论家、教育家，他的有关国画艺术的理论著作，见解独特，论证精辟，发人深省。在这方面，石鲁对我的启示使我受益终生。其四，石公才华横溢，多才多艺。他的木刻、版画、年画、连环画和油画都可传世，可以说石公是个旷世奇才。徐悲鸿先生曾对任伯年、张大千这两位大师用‘五百年出此一人’给予高度评价。我认为，继大千先生之后，中国20世纪画坛能享此殊荣者，非石鲁莫属！这当然是我的看法。尤其让我感佩的是在‘文革’浩劫中，石公遭受了手段极为残忍的迫害，但他不畏强暴，正气凛然，与林彪、‘四人帮’一伙展开针锋相对的斗争。石公是大丈夫，是中国画坛顶天立地的烈丈夫！”

此时的何海霞在中国画坛已是声名卓著，他能如此谦虚坦荡地承认小他十一岁的石鲁是他的恩师，并对他做出这般崇高的准确的评价，确实令人感动，足以传为美谈。

这与那些勉强攀附，故作亲密，借石鲁以包装自己，用石鲁“挚友”与“弟子”的招牌行骗，简直不可同日而语。

石鲁是个极其丰富的解读不尽的“文本”，如今这个解读才刚刚开始。

还是在1980年，王朝闻就富于启发性地问道：

“正如对一切事物的认识过程没有穷尽那样，人们对石鲁的作品和他本人的遭遇，难道是已经认识得完全清楚了吗？”

石鲁逝世了，在他未定稿的电影剧本《共产党人》的尾声中，有一段深沉的掷地有声的旁白，仍然在我们的耳际回荡：

> 一个真正的人，是抛掉一切自私的心理，站在精神的高峰，俯视一切的人。他既无任何顾虑，也无任何设计。然而他所得到的不是荣誉、名称，而是屈辱。但屈辱并不曾损害他，反而在他崇高的品格上染上一层不可磨灭的光彩。

这也是他的自白，更成为他为自己写的恰如其分的墓志铭。

石鲁终于站在了精神的高峰，俯视一切。

卅年之祭：艺术生命的火炬永不熄灭

1982年8月25日下午4时18分，一颗搏动了六十三载的心脏停止了跳动。

这位20世纪中国伟大的艺术家，一生不息的追求、勇敢的探索和不屈的抗争，终于被死神夺走了生命。然而死神却夺不走你足以传世的艺术精品，你艺术生命的火炬永不熄灭。

哲人其萎。大师，你带着浑身的伤病去了，带着探索未竟的壮心去了，像逐日的夸父倒在追求的途中。难怪你像拉奥孔一般，仰天发出“我不甘心”的痛苦呼号。

你并非生于安乐，死于平庸。你倒在与邪恶的殊死决斗中，倒在艺术攀登的悬崖边，倒在不断加码的负重跋涉被最后压垮的那一瞬。你的身躯，像是在进行颠仆顿挫的劳损实验；你的生命，在进行着超越极限的探险。你自己也说，自己是“鞠躬而未尽瘁，死而不后已”。

谁说盖棺可以定论？你曾说过，你的画要在你死后二十年才能被理解。

你离去后的二十年间，你的画一次次在北京、西安、武汉、深圳、香港展出，也一次次在巴黎、东京和纽约大都会博物馆展出。艾尔斯沃思（安思远）珍藏着你的遗作，西方人称你为“中国的凡·高”。

海内外的一次次拍卖会上，在索斯比，在香港，在海南，在瀚海，在嘉德……1986年，你的《华岳之雄》以5万美元成交；1987年，你的《芙蓉鸭戏》价值40万港元；1988年你的《雪中犹劲爱清风》价值68万港元；1989年，你的《玉龙白雪一天青》价值70万港元，《华山一枝峰》价值66万港元，《荷雨图》价值85万港元；1992年，你的《华岳天高》竞拍至111万港元；1995年，你的《雄鸡一唱天下白》落槌价85万元，《黄河两岸渡春秋》以38万元成交；1996年，《荷花》拍卖价37.4万元，《小虎图》拍卖价7.48万元成交；1998年，你的《金秋》以30.8万元成交；《峨眉积雪图》1995年以168万港元成交，近年的落槌价又攀升至235万港元。

大师，请你别皱眉头。我知道，你曾为自己的画吃尽苦头。画册曾遭到禁止出版发行，画又像废纸一样被抄家卷走。你也曾在“批黑画”的恶浪中受到重点批判，画作被扔在临时库房里被老鼠啃啮。你虽知自己的画“一纸重千金”，但你也并不看重它们的经济价值。李琦要一些画去做教学研究，你抱出一百多幅任他挑选。你的一些精心大作，大笔一挥就毫不吝惜地题赠朋友。你的十多幅大画，一句话就留给了一家博物馆。别看你的画如今这么值钱，你生前所得不及这些拍卖价的千万分之一。

当年，那些批斗过你的人，背地里也深知你的画将来会值钱，绝不会蠢得将顺手牵羊或公开打劫来的你的书画，真的当成“四旧”毁掉。“青山遮不住，毕竟东流去。”昔日臭不可闻的“黑画”，今日却是一纸超万金。在拍卖行的落槌声中，被炒得如牛市的股票般火热。当年你曾预言：“还有的人把我的画要去了，等我死了之后，好出卖我的死魂灵。”不过你还是始终坚信“文章书画，以美为贵”，而不是金钱。你生前，在绘画传统面前“不屑为奴”，在“文化大屠杀”的屠刀面前“不屑为奴”。即使你健在，在金钱面前依然“不屑为奴”。

当一个画家的作品在艺术市场上的价位越高，赝品的出现率也就越高，制造假画的疯狂程度也越高，造假的邪恶“智能”也越高。大师，即使你活着也无可奈何。

当然，你说过“鸡鸣狗盗我不怕”。美的创造永远不可能克隆，美的生命正在于独创。见利忘义之徒忘记了一个常识：假美猴王必然要在真美猴王面前现形！

进入21世纪，已经有越来越多的人走进你的艺术的殿堂，被你创造的那个神奇的艺术世界所震撼。

2001年的金秋十月，成千上万人拥进了中国美术馆。一个总结20世纪中国画的划时代美展——“百年中国画展”正在举行。大展经专门成立的艺术委员会多轮无记名投票，精选出1901—2000年百年间五百四十二位名家的五百五十一件作品。其中得票最多的前十二位名家，每人入选作品两件，其余均为一件。大师，你参展的是《转战陕北》和《华岳松风》。

不管对这次画展有多少争论和说法，但大多数人还是承认：你是一位开宗立派的大师。不错，你以勇敢的探索开宗，以鲜明的创新立派。

大师，你当含笑九泉。

大师，你坎凛多舛，九死一生。你经受过“活人展览”的奇耻大辱，惨遭过血肉模糊的批斗暴打。“奔青山而恸哭”，你经历过流亡荒野的野人生活。“枯兰犹劲笑刀粗”，你面对过已经上报的死刑判决。“批黑画”，你成了三秦大地的首犯；骂“旗手”，你变成十恶不赦的罪人。芦屋陋室，你奄奄一息靠在破躺椅上；精神病院里，你的病房变成了刑讯室。当你从流亡中被抓回“牛棚”，在夹道批斗的拳脚中，你在地上爬出一道血路。当你重病缠身，连站都站不起来时，还被通知下放边远山区劳动……

伴随厄运和摧残，病魔也乘隙而入。画《东渡》时，你的肝部已剧烈疼痛。继而你又精神分裂，催眠药物摧毁着你天才的大脑。后来你下垂的胃已吃不了任何东西，终日靠白酒当食，腹中如烈火燃烧。“四人帮”被打倒了，你却仍在极左的阴影下挣扎。当你生命垂危惊动了北京，担架从窗口送进列车进京抢救时，医生惊讶地发现，你浑身已找不出一处完好的器官，首先需要治疗的就是肺结核。你又挣扎着活了过来，在短暂的康复之后，再次住进了黄雁村的病房，度过你生命最后三载的时光。最后你被确诊为皮革样胃癌，在猛然呕吐了一盆近乎黑色的血块之后，溘然长逝。

尽管如此，当你胸前挂着黑牌被“小将”们批斗时，你依然昂着不屈的头颅。你还用脚尖在地上画字，露出陶醉的笑容，显示着你的轻蔑与无畏。

那些咄咄逼人的外调人员，像审讯般向你提问时，你却面对他们在画人像速写。在“牛棚”的交代书上，你竟写下一首令人捧腹的嘲骂“旗手”的打油诗。

你即使精神失常，也像堂吉诃德一般挥舞铁棒，去夺回被占领的美协阵地。

啊，大师，九死一生中的不屈不悔，是支撑你人格的第一根不倒的柱石。

大师，常人都以为你狷介任性，行为古怪，言谈超凡，思维特异。

不错，你用自制的国画写生箱在青海藏区写生时，就引起中央美术学院教授的惊叹。你用婴儿车改制成写生行囊，挂在自行车后当拖斗，在西安街头受到警察的呵斥。你野外写生时，胸前一架外国望远镜，背一支双管猎枪，格外引人注目。你在黄河的惊涛骇浪中，爬上学生的肩头，俯拍黄河船夫的搏击，简直是在玩命。你在大会上为修军的《枣园春色》辩护，怒斥极左怪论时的嬉笑怒骂，又是何等让人扬眉吐气。你在“文化大革命”中蓬发垢面地坐在钟楼旁的大街边，旁若无人地晒着太阳，让路人围观，又是那般落拓不羁。拨乱反正开始，你在北京西山的美协理事会上，一手端着一缸白酒，一手拄着一根手杖，登台控诉“左”的迫害，又是何等惊世骇俗。

大师，你说过“不必自丑”，你不学屈子沉江自毁。你决不自欺欺人，也决不同流合污。你“平生惯惹千夫气，两手勤浇万木春”。你宁愿为坚持真理承受打击，为保持独立人格百般受辱。难怪你笔下的华山壁立千仞，你纸上的荷花高洁不污，你独特的书法如钢筋般盘曲。

你人格磊落，“心怀日月，气感山河”。

啊，大师！你特立独行中的不假不污，是支撑你人格的又一根坚强的柱石。

大师，在极左政治的巨大压力和无情冲击下，你精神的大堤崩溃了。你产生一种变态的自危感和强烈的防范心理。你将衣物放上石灰，在锅里大火烹煮消毒。你用一叶兰煎苦涩的汤，强逼子女们喝下去。你的大脑神经被镇静药物麻痹，胰岛素休克疗法使你成天昏睡不醒。你在一间破屋里关起门来，给访问印度的友人画了一组写生，添上繁复而神秘的符号，成为难以破译的神奇精品。

你像一位智者，坐在如同被囚禁的小院里，在那棵椿树下守着一壶酒，破解着汉字“困”的玄妙哲理。地震那年你梦想抱着一张家传的古琴，漂进水池逃生。你痛苦时在印度舞乐中狂歌起舞，满腔激愤如火山喷涌……

你“任性痴狂对尘世”，谁都知道你精神分裂，但你与人争辩时滔滔雄辩令人惊叹。你在长篇的书面交代中，把伪装尚未脱落的新贵，剥得原形毕露。“可怜半打新权贵，豺狼当道世忧忧”，真是洞若观火。你在为王朝闻书写的条幅上，勇敢地喊出“真理的标准只能是实践”。请记住，那还是1975年的春天，你在北京治病，李琦把你接到中央美术学院为学生讲课一个多小时，你侃侃而谈，语惊四座，谁敢说你是个疯子？

中国有“蚌病成珠”之说，据钱锺书考证，西方也有完全类似的比喻。他解释“病”是苦痛或烦恼的泛指，……也兼及“坎凛”之类精神上的磨难。西方哲学家雅斯贝斯也说：“正如一只病了的蚌仍然产珠，精神分裂也能产生精神作品，……也许，精神分裂是其作品产生的条件。”

啊，大师！你癫狂怪诞中的不迷不惑，是支撑你人格的第三根非凡的柱石。

啊，大师！你光芒闪射的艺术精神，是你“不屑为奴”的超前创新意识。

“不屑为奴”是你人生的自我定位，也是你生命的主题词，更是你艺术的坐标。

你在“四人帮”凶残的迫害下“不屑为奴”，才会一次又一次地迎着打击和摧残，决不低下你高昂的头颅；你在精神和人格上“不屑为奴”，才会在求索的漫漫长途中坚忍不拔、九死不悔；你在美学上、艺术上才更是“不屑为奴”，才具有那般强烈的超前创新意识，你既不重复别人，也决不重复自己。

你顶住了种种责难，也不怕别人说你固执高傲。你不愿把《转战陕北》的艺术构思，停留在单纯的再现和浅层的说明上。你终于寻找到构思新的突破，才给中国画坛奉献出这幅艺术精品。

你在飞机上观察延安宝塔山时，欣喜地找到一个独特的新视角，使你的《宝塔葵花》别具一格。

你的《东方欲晓》那浓墨枯笔的虬枝，透出一派风骨超然的神韵。在《东渡》

中色破墨、墨破色，焦墨颤笔，如刀刻石，展现出色墨浑然的壮美。而在《玄武图》中纯用焦墨，追求汉画像石简括含蓄、质朴粗犷的效果。你始终未曾停息过笔墨的追求创新。

你在《赤岩映碧流》中，追求一种全新的人格化的造型，用山水揭示壮阔的人生境界，体现出人的本质力量，显示出画家的人格魅力。

你的《南泥湾途中》画出了新意境。雍容大度，丰富多姿，挥洒自如，游刃有余，在浓淡、黑白与枯润之间气派全新，魅力无穷。

你画出了秦岭的新面貌，华山的新气象，黄河岸边的新感觉。你运用拖泥带水法，创造出“黄土高原皴”法，以大刀阔斧的笔墨，色墨相破、干湿相济、骨肉浑成、自成一格，使大西北自古以来难以入画的荒凉的黄土高原，进入了艺术的殿堂，在中国山水画中占有一席之地，创造出新的艺术语言。

啊，大师！你催人奋进的审美追求，是你百折不回的探索精神。纵观你的艺术历程，没有千篇一律的章法，没有千画一面的笔墨。从不定格于一种皴法，从不固定于一种腔调。你一以贯之的只有始终不息的探索，一刻不停的求变、求新、求精。

你中国画的创作历程，始于20世纪50年代初，终于20世纪80年代初，其间仅仅三十年。20世纪50年代早中期，你的中国画创作以人物画为主。第一个突起，是名噪一时的《古长城外》，但你却认为是“先天不足的第一胎”。自此仅仅八年功夫，你就攀上了第一个高峰，这就是1958年创作的堪称20世纪中国画经典的《转战陕北》。你来不及沉醉，又从这里起步。到1964年，仅仅六年功夫，你带领美协西安分会国画创作研究室的六员大将集团冲锋。1961年在北京举办了轰动一时的“习作展”，宣告了长安画派的诞生。你个人在60年代初，奇迹般的引爆了艺术核聚变，画出了一大批惊世精品，如《南泥湾途中》《东方欲晓》《赤岩映碧流》《禹门逆流》等，高峰和断裂处是《东渡》。这一阶段，你的中国画创作以山水画为主，同时留下一大批独具韵味的探索性的大写意人物写生。此后你多灾多难，从1965年到1969年，你几乎停笔五年之久。此后，你在病厄间又挣扎着拿起画笔，1971年至1974年，又画出了诸如《美典神》

《花卉昆虫长卷》《华岳松风》《山鸣图》《峨眉积雪图》等一批风格特异的作品。这是第三个高潮，这个阶段以山水、花鸟或书法为主。在你中国画创作的三十年历程中，因灾病被迫搁笔的1965年至1969年的五年，加上1977年至1982年沉疴难起的最后五年，先后耽搁共达十年之久。你真正用于探索创新的时间仅仅只有二十年呀，大师！

你还记得吗？1978年底，你应邀在中央美院讲课，女画家周思聪问你，能不能用几个字把中国画的特点概括出来？你一言以蔽之：程式。

是的，程式，就是前人创造的各种风格不同的笔法，也就是所谓的“皴”。玩熟了，能做到笔笔有来历，叫作有传统功夫。有的能加以融会贯通，笔下算有了自己的东西，终于成了名家。有的又在此基础上创新，形成了自己独特的艺术语言，成了大师。但即使成了大师，即使是他独自创造的笔法，往往一旦形成就会终此一生，观一画而览全局，自己为自己戴上了一副镣铐，成了再也无力打开自己的翻天印。探索终止了，留下了永恒的遗憾，乃至徒子徒孙竞相克隆，造成了绘画史上可悲的“自恋情结”和近亲繁殖的退化。

然而，大师，你笔下有一种艺术现象令人惊叹，发人深省，引人感奋。这就是你的山水画，找不到一种固定不变的程式，没有定于一种的皴法，没有一种凝固的风格。千姿百态，气象万千，不断出新，永不重复。

请看，《转战陕北》《延河饮马》是一种风格，叫拖泥带水皴。但《赤岩映碧流》又成了全新的大斧劈皴，而《黄河两岸渡春秋》又成了铁铸般浓黑的焦墨点染。单是画华山，有的水墨淋漓，黑云压顶，山雨欲来。有的写意变形，如狂飙落天。有的是钉头鼠尾般面貌一新的披麻皴，雄奇伟岸，壁立千仞。有的有骨，有的没骨。有的白描，有的泼黑。谁能说得清《峨眉积雪图》是什么皴法，古人笔下出现过吗？特别是《山鸣图》，随意点染皴擦，狂放恣肆，绝无法度可寻。大师，生命留给你的时光太少，否则你还会创造多少艺术奇迹，进行多少艺术探险。你就像毕加索说的“我永远不会待在一个地方”。

当你生命垂危，两位学生在病榻前请你概括长安画派的精神，你答曰：“探索，不断探索！”一位延安老战友问你病愈后的打算，你还雄心勃勃地回答：“我要面貌全非！”

啊，大师！你独具魅力的个性风采，是你生命熔铸的艺术震撼力。

你虽然不用一种腔调讲话，但由于你的画，有你用生命熔铸的鲜明个性。你的绘画的崇拜者，还是从你书画的雄放笔力、磅礴大气、深邃意蕴，以及强烈的视觉冲击力与心灵震撼力中，一眼就能看出你独具的特色和风采。

你的笔端流出的是滚烫的热血，因为你是蘸着生命的熔岩在作画。因此你的画中才有砸地的惊雷，才有喷涌的岩浆，才有一股弥天的浩然之气。

这种个性风采，是因为“物化为我，我化为笔墨”，这种物我契合，方能升华到大真大实、至情至感的审美境界。

这种个性风采，是因为你追求“以神造形”“破神传情”。你认为“传神则远，惟肖则浅”，你深知“形似易，神似难，形神兼备更难”。但你终于达到了形简神赅、神明形精、神形兼备的高度。

这种个性风采，是因为你主张师当师其创造之心，不做笔墨奴隶。对于法，“当得体立法”，进而“变体化法”。追求从“无法”到“有法”，进而“化法”，达到“至法”的境界。你幽默而又理直气壮地问道：“夫我有我法，方为真法，新法也。古人既可立法、生法，难道不许今人生男育女耶？”

你用生命铸造出艺术个性，也铸造了艺术永恒的生命。

大师，三十载如白驹过隙，你临终前“不甘心”的悲痛浩叹犹然在耳，你“不断探索”的临终嘱咐依然振聋发聩。送你到三兆公墓去的那淅沥如泪的秋雨，仿佛依然下个不停。陕西人民剧院追悼会如雪的花圈挽联，仍历历在目……告别仿佛才过数日，人世已经跨越三十年。

20 世纪对你的评价远没有到位，必须由 21 世纪来完成。

你不仅是 20 世纪的伟大画家，你也属于 21 世纪和更久远的未来。

后来者永远忘不了你“一手伸向传统，一手伸向生活”的教诲。你仿佛眯缝着双眼，翘着你的胡须，又在告诫后来者：要在平凡中创造出更“野”的奇迹，要有不屑为奴专属于自己道路的“怪”，要追求法度更严的无法之法的“乱”，要“黑”到动魄惊心的艺术境界。“生活为我出新意，我为生活传精神。”

后来者啊，探索，不断探索！大师犀利的目光如芒刺在背，令我们不敢沉醉，不敢懈怠，不敢因循，不敢畏缩，不敢停步。

20世纪，中国的艺术圣殿里，供奉着一位位已逝的大师，他们是吴昌硕、齐白石、黄宾虹、徐悲鸿、林风眠、潘天寿、傅抱石、刘海粟、张大千、蒋兆和、李可染、石鲁、黄胄……巨星辉耀，永在陨灭。

21世纪的中国美术史正在开篇，正在撰写。在呼唤英才，呼唤创新，呼唤属于21世纪的中国画。

两千多年来，华夏文明将一支饱蘸浓墨的毛笔，一张绵软吸墨的宣纸，代代传承，像火炬传到了21世纪中国画画家手中。在纪念石鲁大师逝世三十周年之际，我们要问生活在21世纪的中国画画家：你将怎样挥笔，如何落墨？你的使命安在？奉献安在？请回答！

1997年8月25日石鲁逝世十五周年忌日，初稿于石鲁故乡四川仁寿县城文林桥畔虚静斋。

1999年7月至9月西安采访归来后二稿。

2000年7月第三稿。

2000年岁末定稿。

2013年夏酷暑中为新版作增订，石鲁已逝世三十一周年。

石鲁年表

1919年（己未）

12月13日，出生在四川省仁寿县文公乡松林湾冯姓大家族，取名冯亚珩，字永康。

清末，高祖冯家驹从原籍江西景德镇到四川经商发财，定居仁寿县，传至曾祖冯敬德，祖父冯鹿苏收买田产雇工务农，有土地千顷，庞大的庄园和万卷藏书的藏书楼，成为当地大地主家族。父亲冯子融是祖父七个儿子中的长子，母亲王氏出身书香门第，是简阳书法大家王国桢之女。家中子女五人，大哥冯伯麟，二哥冯建吴，三哥冯伯琴，姐姐冯湘蘅。在祖父当家的大家族里，冯亚珩在家族同辈中排行老九。晚年有印章为“冯门九子”自称。

1925年（乙丑）6岁

祖父冯鹿苏恪守诗书传家的家风，对子孙教育投入大量心力，他操办的家塾远近闻名，曾不惜重金聘请仁寿县知名学者担任教席，冯家子弟多发蒙家塾，冯亚珩6岁至15岁在家读私塾，九年间熟读《说文》《尔雅》《诗经》

《左传》《四书五经》《古文观止》《古诗源》及唐诗宋词等，这为他打下了较为深厚的中国传统文化基础。

冯氏家族规模庞大的宅院经过四五代人用近百年的时间不断修建，直到冯亚珩十几岁时工程仍在继续，院内有古典传统式的老房，也有中西合璧的中西式洋房，还有座五脊檩飞檐凌空的戏楼，装饰精美，画栋雕梁。冯亚珩特别喜欢与工匠、雕刻艺人在一起，看他们干活。冯家的藏书楼历经三代人的苦心积累藏量甚丰，古籍善本有万余卷，不仅经、史、子、集俱全，还收藏有大量碑帖拓本，字画文物。少年时代的冯亚珩酷爱绘画，经常偷偷钻进藏书楼摹画临帖，希望也能像二哥冯建吴一样去学画画。

1934 年（甲戌）15 岁

二哥冯建吴青年时代在上海就读于吴昌硕等海派画家开办的“上海昌明艺专”，曾师承王一亭、王个簃、诸闻韵、冯君木、潘天寿等诸位名家，在传统中国画领域的诗、书、画、印诸门类中都受到严格的训练。后回成都筹资联友创办“东方美术专科学校”（后简称“东方美专”），任教务长兼国画系主任，曾邀请黄宾虹入川执教产生过不小的影响。在他的竭力主张下，母亲终于同意冯亚珩学画画的要求。

夏，冯亚珩进入成都“东方美专”中国画系学习，成为该校年龄最小的学生。

1935 年（乙亥）16 岁

在“东方美专”开始接受系统的专业绘画训练，临摹大量传统水墨画，同时接触西洋绘画技巧。由于他对绘画的悟性和执着，一年后学业成绩名列前茅。

1936年（丙子）17岁

在新思想、新知识影响下，开始阅读鲁迅、巴金等人的新文学作品，并崇尚石涛、八大山人的绘画风格，萌发独辟蹊径的艺术观。

第一次去峨眉山写生，二十多幅写生画稿显示出他追求新意的开端。

冬，祖父冯鹿荪病逝。

1937年（丁丑）18岁

从“东方美专”中国画系毕业，回家乡仁寿县文公乡县立小学任美术教员。“卢沟桥事变”后，组织学生宣传抗日救亡活动。

1938年（戊寅）19岁

年初，到成都借读于华西协和大学文学院历史社会学系，学习政治经济学和社会学。阅读了学生们传看的抗日救亡小册子和共产党的油印宣传读物。

夏，父亲冯子融病逝。

1939年（己卯）20岁

2月，决心奔赴延安参加抗日。为得到一笔路费，同意母亲提出与张艾如完婚便可拿到下学期学费的条件。成亲三日后，离家出走。从绵竹买了辆旧自行车只身骑赴陕西。

3月，到达西安，在七贤庄八路军驻西安办事处短暂逗留，被介绍到三原县安吴堡青年训练班学习。

6月，被派到宜川第二战区民族革命大学前锋剧团工作，任戏剧宣传股长。自编自导宣传抗日的活报剧，还承担了舞美和道具。

12月，在剧团党组织安排下秘密前往延安。

1940年（庚辰）21岁

1月，到达延安，进入陕西公学学习，编入五十八队。改名石鲁。开始系统阅读马列主义书籍，由于善于思考、善于争论，被推举为马列主义课代表。在陕北公学的业余剧团担任舞美和化装，后又任陕北公学学生会的宣传委员。

9月，西北文艺工作团成立，进入该团工作。

1941年（辛巳）22岁

任西北文艺工作团美术组组长、舞台美术设计，并自己动手制作道具布景，制作颜料。

画了大量素描速写。在王朝闻的影响下做过雕塑。

1942年（壬午）23岁

11月7日，与西北文艺工作团女演员闵力生结婚。

1943年（癸未）24岁

参加中央党校三部整风运动，之后留在党校创作党史连环画。

9月，长子石头出生。

1944 年（甲申）25 岁

调入陕甘宁边区文化协会美术工作委员会，从事美术创作和普及宣传工作。

以民间“拉洋片”的形式创作说唱展示相结合的连环画。

1945 年（乙酉）26 岁

开始创作木刻版画。

春，次子石子出生。

1946 年（丙戌）27 岁

7 月 6 日，加入中国共产党。

创作木刻版画《群英会》《改造西洋景》等作品。

1947 年（丁亥）28 岁

在绥德义合镇参加土改。

8 月，调回西北文工团工作，任宣传股长。

参加转战陕北战争。

冬，次子石子在转移中病殁于黄河边上。

1948 年（戊子）29 岁

4 月，延安收复后调延安群众日报社，主编《群众画报》。

创作木刻版画《胡匪劫后》《民主评议会》等。

1949 年（己丑）30 岁

年初，调延安大学文艺系任美术班主任。

7月，赴北京参加第一届全国文艺工作者代表大会，当选中华全国美术工作者协会执行委员。

调陕甘宁边区文化协会创作部工作，并随文协迁居西安。

创作木刻版画《妯娌俩》《说理》《打倒封建》等作品。

10月，三儿子石嘉在西安出生。

1950年（庚寅）31岁

赴青海藏区写生，画有大量藏族风情人物速写和彩墨画稿。

开始创作中国画，作品有《侦察》《变工队》《剪羊毛》《巡山放哨》等。

9月，出席西北文学艺术工作者代表大会，当选西北文联常委，并代表美术工作者做题为《如何开展西北人民美术运动》的发言。

1951年（辛卯）32岁

当选西北美术工作者协会副主任。

同年，兼任西北画报社社长。

7月，回四川仁寿县借调冯建吴。

1952年（壬辰）33岁

多次去陕南、甘肃、青海等地写生。

创作版画《兰新路上》、中国画《移山》等作品。

1953年（癸巳）34岁

9月，赴北京出席第二届全国文代会。

同年，创作《王同志来了》《幸福婚姻》等中国画作品。

7月，小儿子石果出生。

1954年（甲午）35岁

西北美协撤销，成立中国美术家协会西安分会，当选美协西安分会副主席、陕西省政协委员，主持协会的创作领导工作。

创作中国画《古长城外》，成为20世纪50年代前期代表作品。

创作电影文学剧本《暴风雨中的雄鹰》。

1955年（乙未）36岁

7月，赴印度，担任万国博览会中国馆的总体美术设计，并画有写生作品《天竺古风》《戴红头巾的赶车人》《印度舞》《印度人家》等。

1956年（丙申）37岁

8月，与赵望云赴埃及出席亚非国家艺术展览会，并做题为《关于艺术形式问题》的大会发言，同时进行写生，作品有《沙漠之舟》《赶车人》《金字塔的傍晚》等。

在北京举办“赵望云、石鲁埃及写生画展”。

7月，女儿石丹出生。

1957年（丁酉）38岁

《暴风雨中的雄鹰》由长春电影制片厂拍摄完成，

并被国家电影事业局列为优秀电影。

多次赴陕西农村写生。创作中国画作品《高山放牧》《冬引丹江水》《商洛龙王庙》《劈山开渠》《延安故居》等。

《赵望云石鲁埃及写生选画集》由长安美术出版社1957年出版。

1958年(戊戌)39岁

5月，到商洛、渭北、志丹县等地区采访、收集创作电影文学剧本《刘志丹》的素材。

7月，去陕南镇巴写生，创作中国画《山林一角》《雪天归樵》《山区修梯田》等。

9月，在《美术研究》上发表《为什么要继承和发展民族优秀传统》的文章，反对民族虚无主义。

1959年(己亥)40岁

年初，接受中国革命历史博物馆的命题创作《转战陕北》，赴北京作画，成为他创作成熟期的代表作之一。

4月，参加全国文化工作会议。

发表论文《创作杂谈》《新与美》，提出自己的美学观点。

成立“美协西安分会中国画研究室”并主持工作。提出“一手伸向传统，一手伸向生活”的创作原则，积极倡导“成家立业”“独特风格”。

创作《背矿》《击鼓夜战》等作品。

1960年(庚子)41岁

年初，为人民大会堂陕西厅创作巨幅国画《延河饮马》。

7月，出席第三届全国文代会，当选全国美协常务理事。

创作《高原放牧》《太白山巅》《延河归牧》《禹门逆流》等作品。

1961年（辛丑）42岁

去延安、秦岭等地写生。

创作《东方欲晓》《南泥湾途中》《赤岩映碧流》《宝塔葵花》《山花幽潭》《秦岭山麓》等一系列代表作品，显露艺术风格的急骤变化和趋于成熟。

10月，“美协西安分会中国画研究室习作展”在北京展出，画展引起美术界热切的关注。年底率数位画家赴南京、上海、杭州巡回展览，各地反响强烈，被称为“长安画派”的崛起。

1962年（壬寅）43岁

南方巡展归来，创作《月下苏州》《江山城廓图》《东海之滨》《树大成荫》等作品。

11月，出席全国美协在广东新会召开的重点分会会议，其间创作《家家都在花丛中》《南国之晨》《葵荫道上》。

同年创作《秋收》《种瓜得瓜》等作品。写下大量艺术札记《谈感受》《生活·艺术散记》《杂感》等。

1963年（癸卯）44岁

年初，肝炎病发住院治疗。

春，出院后转到常宁宫干部疗养院疗养。

开始撰写中国画理论著述《学画录》，从自己的创作实践出发，提出了一系列中国画创作程式的方法论和美学观点。

从“习作展”中选编而成的《国画选》由长安美术出版社出版。

同年完成《夏收》《抽烟老人》《雨中所见》《地头小趣》等探索性习作。

1964年（甲辰）45岁

4月，带病赴陕北吴堡黄河渡口体验生活，收集素材。

为创作所画各种人物习作《黄河船夫》《插麦人》《养牛老人》。

夏，以全新的手法创作巨幅革命历史画《东渡》，却被指责为“丑化领袖”，未能进京展出。

陈列于中国革命历史博物馆的《转战陕北》遭非议被撤下。

9月，由人民美术出版社出版的《石鲁作品选集》因该画株连被禁止发行。

1965年（乙巳）46岁

年初，到陕南安康写生，创作《蚕乡组画》《儿戏图》等作品。

7月，赴京参加全国美协创作座谈会。

自学气功针灸。

8月，患精神分裂症。

11月，被送入精神病院治疗。

1966年（丙午）47岁

“文化大革命”开始，10月被西安美协“文化大革命领导小组”强迫提前出院，接受批斗。

1967年（丁未）48岁

遭受美协造反派和外来“打砸抢”组织轮流批斗、游街、拷打等残酷虐待，被强行隔离管制。

1968年（戊申）49岁

4月，工宣队进驻美协，夏末被集中在陕西省文化系统“牛棚”重复进行审查批判。

1969年（己酉）50岁

精神病复发，开始偷偷写诗，斥责“新权贵”。

5月，从“牛棚”逃往西安北郊草滩农场，几天后被抓回。

8月，第二次出逃，乘火车到四川广元。后走进巴山深处，在荒山野地流浪，过着野人般的生活，逃亡历时五十六天，后又被抓回西安。

回“牛棚”后，查出所谓攻击中央“文化大革命”领导的反诗，被定为“现行反革命分子”。

1970年（庚戌）51岁

1月，岳母李润卿病逝，被准许回家料理丧事，之后拒绝回到“牛棚”。

夏初，被省“斗批改”领导小组以“现行反革命罪”上报省政法小组，要求逮捕并判处死刑。

精神病加剧，在家闭门加改印度、埃及写生作品《海边的土玛德》《赶车人》《林中少女》等，并创作《美典神》《花卉昆虫长卷》等。

11 月，经家属多方努力，第二次被送进精神病院。

1971 年（辛亥）52 岁

因精神病院医生证明，省政法小组未批准死刑，此案暂且搁置。

6 月，出院回家养病。

秋后，在狭小、阴暗的芦屋中，重新开始写字作画，创作《鸡语图》《与世无争》《满屋秋风》《猫虎镇宅图》及书法《风流千载》等。

1972 年（壬子）53 岁

一边多方申诉冤案，一边在家养病，体力开始有所恢复，书画创作的数量逐渐增多，后期艺术风格的特点趋于明确，同时写了大量诗词。《华山之雄》《黄河两岸渡春秋》《夜风晓雨湿山花》《华岳松风》等是他后期风格的代表作。书法作品有《书道为风，暮墨写之》《大风吹宇宙，红日照高山》等。

1973 年（癸丑）54 岁

年初，被聘为陕西省美术创作组顾问，辅导创作。

8 月，从“芦屋”搬迁至维修过的原美协厨房，有了一间十平方米的画室兼卧室。

为外贸出口作画，创作《峨眉积雪》《山鸣图》《桃锄春暖》，书法《春浓也，云淡矣》《藏仓者寿，安乐者康》。

撰写画词、小说、诗词、杂文。

1974年（甲寅）55岁

春，全国美展在兰州举办，应友人邀请前往参观。

全国性“批黑画”风潮开始，再次被列为重点批判对象。

6月，西安举办“黑画展”和千人批判大会，被指控为“野怪乱黑总代表”。

同年创作《苍苍白月挂高松》《横挂一枝天地大》。

1975年（乙卯）56岁

患肺结核，身体病衰。继续写诗词。

7月，被政治审查机构勒令下放陕南山区，经医生证明，家属抗争，未能执行。

创作《兰宜乎瘦土》《雨中红粉更鲜娇》等画作及书法《平生惯惹千夫气，两手勤浇万木春》《干戈风雨，正道春秋》等。

1976年（丙辰）57岁

“四人帮”覆灭，仍得不到平反。

抱病创作《花逢时雨俏》《春到人间》等作品。

1977年（丁巳）58岁

病情日益严重，平反冤案的努力受阻。因政治结论原因，参加全国美展的资格被剥夺，家属友人直接向中央有关部门申诉。

1978 年（戊午）59 岁

1 月，文化部派专人赴陕西调查。

2 月，被送北京进行抢救治疗。

4 月，转入通县结核病研究所治疗。

8 月，病情好转，接受陕西电视台采访摄制专题片，并作《青青者长松》《欲穷千里目，更上一层楼》书画。

11 月 21 日，陕西省委干部审查机构正式做出予以彻底平反、恢复名誉的审查结论，一切诬陷和不实罪名全部推翻。

1979 年（已未）60 岁

1 月，应邀在中央美术学院国画系讲课。

2 月，出院返回西安，参加陕西美协重建工作。

3 月，又赴北京出席"文化大革命"后第一次全国美协常务理事扩大会议，在会上做了历史回顾性发言。

4 月，回西安后病情复发，入陕西省人民医院急救。

同年，在陕西省美术家代表大会上缺席当选美协陕西分会主席、陕西省书法家协会主席。

12 月，中国美术家协会、美协陕西分会联合举办的"石鲁书画展"在中国美术馆开幕，展出各时期作品 230 余件，画展引起强烈反响，美术评论界对其艺术风格的演变展开激烈争论。

1980 年（庚申）61 岁

"石鲁书画展"在西安、重庆、南京、长沙等地巡展，引起轰动。

继续住院治疗，其间修改《学画录》，后发表于《文艺研究》1981年第1期。

同年，《石鲁画辑》由人民美术出版社出版。

1981年（辛酉）62岁

病情略有好转。

10月，为陕西救灾义卖大幅《荷花图》，中央美术学院电教室现场拍摄作画过程。

同年，当选为中国画研究院院委、陕西省人大常委会委员。

1982年（壬戌）63岁

年初，发现胃癌。

8月，病情急剧恶化。

8月25日16时48分在陕西省人民医院逝世。

9月15日在西安人民剧院举行隆重的追悼大会，骨灰安放于西安烈士陵园。

后 记

我和石鲁是同乡。但我为石鲁作传却并非仅仅因为这一点，甚至可以说有无这一点都无足轻重。

传记文学是一种特殊文体，它是作者与传主之间的一种精神对话。然而自古以来，作者与传主要平等的对话，又是何其艰难。

像罗曼·罗兰写三大英雄传——《贝多芬传》《米开朗琪罗传》和《托尔斯泰传》，不论作者还是传主都是重量级的世界冠军，这种情况当然少见。这就必然使许多名不见经传的作者，在试图写名人传记时首先要遇到一种尴尬——难以平等地对话，即地位上、智力上、精神上、心理上和世俗观念上的不平等。

这有点像一个颇具滑稽意味的寓言，一只蚂蚁突然仰起头来对大象说："先生，我可以为你塑一座像吗？"即使大象不愤怒地抬起脚来将它踏得粉碎，也会开玩笑地说："好吧，就让你将那些小土末一点一点地搬来，垒成我高大的身躯吧！"在大象看来这无异于天方夜谭。

简单一句话就是，你有什么资格写他？这个问题吓退过数不清的痴心妄想的无名小卒。

我与石鲁除了是同乡这一条，他几乎年长我二十岁，从来未曾谋面，更别说采访。对我这个连西安都只路过一次的人，更谈不上与石鲁的亲属、学生、朋友有何交往。正因为如此，我才从来未产生过为石鲁立传的任何妄想。只不过始终痴迷于石鲁的画，从不放过一点点有关石鲁的资料，仅此而已。

到了 1997 年的春天，我不知怎么突发奇想，想写一点关于石鲁的东西。先整理好一份年表，又写了一首献诗，然后便一章接一章地写了下去，半年之后居然写成三十多万字的书稿。

我捧着沉甸甸的手稿发愣，我写的这些东西有一点点价值吗？我当然明白自己的短处和致命的弱点在哪里。传记不是幻想遨游太空，而是披沙见金的发掘。看来，我要想回避西安钟楼旁的那座小院是不行的。

后来这部手稿终于经林通雁先生传递到了一位年近八十岁的老太太手里。我不敢揣测她当时翻开这部手稿时的表情和心理状态。老人家居然耐心地翻阅了两遍，还写了几十张小字条夹在中间，刊谬钩沉，指点迷津。她宽容了我的鲁莽。

她，就是石鲁的夫人闵力生先生。

后来石强在成都交给我一封她的亲笔信，诚恳地请我到西安去一趟。尽管我三岁就患小儿麻痹症右腿瘫痪，但我还是在妻子的搀扶下应召前往。临行前，我这个从来不敢写旧体诗的人也胡诌了几句：

残步关中行，
苦逐石师魂。
长安一片月，
梦萦故乡人。

我的“西安取经”，终于找到了“芝麻开门”的暗语。

我下榻的那家旅馆，服务员惊奇地发现，这位只住每夜十元一床，每餐啃大饼，不是到西安求医也不是来西安上访的残疾老头，却终日电话不断，不时响起“333号电话——”的传呼声。这间低档的飞蛾肆虐的客房，却是“谈笑皆鸿儒，往来无白丁”，来客有白发的延安老战士、知名画家、将军、学者……一谈就是大半夜，慷慨激昂，深情忆石鲁。

我去过钟楼旁北大街陕美协大院、陕西省人民医院病房、省歌舞团宿舍楼、省图书馆报刊资料室、七贤庄八路军办事处清冷的院落，到处寻访石鲁的遗踪。

当我结束近二十天的西安之行归来时，我成了一个“富翁”。

我又回到石鲁家乡的那座小县城，回到了我那窄小的书斋。我一天也没有敢耽误，在酷暑中把自己禁闭了整整三个月，将这部石鲁的传记从头至尾地重写了一遍。当我为近三十万字的第二稿画上最后一个句号时，我才暗自庆幸，第一稿幸好没有出版！

我自卑但不气馁。我虽然没有资格为任何一个传主立传，但也不是任何一个传主允许我立传时，我都会毫无选择地接受。

我选择立传的传主，必须能够在精神上与之进行对话，心灵上引起共鸣。

这本书不是解读石鲁的终结，而仅仅是解读石鲁的开始。20世纪对石鲁的评价远没有到位，这将由21世纪来完成。

当我把这本书奉献到读者面前时，对于家乡和西安为这本书关心和帮助过我的朋友们，我要向他们深深鞠上一躬。缺少了他们的支持，我将功亏一篑！

我特别要在此感谢石鲁夫人闵力生先生及其子女们，深深感谢他们对我的全力帮助与支持。同时还感谢石鲁艺术研究会对我西安之行的精心安排和鼎力相助！

本书除经石鲁夫人闵力生先生及其子女们审读外，还承蒙徐义生、高民生、赵翔、李鸿凯、邢武威等先生审读，特别是石鲁的老战友、著名画家李琦先生，在养病期间读完本稿，提出宝贵意见，并通过出版社转来石鲁书信和有关资料，他对此书的关注令人感动。我均在此一并致谢！

我不安地等待着来自各个方面的批评，即使是最苛刻的责难，我都将感激不尽，为的是不歪曲、不辱没石鲁！

张 毅

于四川仁寿